LA SYRIE,

L'ÉGYPTE, LA PALESTINE

ET LA JUDÉE.

—

TOME PREMIER.

IMPRIMERIE DE BOURGOGNE ET MARTINET,
RUE JACOB, 30.

LA SYRIE,

L'ÉGYPTE, LA PALESTINE

ET LA JUDÉE,

CONSIDÉRÉES SOUS LEUR ASPECT HISTORIQUE, ARCHÉOLOGIQUE, DESCRIPTIF ET PITTORESQUE,

PAR MM.

LE BARON TAYLOR ET LOUIS REYBAUD.

OUVRAGE ORNÉ DE DEUX CENTS GRAVURES SUR ACIER,

DESSINÉES PAR

MM. DAUZATS, MAYER, CICÉRI FILS, ET GRAVÉES PAR MM. FINDEN,

PREMIERS ARTISTES DE LONDRES.

TOME PREMIER.

Vue de Bethléem.

PARIS.

CHEZ L'ÉDITEUR, RUE SAINT-ANDRÉ-DES-ARTS, 58.

1839

PRÉFACE.

Avant et depuis la conquête de l'Algérie, j'ai parcouru les rivages de l'Afrique, de la côte de Maroc aux ruines de Carthage; j'ai visité l'Égypte, la Syrie, la Judée, l'Asie-Mineure, la Grèce, les îles de la Méditerranée. Il y avait vingt-cinq ans que je connaissais l'Europe.

Je me suis arrêté de préférence dans les lieux où la main du temps a jeté sur le sol du vieux monde un souvenir des peuples antiques; partout où il apparaît quelques traces monumentales de l'existence de ces guerriers du Nord qui sont venus se mêler à la civilisation romaine, et qui sont nos pères; partout enfin où le génie du christianisme a sculpté en pierre, en marbre ou en bronze, sa pensée de civilisation.

Depuis vingt ans, je donne quelques heures de chacune de mes journées à la publication d'un ouvrage sur les antiquités de la France, et à l'achèvement d'un livre consacré aux édifices de l'Espagne.

Une pensée première a constamment présidé à tous ces travaux. J'ai rêvé une histoire générale de l'architecture chez les différens peuples de l'ancien monde jusqu'aux temps modernes de la renaissance des arts; mais les difficultés d'une semblable entreprise ne m'ont pas encore permis de présenter le résultat de mes travaux sous une forme systématique. Les voyages pittoresques que j'ai publiés sont les jalons de mes études.

Une histoire des beaux-arts en général et de l'architecture en particulier, depuis leur origine jusqu'à nos jours, ce grand ouvrage accompagné de gravures qui l'expliquent à l'intelligence et qui le traduisent aux yeux, serait une de ces dévorantes entreprises qui engloutissent plus d'or que le nombre aujourd'hui possible des souscripteurs n'en saurait fournir. Hors quelques hommes instruits qui savent apprécier la valeur des travaux scientifiques dans leurs rapports avec les arts, chacun en redoute la sécheresse. Long-temps encore, le public, avide de sensations, préfèrera la variété des tableaux pittoresques et la forme animée des narrations à l'aridité d'une étude spéciale, d'un dessin mesuré, et d'une description technique.

Les ouvrages sérieux, d'ailleurs si estimables quand ils sont consciencieusement faits, ne sont recherchés que par un petit nombre de lecteurs.

Cependant ce travail aride, je le tenterai un jour. Un jour, après avoir visité, étudié la Babylonie, la Perse et l'Inde, il me sera peut-être permis de réaliser la pensée de ma vie. Peut-être pourrai-je publier sur une plus vaste échelle ce livre que j'ai conçu, et dont les essais que j'ai publiés sur nos antiquités françaises ne sont qu'un large *specimen*.

Cette chronologie architecturale du monde m'ouvrirait une plus vaste carrière. Là se succéderaient les monumens indiens dans leurs longues périodes, depuis les commencemens de cette vieille civilisation jusqu'aux derniers jours de sa splendeur; les monumens de l'Égypte et de l'Asie-Mineure; les monumens de la Grèce, observée, de ses temps pélasgiques aux jours glorieux de Périclès; les monumens de l'Italie et de Rome sa fille, qui en est la plus grande expression, à partir des murailles titaniques, aujourd'hui, je ne sais pourquoi, appelées cyclopéennes, pour s'arrêter, en traversant les grands siècles d'Auguste et des empereurs, aux monumens si grands encore de l'architecture byzantine; les monumens obsolètes et barbares de la Celtique; les monumens élégans et gracieux du style arabe, du style roman, du style gothique jusqu'aux jours éblouissans de la Renaissance, aurore d'un monde nouveau et d'une société presque nouvelle.

J'y placerais aussi la représentation de ces ruines si curieuses de l'Amérique centrale, qui doivent être considérées comme le prototype et le symbole d'une antique civilisation, et que la traduction des manuscrits de ces peuples aidera à classer avec exactitude dans cette vaste chronologie.

Que ces labeurs nouveaux soient, avec mes travaux passés, l'égide qui protège ce livre!

Le hasard a réuni deux voyageurs amis des arts, deux voyageurs qui ont long-temps parcouru l'Égypte, la Palestine et la Syrie. Ils ont essayé de peindre les merveilles de ces admirables contrées; ils ont essayé de reproduire des monumens dont chaque jour le temps emporte quelque pierre. Se seraient-ils trompés en croyant que le public ne pourrait qu'accueillir avec bienveillance l'histoire de ces lieux qui furent le berceau de nos croyances, le berceau de notre civilisation, et où deux fois les Français ont planté leurs drapeaux dans deux croisades immortelles, au nom de la religion, et au nom de la liberté?

J. TAYLOR.

INTRODUCTION.

S'il fallait choisir dans le monde entier le coin de terre où se sont passées les choses les plus merveilleuses et les plus grandes, on ne trouverait sans doute rien de mieux que le titre de ce livre : *La Syrie et l'Égypte*.

La Syrie, c'est-à-dire le berceau de nos traditions cosmogoniques et religieuses;

L'Égypte, c'est-à-dire le foyer primitif des sciences et des arts, le sanctuaire mystérieux de la civilisation antique.

Nulle part, dans une zone aussi restreinte, n'apparaîtraient autant de vestiges de magnificence et de gloire, autant de souvenirs poétiques, autant de pensées qui élèvent l'âme et d'impressions qui remuent le cœur.

Le progrès, sous sa double face, est né sur l'une ou l'autre terre; celle-ci nous a donné le progrès moral, celle-là le progrès matériel; la foi et le travail, le culte et l'industrie.

Abordons.

Voici que sur la ligne des eaux bleues se dessine une chaîne montueuse, arrondie comme une croupe de lion, courant du nord au sud dans la direction de la côte, et détachant vers la mer ses petits rameaux aux têtes vertes. C'est le Liban, la montagne des Cèdres. A mesure que le navire glisse vers lui, on dirait que le géant marche, et vient au-devant du navire. Il grandit à toute minute, et arrête mieux sur le ciel ses lignes harmonieuses et fortes. Il grandit encore, et on l'oublie; d'autres objets, plus à portée, maîtrisent et absorbent le regard.

A gauche, vers le nord, voyez le Cap Blanc, puis Saint-Jean d'Acre; plus bas, le Mont-Carmel; enfin, devant la proue, Césarée et Jaffa. La terre promise aux pèlerins, la plage où débarqua saint Louis, le champ de bataille de dix Croisades, la patrie de Jésus et de Marie, Jérusalem et quinze villes saintes, tout est là; vous y touchez, vous allez en jouir.

La terre la plus voisine est Saint-Jean d'Acre, la ville des Templiers, et de Djezzar, cette fière Ptolémaïs que les Croisés conquirent, et devant laquelle échoua Bonaparte, jouet de la peste et du désert. Ces murailles, sous lesquelles dort Caffarelli, Ibrahim-Bey ne les a point rasées, il a pensé qu'elles pourraient servir aux Égyptiens.

Du Mont-Carmel, où Élie priait, il faut descendre vers Caïpha, puis vers Césarée et Jaffa, l'ancienne Joppée, où abordèrent les flottes d'Hiram, chargées de cèdres pour le temple. Il y a à peine un tiers de siècle de cela, la grande mosquée de cette ville était encombrée de moribonds, que le fléau d'Orient avait marqués de son stygmate infect. Un homme entra, parla à ces hommes, et les toucha; ils ne guérirent point, mais ils moururent consolés.

De l'ancienne Joppé, allons à Jérusalem par les montagnes Samaritaines et par la plaine de Saron tout émaillée de roses. Quelle route sablée de souvenirs bibliques! Ramleh, l'ancienne Arymathie, les vallons de Jérémie et de Térébinthe, le torrent qui fournit des pierres à la fronde de David, Nablous, la Sichem des Israélites, et la Néopolis des Hérodes; que de noms, que de lieux avant d'arriver au plateau d'où l'on découvre la ville dont le nom efface tous les noms, la Jérusalem Sainte, qui pleure aujourd'hui dans ces solitudes muettes!

Jérusalem! Qu'est-ce que Jérusalem, si on ne la réédifie point par la pensée? si on ne lui rend pas ses temples et ses rois Juifs, ses palais de marbre et ses bains de porphyre! Une ville arabe tout au plus, sale, mesquine, livrée aux profanes, défendant avec peine contre le fanatisme et la cupidité des nouveaux maîtres, les deux seules preuves monumentales de ses destinées antiques, le Calvaire et le Saint-Sépulcre. Mais avec les livres saints ces déserts se peuplent, cette ville s'anime. On peut monter au Golgotha par la Voie Douloureuse, voir la maison du Lazare, et celle de Simon le Pharisien, courir aux piscines de Siloé et de Bethsabée, gravir la montagne de Sion et le mont des Oliviers, pour descendre ensuite dans la sombre vallée de Josaphat pleine encore des chants du prophète.

Ces parfums d'histoire sainte s'exhalent plus suaves encore quand on marche de Jérusalem vers le village où vécut Jésus, Nazareth, vers le hameau où il naquit, la modeste Bethléem. Là, transformées en église souterraine, se retrouvent l'étable et la crèche de la Nativité. Berceau recueilli de cette parole qui règne toujours sur le monde, asile plein jadis de mystérieuses grandeurs, quand des étoiles descendaient du ciel pour y conduire des rois d'Orient, et que visitent à peine aujourd'hui d'humbles et rares pèlerins.

Au-delà de Bethléem la scène change; les impressions se modifient. Ce sentier tracé dans la ravine, c'est le lit du torrent de Cédron. Suivez, gravissez ces mondrains poudreux et sans ombre, cette chaîne qui n'a ni herbe, ni mousse, ni eaux, ni forêts; montez toujours. Voyez-vous une vallée qu'encaissent deux murs de collines, l'un noir et basaltique; l'autre crayeux et blanc, tous les deux pelés; la voyez-vous cette vallée avec sa plage saline, ses sables onduleux où des palmiers se dressent comme des mâts; avec ses tours pendantes et ses hameaux en ruines; puis au milieu de la vallée, ce jaune filet d'eau, si imperceptible qu'on dirait que l'arène va l'absorber, et au bout de ce petit ruban sinueux, un lac immobile et lourd, que la brise traverse sans le rider, triste, huileux au regard? Eh bien! ce ruisseau est le Jourdain; ce lac est la Mer-Morte; cette vallée est une vallée célèbre dans l'Écriture par sa fécondité. Il faut bien que le doigt de Dieu ait passé par là. Quatre villes ont été englouties dans ce lac.

Ce n'est pas tout encore. Voici Jéricho dont les murailles ne se sont point relevées, Béthanie et la maison de Marthe, le lac de Tibériade et ses eaux dociles; les monts Horeb et Thabor; ce dernier illustré naguère par une victoire profane; puis, plus près de la frontière égyptienne, voici la Mer-Rouge que le peuple Hébreu traversa à pied sec, le mont Sinaï sur lequel Dieu se révéla à Moïse, couronné d'éclairs, et parlant dans le tonnerre; enfin, la ville de Gazah, d'où Samson s'échappa la nuit, malgré les Philistins, en enlevant ses portes massives.

A côté de cette histoire, dont on berça notre enfance, le pays garde des souvenirs profanes; des noms de villes et de royaumes, de souverains et d'impératrices qui ont eu de l'écho dans les siècles. Sous ces longues colonnades oubliées au Désert, ondoyait jadis une population immense. Cette enceinte de fûts brisés et rongés par le sable était une ville. Dans les jours de sa grandeur, on la nommait Tadmor ou Palmyre. Elle eut pour reine Zénobie. Assise entre deux mers la ville monumentale avait deux ports; l'un, sur l'Océan des Indes, Ophir, où les flottes de Salomon allaient chercher les perles et l'encens; l'autre sur la Méditerranée, Tyr, cette reine de la mer; Tyr, la rivale de Carthage, l'entrepôt du monde sur le littoral Syrien.

A côté de Palmyre, voyez Balbek avec son temple du Soleil: à côté de Tyr, voyez Sidon. Deux ères de puissance et de grandeur, l'ère phénicienne et l'ère grecque. Chaque peuple en passant sur cette terre y a laissé ses monumens et ses villes, vestiges pieux à côté de vestiges profanes, églises auprès de temples, temples auprès de mosquées.

Les Romains, ces grands colonisateurs, et ces infatigables architectes, on les reconnaît partout. Toute la Judée garde des traces de leur passage. Les Grecs se retrouvent sur les bords de l'Oronte, à Antioche, à Laodicée, villes de Seleucus Nicanor, à Bembyce, à Hiérapolis sur la plage d'Aradia, à Boublos, à Beyrout, l'ancienne Beryte, à Lydda ou Diospolis, à Jamnia, aux environs de la célèbre Azot.

Quand les Perses, les Grecs, les Romains du Haut et Bas-Empire ont traversé cette terre juive, tantôt entraînant les peuples dans l'esclavage, tantôt les gouvernant avec le glaive, et massacrant des générations au berceau, alors apparaît à l'Orient une nouvelle race, une nouvelle foi, une nouvelle loi. La Judée change de despotes. Cet inculte désert, qui semblait voué à un éternel silence, se réveille, et fait entendre un hourrah de guerre; ces solitudes se peuplent d'hommes et de chevaux qui doivent conquérir le monde. L'Arabie naît; Mahomet arrive; l'empire des Khalyfes (Califes) est fondé. Adieu les clochers des vieilles églises, les colonnades grecques et romaines, les péristyles ouverts des prétoires! Une autre religion et d'autres mœurs veulent des édifices qui leur soient propres. Vite des coupoles arrondies pour les nouveaux occupans; vite des minarets du haut desquels le Mouezzin puisse chanter la prière, et des palais murés au dehors comme des prisons, pleins au dedans d'air, de jour et d'eau jaillissante; vite des kiosques suspendus au mur, et des terrasses qui règnent sur la vallée. Avec le temps, ces nomades du Désert, naguère vivant d'eau et de dattes, deviendront des maîtres indolens et somptueux; il leur faudra des esclaves et des parfums; l'arome de la fève qui réveille, et l'extase de l'opium qui endort. Ces possesseurs nouveaux laisseront deux villes sur le territoire Syrien, Damas et Alep, deux villes musulmanes, étapes obligées du grand pèlerinage de la Mecque, places frontières du désert d'où ils sont venus, boulevards avancés qui touchent l'un et l'autre au grand empire de l'Euphrate, à Bagdad et à Bassora.

Encore quelques années, et nous verrons un conflit étrange sur cette plage étroite qui court de Lattaquie jusqu'à el-Arych : un tournoi sera ouvert pour le monde. Les rois et les soudans, les plus nobles chevaliers de l'Europe et les plus riches émirs de l'Arabie, les Musulmans et les Chrétiens, l'Orient et l'Occident seront les champions de la grande lutte. Le tournoi durera deux siècles; quinze cent mille hommes y périront. Il y aura dans cette guerre une foule de ces noms qui survivent aux siècles : Louis IX et Richard d'Angleterre, Godefroy, Baudouin, Raymond, du côté des Croisés, Salah-ed-dyn (Saladin), et Nour-ed-dyn (Noureddyn) du côté des Sarrasins; il y aura des royaumes chrétiens fondés en Terre Sainte, des prises de villes, des assauts sans nombre, des captivités souveraines; il y aura du fer, du feu, du sang, des joies et des douleurs, des gloires et des revers, de la poésie et du drame, des fleurs, des femmes, de l'or, des essences. Ensuite il y aura un Tasse pour chanter toutes ces choses.

Les croisades closes, d'autres incidens arrivent. Les enfans de Mahomet n'ont plus de Chrétiens à combattre; ils s'entre-déchirent. Aux Abassides succèdent les Fatimites; le Kaire détrône Bagdad; puis à leur tour les Soudans écrasent les Califes. La Syrie a bientôt trois capitales, Damas, Alep, Jérusalem. Les dynasties mongoles, mameloukes et ottomanes en font un champ-clos à leur usage. Tantôt l'Égypte empiète sur elle, tantôt elle empiète sur l'Égypte. Il y a confusion de peuples, confusion de souverains, confusion de langues. C'est une Babel historique. Le pays se dépeuple et se ruine, les monumens s'en vont. Ce qui restait de l'antique splendeur chrétienne, des pompes romaines et grecques, du luxe somptueux des Arabes, arts, monumens, civilisation de tant d'ères superposées, tout croule au ras du sol, tout disparaît. Les plateaux de l'Asie centrale ont vomi leur déluge de barbares. Il faut que la Syrie se nivèle devant eux. Qu'est-il besoin de palais pour ces nomades? Les dalles de marbre inquiètent les pieds de leurs chevaux. Dans cette période d'agonie et de servitude, il n'y a plus d'autre Syrie que la Syrie des souvenirs. Le Liban garde à peine quelques cèdres, Jérusalem n'a plus de temple, le Jourdain n'a plus d'eau, le mont des Oliviers n'a plus d'arbres, Saron n'a plus de roses, Gazah n'a plus de portes. La Palestine et la Judée sont des pachalics. On y sème, on y récolte pour le Grand-Seigneur. A peine, de loin en loin, quelques grands noms, quelques faits éclatans luisent-ils dans cette nuit d'oubli et de misère. La Syrie se révèle encore une fois au monde, quand Bonaparte y promène ses canons, quand Kléber gagne la bataille du Mont-Thabor, Junot celle de Nazareth; mais hors de là, qui s'occupe de sa vie contemporaine?

Nous avons vu la Syrie avant l'Égypte, quoique l'Égypte soit peut-être la sœur aînée de la Syrie : cela devait être. La Syrie est la patrie de nos croyances. Mais pour aller de l'une à l'autre, que de points d'attache! que de transitions ménagées par l'histoire! La bande de sable qui lie l'Asie à l'Afrique, cet isthme qui n'appartient à aucun des deux continens, est bien étroit sans doute, et pourtant que de peuples, que de rois y ont passé! Voyez-vous Jacob le traversant avec sa famille quand la famine pousse les Hébreux vers la vallée du Nil! Voyez-vous Moïse ramenant au travers de la Mer-Rouge les enfans d'Israël, délivrés de leur captivité! puis Cambyse laissant sur le sable les traces de son armée d'iconoclastes! Alexandre allant fonder le trône des Lagides et la ville d'Alexandrie! plus tard encore les hordes qui se ruent au travers de l'isthme sablonneux! Omar, tenant à la main la torche qui doit brûler des trésors de sciences! Tarykh qui fondera Gibraltar, le trône de l'Alambra et la civilisation moresque? N'est-ce pas là une série d'anneaux visibles, se succédant l'un l'autre, enchaînant les deux contrées limitrophes? Faut-il rappeler encore que l'empire des Califes, que ses annexes, que ses capitales furent longtemps ballottés de l'Euphrate au Nil, de Bagdad au Kaire? Faut-il citer le mouvement des Croisades, qui passa comme tous les mouvemens de conquêtes orientales, de la Syrie à l'Égypte, des campagnes de Louis VII à celles de Louis IX? Faut-il citer Bonaparte marchant sur Acre, et Ibrahim-Pacha arrivant jusqu'aux frontières de l'Asie-Mineure? Il y a communauté entre les deux pays, tout le prouve; dès qu'on les sépare, ils tendent à se rapprocher.

Marchons donc vers l'Égypte, cette sœur aînée de la Syrie.

Voici sa clef à l'Orient, el-Arich, qu'un traité moderne a rendue célèbre, son port sur la Mer-Rouge; Suez, dont parlent les Ecritures, entrepôt des Arabes de Tor. Plus loin est Peluse, la ville romaine, à l'une des tangentes du lac Menzaléh; sur l'autre rive du lac, Damiette, qui garde encore l'empreinte des pas de saint Louis; Rosette lui fait face; Damiette et Rosette, deux noms sonores entre lesquels le fleuve coule, pressant dans ses bras un Delta tout entier de terre limoneuse.

Mais que sont ces villes auprès de la ville d'Alexandre, où régnèrent les Lagides, où mourut Cléopâtre, auprès de l'Alexandrie grecque, péristyle de la Thèbe égyptienne et du Kaire sarrasin? Cité d'amour et de vieilles gloires, endormie entre les eaux de la mer et du lac, Alexandrie, où sont tes galères à la carène dorée, aux voiles de pourpre et de soie, où sont tes palais de Neptune et de Sérapis, d'Antirrhode et de Lochias, où sont tes aiguilles, où est ton port de Kibotos? Alexandrie, où est ton phare de Sostrate, la septième merveille du monde? N'es-tu plus que l'Iskanderyéh moderne, destinée à perdre jusqu'à ton nom? Capitale des controversites égyptiens, as-tu encore des patriarches dissidens, des conciles, des églises dans l'enceinte des murs, et des couvens dans les déserts du fleuve sans eau? Tout a péri! tes gloires païennes comme tes gloires chrétiennes.

Au Kaire, maintenant, la capitale des Califes et des sultans, la résidence des pachas de la Porte et des beys Mamlouks. Un château, une ceinture de forts, trois cents mosquées, soixante-onze portes, des palais, des hôpitaux, des écoles publiques, et deux cent cinquante mille habitans; on le voit, la fille de Touloun et des Ayoubites a encore le droit de régner sur le Nil et de n'y point souffrir de rivale.

Au-delà du Kaire commence un autre ordre d'impressions. La Romaine Antinoë que fonda Adrien, en mémoire d'un jeune favori, quelques bourgades purement Arabes; des maisons de fellahs, bâties sur la terrasse des temples, la Thébaïde avec ses pieux souvenirs, et ses monastères encore debout, peuvent bien par intervalles distraire les pensées et la vue; mais l'aspect général est égyptien, sur les rives du Haut-Nil. La vieille Égypte y prévaut.

Déjà aux portes du Kaire, elle est debout avec ses pyramides, plus durables que des villes; elle se révèle dans les puits de momies de la plaine de Sakkara. Plus loin, elle se retrouve dans le Fayoum avec son lac Mœris, et ce labyrinthe imposant, où se rassemblaient les Députés des sept Nomes provinciaux. Vous la voyez encore à Hermopolis, dans un portique de temple; à Syout, dans les Hypogées; jusqu'à ce qu'elle couvre de ses ruines une plaine entière, la plaine de Thèbes. Là, tout raconte les grandeurs de l'antique souveraine. Ces deux statues colossales, dont le poids a été évalué à vingt-six mille quintaux; blocs de grès brèche, qu'on aperçoit à quatre lieues de distance; le Memnonium, l'Hyppodrome de Médynet-Abou, tout remplis de parois hiéroglyphiques; l'avenue de six cents Sphinx, les palais de Louqsor et de Karnak, les tombeaux de rois (Byban-el-Molouk), creusés dans la montagne Lybique, les pylones massifs, la salle hypostyle, les Propylées, tout signale la grande Thèbes, l'une des merveilles du monde, l'*hécatompyle* d'Homère, la cité mystérieuse qui eut ses colléges de Hiérophantes, gardiens des traditions, et trois cent quarante-cinq statues de rois que les prêtres d'Égypte montrèrent à Hécatée de Milet.

Dans la vallée supérieure, cette histoire monumentale continue. Hermonthis a ses temples; Esneh aussi. Des colonnades et un nilomètre se montrent sous les vases d'Eléphantine, tandis qu'au-delà des premières cataractes, et sur une île demi-Nubienne, demi-Égyptienne, Philœ déroule de longues galeries aux parois sculptées; des obélisques, des pylones, des fûts, des chapiteaux aux fleurs de lotus; tout cela si bien dressé, si bien fouillé, fait avec tant d'art, qu'on dirait vraiment que ces constructions datent d'hier, et non pas de trente siècles. L'Égypte ne s'arrête pas là; elle franchit sa propre frontière; elle remonte avec ses temples jusqu'aux plus hautes cataractes nubiennes, jusqu'au fabuleux royaume de Meroé.

Voilà la Syrie et l'Égypte, vues presqu'à vol d'oiseau, dans un rapide itinéraire. Ce livre reproduira tous ces points de vue généraux, les animera, les colorera par les détails. Quoiqu'il ne porte point le titre de *Voyage*, ce sera néanmoins (écrit comme il l'est par les voyageurs qui ont vu les lieux) un résultat des impressions que ces lieux font naître. Grâce à cette donnée, le texte aura ce choix d'allures, cette liberté de mouvemens, qui font le charme d'un récit de voyageur. On y lira tantôt de la science grave, tantôt une causerie anecdotique, quelquefois de l'histoire, ou de la géographie comparée. Ces nuances diverses seront un reflet des localités; celles-ci imposantes, celles-là gaies; les unes évoquant des souvenirs biographiques, es autres se grandissant jusqu'à une histoire sérieuse et didactique.

Tel est le plan de ce livre; un voyage sans voyageur en action.

PACHALIC D'ACRE OU DE SAYDE.

SAINT-JEAN D'ACRE.

Saint-Jean d'Acre, notre débarcadère syrien, est une ville plus saillante sous le rapport historique que sous celui de l'archéologie. Ses monumens sont pauvres; ses annales sont riches.

Située dans la Célésyrie, sur les confins de la Phénicie et de la Palestine, Acre reporte son origine aux temps mythologiques; sa date va plus loin dans les âges que celles d'Antioche et de Césarée, plus loin même que l'entrée des Hébreux dans la terre promise. Alors elle se nommait *Ako* ou *Acco*, nom phénicien qui veut dire *étroite, resserrée*, sans doute à cause de l'entassement de ses maisons sur une langue de terre qui fait saillie dans la mer.

Plus tard, quand les Grecs maîtres de cette ville voulurent, suivant leur vaniteuse manie, rattacher son origine à leurs propres traditions mythologiques, ils songèrent par quels moyens ils pourraient tordre ce mot *Ako*, pour en extraire une racine grecque. Après beaucoup de recherches patientes, voici ce que trouvèrent leurs étymologistes. D'*Ako* ils firent *Aké;* puis, bâtissant sur ce nom une fable religieuse, ils rapportèrent cette appellation à Hercule, qui, blessé d'un coup de flèche (αχη) avait trouvé sa guérison (αχος) dans une plante, cueillie sur les bords du fleuve Bélus. Ainsi, l'étymologie grecque reposait sur un double jeu de mots.

Les mythographes orientaux n'ont pas, de leur côté, bâti moins d'hypothèses fabuleuses. Acre, suivant les uns, fut fondée par Adam lui-même, qui s'y arrêta lorsqu'il eut découvert la source qui coule aujourd'hui encore au milieu de la ville; les autres attribuent sa fondation au prophète Saléh, qui y construisit un temple dont les ruines subsistaient encore dans les premiers siècles de l'Islamisme. Mais l'histoire réelle d'Acre ne commence que dans les premiers temps de l'ère hébraïque, quand le *Livre des Juges* désigne la ville d'*Acco* comme l'une des cités limitrophes des terres phéniciennes, qui, avec Tyr et Sidon, résistèrent aux armes des Israélites.

Plus tard, Acre, devenue une annexe de Tyr, suivit les destinées de la métropole. Sous le nom d'*Acon*, elle passe des mains du roi des Perses dans celles d'Alexandre, et, quand le conquérant meurt, elle échoit à Démétrius Soter, fils de Seleucus. Trois siècles avant l'ère chrétienne, Acre obéit, avec une portion de la Syrie, au sceptre de Ptolémée Philadelphe, roi d'Égypte et paisible possesseur des conquêtes de son père. De cette époque date son nouveau nom de Ptolémaïs. Cent cinquante ans plus tard elle relève d'Alexandre Balas, ce prétendu fils d'Antiochus Épiphanes, que Démétrius Nicanor dépossède bientôt d'une couronne usurpée.

Assiégée dans la suite par le roi d'Arménie Tigrane, la ville d'Acre résista, et se maintint sous la loi des Lagides. Mais quand, plus tard, les Romains promenèrent le niveau sur toutes ces petites dynasties, l'Arménie et la Syrie eurent pour chefs des prétoriens; les villes, des cohortes pour garnison. Sous les Hérodes, Acre reprit son ancien nom altéré en celui d'*Accon;* devint, sous l'empereur Claude, *Colonia Claudia*, désignation que l'on retrouve sur plusieurs médailles; se transforma, sous le Bas-Empire, en siége épiscopal, dont les titulaires sont cités dans les actes des conciles de Césarée, de Nicée, d'Antioche, de Constantinople, de Chalcédoine et de Jérusalem; changea encore et à diverses reprises de nom : tour à tour, *Akka*, *Akko*, *Accaron* et *Ptolémaïs*.

Le nom d'Akka prévaut sous le kalyfe Omar, dans les premiers jours de la propagande mahométane. Acre est une des premières conquêtes de l'Islamisme sur l'empire Byzantin; Omar y entre, et, loin d'y faire brûler des manuscrits précieux, il y construit une mosquée magnifique sur les ruines du temple, attribué au patriarche Saléh. A son tour, vers l'an 260 de l'hégyre (871 de l'ère chrétienne), Ahmed-ben-Touloun, devenu souverain indépendant de l'Égypte et de la Syrie, s'occupe de l'embellissement d'Acre, fait creuser son port, le ferme d'une chaîne, et réédifie ses fortifications.

Cette période de prospérité dure jusqu'aux croisades. Là, elle s'arrête, et s'annule devant les plus furieuses et les plus impitoyables guerres. De toutes les villes du littoral syrien, aucune n'a plus à souffrir que la ville d'Acre, aucune ne change plus souvent de maître. Cinq fois emportée d'assaut par les bataillons des croisés, cinq fois elle est reconquise par les milices musulmanes. En l'an 1104 de l'ère chrétienne (497 de l'hégyre), Baudouin y entre et la sanctifie. La mosquée d'Omar se change en église dédiée à saint Jean, et l'ordre des chevaliers de Saint-Jean d'Acre est fondé. Pendant quatre-vingt-trois ans, cette compagnie, si célèbre depuis sous le nom de Saint-Jean de Jérusalem et de Malte, garda la place confiée à sa bravoure, et la défendit contre toutes les forces sarrasines. Chassés de ses murs par le sultan Salah-el-Din vers 1187 de l'ère chrétienne (583 de l'hégyre), les croisés la reprirent quatre ans plus tard, sous Philippe-Auguste de France et Richard Ier d'Angleterre; c'est là que débarquèrent, lors de la troisième croisade, en 1196 (592), les guerriers de l'armée chrétienne que l'empereur grec Isaac s'était chargé de faire transporter de Constantinople en Syrie. Mais au milieu des désastres que subirent à la fin du XIIIe siècle les fidèles d'Orient, cette place, où des dissensions intérieures favorisaient la cause des successeurs de Salah-el-Din, resta définitivement acquise à l'autorité mahométane l'an 1291 (690), sous le règne du sultan d'Égypte Khalyl, fils de Kalaoun, huitième prince de la dynastie des Mamlouks Baharytes. Le vainqueur en chassa les Chrétiens, et en démantela les remparts. Entièrement rasée à cette époque, Acre prit le nom d'*Akkah-el-Kharâb*, Acre la ruinée, et ce nom est resté aux décombres qui gisent à l'est de la ville actuelle.

Avec des traditions aussi importantes, Acre semblait comme rayée de l'histoire moderne, quand le cheyk Daher, vieillard hardi et adroit, s'en empara, malgré la Porte, en 1749. Acre n'était alors qu'un village ouvert, dans lequel les maraudeurs Bédouins dictaient la loi; Daher résolut d'en faire une place forte. Il acheta l'impunité du divan de Constantinople, se bâtit un palais fortifié comme une citadelle, éleva des tours qui commandaient le port, édifia autour de la ville une enceinte qu'il garnit de canons. Ces sûretés prises, Daher songea à des améliorations plus pacifiques; il assainit la plaine environnante, encouragea les cultures, fit creuser le port, attira des négocians européens, donna un essor subit aux échanges de la cité renaissante; traita avec les pachas ses voisins, moins comme un égal que comme un maître; gagna à sa cause les Motoalis, tribu belliqueuse et puissante; devint enfin *cheyk d'Acre, prince des princes, com-*

mandant de Nazareth, de Tabariéh, de Safed, et *maître de toute la Galilée*. Allié des Russes, et appuyé par toute la population voisine, Daher vainquit le pacha de Damas et fit capituler la Porte. Il ne succomba que vaincu par la trahison, et quand Djezzar eut passé dans ses rangs pour le perdre et s'installer à sa place.

Ce nouveau pacha d'Acre est une des plus saillantes figures que l'Orient moderne ait mises en relief. L'étoile de Bonaparte pâlit devant celle de ce vieillard. Le vrai nom de Djezzar était Ahmed, pauvre Bosnien, né de parens si misérables qu'ils étaient obligés d'emprunter une marmite à leurs voisins. Le pacha contait ce fait lui-même, et il ajoutait : « Aujourd'hui me voilà maître de toute la Syrie ; *Allah Kérim !* » (Dieu est grand.)

Simple esclave d'Aly-bey, chef des Mamlouks égyptiens, Ahmed fut pendant quelques années l'instrument de ses cruautés mystérieuses. Las de cette vie, il quitta bientôt le Kaire, et promenant ses destins de Constantinople à Beyrout, il devint en Syrie l'agent secret de la Porte contre le cheyk Daher, surprit bientôt la confiance de ce cheyk, et le massacra. Investi de son pachalic, il compléta ce guet-à-pens par l'anéantissement des Druzes et des Motoalis, alliés de Daher, et consomma cette œuvre politique avec une férocité si impitoyable, que l'exécration publique lui donna alors le nom de Djezzar (le boucher), surnom dont il se glorifia lui-même, qu'il accepta, qu'il échangea avec orgueil contre le sien.

Ce rôle de boucher et de bourreau était chez le Bosnien un penchant irrésistible. Dans les contrées où les plus mauvais instincts ont libre carrière, où le puissant ne relève que de lui-même, Djezzar eut le talent de dépasser la mesure des cruautés permises. Doué de plus d'intelligence et de plus d'activité que n'en ont ces races indolentes, il était à la fois son ministre, son chamelier, son trésorier et son secrétaire, quelquefois son cuisinier et son jardinier, plus souvent encore son juge et son bourreau. Avait-il besoin d'argent, ou désirait-il grossir de quelques sacs de sequins une épargne immense? à l'instant même il mandait ses ministres. « Un ministre, disait-il dans son langage oriental et figuré, un ministre est une éponge au moyen de laquelle on pompe les sueurs du peuple, et qu'on exprime ensuite à son profit. » Sa meilleure éponge fut long-temps un nommé Ibrahim Sabbagh, chrétien de Syrie, homme fort habile, à ce qu'il paraît, dans l'art de pressurer les populations, mais à qui ce talent ne profita guère. Un jour, Djezzar se réveilla avec la pensée que l'éponge était suffisamment chargée d'or; Ibrahim Sabbagh fut mandé au château.—Ibrahim, lui dit Djezzar, tu as des sequins entassés dans tes coffres. — Mais, seigneur... — Pas de mais; voici le kasnedar qui va les aller chercher. Donne-lui ta clef. — On m'a calomnié près de mon maître. — Ton maître va te trancher la tête, si tu n'obéis. — Le pauvre Sabbagh donna la clef; il croyait racheter au moins sa vie par de l'or; mais à peine le kasnedar avait-il reparu avec le précieux coffre, sur le seuil du sérail, que deux esclaves se précipitèrent sur le ministre et l'étranglèrent.

Djezzar se plaisait à ces exécutions sanglantes. Il s'en faisait parfois un délassement personnel. Son palais, son harem, étaient remplis de serviteurs mutilés. Celui-ci avait perdu un œil, celui-là une oreille; d'autres la jambe ou le bras, ou le nez ou la langue. Le caprice du maître aimait à varier le supplice. La mutilation suivait toujours la plus légère faute. Un plat servi trop chaud ou trop froid, une pipe mal allumée, un peu d'eau répandue hors de l'aiguière, un ordre exécuté avec mollesse, fournissaient au sabre du pacha des occasions de châtimens horribles et divers.

Quand sa maison ne donnait pas, il mettait la ville à contribution. Son kiosque plongeait sur la principale rue d'Acre; de là, il pouvait voir circuler toute la population. Ce lieu était pour lui un observatoire favori, un cabinet d'études physiologiques. Tant que les passans avaient des figures convenables, il ne disait rien; mais venait-il à entrevoir une physionomie qui lui déplaisait, à l'instant même il faisait amener devant lui l'individu de gré ou de force, et là : « Tu as un visage qui porte malheur, disait-il au patient, » ou bien : « Tu as un mauvais œil ; » et le pauvre diable sortait du palais avec un œil, le nez, ou une oreille de moins. Ces fantaisies lui venaient à toute heure, à tout propos. Un jour que son *berber-bachi* le rasait, il avisa de son kiosque un passant, et l'envoya quérir. « Arrache l'œil de cet homme, » dit-il au barbier; et comme le barbier hésitait : « Peut-être ne sais-tu pas le faire; et bien! approche, je te l'enseignerai. » Le barbier s'approcha sans défiance. Quand il fut à portée, Djezzar lui enfonça l'index dans l'orbite, en fit jaillir le globe, le saisit, l'arracha, le lui jeta à la figure, et lui dit : « Tiens, maladroit; voilà comme on arrache un œil. »

Souvent encore Djezzar se donnait de tels plaisirs sur une grande échelle. Ses Arnautes faisaient une presse dans les carrefours, et ramassaient tous les citadins que le hasard ou les affaires y avaient appelés. Quand la salle d'audience était pleine, on avertissait Djezzar. Il s'avançait, passait en revue les prisonniers, et s'ingéniait long-temps à trouver quelque férocité originale et neuve. Un jour, son cerveau resta au dépourvu; il ne trouvait rien; il n'imaginait rien de récréatif; il allait peut-être de guerre las renvoyer tout ce monde, quand l'idée lui vint de faire une distinction. « Qu'on pende ceux de gauche, et qu'on serve à manger à ceux de droite. » Cela fut fait comme le pacha l'avait dit; et quand les femmes et les enfans des suppliciés vinrent assiéger le sérail de leurs larmes et de leurs cris, le pacha les rappela avec un seul mot à la résignation mahométane : « C'était écrit; tout est écrit. » La foule répéta : « C'était écrit. »

Comme les anciens visirs de l'Orient, Djezzar faisait la police lui-même. Déguisé en mendiant, il surveillait les boutiques et les marchés, et distribuait une prompte et sanglante justice. Peu d'heures après la tournée du maître, son passage se révélait partout. Ici un juif vociférait, la langue prise sur son comptoir; là, se débattait un Arménien cloué à sa porte par une oreille; ailleurs un boucher pendait à sa porte accroché par le menton comme un quartier de mouton ou de bœuf.

Mais ces horreurs, commises en face de tous, n'étaient rien auprès des atrocités mystérieuses qui épouvantaient le harem de Djezzar. Voluptueux et jaloux, le pacha, malgré son âge, avait toujours à ses ordres une centaine de jeunes esclaves, façonnées à l'amour par le cimeterre, et poignardées par le maître lui-même au moindre soupçon. Un geste, un mot, une impression extérieure, quelle qu'elle fût, étaient des arrêts de mort. Toute communication était murée entre le palais et les appartemens des femmes; les esclaves qui les servaient ne les voyaient pas, ne leur parlaient pas; les alimens n'arrivaient dans le harem que par une espèce de tour, que défendait une double grille. Ce tour servait encore aux consultations médicales : par cette ouverture, la malade tendait son bras toujours couvert d'une étoffe; et, sans la voir, sans l'interroger, sans toucher même la peau, le médecin était obligé de prescrire des remèdes, au hasard et à contre-sens.

Ces précautions ne suffirent pas toujours pour garder les femmes de Djezzar des amours et des brutalités du dehors. Tant qu'il était là, rien n'était à craindre; mais, nommé *Emir-el-Hadj* (prince des Pèlerins), le pacha fut obligé plus d'une fois, à ce titre, d'accompagner à la Mekke la grande caravane des croyans qui s'y rendaient pour visiter la Kaabah. Dans une de ces absences les Mamlouks de la garde forcèrent les portes de son harem, et profanèrent ses odalisques. A son retour le pacha apprit tout par ses espions ; mais les coupables s'étaient soustraits à ses vengeances. Les femmes seules restaient, plutôt victimes que complices. Djezzar les fit toutes amener devant lui, arracha avec fureur leurs vêtemens, éventra de sa main celles qui révélaient quelques signes de grossesse, en fit coudre vingt dans des sacs de cuir qu'on jeta ensuite en pleine mer, et embarqua les autres pêle-mêle, et toutes nues, sur un vaisseau destiné pour Constantinople, où elles furent vendues à l'encan.

Deux ans s'étaient écoulés depuis ce drame, et le souvenir d'une vengeance inassouvie vivait encore dans le cœur de Djezzar, quand un Mamlouk nommé Souleyman, acteur dans le viol du harem, se hasarda à paraître devant son ancien maître. Un jour d'audience, il fendit la foule des officiers, et se jeta aux pieds du pacha, qui le reconnut et rugit comme un tigre à cet aspect. « Misérable ! que viens-tu faire ici ? dit-il » tirant son sabre courbe flamboyant. — Mourir à tes genoux, répondit » le Mamlouk. — Tu sais bien que Djezzar n'a jamais pardonné. — Je le » sais. — Que veux-tu donc ? — Mourir. — Eh bien ! tu mourras. » Trois fois le sabre fut levé, trois fois il retomba sans frapper Souleyman. Enfin, le pacha jeta son arme, et dit : « Lève-toi ; Djezzar aura pardonné un » jour en sa vie. » Cette clémence inaccoutumée fit grand bruit dans Acre et dans le palais. Djezzar se complut dans sa clémence, il lui donna plus de relief encore en comblant son protégé de ses faveurs. Par un hasard assez singulier, ce fut ce même Souleyman, miraculeusement sauvé, qui plus tard, succéda à son ancien maître dans le pachalic.

A côté de cette cruauté monomane, Djezzar avait des vertus et des qualités politiques. Intrépide et persévérant, il fit trembler la Porte, qui n'osa pas le troubler dans la jouissance de son pachalic. Il obtint d'elle, par la crainte plutôt que par l'affection, le plus grand honneur auquel un dignitaire ottoman puisse atteindre : les trois queues de pacha, et le titre de *ouezir* (vizir), dernier point de mire des ambitions musulmanes. Cette Acre, si étrangement décimée par lui, lui dut des créations utiles et nombreuses. Il continua, pour elle, ce que Daher avait ébauché ; il agrandit son enceinte, il fit percer des rues, construire des mosquées, établir des fontaines, édifier des monumens. Son aqueduc, qui passe à bon droit pour une des merveilles de la contrée, fut exécuté par ses ordres et sur ses propres plans.

Ainsi, cette vie ne procéda que par contrastes. Simple Bosnien de la classe la plus obscure, Djezzar rêva d'être prince de l'Orient ; il le fut : d'esclave, il devint visir. Comment il y parvint, lui-même nous l'apprend.

« J'ai été toute ma vie, disait-il à l'âge de quatre-vingt-dix ans, calme » au milieu des populations qui me maudissaient ; j'ai été toute ma vie » comme un bloc de marbre, résistant à tout, et à qui rien ne résiste. »

Ce fut ce bloc de marbre qui résista à Bonaparte et aux douze mille Français détachés de l'armée d'Égypte pour conquérir Saint-Jean d'Acre. Commençant la guerre à sa manière, Djezzar fit coudre dans des sacs cent cinquante chrétiens, marchands européens, Cophes ou Maronites, établis dans la ville depuis fort long-temps, et les fit ainsi jeter à la mer. La vague porta ces malheureux sur la plage où campait l'armée française, et nos soldats purent savoir ainsi quel traitement Djezzar réservait à ses prisonniers de guerre. Ce siége, on le sait, dura plus de deux mois, et sans doute le pacha eût expié alors sa vie de froides atrocités, si le commodore anglais, sir Sidney Smith, n'était venu mettre la tactique européenne au service de l'inexpérience musulmane. Privée de ses canons de gros calibre, que la croisière anglaise avait capturés, décimée par la peste, pressée par des populations hostiles, menacée par le grand-visir, l'armée française fut obligée de lever le siége de Saint-Jean d'Acre. Celui qui devait conquérir l'Europe préludait à cette vaste gloire par un échec subi aux portes d'une bicoque asiatique. *Allah kerim !* c'était écrit. Il était écrit encore que ce Bosnien, ce Djezzar, dont toute la vie avait été une suite de monomanies sanglantes, mourrait paisiblement dans son lit, après quatre-vingt-dix années de vie, et un demi-siècle de règne.

Acre est le chef-lieu du pachalic de Sayde, qui embrasse tout le territoire compris entre le Nahr-el-Kelb (l'Adonis) et Qayssarieh (Césarée), entre la Méditerranée à l'ouest, l'Anti-Liban et le cours supérieur du Jourdain à l'est. A l'importance de son étendue, ce pachalic joint de rares avantages de sol et de position. Le blé, l'orge, le maïs (*doura*), le coton, le sésame (*semsem*), couvrent les riches plaines d'Acre, d'Esdrelon, de Sour (l'ancienne Tyr), de *Gebel-Naqouréh* et du cap *Ras-el-Mecherfy*. La fertilité de cette contrée, ancien domaine de la tribu d'Aser, justifie la parole du patriarche Jacob : « Aser mangera un pain délicieux ; son pays » sera fertile en excellens blés qui feront les délices des rois. » Les cotons de Safed sont estimés pour leur blancheur à l'égal de ceux de Chypre ; le tabac prospère sur les montagnes de Soûr. Le pays des Druzes abonde en vins et en soie. Le territoire de Qayssariéh (l'ancienne Césarée) offre une des plus belles forêts de chênes qui existent en Syrie; enfin, comme si ce n'était pas assez de tant de richesses agricoles, ce pachalic, par sa position sur le littoral, par la sûreté de son port, de ses anses et de ses baies, peut passer pour l'entrepôt général du commerce arabique et syrien.

En face d'Acre, et dominant la petite ville de Caïffa ou Hayfa, s'élève un pic écrasé et rocailleux, dont le nom est célèbre dans les Écritures: c'est le Mont-Carmel où pria Élie. Une chapelle dédiée au prophète couronne ce sommet. C'est de là, dit la tradition, qu'il partit pour le ciel dans un chariot de feu. La hauteur de ce pic est de trois cents toises au-dessus du niveau de la mer. Ses flancs sont couverts d'oliviers et de vignes sauvages qui attestent l'existence d'anciennes cultures. Sur ce plateau aéré, et dans la chapelle d'Élie, fut établie, à l'époque du siége de Saint-Jean d'Acre par l'armée française, une ambulance réservée aux pestiférés. Étendus sur des nattes, là moururent plusieurs centaines de soldats compatriotes que le fléau enleva au milieu d'horribles souffrances. En vue de la mer, qui déroulait devant eux sa nappe immobile, ces malheureux, avant de mourir, cherchèrent sans doute à l'horizon une forme fantastique qui leur rappelât la terre natale; ils l'appelèrent, dans leurs angoisses maladives, comme si la brise du Liban pouvait emporter jusqu'à elle leurs paroles d'adieux. Plus tard, quand l'armée leva le siége de Saint-Jean d'Acre, quelques uns de ces pestiférés restés en arrière de toute ambulance, oubliés, condamnés à mourir, eurent assez de force fébrile pour se lever de leur couche de mort. L'œil hagard, livides, à demi nus, dégoûtans de sanie et dévorés de fièvre, ils se jetèrent au hasard au travers de ces crèches rocheuses, pendant que leurs compagnons d'armes défilaient sur la grève. Tous périrent, les uns brisés à mi-côte, les autres roulant fracassés jusqu'au pied de nos bataillons silencieux.

SOUR, L'ANCIENNE TYR, —

SAYDE, L'ANCIENNE SIDON, — BEYROUT, L'ANCIENNE BERYTE, — PAYS DES DRUSES, — L'ÉMYR BÉCHIR, — LADY STANHOPE.

Le pachalic dont Acre est la capitale comprend encore une foule de localités célèbres dans l'histoire des âges : Nasrâ ou Nazareth, Tabarié ou Tibériade, le Mont-Thabor, le lac de Génézareth, qui se lieront, dans notre Précis, à l'histoire de la Palestine; puis Sour et Saïde, Tyr et Sidon, qui appartiennent l'une et l'autre à un autre ordre d'idées, de gloire, de puissance et de civilisation.

Sour est située sur le littoral syrien, à six lieues au nord de la ville d'Acre. Son ancien nom de Tyr, par une altération familière aux Orientaux, est devenu d'abord *Tsour*, pour former celui de *Sour*, bourgade peuplée aujourd'hui de deux mille âmes.

Là était Tyr, cette reine du monde commercial, que fondèrent des Sidoniens chassés de leur patrie deux cent quarante ans avant la construction du temple de Jérusalem. Une langue avancée dans la mer, et continuée par un îlot peu distant du rivage; une baie vaste et sûre, un territoire fertile et riant, voilà ce qui décida cette fondation, dont l'importance devait grandir si vite. Long-temps en terre ferme, Tyr s'y maintint malgré des ennemis nombreux et puissans : pendant treize années entières, elle résista au roi de Babylone, maître de tout le reste de la Syrie, et quand, après ce siége glorieux, il devint impossible de se défendre sur le continent, au lieu de se rendre, les Tyriens aimèrent mieux passer sur l'île, et mettre la mer entre eux et leurs ennemis. Ce fut dans cette nouvelle position qu'Alexandre vint attaquer la cité industrieuse. Ruinée, puis reconstruite, elle profita d'une jetée élevée au sein de la mer par les Macédoniens pour lier son île à la terre ferme, formant ainsi le promontoire sur lequel ses décombres s'étendent aujourd'hui.

Merveilleuse existence phénicienne encore mal éclaircie, colonie marchande jetée sur une bande étroite du littoral syrien, occupant à peine quelques lieues carrées en territoire, et qui pourtant fonda des succursales comme Carthage, comme Utique, comme Cadix dans la Méditerranée; comme Araduse sur le golfe Persique; Faran et Pœnicum Oppidum sur la mer Rouge! A cette époque d'autocratie et de théocratie, le commerce, la navigation et l'industrie avaient donc aussi leur puissance. La Phénicie régnait sur les mers, et sans doute ses marins poussèrent leurs trirèmes sur une foule de plages où nos découvreurs modernes prétendent avoir abordé les premiers. Quand on songe aux traditions tyriennes, aux magnificences que leur prête la voix des vieux prophètes, c'est à se demander si nous ne sommes pas encore petits, nous qui nous croyons si grands.

« Ville superbe, qui repose au bord des mers! Tyr, qui dit : Mon empire s'étend au loin de l'Océan, écoute l'oracle prononcé contre toi! Tu portes ton commerce dans les îles lointaines, chez les habitans de côtes inconnues. Sous ta main, les sapins de Sânir deviennent des vaisseaux, les cèdres du Liban des mâts, les peupliers de Bisan des rames. Tes matelots s'asseyent sur le buis de Chypre, orné d'une marqueterie d'ivoire. Tes voiles et tes pavillons sont tissus du beau lin d'Égypte; tes vêtemens sont teints de l'hyacinthe et de la pourpre de l'Hellas (Hellespont). Sidon et Arouad t'envoient leurs rameurs, Djabal (Djebilé), ses constructeurs habiles; tes géomètres et tes sages guident eux-mêmes tes proues. Tous les vaisseaux de la mer sont employés à ton commerce. Tu tiens à ta solde le Perse, le Lydien, l'Égyptien; tes murailles sont parées de leurs boucliers et de leurs cuirasses. Les enfans d'Arouad bordent tes parapets, et tes tours gardées par les Djimédéens (peuples phéniciens), brillent de l'éclat de leurs carquois. Tous les pays s'empressent de négocier avec toi. Tarse envoie à tes marchés de l'argent, du fer, de l'étain, du plomb. L'Yonie, le le pays des Mosques et de Teblis (Teflis), t'approvisionnent d'esclaves et de vases d'airain. L'Arménie t'envoie des mules, des chevaux, des cavaliers. L'Arabe du Dedan voiture tes marchandises. Des îles nombreuses échangent avec toi l'ivoire et l'ébène. L'Araméen (le Syrien) t'apporte le rubis, la pourpre, les étoffes piquées, le lin, le corail et le jaspe. Les enfans d'Israël et de Juda te vendent le froment, le baume, la myrrhe, la résine et l'huile; Damas le vin de Halboun (Halab peut-être) et les laines fines. Les Arabes d'Oman offrent à tes marchands le fer poli, la cannelle, le roseau aromatique, et l'Arabe du Dedan des tapis pour t'asseoir. Les habitans du désert paient de leurs chevreaux et de leurs agneaux tes riches marchandises. Les Arabes de Saba et Ramé s'enrichissent par le commerce des aromates, des pierres précieuses et de l'or. Les habitans de Harang, de Kalané et d'Adana, facteurs de l'Arabe, de Cheba, de l'Assyrien et du Chaldéen, commercent aussi avec toi et te vendent des châles, des manteaux artistement brodés, de l'argent, des mâtures, des cordages et des cèdres; enfin, les vaisseaux vantés de Tarse sont à tes gages. O Tyr, fière de tant de gloire et de richesses, bientôt les flots de la mer s'élèveront contre toi, et la tempête te précipitera au fond des eaux. Alors s'engloutiront avec toi tes richesses; avec toi périront en un jour ton commerce, tes négocians, tes correspondans, tes matelots, tes pilotes, tes artistes, tes soldats, et le peuple immense qui remplit tes murailles. Tes rameurs déserteront tes vaisseaux; tes pilotes s'assiéront sur le rivage, l'œil morne contre terre. Les peuples que tu enrichissais, les rois que tu rassasiais, consternés de ta ruine, jetteront des cris de désespoir. Dans leur deuil, ils couperont leur chevelure; ils jetteront la cendre sur leur front dénudé; ils se rouleront sur la poussière, et ils diront : « Qui jamais égala Tyr, cette reine de la mer? »

Voilà ce que disait le poète-prophète. L'oracle n'a pas menti. Sour est un village; Sour n'a plus ni monumens, ni navires, ni ports, ni marchandises, ni population. Un facteur grec au service des maisons européennes a remplacé ces mille armateurs, ces mille manufacturiers, ces myriades de marins. Quelques ballots de coton pourrissent sur les quais, où roulaient du soir au matin l'or et la pourpre, les épices et les aromates. Les colères prophétiques ont eu raison.

Le local actuel de Sour est une presqu'île qui saille du rivage, et va vers la mer, sous la forme d'un marteau à tête ovale. Cette tête, dont le fond est de roc, et le dessus une terre brune cultivable, forme une petite plaine de huit cents pas de long sur quatre cents de large. L'isthme qui lie cette plaine au continent est au contraire de pur sable de mer. C'est la jetée d'Alexandre, élargie par des attérissemens successifs. Le village de Sour est assis sur le point d'attache de l'isthme à l'ancienne île dont il couvre à peine le tiers. Un bassin, qui fut un port creusé de main d'homme, règne vers la pointe nord; deux tours correspondantes en défendent l'accès, et de ces tours part une enceinte en ruines qui jadis bordait l'île entière. La partie du terrain libre autour du village est occupée par des jardins à peine cultivés. Quelques légumes et du poisson suffisent aux habitans. Ils ne cherchent pas à obtenir par le travail une condition meilleure. De toutes les constructions élevées dans l'enceinte, la plus remarquable est une ruine située à l'angle sud-est, vieille église chrétienne bâtie probablement par les croisés, et dont il ne reste aujourd'hui que la nef. Tout auprès et parmi les décombres gisent deux magnifiques colonnes en granit rouge, d'une espèce inconnue en Syrie, si massives, si pesantes, que Djezzar essaya vainement de les faire transporter à Acre, pour en décorer les parois de la mosquée.

Sur l'isthme est un puits qui fournit aux besoins du village, puis au-delà commencent des ruines d'arcades qui semblent appartenir à l'aqueduc qui portait de l'eau à la vieille Tyr. Plus on avance vers l'intérieur, plus cette donnée se confirme. A une heure dans les terres, les arches reparaissent avec un large canal au-dessus, formé d'un ciment plus dur que la pierre. Ce système d'arcades conduit à des réservoirs que plusieurs voyageurs ont nommé les puits de Salomon, et qui ne sont connus dans le pays que sous le nom de *Ras-el-Aën* (tête de la source). Ces réservoirs sont au nombre de six ou sept, dont l'un grand, deux moindres, les autres petits; ils forment tous un massif de maçonnerie en ciment mêlé de cailloux de mer. Ces puits, dont le massif saille de quinze à dix-huit pieds, sont remplis jusqu'aux bords d'une eau vive et bouillonnante. Elle se déverse par une foule de courans, et son abondance est telle, qu'après avoir fait marcher trois moulins elle se forme en un petit ruisseau qui va se perdre dans la mer.

Voilà Tyr et son bassin. Saïde on Sidon, mère de toutes les villes phéniciennes, est située à six ou sept lieues au nord. Ancien chef-lieu du pachalic, Sayde est une ville assez vaste, mais mal bâtie, malpropre, et remplie de décombres modernes. Elle occupe sur les bords de la mer un terrain d'environ six cents pas de long sur cent cinquante de large. Un fort qu'une volée renverserait, domine la mer, la ville et la campagne. Le château, au N.-O. de la ville, est en meilleur état. Jadis, entre le château et un écueil qui lui fait face, s'étendait une espèce de rade, bonne à peine dans la saison des vents alisés; mais l'émyr Fakr-el-Dyn, à l'époque où il craignait une descente turke, fit ensabler les passes de telle manière, qu'aujourd'hui encore le mouillage est impraticable. Du côté de la mer, la ville est sans murailles; elle a un mur du côté de la terre, bon tout au plus pour la protéger contre les cavaliers de ces montagnes. L'artillerie se compose de six à sept vieux canons; la garnison va à cinquante ou soixante hommes. Quoique écrasée par le voisinage de Beyrout, Sayde est une ville assez commerçante; elle reçoit de Damas et de la vallée de Beqâa, la soie, les blés, le coton, la cire, produit des provinces intérieures. On évalue la population de la ville à quatre ou cinq mille âmes.

Plus au nord est Beyrout, l'ancienne Beryte, colonie romaine sous Auguste, qui lui donna le nom de Felix Julia. La ville occupe une verte et gracieuse colline qui va mourir à la mer, flanquée à droite et à gauche de petits promontoires rocheux qui portent des fortifications turkes de l'effet le plus pittoresque. Tout ce terrain, mollement ondulé, se détache du pied du Liban pour saillir dans la mer, environ deux lieues hors de la ligne du rivage, et l'angle rentrant qui en résulte forme au nord une assez grande rade, où débouche la rivière de Nahr-el-Salib ou Nahr-Beyrout. On ne saurait se faire une idée de la magnificence de cette situation. Quand on arrive du large, l'œil ne rencontre partout que des massifs de verdure fraîche et lustrée; ici des terrasses étagées de mûriers blancs; là des bois de caroubiers sombres et touffus; puis les figuiers, les platanes, les orangers qui se groupent en vergers odorans le long de la mer, tandis qu'à l'horizon, les oliviers étendent comme une mer leurs cimes grises et cendrées. L'aspect géognostique n'est ni curieux, ni moins imposant. A une lieue environ de la ville, le Liban se dresse, il hérisse ses crêtes anguleuses ou arrondit ses croupes puissantes, tantôt se déchirant pour laisser apercevoir une éclaircie au travers de ses gorges, tantôt doublant et triplant ses chaînes secondaires, comme pour interdire l'accès des pays intérieurs.

Beyrout elle-même est une ville active, gaie, riche, affairée, industrieuse. C'est l'entrepôt, le port, la ville maritime des Druzes, à qui appartient tout le Liban qui fait face. Là descendent les produits des plateaux supérieurs, la soie de Brousse, renommée sur tous les bazars de l'Orient et dans les marchés de l'Europe. En échange de ces soies, les montagnards viennent chercher le riz de Damiette, le tabac de Lataquie, le café de l'Yemen, les blés de Beqâa et du Hauran. Des navires européens, des caïques arabes, des tartanes, des chaloupes, encombrent cette rade que forme une simple jetée inondée souvent par la vague, digue impuissante que la mer franchit pour venir battre le môle, et couvrir de son écume les Arabes accroupis sur le quai.

Là, à Beyrout, mieux qu'ailleurs, dans une ville demi-musulmane, demi-chrétienne, on peut se faire une idée des mœurs orientales que nous connaissons si mal, quoiqu'on nous les ait tant de fois décrites. Ces maisons à toits plats et à balustrades crénelées, ces fenêtres à mille ogives, ces grilles de bois peint d'où l'on voit sans être vu, ces pins arrondis en parasols, ces constructions pittoresques, couvens grecs ou maronites à l'architecture massive, mosquées aux colonnettes élancées, santons mystérieux et solitaires; ces Arabes qui se disputent, ces chameaux qui grognent, ces chiens qui hurlent : tout cela, c'est bien l'Orient, c'est bien la Syrie.

Avez-vous mis pied à terre? à l'instant ces impressions, confuses d'abord et générales, se fixent, s'arrêtent, se spécialisent. Voici le costume arabe dans toute son éclatante simplicité, dans tout son luxe d'armes et de chevaux, le premier luxe des Arabes. Voici des femmes avec le turban, la veste brodée; d'autres avec le *cors* d'or ciselé, orné de perles, de pierreries, et les amples habits de mousseline diaphane; toutes laissant tomber sur leurs épaules de longs cheveux nattés qui se mêlent aux franges de perles et aux chaînes de sequins vénitiens. Les hommes, accroupis devant les portes des cafés, y fument gravement leur narguilé ou leur pipe; les femmes, empaquetées dans des voiles blancs, traversent la ville pour se rendre au bain, leur délassement et leur joie. Les journaliers, les âniers, les colporteurs, appellent bruyamment la pratique, tandis que du haut des minarets les muezzins jettent une à une et lentement les paroles de la prière.

Ainsi est Beyrout, ainsi, comme elle, sont toutes les villes du littoral et presque toutes les villes orientales. Ces populations façonnées à l'obéissance passive et au fanatisme religieux, mènent une vie monotone, mais tranquille, avec peu de joies et peu de peines.

Le plus grand plaisir des femmes et des hommes, c'est le bain, le bain oriental qui n'a avec le nôtre rien de commun, si ce n'est le nom. Les bains dans l'Orient sont les étuves grecques et romaines avec des raffinemens plus sensuels encore. Les salles de bain se composent d'une suite de pièces qu'éclairent de petits dômes à vitraux peints. Pavées de marbres à compartimens de diverses couleurs, elles ont aussi des parois de mosaïque ou de marbre sculpté en colonnettes moresques. La pièce qui sert d'entrée au *Hammam* (bain public) est vaste, haute, aérée, garnie d'estrades où se déposent les vêtemens. De là, on passe dans diverses salles dont la chaleur augmente par gradations presque insensibles. C'est d'abord la température de l'air extérieur, puis une atmosphère douce et tiède, puis une raréfaction de plus en plus grande, jusqu'à la dernière pièce, où la vapeur de l'eau bouillante s'élève des bassins et suffoque presque ceux qui arrivent. Dans ce sanctuaire, où n'arrive qu'un jour douteux, est une étuve chauffée à un très haut degré, et parfumée d'essences qui exhalent des odeurs suaves.

C'est en vain qu'on y chercherait, comme en Europe, des baignoires oblongues ou des bassins creusés dans le roc. Le bain oriental ne se compose que d'aspersions et d'immersions, d'étuves et de douches. Nulle cuve remplie n'attend celui qui se baigne; mais, couché sur le marbre, il se tient immobile sous ce nuage odorant qui va pénétrer dans tous ses pores. Peu à peu, en effet, le corps s'ouvre à cette température insolite : une moiteur douce et graduelle s'échappe de la peau, les fibres se dilatent, les membres s'assouplissent. Après cette première impression, arrivent les serviteurs du hammam qui saisissent le sybarite couché alors sur des nattes fines, la tête appuyée sur un cousin, énervé à demi, et abandonnant ses membres détendus. Le serviteur masse les chairs, fait craquer les jointures, et, la main garnie d'un gant de crin, il exerce sur tout le corps un frottement rapide qui porte le sang à la peau avec une vivacité incroyable. Cette friction, ce massage, auxquels les Européens ne se font qu'avec peine, est un des plus grands délices du bain oriental. Quand l'opération est finie, une atonie vague et complète s'empare du baigneur. Il se fond en eau, il exhale toutes ses forces. Cet état, s'il durait, serait dangereux peut-être. Aussi ne le prolonge-t-on que peu de temps, à peu près comme on peut le faire dans les étuves de nos bains sulfureux ou ferrugineux. On quitte alors cette atmosphère brûlante et vaporeuse pour recommencer la série des pièces de l'établissement. Dans l'une d'elles, le serviteur du hammam reparaît avec de l'eau tiède, qu'il jette en douche sur les épaules avec de la mousse de savon et de l'eau de rose destinée à parfumer le corps, puis il laisse le baigneur étendu sur un divan somptueux, où le tabac aromatisé, le café, les sorbets, réparent ses forces et complètent cette série de jouissances. Ce bain, qui dure ainsi plusieurs heures, fait la grande occupation du Musulman. C'est un devoir religieux dont le peuple a fait un plaisir social. C'est au bain que les femmes turkes trouvent la seule distraction permise à leur réclusion : elles y traitent de leurs petites affaires, de baptêmes, de bals, de mariages. Les hommes, de leur côté, s'y réunissent comme dans un cercle pour deviser sur les choses de la politique et du commerce.

En quittant le littoral pour gagner la chaîne libanique, on trouve entre Sayde et Beyrout, le pays des Druzes, dont les émyrs se sont fait une si grande réputation dans la contrée syrienne. Ce pays des Druzes est l'Éden de toute la Syrie. C'est là que l'on récolte ces magnifiques soies qui viennent alimenter nos marchés d'Europe; c'est là que se presse ce délicieux *vin d'or* que les bons pères de ces montagnes offrent aux voyageurs sous le péristyle de leurs couvens. Des forêts d'oliviers, dont la cime grise ressemble à la surface d'une mer clapoteuse, des champs de mûriers, des vignobles à perte de vue, voilà ce que présente une contrée mollement ondulée sur le littoral, âpre et déchirée quand on se rapproche des hautes chaînes, presque unie quand on pousse jusqu'à la riante vallée de Bequâa. Ce pays des Druzes se divise en *qatas* ou sections qui ont chacune leur physionomie spéciale. Le *Matné*, qui est au nord, est plus rocailleux et plus riche en fer; le *Garb*, qui vient ensuite, a les plus beaux sapins; le *Sahel*, lisière maritime, est riche en mûriers et en vignes; le *Chouf* produit les plus belles soies ; le *Tefah*, les plus beaux fruits; le *Chaqif*, les meilleurs tabacs; enfin, le *Djourd* embrasse toute la région élevée et froide où les pasteurs guident leurs troupeaux durant les chaleurs de l'été.

C'est dans ce pays des Druzes, l'un des plus curieux qui soient au monde, que les chrétiens grecs et maronites ont fondé un bon nombre de couvens d'hommes et de femmes; le chef-lieu de cette colonie chrétienne est Mar-Hanna, monastère situé en face du village de Chouair, sur une pente escarpée au pied de laquelle coule un torrent qui va au Nahr-el-Kelb. Ce couvent, qui se dresse au milieu de blocs éboulés, consiste en un dortoir à deux rangs de petites cellules. Ce fut là, suivant Volney, que fut fondée, dans le courant du siècle passé, la première imprimerie arabe qui ait réussi dans l'empire turc. La règle de ces religieux est celle de saint Bazile. Leurs vœux sont ceux de pauvreté, d'obéissance, de dévouement et de chasteté. Chaque jour ils ont sept heures de prières, font perpétuellement maigre, à part les cas de très grandes maladies, observent trois carêmes par an, vivent de lentilles à l'huile, de fèves, de riz, de lait caillé, d'olives, et d'un peu de poisson salé. Le mobilier de chaque cellule consiste en un matelas, une couverture et une natte. Le vêtement de la maison se compose d'une grosse chemise de coton rayée de bleu, d'un caleçon, d'une camisole, et d'une robe de bure brune, si roide et si épaisse, qu'elle se tiendrait debout sans faire un pli. Sur leurs cheveux, longs de huit pouces, contre l'usage du pays, ces religieux posent un cylindre de feutre de huit pouces de hauteur, comme celui des cavaliers turks. Dans cette communauté, le supérieur, le trésorier et le vicaire sont seuls dispensés d'un travail manuel; les autres frères sont, l'un tisserand, l'autre tailleur, celui-ci cordonnier, celui-là maçon, le tout combiné de telle sorte que le couvent puisse se suffire à lui-même et n'ait pas besoin d'ouvriers profanes. La communauté tient à bail une assez grande étendue de terres qui appartiennent à l'émyr : jadis elle les cultivait elle-même; aujourd'hui elle les sous-loue à des paysans qui leur donnent la moitié des produits, lesquels consistent en cire, en soies blanches et jaunes, en grains et en vins.

Ce couvent de Mar-Hanna peut être regardé comme le chef-lieu des monastères maronites. Le plus important après lui est celui de Daïr-Mokallès, situé à trois lieues au nord de Saïde. Cinq couvens de femmes et dix couvens d'hommes complètent la liste de ces fondations religieuses, qui donnent une physionomie chrétienne à toute la montagne.

A Daïr-el-Qammar (*Maison de la Lune*), l'aspect change et devient arabe. Daïr-el-Qammar est la capitale du pays des Druses, et l'ancienne résidence des émyrs. C'est aujourd'hui une ville peuplée de six à sept mille âmes, assise sur le revers d'une montagne au pied de laquelle coule une des branches du Damour.

Auprès de cette capitale, et dans un paysage âpre, sévère, presque sauvage, s'élève le palais fantastique de Bettedin, palais actuel de l'émyr Beschir, le roi des Druzes. Qu'on se figure un château de fées accroché aux parois du roc comme une aire de vautour!

C'est dans un coude, et au détour d'une nappe d'eau qui tombe en gerbe de l'écluse d'un moulin, que s'ouvre en entonnoir le vallon de Bettedin, avec ses villages en amphithéâtre et son palais de l'émyr, dernière terrasse blanche au-dessus de toutes ces terrasses. Vu à distance, ce palais monte au ciel comme une grande tour flanquée de rochers couverts de lierre, et secouant à la brise cette robe de verdure, semblable alors aux forêts d'Amérique lorsqu'elles agitent leurs panaches de lianes fleuries. A détailler ensuite de plus près cette maison princière, on dirait la retraite de quelque soudan qui s'y serait endormi, comme un Épiménide, depuis l'ère des croisades. Tout est moresque dans ce monument : les tours carrées et crénelées, les longues galeries superposées, avec leurs files d'arcades légères; dômes et colonnettes de pierre que surmontent des colonnettes et des dômes de palmiers ; mélange singulier d'architecture et de végétation plus harmonieux qu'on ne saurait croire ; enfin, les vastes cours, qui descendent comme des escaliers immenses depuis le sommet de la montagne jusqu'au premier mur d'enceinte; tout est féerique, pompeux, splendide et riche comme un sérail de kalifes.

Sur la gauche la demeure des femmes : la façade de cette partie de l'édifice, tout irrégulière, présente de longues rangées de colonnes aux fûts inégaux. On y monte par un escalier de marbre, dont la rampe est sculptée en arabesque, et dont les avenues sont gardées par une foule de courtisans, de serviteurs et d'imans. L'habitation particulière de l'émyr est plus grandiose encore. Les salles intérieures ont un pavé de marbre et des parois couvertes de peintures allégoriques et de sentences pieuses. On y marche au milieu de jets d'eau qui bruissent, dans une atmosphère d'encens, d'aloès et de pastilles odorantes. Dans les entre-colonnemens et au travers des grilles de fer, on peut apercevoir par intervalles un lion qui dort, ou un tigre qui tourne lentement sur lui-même. Luxe mêlé de terreur et de puissance!

C'est là que vit l'émyr Beschir, beau vieillard à l'œil vif et fin, au teint frais, à la barbe grise et ondoyante. Quand un Européen de distinction vient visiter ses domaines, c'est là qu'il le reçoit, au milieu d'une cour de secrétaires avec leurs robes longues et leur écritoire d'argent, de mulâtres esclaves, de nègres, d'officiers égyptiens, que distinguent leurs vestes demi-européennes, et le bonnet grec à la houppe bleue.

L'émyr Beschir a su par une politique adroite se créer dans ces montagnes une puissance qui lui a été cependant quelquefois disputée. S'il s'est maintenu long-temps au milieu de partis et de maîtres divers, dans une contrée tourmentée par la guerre civile et par l'invasion étrangère, c'est qu'il existe en lui d'incroyables ressources de courage, d'astuce, de sagacité. Dans un pays de fanatisme, il s'est montré tolérant; loin de proscrire aucun culte, il les a tous adoptés : musulman pour les musulmans, chrétien pour les chrétiens, Druze pour les Druzes. Si l'on en croit quelques voyageurs, la religion réelle, la religion de cœur de l'émyr, est le catholicisme;

mais il a dans son palais, voisines l'une de l'autre, une mosquée et une église.

L'histoire de l'émyr Beschir est presque une épopée. Descendant de l'antique race de Châb, il succéda dans le gouvernement de la montagne au dernier rejeton de la famille de l'émyr Fakardin, dont le nom a fait tant de bruit en Syrie, dans le courant du siècle passé. Jeune, Beschir s'était fait remarquer par son courage à la guerre et par son intelligence dans le conseil. Long-temps le commandement du pays des Druzes flotta, par suite de la politique de Djezzar, entre lui et son frère Youssef, et même, après la mort violente de ce dernier, l'émyr Beschir n'obtint l'investiture de sa souveraineté qu'après avoir langui pendant vingt mois dans les cachots de Saint-Jean d'Acre. Redevenu libre, et rentré dans les bonnes grâces de Djezzar, il reconquit ses États, et, malgré les fils de l'émyr Youssef, régna paisiblement jusqu'en 1804.

Ce fut durant cet intervalle de jouissance incontestée que Bonaparte, arrivé devant Saint-Jean d'Acre, envoya sonder l'émyr Beschir au sujet d'une coopération active. La situation était critique. Secourir les Français contre Djezzar, c'était s'exposer à la mort s'ils étaient vaincus. L'émyr ne voulut pas courir un aussi grand risque. Il se contenta d'approvisionner le camp des assiégés, et de promettre son concours à Bonaparte dès qu'il serait maître de la place. « Que pouvais-je faire de plus, disait l'émyr à un voyageur qui le questionnait à cet égard, que pouvais-je faire? Quand j'aurais mis aux ordres du sultan français toutes les forces de la montagne, Acre n'en aurait pas été réduite davantage, et à l'heure actuelle, je n'aurais plus ma tête sur mes épaules. C'est même un miracle qu'elle y soit encore, tant Djezzar fut irrité alors de ma sympathie pour les tiens. »

L'émyr Beschyr eut bientôt à lutter contre d'autres périls. On l'attaqua au nom des fils de Youssef, on le vainquit, on le déposséda, et on le força à chercher un asile en Égypte auprès de Mohamet-Ali. Le vice-roi était alors déjà une puissance. Il exigea que l'émyr Beschir fût rétabli dans son autorité, et il le fut. Quelques exécutions violentes l'y consolidèrent de nouveau.

Depuis cette époque, l'émyr Beschir s'est maintenu dans le Liban, malgré quelque révoltes locales, dont la plus dangereuse fut celle du cheik Beschir, son lieutenant et son bras droit. Après une guerre assez longue, le cheik rebelle fut décapité au commencement de 1824, tandis qu'on coupait la langue et que l'on crevait les yeux à ses trois frères. Ainsi, tantôt par la violence, tantôt par la ruse, l'émyr Beschir s'est maintenu, depuis près de quarante ans, roi de ces montagnes. Dans la guerre récente d'Ibrahim-Pacha, il a suivi la politique de temporisation qui lui avait réussi lors de l'invasion française; et dernièrement encore quand les Égyptiens, maîtres d'Acre, poussèrent leurs armes jusque dans l'Asie-Mineure, l'émyr a voulu, en leur prêtant son concours, ne paraître céder qu'à une nécessité impérieuse et à la loi du vainqueur. Le secret d'un gouvernement aussi long dans un pays où la puissance est si peu stable, tient à cette prudence de conduite et à cette sagesse de calcul.

La garde affidée du prince se compose de guerriers druzes, dont le costume frappe l'œil par son éclat et sa richesse. C'est d'abord un turban immense sur lequel s'enroulent des châles aux vives couleurs; puis une espèce de tunique courte et rouge, tissue, suivant le grade, de coton et d'or, ou de soie et de coton, avec des enroulemens bizarres sur les reins et sur la poitrine. Sous d'immenses pantalons à mille plis, paraissent des bottines en maroquin rouge, s'emboîtant elles-mêmes dans des babouches de maroquin jaune. Une veste fourrée, assez semblable au dolman hongrois, flotte sur les épaules du cavalier, tandis que sa large ceinture blanche soutient un arsenal d'armes. On y voit les manches de deux ou trois canjares ou de yatagans, et les poignées de deux pistolets, incrustées d'or ou d'argent. Outre ces armes, qui ne les quittent pas, les guerriers druzes ou arabes portent à cheval une lance d'un bois mince, souple et dur, semblable à un long roseau. Quand ils cheminent, ils tiennent cette lance, ornée de houppes flottantes, la pointe en l'air, perpendiculairement; ce qui donne à leur escadron groupé dans le désert l'aspect de l'une de ces phalanges de Saladin qui parcouraient les plaines d'Arcalon. Mais quand les Arabes lancent leurs coursiers au galop, ils brandissent la lance horizontalement sur leurs têtes, et, après une longue oscillation, la décochent à de très grandes distances. Cette lance, ainsi jetée, n'est pas perdue pour eux. Ils courent sur elle, et la ramassent, toujours au galop, mieux que ne pourrait le faire un écuyer dans les jeux de nos cirques Européens. L'exercice du cheval est d'ailleurs l'éducation presque exclusive de ces populations arabes. Quand la guerre ne fournit pas des occasions de manœuvres sérieuses, les guerriers ont recours aux courses du *djérid*, espèce de guerre simulée, ou plutôt de tournoi. Dans ce jeu, la lance est remplacée par une espèce de bâton court, le *djérid*, que le cavalier brandit en courant, et envoie au loin avec une justesse dont il est difficile de se faire une idée. Dans cette joûte, les cavaliers se partagent en deux camps, séparés dans le milieu par une limite convenue. On prend ainsi tour à tour barres l'un sur l'autre en s'envoyant le djérid. Rien de prestigieux comme cette lutte quand elle est bien engagée. Ces coursiers tout blancs d'écume, qui, arrivés à la barrière fixée, arrêtent court leur galop et pivotent presque sur eux-mêmes; ces longs bâtons qui volent, qui se croisent; ces cavaliers qui se penchent sur le cou de leurs chevaux, et saisissent au vol le djérid d'un adversaire, d'autres qui plongent pour ramasser leur arme sur le sable; cette poussière nuageuse et confuse, ces hennissemens, ces éclatans costumes, ces cris, ces harnais brillans, ces étriers courbes qui sont aussi des éperons, cette mêlée de turbans de vingt couleurs, voilà quel spectacle présente le jeu du djérid, ce jeu favori des Druzes et des Arabes, divertissement hippique qui a autant de dangers que de joies, et qui se termine rarement sans quelques accidens funestes.

L'émyr Beschir n'est pas le seul personnage curieux que cachent les profondes gorges du Liban. Sur une de ses montagnes habite depuis trente ans une célébrité européenne que les voyageurs les plus illustres ont tour à tour visitée. C'est la nièce du fameux Pitt, la fille de lord Chatam, lady Esther Stanhope. Voici le roman de cette noble Anglaise, car on ne peut pas appeler cette histoire d'un autre nom.

Élevée dans le cabinet de son oncle, lady Esther y avait été pour ainsi dire bercée des grandes questions qui agitaient alors le monde. Elle grandissait avec les vastes pensées d'un homme et une exaltation d'esprit qui ne lui laissait pas la liberté de vivre comme les autres femmes. Quand Pitt mourut, elle était jeune et belle, noble presque autant qu'un roi, riche plus qu'un roi. Les meilleurs partis de la Grande-Bretagne s'offrirent à elle. Elle les refusa tous; parcourut les diverses capitales de l'Europe, toujours sous le poids d'une préoccupation mystérieuse, puis s'embarqua un jour pour l'Orient. Son parti était pris; elle ne voulait plus revoir l'Angleterre. Pourquoi cela? on ne l'a point su. Les uns ont parlé d'un jeune général anglais tué vers ce temps en Espagne, et objet d'un deuil éternel pour la jeune Esther; d'autres n'y ont voulu voir que le conseil d'une organisation hardie, indépendante, et fuyant le prosaïsme d'un ménage anglais, pour aller courir après les poésies de l'Orient. Quoi qu'il en soit, lady Esther arriva à Smyrne, où, pour première réalisation de ses rêves, l'attendait une peste affreuse, une peste qui la toucha et faillit la tuer. A Constantinople, l'Orient devint plus doux pour elle. Elle y renouvela le passage de cette lady Morgan, qui nous a légué sur les harems, sur les mosquées, sur les bains turks, de si longues causeries. Elle fut aussi, lady Esther, admise dans le sérail, où les sultanes lui prodiguèrent des fêtes. On eût dit, à la voir marcher au milieu de ces groupes de Circassiennes, qu'elle était la reine du lieu, la maîtresse de ces esclaves.

Ces honneurs, ces pompes la fatiguèrent bientôt; elle n'était pas venue chercher la vie d'une cour. Munie de firmans du Grand-Seigneur, elle repartit bientôt, emportant avec elle des valeurs immenses en bijoux, en présens, en or monnayé. Une tempête engloutit tout cela; elle eût aussi dévoré lady Esther, si un débris du navire ne l'eût jetée sur une petite île déserte, où elle passa vingt-quatre heures délaissée et mourante de besoin. Sans un pêcheur de Marmorica, qui la recueillit et la conduisit à Rhodes, cette île devenait son tombeau.

Ce n'était que le premier acte d'une existence aventureuse. De retour à Malte, lady Esther y rassembla tous les restes d'une immense fortune, et vint attérir de nouveau à Laodicée, d'où elle gagna le Liban, sa patrie d'adoption, celle qu'elle n'a plus quittée depuis. Établie d'abord dans les environs de Lattaquie, elle y apprit l'arabe, et se créa des relations avec les autorités druzes et maronites qui gouvernaient la contrée; puis elle choisit sur les lieux un homme de confiance, interprète à la fois et conseiller. C'était un Français nommé Baudin, qu'un long séjour à Alep avait familiarisé avec tous les dialectes de l'Orient.

Avant de fixer son séjour dans la montagne, lady Esther parcourut non seulement toute la chaîne féconde du Liban, mais elle s'aventura encore au sein des steppes sablonneuses du désert; elle visita Damas, Jérusalem, Alep, Homs, et même Palmyre. A Palmyre, elle fut reçue comme une autre Zénobie. Il y avait tant de dignité dans son regard, tant de grandeur dans ses traits, que les cheiks arabes semblaient comme frappés d'admiration à son aspect. On cite entre autres exemples de cet ascendant, son histoire avec le cheik Nassr. Nassr s'était engagé avec lady Esther à lui fournir une escorte respectable pour un voyage au désert. Le nombre d'hommes avait été stipulé, et la somme payée d'avance; mais au jour dit, Nassr ne tint pas tout son engagement; il envoya beaucoup moins de cavaliers qu'il n'avait promis. Aux reproches de lady Esther, il répondit que cette escorte suffisait pour la sûreté de son alliée, et qu'il répondait d'elle sur sa tête; puis, désireux qu'on passât outre, il envoya en cadeau un bel esclave noir. Le cheik avait toutefois compté sans lady Esther et sa ténacité britannique. Elle envoya M. Baudin vers l'Arabe, avec injonction de l'amener. Au lieu de reconnaître ses torts, celui-ci entra en fureur. — Oui, dit-il, je vais devant cette infidèle; mais comme un maître, et non comme un suppliant. — Il arriva furieux en effet; mais à son aspect, le visage de la noble Anglaise prit une telle expression de dignité offensée et de colère majestueuse, que le cheik crut à une influence surnaturelle, et tomba à genoux. — O femme! s'écria-t-il, quelle est ta magie pour que je tremble ainsi devant toi? Tu n'as rien qui soit de ce monde; commande, je t'obéirai comme on obéit à Dieu. — Non seulement Nassr donna l'escorte qu'on lui demandait, mais, depuis ce jour, il combla lady Esther de présens, que celle-ci du reste lui rendait avec prodigalité.

Ce fut avec cette escorte que lady Esther alla jusqu'aux ruines de Palmyre. Son arrivée y avait été d'avance annoncée par le cheik; elle y trouva des solennités préparées. Trente mille Arabes étaient accourus de tous les points du désert; ils la proclamèrent la *Reine de Palmyre*. Pendant le séjour qu'elle fit au sein des ruines, les tribus passèrent d'une fête à une autre : des danses, des festins, des courses, des jeux de djérid eurent lieu. Lady Esther, toujours magnifique, dota des fiancées, et célébra leurs mariages; elle prodigua les piastres espagnoles aux cheiks du désert, qui aujourd'hui montrent ces pièces aux voyageurs, en ajoutant qu'elles viennent de leur reine. En retour de ces largesses, les diverses tribus réunies sur ce point délivrèrent à lady Esther des firmans par lesquels tout Européen protégé par elle pourrait venir en toute sûreté visiter les ruines de Palmyre, pourvu qu'il s'engageât à payer un tribut de mille piastres.

Au retour de cette excursion aventureuse, lady Stanhope choisit la retraite qu'elle occupe aujourd'hui, dans une solitude presque inaccessible, sur un des sommets du Liban. Tour à tour respectée des deux pachas d'Acre, Soliman et Abdallah, elle obtint d'eux la concession du couvent et du village de Dgioun, peuplé de Druzes. De ce couvent presque délabré, elle fit une habitation commode. Elle y bâtit plusieurs maisons avec un mur d'enceinte; elle y créa un jardin artificiel, comme les Turks savent en faire. Arbres à fleurs et à fruits, berceaux de vignes, kiosques aérés, eaux qui coulent dans des rigoles de marbre, jets d'eau sur le pavé des kiosques, bosquets de citronniers et d'orangers, rien n'y manquait. Long-temps lady Esther vécut en reine dans cette solitude, traitant de puissance à puissance avec l'émyr Beschir, avec Abdallah-Pacha, avec la Porte elle-même. Depuis quelques années pourtant, cette étoile a pâli. La fortune de lady Esther, chaque année amoindrie par ses prodigalités, ne lui permit bientôt plus ces allures de grandeur et de faste qui sont une royauté dans l'Orient. Alors l'amitié des Arabes, que les cadeaux seuls entretiennent, s'attiédit et se rebuta. On laissa la reine de Palmyre sur sa montagne de Dgioun, entourée de domestiques maintenant ses seuls sujets, réduite à quarante mille francs de rente, qui suffisent pourtant encore à un faste oriental.

Dans cette situation nouvelle, le caractère de lady Esther, exalté plutôt que refroidi par l'âge, s'est tourné vers l'étude de l'astrologie arabe, mêlée de chiromancie et d'illuminisme européen. L'un de nos grands poètes, M. Alphonse de Lamartine, qui la vit en 1832, la trouva dans cette disposition d'esprit. Quand elle se vit ainsi délaissée, « elle ne songea pas, dit le célèbre voyageur, à revenir sur ses pas; elle ne donna pas un regret au passé; elle ne fléchit pas sous l'abandon, sous l'infortune, sous la perspective de la vieillesse et de l'oubli des vivans : elle demeura seule où elle est encore, sans livres, sans journaux, sans lettres d'Europe, sans amis, sans serviteurs même attachés à sa personne, entourée seulement de quelques négresses, de quelques enfans esclaves noirs, et d'un certain nombre de paysans arabes, pour soigner son jardin, ses chevaux, et veiller à sa sûreté. »

Qui le croirait? lady Esther n'avait pas entendu prononcer avant cette époque le nom de Lamartine! elle ne se décida à le recevoir que sur une lettre où il lui demandait audience, lettre où le poète parlait, dans sa belle langue, de la solitude et de Dieu. Avec un mot d'introduction, M. de Lamartine quitta Beyrout qu'il habitait alors, traversa Sayde, et gagna la montagne.

« Enfin, du haut d'un de ces rochers, dit-il, mes yeux tombèrent sur

5

une vallée plus profonde, plus large, bornée de toutes parts par des montagnes plus majestueuses, mais non moins stériles. Au milieu de cette vallée, comme la base d'une large tour, la montagne de Dgioun prenait naissance, et s'arrondissait en bancs de rochers circulaires, qui, s'amincissant en s'approchant de leurs cimes, formaient enfin une esplanade de quelques centaines de toises de longueur, et se couronnaient d'une belle, gracieuse et verte végétation. Un mur blanc, flanqué d'un kiosque à l'un de ses angles, entourait cette masse de verdure. C'était là le séjour de lady Esther. Nous l'atteignîmes à midi. La maison n'est pas ce qu'on nomme ainsi en Europe; ce n'est pas même ce qu'on nomme maison en Orient; c'est un assemblage confus et bizarre de dix à douze petites maisonnettes, ne contenant chacune qu'une ou deux chambres au rez-de-chaussée, sans fenêtre, et séparées les unes des autres par de petites cours ou de petits jardins, assemblage tout-à-fait pareil à l'aspect de ces pauvres couvens qu'on rencontre en Italie sur les hautes montagnes, et appartenant à des ordres mendians. »

Là vivait la fille de lord Chatam, la nièce de Pitt. Elle se montra bientôt vêtue comme le plus brillant cheik du désert, avec le turban blanc, dont les bouts, couleur de pourpre, retombaient sur ses épaules, avec un long châle de cachemire jaune, et une immense robe turque de soie blanche, sous laquelle se laissait voir une autre robe d'étoffe de Perse à mille fleurs. Lady Esther avait alors cinquante ans : ses traits étaient de ceux que l'âge n'altère pas; leur beauté n'était pas dans la fraîcheur, mais dans la forme et dans l'expression.

A peine M. de Lamartine eut-il été introduit auprès d'elle, qu'elle engagea la conversation la plus étrange. Il faut citer le voyageur. « Asseyons-nous, et causons, dit-elle. — Comment, lui dis-je, milady, honorez-vous si vite du nom d'ami un homme dont la vie et le nom vous sont parfaitement inconnus? Vous ignorez qui je suis. — C'est vrai, reprit-elle; je ne sais ni ce que vous êtes, selon le monde, ni ce que vous avez fait pendant que vous avez vécu parmi les hommes; mais je sais déjà ce que vous êtes devant Dieu. Ne me prenez point pour une folle, comme le monde me nomme souvent; mais je ne puis résister au désir de vous parler à cœur ouvert. Il est une science perdue aujourd'hui dans votre Europe, science qui est née en Orient, qui n'y a jamais péri, qui y vit encore. Je la possède; je lis dans les astres. Nous sommes tous enfans de quelqu'un de ces feux célestes qui présidèrent à notre naissance, et dont l'influence heureuse ou maligne est écrite dans nos yeux, sur nos fronts, dans nos traits, dans les délinéamens de notre main, dans la forme de notre pied, dans notre geste, dans notre démarche. Je ne vous vois que depuis quelques minutes, eh bien! je vous connais comme si j'avais vécu un siècle avec vous. Voulez-vous que je vous révèle à vous-même? voulez-vous que je vous prédise votre destinée? — Gardez-vous-en bien, milady, lui répondis-je en souriant; je ne nie point ce que j'ignore; je n'affirmerai pas que dans la nature visible et invisible, où tout se tient, où tout s'enchaîne, des êtres d'un ordre inférieur, comme l'homme, ne soient pas sous l'influence d'êtres supérieurs comme les anges et les astres; mais je n'ai pas besoin de leur révélation pour me connaître moi-même : corruption, infirmité, misère. En fait d'avenir, je ne crois qu'à Dieu, à la liberté, à la vertu. — N'importe, me dit-elle, croyez ce qu'il vous plaira; quant à moi, je vois évidemment que vous êtes né sous l'influence de trois étoiles heureuses, puissantes et bonnes, qui vous ont doué de qualités analogues, et vous conduisent à un but que je pourrais, si je voulais, vous indiquer dès aujourd'hui. »

Ensuite elle parla d'un Messie, celui dont le Christ a dit : « Celui qui » viendra après moi vous parlera en esprit et en vérité, » ce qui offrit à M. de Lamartine l'occasion de confesser son rationalisme chrétien. Lady Esther répondit à peine aux idées du poète; elle préféra suivre le cours des siennes.

« Croyez ce que vous voudrez, dit-elle, vous n'en êtes pas moins un de ces hommes que j'attendais, que la Providence m'envoie, et qui ont une grande part dans l'œuvre qui se prépare. Bientôt vous retournerez en Europe : l'Europe est finie; la France seule a une grande mission à accomplir encore; vous y participerez : je ne sais point encore comment; mais je puis vous le dire ce soir, si vous le désirez, quand j'aurai consulté vos étoiles. Je ne sais pas le nom de toutes; j'en vois plus de trois maintenant; j'en distingue quatre peut-être, cinq, et qui sait? plus encore. L'une d'elles est certainement Mercure, qui donne la clarté et la couleur à l'intelligence et à la parole; vous devez être poète : cela se lit dans vos yeux et dans la partie supérieure de votre figure; plus bas, vous êtes sous l'empire d'astres tout différens, presque opposés : il y a une influence d'énergie et d'action; il y a du soleil aussi, dit-elle tout-à-coup, dans la pose de votre tête, et dans la manière dont vous la rejetez sur votre épaule gauche.

Remerciez Dieu; il y a peu d'hommes qui soient nés sous plus d'une étoile... Quel est votre nom? — Je le lui dis. — Je ne l'avais jamais entendu, reprit-elle avec l'accent de la vérité. — Voilà, milady, ce que c'est que la gloire. J'ai composé quelques vers dans ma vie qui ont fait répéter un million de fois mon nom par tous les échos littéraires de l'Europe; mais cet écho est trop faible pour traverser votre mer et vos montagnes; et ici je suis un homme tout nouveau, un homme complètement inconnu, un nom jamais prononcé. — Oui, me dit-elle, poète ou non, je vous aime, et j'espère en vous; nous nous reverrons, soyez-en certain; vous retournerez dans l'Occident; mais vous ne tarderez pas à revenir en Orient; c'est votre patrie. — C'est du moins, lui dis-je, la patrie de votre imagination. — Ne riez pas, reprit-elle, c'est votre patrie véritable, la patrie de vos pères. J'en suis sûre maintenant; regardez votre pied! — Je n'y vois, lui dis-je, que la poussière de vos sentiers qui le couvre, et dont je rougirais dans un salon de la vieille Europe. — Rien : ce n'est pas cela, reprit-elle encore; regardez votre pied, je n'y avais pas encore pris garde moi-même. Voyez : le coude-pied est très élevé, et il y a entre votre talon et vos doigts, quand votre pied est à terre, un espace suffisant pour que l'eau y passe sans vous mouiller. C'est le pied de l'Arabe; c'est le pied de l'Orient; vous êtes l'un des fils de ces climats; et nous approchons du jour où chacun rentrera dans la terre de ses pères. Nous nous reverrons. »

Cette conversation bizarre et presque folle ne fut pas la seule de ce genre que lady Esther eut avec notre illustre voyageur. — J'espère, lui dit-elle dans un autre moment, que vous êtes aristocrate! — Singulière question pour une femme qui avait quitté une des plus belles positions de l'aristocratie anglaise, la première des aristocraties européennes. — Je ne m'occupe plus, ajouta-t-elle, de politique humaine; j'en ai assez; j'en ai trop vu pendant dix ans que j'ai passés dans le cabinet de M. Pitt, mon oncle. J'ai méprisé, jeune, l'humanité; je n'en veux plus entendre parler; tout ce que font les hommes pour les hommes est sans fruit! les formes me sont indifférentes. — Et à moi aussi, lui dis-je; le fond des choses, c'est Dieu et la vertu! — Je pense exactement ainsi, me dit-elle; ainsi, n'en parlons plus; nous voilà d'accord. »

Cependant l'hospitalité la plus cordiale fut offerte à notre voyageur dans le couvent de Dgioun. Lady Esther ne vivant que de fruits et de pain, on fit servir un dîner à part à M. de Lamartine et à son compagnon, M. de Parseval, sous un berceau de jasmins et de lauriers-roses, à la porte de ses jardins. Après un repas promptement achevé, on se rejoignit. Lady Esther était couchée sur une natte, et appuyée sur des coussins; elle fumait sa longue pipe orientale. La pipe, le café, les sorbets, les confitures, que des esclaves apportaient de quart d'heure en quart d'heure, voilà ce qui remplit le reste de la journée. Cependant lady Esther voulut faire aux étrangers les honneurs d'un réduit mystérieux, d'un sanctuaire où elle laissait pénétrer peu de profanes. C'était un des plus beaux jardins turks que l'on pût voir. Des treilles sombres d'où les grappes de raisin pendaient comme autant de lustres; des kiosques dont les arabesques sculptées se mariaient aux festons des plantes grimpantes; des bassins où murmurait dans le marbre une eau artificielle venue d'une lieue loin; des allées bordées de fruitiers d'Europe, de vertes pelouses parsemées d'arbustes épanouis, et des touffes de fleurs asiatiques se déployant au milieu de compartimens de marbre : voilà ce jardin. Au-delà était une cour plus mystérieuse encore, une cour qui ne renfermait que deux hôtes, deux magnifiques jumens, l'une baie, l'autre blanche. — Celle-ci, disait lady Esther, doit porter le Messie, car elle est née toute sellée. En effet, par une bizarrerie de la nature, cette jument avait, au défaut des épaules, une cavité qui imitait une selle turque. Lady Stanhope et ses esclaves lui avaient voué une sorte d'admiration; jamais personne ne l'avait montée. La seconde, magnifique jument blanche, quoique moins sainte, était aussi l'objet de soins mystérieux. La noble Anglaise se réserve peut-être de la monter elle-même quand elle fera son entrée à côté du Messie, dans Jérusalem la Sainte.

Voilà lady Esther Stanhope, telle qu'un poète nous l'a révélée. Il est à croire qu'il y eut entre ces deux imaginations élevées un échange magnétique d'idéalisme religieux; soit que la noble Anglaise fût beaucoup plus préparée qu'elle ne le disait à cette visite, et qu'elle eût d'avance calculé ses moyens d'action, soit qu'en effet cette vie contemplative sur le sommet d'une montagne, au milieu de populations arabes si disposées au merveilleux, eût doué cette femme de deux vies, l'une dans ce monde, l'autre hors de ce monde, l'une réelle, l'autre fantastique. A prendre les choses sous leur côté purement logique, il y a un peu de folie dans tout cela, dans ce Messie, dans cette jument sellée, dans ce pied oriental sous lequel l'eau passe sans le mouiller; si toutefois la folie n'est pas un commencement de spiritualisme. « Non, cette femme n'est point folle, » dit M. de Lamartine, et il faut le croire. « Il me parut, ajoute-t-il, que les doctrines religieuses de lady Esther étaient un mélange habile, quoique confus, des différentes religions au milieu desquelles elle s'est condamnée à vivre, mystérieuse comme les Druzes, dont seule peut-être au monde elle connaît le secret mystique; résignée comme le Musulman, et fataliste comme lui; avec le Juif, attendant le Messie, et avec le chrétien professant l'adoration du Christ et la pratique de sa charitable morale. Ajoutez à cela les couleurs fantastiques et les rêves surnaturels d'une imagination teinte d'Orient, échauffée par la solitude et la méditation, quelques révélations peut-être des astrologues arabes; et vous aurez l'idée de ce composé sublime et bizarre qu'il est plus commode d'appeler folie que d'analyser et de comprendre. Non, cette femme n'est point folle. »

Rien ne prouve en effet que lady Stanhope se montre aux autres voyageurs ce qu'elle fut pour M. de Lamartine, à qui elle se révéla en véritable illuminée. Des Français, des Allemands, des Italiens, l'ont tour à tour visitée, et l'ont trouvée à leur diapazon. Cela viendrait-il d'une grande souplesse d'idées et de grandes ressources de transformation? Damoiseau, par exemple, simple artiste vétérinaire envoyé en Orient avec M. le vicomte Desportes pour un achat d'étalons, Damoiseau trouva en elle une femme ouverte, bienveillante, naturelle, ne le prenant point avec lui sur un ton d'emphase divinatoire.

« Je vis, dit-il, s'avancer vers nous, une personne habillée en cheik de Bédouins, mais costumée d'une manière bien plus riche que ne le sont ordinairement ces princes du désert : c'était lady Sanhope. Elle vint à moi, me prit amicalement la main, et s'excusa de m'avoir fait si long-temps attendre. « Je vous ai pris pour un Anglais, ajouta-t-elle, et je ne les reçois pas volontiers. » Alors elle me fit entrer dans un petit appartement qui ne contenait pour tous meubles que des coussins sur lesquels nous nous assîmes. On apporta des pipes. Milady en prit une, m'en offrit une autre, et, tout en fumant, la conversation s'engagea. Napoléon en fut le sujet principal; milady en parlait avec un enthousiasme qu'on ne peut décrire. »

Ainsi, au poète méditatif, lady Esther parle d'astrologie et de seconde vue; au vieux soldat de l'armée impériale, elle parle de Napoléon. Non, ce n'est point là une folle; mais pourrait-on bien dire ce que c'est?

A Damoiseau, lady Esther montra aussi les jumens saintes; mais elle ne parla pas de la selle naturelle, car l'artiste vétérinaire lui aurait dit que cet accident provenait d'une conformation vicieuse, et que la bête avait *les reins voûtés en contre-bas*. Les deux coursiers n'étaient alors, du reste, destinés ni au Messie, ni à sa Jeanne d'Arc, mais bien à Napoléon, tant qu'il vécut, et au roi de Rome qui vivait encore.

Ainsi, d'un côté l'émyr Beschir, de l'autre lady Stanhope, telles sont les deux singularités que renferme la portion du Liban étendue entre Beyrout et Sayde, l'un prince des Druzes, l'autre reine de Palmyre : celui-ci n'ayant qu'une importance locale, l'autre colorant sa vie orientale de tous les reflets d'une haute naissance européenne et d'une éducation au-dessus du vulgaire.

PACHALIC DE TRIPOLI.

TRIPOLI, — EDEN, — CÈDRES DU LIBAN, — LATTAKIÉH, — ET AUTRES VILLES LITTORALES.

Ce pachalic s'étend le long de la Méditerranée, depuis le Nahr-el-Kelb jusqu'à Lattakiéh, en lui donnant pour limites le cours de ce torrent et la chaîne des montagnes qui surplombent l'Oronte. Montueux et déchiré, le pays n'a de surface plane que la bande de terrain qui longe la mer. Ce littoral, quoique coupé de nombreux ruisseaux, n'a toutefois ni la richesse, ni la fécondité des plateaux libaniques. La plaine donne le blé, le coton et l'orge; la montagne produit le mûrier et la soie, ces deux sources d'inappréciables trésors. Le territoire de Lattakiéh est plus spécialement propre à la culture du tabac.

Le chef-lieu du pachalic est Tripoli. Là, résidait jadis un dignitaire ottoman qui tenait à bail cette espèce de ferme, moyennant une somme de huit à neuf cents bourses (un million à douze cent mille fr.); il donnait encore une somme à peu près égale pour le ravitaillement gratuit de la caravane de la Mecque. Il se remboursait avec le miri ou impôt foncier, les douanes, les sous-fermes. Enfin, les extorsions casuelles ou avanies, qui ne sont pas le moindre produit du poste, complétaient les recettes. Sa garde était de cinq cents Arnautes assez mal armés. Les sous-fermes étaient celles des Ansariés et des Maronites, peuples qui, de tout temps, se sont refusés à la perception directe, et n'ont jamais laissé pénétrer de soldats turks sur leur territoire. Leur bail s'adjugeait à l'enchère pour une année, et presque toujours aux hommes les plus influens du pays. Ces sous-fermes, dans le pays des Ansariés étaient divisées en trois chefs ou *mocaddamiens;* chez les Maronites, elles échéaient aux émyrs.

Depuis 1828, le pachalic de Tripoli relevant de celui d'Acre, la première de ces résidences n'est plus occupée que par un fonctionnaire subalterne. Mais ce n'est là qu'une organisation provisoire.

Le chef-lieu du pachalic, Tripoli (en arabe *Tarâbolos*), est une ville charmante qui semble s'épanouir au milieu de bouquets d'orangers sur la rivière de la Qadicha. Elle n'est pas littorale, mais assise à un quart de lieue dans les terres, au pied même du Liban, qui la domine et l'enceint de ses branches à l'est, au sud et même un peu au nord du côté de l'ouest. De la ville au rivage se prolonge une petite plaine triangulaire d'une demilieue; c'est à la pointe de cette plaine que gît le village auquel abordent les vaisseaux. C'est là ce que l'on nomme *la Marine*, d'un nom générique commun dans le Levant, à toute ville ou partie de ville où se trouve le débarcadère. Tripoli n'a point de port, mais seulement une rade foraine qui court depuis le rivage jusqu'aux écueils dits *îles des Lapins et des Pigeons*. Les navires viennent mouiller dans l'intérieur de cette courbe, en y séjournant le moins qu'ils peuvent, le fond étant de roches, et la rade ouverte au N.-O.

La Marine de Tripoli est un amas de maisons orientales qui s'étalent pittoresquement sur la grève avec leurs kiosques et leurs façades sans fenêtres. La première chose qu'on y rencontre au débarquement, à côté des oisifs accroupis qui fument la pipe, et dégustent lentement le café, c'est une foule bruyante d'âniers qui viennent offrir des montures pour Tripoli. Deux cents ânes sans conducteurs sont là qui attendent ou qui sont en cours de service. On les enfourche, et ils prennent droit le chemin de la ville presque toujours au galop.

Tripoli, ceint de murailles, montre encore les vestiges des fortifications que les Francs y élevèrent aux jours des croisades. Tout le côté méridional de la petite plaine est plein de débris d'habitations et de colonnes ensablées. Sept tours, restes d'un système beaucoup plus étendu, subsistent encore depuis l'embouchre de la Qadicha jusqu'à la Marine. Quoique d'une construction encore solide, elles sont aujourd'hui sans emploi.

Tripoli avec sa verte ceinture d'arbres aux pommes d'or, est un jardin des Hespérides. Chaque maison a son jardin. Aussi la ville occupe-t-elle un espace considérable. Quelques quartiers sont dans la plaine; d'autres pendent sur le versant du mont. Dans la partie supérieure, et en remontant le vallon encaissé de la Qadicha, on trouve des sites délicieux. Les cafés où se réunissent les fumeurs ont des terrasses étagées que sillonnent des eaux vives et qu'embaument des arbustes odorans. On voit sur l'autre versant se grouper le nopal, le mûrier blanc, le limonier et le grenadier, végétation à qui rien ne manque, ni l'eau, ni l'air, ni le soleil. C'est en de tels lieux que l'on peut comprendre la vie oisive et molle des Orientaux, bornée presque toute entière à des jouissances contemplatives. Vivre sans bouger de place, avec un peu de fraîcheur sur le front, de l'onde sous les pieds, de la verdure sous le regard, des parfums pour l'odorat, que peut désirer de plus l'homme né sous ces latitudes tempérées? Il n'y a pas à lutter contre une nature qui fait tout d'elle-même, contre un sol qui produit tout seul. La vie, en Europe, est un travail; là-bas, elle est un repos.

Mais avec cet aspect enchanteur, la résidence de Tripoli est insalubre pendant une portion de l'année. De juillet jusqu'en septembre, il y règne des fièvres épidémiques, dues aux inondations que l'on pratique pour arroser les plants de mûriers.

Tripoli offre des maisons assez régulières, mais peu de monumens. Une église chrétienne et une mosquée sont les seuls édifices à citer. La richesse du pays est presque toute dans ses soies écrues, dont le commerce se trouve entre les mains d'un petit nombre d'Européens. On échange ces soies et quelques éponges pêchées dans la rade contre des draps, de la cochenille et des denrées coloniales. Les habitans de la ville proprement dite sont peu industrieux; mais les montagnards du Liban viennent écouler sur ce marché les produits des plateaux intérieurs. Quoique mous, les Tripolitains sont braves et fiers. Vers le milieu du dernier siècle, un pacha envoyé par la Porte ayant dépassé les limites ordinaires de la tyrannie, ils se révoltèrent, chassèrent ce despote, et se maintinrent huit mois dans une entière indépendance. Si on les eût attaqués de force, peut-être n'auraient-ils pas cédé sitôt; mais le Grand-Visir leur envoya un nouveau fonctionnaire, plus souple, plus adroit que l'ancien, et, séduits par des sermens et des promesses de pardon, les rebelles se laissèrent museler. Un mois après on les avait dispersés, et, à un jour donné, on égorgea huit cents d'entre eux. On voit encore leurs têtes dans un caveau près de Qadicha. Depuis lors, Tripoli est restée tranquille sous le joug ottoman. Les habitans se contentent de porter le turban vert, signe de distinction des chérifs.

C'est à Tripoli qu'on trouve le chemin de la montagne des Cèdres ; les cèdres, cette gloire du Liban, comme le répète souvent Isaïe (*gloria Libani*). Pour s'y rendre, on prend la route de Sgorta par le vallon que baigne la Qadicha. Au-delà du pont de Prinss, commence le plateau où coule la Sgorta, petit affluent de la Qadicha, avec des eaux plus claires et plus légères. Tout ce plateau est couvert de bois d'olivier qui prolongent jusqu'aux limites de l'horizon leurs cimes mobiles et grises. Des quinconces de mûriers et des plants de vigne varient et animent l'aspect de cette campagne. De Sgorta au pied de la chaîne, on compte quatre heures de chemin. Là, le sol change avec la végétation. Au lieu d'une montée douce et verte, paraissent alors les sentiers âpres de la montagne, si abruptes, si perpendiculaires, que pour se maintenir en équilibre, il faut se cramponner aux crins des chevaux. En de certains passages plus dangereux que les autres, il faut mettre pied à terre. Du reste, aucun paysage européen ne saurait donner l'idée de cette région rocailleuse à la fois et féconde. Tant qu'on gravit les flancs de la chaîne, on ne voit que blocs de basalte affectant mille formes sauvages et tourmentées; mais au moindre plateau, au moindre accident de terrain cultivable, de délicieux oasis se révèlent, bouquets verts sur la croupe nue, semblables de loin à des vases de myrte qu'on soignerait artificiellement sur une terrasse.

On gravit ainsi pendant deux heures le Liban, tantôt au travers de forêts ombreuses, que coupent des ruisseaux, tantôt sur l'arête des divers plans de la montagne. A mesure que l'on s'élève, les points de vue s'agrandissent; ils prennent une pompe et une majesté bibliques. Tripoli et ses campagnes s'absorbent pour donner plus d'espace au vaste horizon maritime. On suit au loin tout le système géologique de la contrée, du côté du nord jusqu'au mont Cassus, du côté du midi jusqu'au mont Thabor, tandis qu'en face s'élèvent les crêtes de l'île de Chypre, la poétique Cypris de l'histoire païenne.

Au milieu de tels spectacles on arrive à Eden, l'un des endroits les plus populeux et les plus ombragés de la chaîne. Eden, en syriaque *Paradis*, est une délicieuse bourgade qui compte quatre mille habitans. Quand le soleil brûle la plaine, Eden jouit d'une température printanière. C'est dans son atmosphère pure et saine que se réfugient les malades de Tripoli, ceux que fatigue son climat fiévreux et humide. L'air à ces hauteurs est si léger et si doux que les poumons se dilatent à l'aspirer. Quatre sources d'eau limpide coulent dans la bourgade, soit pour l'usage des habitans, soit pour l'arrosage des mûriers. Ces arbres y sont merveilleux à voir. Eden est peuplée de chrétiens maronites qui ont un évêque, une église assez jolie, et un couvent fondé, dit-on, par des jésuites.

On fait une halte à Eden avant d'aller à la forêt des cèdres. La route passe par la ville de Becharré, que l'on rencontre après avoir franchi un petit pont et un plateau bien cultivé. Becharré renferme dix mille chrétiens industrieux, riches, hospitaliers, tranquilles. De Becharré, on gagne la montagne de Mar-Séman, et après quelques heures de marche on parvient à la forêt des Cèdres. Les piétons ont une route beaucoup plus courte par Mar-Sakis, où est un ermitage habité par des carmes déchaussés, gardiens des cèdres.

La forêt des Cèdres (*domus saltus Libani*), connue dans le pays sous le nom d'El-Herze, peut avoir un mille environ de circuit. Le cèdre, ce roi des arbres, se plaît dans les zones élevées. C'est de lui qu'il est souvent question dans les Écritures ; c'est à propos de lui que Salomon écrivait à Hiram, roi de Tyr : « Je compte que vous ferez avec moi comme vous » avez fait avec le roi mon père. Vous lui avez envoyé le cèdre qu'il a » employé pour bâtir son palais ; mais quelle différence entre la demeure » d'un roi et le temple du Créateur de l'univers!... Ce n'est point une » entreprise commune que celle dont je vous parle... J'ai besoin d'une » grande quantité de bois de cèdre, de genièvre et de pins du mont » Liban... Je ne puis vous dire la multitude d'arbres qui me sont néces- » saires ; jugez-en par la grandeur et la magnificence dont doit être l'édi- » fice. » Et à la suite de cette lettre, Salomon envoya dans le Liban trente mille Israélites pour aider les Sidoniens dans la coupe des bois. Les troncs dépouillés étaient transportés à Boublos, et de là à Joppé, d'où on les envoyait à Jérusalem. Sans doute à cette époque le Liban était tout entier garni de pins et de cèdres, car, outre le bois de charpente, il fallait fournir de bois de construction les nombreux chantiers de navires. Avec sa réputation de solidité et d'incorruptibilité, le bois de cèdre était appliqué à tous les usages, et sans doute la nudité actuelle de la chaîne libanique provient des coupes extraordinaires que jadis on a faites sur ses flancs.

Aujourd'hui, en effet, il n'y a plus de cèdres que dans la partie élevée de la chaîne, à El-Herze et à Rhadêl. A El-Herze, la conservation de ces arbres est due à des patriarches maronites qui résident à Kanobin, monastère situé dans la vallée de la Qadicha. Ces cèdres, soit à cause de la hauteur de la zône, soit pour tout autre motif, ne semblent pas tolérer d'autres végétaux dans leur voisinage. Le terrain qui les environne est nu, sauvage, dépouillé. Pendant plusieurs mois de l'année ils portent un manteau de neige sur leurs feuilles en parasol. Une fontaine qui coule aux environs est, dit-on, si froide, qu'elle donne la fièvre à ceux qui y plongent les mains.

Il n'y a point aux environs d'El-Herze d'autre habitation que celle de l'ermitage. Çà et là sur le sommet des monts qui l'encaissent, paraissent des cabanes que des pasteurs viennent habiter dans la belle saison, c'est-à-dire depuis mai jusqu'à la fin d'octobre. Après cette époque, ils descendent à mi-côte, et y restent jusqu'en décembre. Si l'hiver menace d'être trop rigoureux, ils ne s'en tiennent pas là, et arrivent jusque dans les plaines, où le printemps commence dès le mois de janvier.

Dans la belle saison, les environs des cèdres ont une population nomade. Au pied des arbres mêmes se dressent des autels provisoires sur lesquels les moines viennent officier. On accourt en pèlerinage à El-Herze ou *domus saltus Libani*, de tous les coins de l'empire ottoman. Les cèdres ont leurs dévots, comme le temple de Jérusalem a les siens. Ces pèlerins, quand ils sont catholiques, prennent à Eden ou à Becharré un prêtre qui les accompagne et dit la messe. Quand ils sont Grecs-Melchites, ils se munissent d'un papa à Tripoli. Le jour de la Transfiguration, les Maronites avaient coutume de s'y rassembler; mais comme cette fête était l'occasion de querelles, le patriarche actuel l'a supprimée. Aujourd'hui les habitans de chaque village s'y rendent à tour de rôle avec leurs prêtres. Quand la messe est finie, les pèlerins tirent des coups de fusil en réjouissance, mangent, boivent, chantent et dansent au son de leur musique; puis s'en vont le lendemain en emportant des branches de cèdres, dont ils ornent le devant de leurs demeures.

Ces cèdres, dont la gloire historique s'est perpétuée jusqu'à nous, sont des végétaux qui s'élèvent de soixante à cent pieds de hauteur. Ce n'est pas, comme on voit, une proportion exorbitante; mais la grosseur et l'étendue des branches sont, en revanche, énormes. Huit hommes, les bras tendus, n'embrasseraient pas le tour du roi de ces cèdres. « Un peuple florissant se propagera, dit le prophète, comme un cèdre du Liban. » Les branches, toujours vertes, sont plates, touffues et horizontales : quand la brise les balance, on dirait des nuages que le vent chasse devant lui. Les cônes ont deux ports différens : l'arbre les incline d'abord vers la terre pour les abriter dans le temps de leur floraison ; puis, quand ils sont fécondés, il les dresse de nouveau vers le ciel.

Classé long-temps par les naturalistes dans le groupe des mélèzes, le cèdre constitue aujourd'hui, pour la science, un genre à part. On lui a laissé, par respect pour sa célébrité traditionnelle, son nom de cèdre, qui ne semble appartenir qu'aux arbres bonifères du genre des genévriers. Le tronc, de vingt à trente pieds de circonférence, pousse des branches dont les ramifications sont, les unes (celles du centre), dressées et presque verticales ; les autres (les plus extérieures), étendues et horizontales. Les feuilles sont courtes, subulées, éparses sur les jeunes rameaux, ordinairement redressées, solitaires, persistantes. Les fruits, gros comme ceux du pin, plus ronds, plus compactes, se trouvent couverts presque entièrement par les feuilles. Les troncs de ces arbres portent d'ailleurs les stygmates du passage d'illustres voyageurs. Afin d'incruster leurs noms sur le bois, plusieurs ont enlevé l'écorce de l'arbre ; mais, comme pour témoigner combien toute gloire humaine est vaine et périssable, au bout de quelques années, l'écorce envahit de nouveau l'espace d'où on l'a chassée, rongeant d'abord une lettre, puis deux, puis l'une après l'autre jusqu'à la dernière.

Le cèdre n'a pas, comme on l'a dit, pour seule patrie le mont Liban : Pallas en a vu des forêts entières sur les monts Ourals, dans les environs de la mer Caspienne. Belon en a aussi rencontré dans diverses parties de l'Asie-Mineure. On l'a facilement acclimaté en France, où il acquiert parfois d'énormes dimensions. Celui du Jardin-des-Plantes de Paris, apporté en 1734, par le célèbre Bernard de Jussieu, forme aujourd'hui un beau et vaste dôme de verdure. On avait écrit jadis que les cèdres du Liban tournaient tous leurs flèches vers le nord : c'est une fable. Le cèdre dirige sa flèche indistinctement vers toutes les directions. Quant à son bois, il est fort peu estimé de nos jours. Soit qu'il ait dégénéré, soit que les Israélites ne l'aient exalté que par comparaison, on a mieux en Europe en fait de bois de charpente. Le nom d'incorruptible donné au cèdre, semble même un peu empreint d'exagération orientale. Le grain en est blanchâtre, peu serré, semblable à celui du pin et du sapin. On dit pourtant qu'au bout de deux mille années, il s'est trouvé intact dans le temple d'Utique, et l'on cite aussi la statue de Diane, à Éphèse, qui était en cèdre. Sa sciure était un des ingrédiens qui servaient à embaumer les corps en Égypte, et on en tirait une huile propre à la conservation des livres. La gomme de l'arbre est, dit-on, un spécifique contre les blessures; on en tire de la résine et de la térébenthine.

Sur les sommets de ces monts, et autour de ce bouquet de cèdres, planent des aigles, qui ne se posent qu'à ces hauteurs. Quand on s'élève encore de manière à atteindre la ligne la plus élevée de ces montagnes, on jouit d'un double point de vue; d'un côté la mer et l'île de Chypre; de l'autre, la vallée de Balbek, que terminent les monts Aqqar.

Dans cette zône élevée, et distribués sur tous les plateaux cultivables, existent une foule de riches villages maronites. Dans le nombre, figure Antoura, où les jésuites avaient établi une maison commode et bien située pour un troupeau de néophytes. Un séminaire qui y attenait était destiné à des étudians maronites et grecs-latins; mais il est resté désert. Aujourd'hui ce couvent est aux lazaristes.

Parmi les autres villes du pachalic de Tripoli, il faut citer Lattakiéh, célèbre par la qualité de ses tabacs, estimés de tout l'Orient. Lattakiéh, fondée, sous le nom de *Laodikea*, par Séleucus Nicanor, s'étend à la base et sur la rive méridionale d'une langue de terre qui saille en mer d'une demi-lieue. Son port, comme tous les ports de cette côte, est une espèce de parc enceint d'un môle dont l'entrée est fort étroite. Il pouvait contenir autrefois de vingt-cinq à trente vaisseaux; mais les Turks l'ont laissé combler au point qu'aujourd'hui cinq ou six navires marchands y sont mal à l'aise; encore en échoue-t-il chaque année quelques uns à l'entrée du port. Malgré ce vice de situation, Lattakiéh est l'une des échelles les plus commerçantes de ce littoral. Elle envoie par année plus de trente chargemens de tabac à fumer, soit à Damiette, soit à Alexandrie, et en reçoit en échange du riz qu'elle expédie dans les villes de la Syrie intérieure. Lattakiéh est d'ailleurs au même titre qu'Alexandrette, le port de mer d'Alep, la ville la plus marchande de toute la contrée. Elle a aussi, comme Tripoli, un vice-consul français. Peuplée de cinq mille âmes, elle est sans canons, sans murailles, sans soldats. Un pirate en ferait la conquête.

Entre les deux villes, et le long de la côte, s'échelonnent diverses bourgades, jadis villes fortes et célèbres, aujourd'hui désertes et peu importantes. Dans le nombre, on peut citer Djébilé, Merkab, forteresse escarpée et Tartosa. Ailleurs se trouvent d'autres emplacemens qui n'offrent guère que des vestiges à demi effacés, comme l'île de Rouad, jadis république puissante sous le nom d'Aradus. Là où florissait, suivant Strabon, une magnifique cité, aujourd'hui on ne trouve pas même des débris de ville. Ces maisons bâties à plus d'étages que les maisons de Rome même, n'ont pas gardé un mur debout. L'île hérissée de constructions, le port encombré de navires, la terre et l'eau peuplées l'une et l'autre de plusieurs milliers de têtes, tout cela n'existe plus. Il n'y a sur le même lieu qu'un écueil ras et désert. La tradition n'a pas même conservé le souvenir d'une source d'eau douce que les Aradiens avaient découverte au fond de la mer, et qu'ils exploitaient en temps de guerre au moyen d'une cloche en plomb et d'un tuyau de cuir qui s'y adaptait. Le temps a désolé ces grèves jadis si bruyantes et si riches. A peine Djébail, l'ancienne Byblos, a-t-elle conservé six mille habitans, avec un ancien port, plus maltraité encore que celui de Lattakihé. A deux lieues au midi, paraît la rivière d'Ibrahim (l'Adonis), qui a le seul pont que l'on trouve depuis Antioche, pont hardi, fait d'une seule arche, large de cinquante pieds et haute de trente. Rien de plus pittoresque et de plus gracieux que cette construction sarrasine.

POPULATIONS,

LES ANSARIÉ, — LES MARONITES, — LES DRUZES.

Dans ce bassin littoral qui s'adosse à la grande chaîne du Liban, sur ses versans, sur ses plateaux, habitent divers peuples, simples, bons, hospitaliers, industrieux, voués à des travaux manufacturiers ou agricoles. Ce sont les Ansarié, les Maronites et les Druzes.

Les Ansarié, que Delille nomme Ensyriens, et d'Anville Nassaris, occupent le terrain montueux qui s'étend depuis Antaké jusqu'au ruisseau Nahr-el-Kébir ou Grande Rivière. Voici ce que dit de leur origine la *Bibliothèque orientale* d'Assemani, et cette version concorde avec les sources arabes auxquelles nous puisons nous-mêmes.

« L'an des Grecs 1202 (891 de J. C.), dit-il, il y avait dans les environs de Koufa, au village de Nasar, un vieillard que les jeûnes, les prières assidues et sa pauvreté faisaient passer pour un saint. Plusieurs hommes du peuple s'étant déclarés ses partisans, il choisit parmi eux douze sujets pour répandre sa doctrine. Mais le commandant du lieu, alarmé de ses mouvemens, fit saisir le vieillard et le fit mettre en prison. Dans ce revers, son état toucha une fille esclave du geôlier. Elle se proposa de le délivrer. Il s'en présenta bientôt une occasion qu'elle ne manqua pas de saisir. Un jour que le geôlier s'était couché ivre, et dormait d'un profond sommeil, elle prit tout doucement les clefs qu'il tenait sous son oreiller, et après avoir ouvert la porte au vieillard, elle vint les remettre en place, sans que son maître s'en aperçût. Le lendemain, lorsque le geôlier vint pour visiter son prisonnier, il fut d'autant plus étonné de trouver le lieu vide, qu'il ne vit aucune trace de violence. Il crut alors que le vieillard avait été délivré par un ange, et il s'empressa de répandre ce bruit, pour éviter la répréhension qu'il méritait. De son côté, le vieillard raconta la même chose à ses disciples, et il se livra plus que jamais à la prédication de ses idées. Il écrivit même un livre dans lequel on lit entre autres choses : « Moi, un tel, » du village de Nasar, j'ai vu Christ qui est la parole de Dieu, qui est

» Ahmed, fils de Mohammed, fils de Hanaf, de la race d'Ali, qui est aussi » Gabriel, et il m'a dit : Tu es celui qui lit avec intelligence; tu es » l'homme qui dit vrai; tu es le chameau qui préserve les fidèles de sa » colère; tu es la bête de charge qui porte le fardeau, tu es l'esprit et » Jean, fils de Zacharie. Va et prêche aux hommes qu'ils fassent quatre » génuflexions en priant; à savoir : deux avant le lever du soleil et deux » avant son coucher, en tournant le visage du côté de Jérusalem, et qu'ils » disent trois fois : Dieu tout-puissant, Dieu très haut, Dieu très grand, » et qu'ils n'observent plus que la deuxième ou troisième fête; qu'ils ne » jeûnent que deux jours par an; qu'ils ne se lavent point le prépuce, et » qu'ils ne boivent point de bière; mais du vin tant qu'ils en voudront; » enfin qu'ils s'abstiennent de la chair des bêtes carnassières. » Ce vieillard étant passé en Syrie, répandit ses opinions chez les gens de la campagne et du peuple qui le crurent en foule, et après quelques années, il s'évada sans qu'on ait su ce qu'il devint. »

De là vinrent ces Ansarié, que nos croisés rencontrèrent en allant de Marrah vers le Liban, et qu'ils nommèrent Nasiréens. Guillaume de Tyr en parle, les confond avec les Assassins, autrement dit Bâteniens. Les Ansarié étaient divisés en plusieurs sectes, savoir : les *chamésiés*, adorateurs du soleil; les *kelbiés*, adorateurs du chien, et les *quadmousiés*, qui semblent avoir adoré l'organe de la génération. Ces diverses idolâtries sont si tenaces chez ces peuples, que deux religions puissantes, le christianisme et le mahométisme, n'ont pu les attirer dans leur giron. Il semble pourtant que ce dernier culte, plus grossier et plus sensuel, s'est infiltré plus aisément parmi eux que nos croyances chrétiennes. Mohammed-el-Doursi a, dit-on, introduit chez les Ansarié quelques pratiques mahométanes. Plusieurs d'entre eux croient à la métempsycose, d'autres rejettent l'immortalité de l'âme. Enfin, la liberté de religion a produit dans ces montagnes une telle confusion, qu'il n'y a à proprement parler, ni culte, ni foi, ni pratique. Chacun est de la secte qui lui plaît et forme presqu'à lui seul une secte. Divisé en trois fermes, tenues par des chefs (*mocaddamiens*), le pays est moins sauvage, plus accessible que les plateaux libaniques; par conséquent plus susceptible de culture. Mais la même raison l'expose aux avanies des milices turkes, et il est plus désert par cela même qu'il est plus fécond. Triste paradoxe dont l'administration ottomane a su faire une vérité!

Entre les Ansarié au nord, et les Druzes au midi, habitent les Maronites, ou Mâouarné, secte chrétienne, distincte des Latins (dont ils suivent pourtant la communion), moins par des nuances de rites que par des nuances d'origine. Le fondateur de cette secte semble être un nommé Maroun, qui vécut vers la fin du VIe siècle, sur les bords de l'Oronte, et s'y rendit célèbre par ses austérités. A sa mort, on parla de miracles opérés sur son tombeau, et un couvent se fonda sur le lieu même pour honorer la mémoire du saint. Un siècle après, il eut un disciple, Jean le Maronite, qui épousa la cause des latins contre les melkites, chrétiens-grecs, lesquels faisaient alors de grands progrès dans le Liban. Ces melkites ou royalistes suivaient les inspirations de Constantinople. Les Maronites, au contraire, tendaient déjà à ressortir de Rome, comme ils le firent quatre siècles plus tard. C'était une dissidence religieuse qui servait à couvrir une indépendance politique. Les Maronites voulaient rester maîtres dans leurs montagnes et s'affranchir du joug Byzantin. Jean fut le premier qui donna ce caractère à la lutte contre la métropole. Il organisa ces montagnards, leur donna des armes, les conduisit à l'ennemi, les rendit maîtres de toutes les hauteurs jusqu'à Jérusalem. Un schisme qui survint alors dans l'empire islamite consolida cet établissement, qui, menacé souvent depuis cette époque, et quelquefois détruit, a survécu à toutes les catastrophes pour durer jusqu'à nous. Faibles quant au nombre, mais hardis, mais courageux, mais forts dans leur rocailleux asile, les descendans de Jean le Maronite luttèrent contre les empereurs et contre les kalyfes, défirent l'empereur Maurice, traitèrent avec les croisés, vécurent avec eux, tantôt sur le pied d'alliance, tantôt sur celui de la neutralité, achetèrent la paix de Salah-el-Dyn, et se virent peu à peu acculés dans la partie la plus inaccessible de leurs montagnes. Quand ils contractèrent alliance avec Rome, en 1215, ils comptaient douze mille hommes en état de porter les armes. Paisibles sous les Mamlouks, ils se révoltèrent sous Saladin II, entrèrent dans la ligue du célèbre émyr des Druses Fakr-el-Dyn, et ne furent réduits qu'en 1588 par Ibrahim Pacha du Kaire, qui leur imposa le tribut annuel auquel ils sont encore assujettis aujourd'hui.

Depuis cette époque, les pachas qui régnaient sur le littoral ont, à diverses reprises, essayé d'introduire dans les montagnes peuplées de Maronites leurs agas et leurs garnisons; mais constamment repoussés, ils se sont vus contraints de laisser ces chrétiens tranquilles. Le vasselage des Maronites consisteen une somme annuellement payée au pacha de Tripoli. Cette somme est perçue par un cheyk de la montagne qui la proportionne, tantôt à l'état des récoltes, tantôt au moyen de résistance que les Maronites possèdent contre le despote du chef-lieu. Ainsi, sur leurs domaines, les Maronites sont presque indépendans des autorités de la Porte. Ils s'y gouvernent à leur guise, moins avec des lois qu'avec des coutumes. La nation semble s'y partager en deux classes, le peuple et les cheyks. Les cheyks sont les notables du pays, les anciens, ceux qui ont la fortune ou l'expérience. Tous ces chrétiens vivent répandus dans la montagne par villages, par hameaux et même par maisons isolées, ce qui n'a pas lieu dans la plaine. La nation entière est agricole; chacun fait valoir son petit domaine, et le cheyk lui-même se distingue à peine des autres par une habitation plus propre, un cheval et une mauvaise pelisse. Les mœurs de ces tribus sont douces et hospitalières. Dans toute la zone montueuse, le vol est presque inconnu. On voyage de jour et de nuit avec une sécurité parfaite. L'organisation sociale y est à peu près la même que dans toute agglomération chrétienne. Les Maronites n'ont qu'une femme qu'ils épousent, sans l'avoir fréquentée, quelquefois même sans l'avoir vue. Le seul usage qui jure avec une religion de mansuétude et de paix, c'est la oi arabe du talion, qu'ils appliquent dans le cas unique de meurtre. Le plus proche parent de la victime doit alors faire justice de l'assassin. Ils marchent d'ailleurs toujours armés du fusil et du poignard. Le pays n'a point de troupes régulières; mais tout le monde y est soldat. Sur cent quinze mille âmes de population, on a eu en temps de guerre trente-cinq mille combattans. La population, qui donne une moyenne de sept cent soixante habitans pour une lieue carrée, est considérable si l'on a égard au pays, composé de rochers incultivables en grande partie.

Les Maronites relèvent aujourd'hui de Rome; mais tout en reconnaissant l'autorité du pape, ils continuent à élire leur *batray* ou patriarche d'Antioche. Contre la loi canonique, les prêtres se marient comme aux premiers temps de l'Eglise : seulement leur femme doit être fille et non veuve, et ils ne peuvent convoler en secondes noces. La messe se dit en langue syriaque, que les desservans ne comprennent pas; l'évangile seul est en arabe, afin que l'assistance en saisisse la signification. La communion se pratique sous les deux espèces. L'hostie est un pain rond, non levé, un peu plus large qu'un écu. Quand le célébrant a pris le dessus, qui est marqué d'un cachet, on coupe le reste en petits morceaux, on le met dans le calice avec le vin, puis, au moyen d'un cuillère qui sert à tous les fidèles, le prêtre l'administre à la ronde. Ces prêtres n'ont point de salaire fixe. Ils vivent du travail de leurs mains et du casuel de leur chapelle. Chacun d'eux exerce un petit métier qui nourrit la famille. Pauvres, ces ecclésiastiques n'en sont pas moins considérés. Quand ils marchent dans le village, c'est à qui ira prendre leur main et la baiser. Femmes, hommes, enfans, vieillards, ont été élevés dans cette pratique de déférence, et les Européens eux-mêmes ne s'en tiennent pas pour dispensés. Chaque village a sa chapelle, chaque chapelle sa cloche, chose inouïe en Turquie. Dans leurs montagnes, les Maronites portent le turban vert réservé aux chérifs musulmans. Hors de la limite de leurs possessions, ils seraient décapités pour ce fait.

Le Liban compte une quantité prodigieuse d'évêques; mais ce sont des prélats simples et pauvres que l'on rencontre souvent sur les routes, accompagnés d'un seul sacristain. Ils vivent dans les couvens, nourris et vêtus comme de simples moines. Leur revenu le plus ordinaire ne va guère au-delà de quinze cents francs, mais dans un pays où la vie est à très bon compte, ces quinze cents francs sont une aisance. Ces évêques sont tirés, comme les desservans, de la classe des moines. Ces postes ecclésiastiques sont donnés à la piété et au savoir. Rome les guide et les surveille; elle intervient dans leurs querelles théologiques, discute et règle les articles de foi. En revanche, elle a fondé pour eux dans la capitale chrétienne, un collége, où de jeunes Maronites sont élevés gratuitement.

Dans le petit espace qu'occupent les Maronites, on compte plus de deux cents couvens d'hommes ou de femmes, couvens qui suivent presque tous la règle de Saint-Antoine. Le vêtement des moines est une étoffe commune, la nourriture est celle des paysans, avec cette exception, toutefois, que les moines ne mangent jamais de viande. Un jeûne rigoureux, un travail opiniâtre, de longues prières, soit de jour, soit de nuit, telle est la vie de ces Cénobites. Chaque couvent a un frère cordonnier, un frère tailleur, un frère tisserand, un frère boulanger; en un mot, un artisan par chaque métier utile à la communauté. A côté de chaque couvent d'hommes, existe presque toujours un couvent de femmes, et il est rare qu'il s'ensuive du scandale. Ces femmes mènent une vie laborieuse et active. Le plus célèbre de ces couvens maronites est celui de *Qoz*

Haïe, à six heures de l'est de Tripoli. On y exorcise encore, comme aux premiers jours de l'Église, les possédés du démon. Ces possédés n'étant, à tout prendre, que des maniaques et des épileptiques, il est possible qu'à force de jeûnes et d'ablutions on soit en effet parvenu à en guérir quelques uns.

Au sud des Maronites sont les peuples druses, dont il a été question déjà à propos de l'émyr Beschir. Les Druses sont des schismatiques musulmans, comme les Maronites sont des sectaires chrétiens; mais à part cette dissemblance, ils se rapprochent les uns des autres par les mœurs, par les coutumes et par la langue.

La religion des Druses fut long-temps un problème. Aujourd'hui l'on sait qu'elle se compose d'un mélange de mahométisme et de préjugés locaux. La métempsycose, les transmigrations, le principe du bien et du mal; enfin, toutes les données du culte de Zoroastre s'infiltrèrent jadis dans les principes du Koran, pour composer un amalgame de croyances, qui varia bientôt d'un individu à l'autre. Chaque illuminé se fit apôtre, et chaque apôtre chef de secte. On en compta bientôt cinquante, s'accusant toutes entre elles d'hérésie et d'erreur. Les choses en étaient là au début du XIe siècle, quand un fou furieux fut couronné khalyfe au Kaire, sous le nom d'El-Hakem-Bi-Amr-Allah. Voici ce qu'en dit l'historien arabe, El-Makin : « L'an de l'hégire 386 (996 de J.-C.), parvint au trône d'Égypte le troisième khalyfe fatimite Hakem-Bi-Amr-Allah. Ce prince fut l'un des mortels les plus extravagans dont la mémoire des hommes ait gardé le souvenir. D'abord il fit maudire dans les mosquées les premiers khalyfes, compagnons de Mahomet; puis il révoqua l'anathème; il força les juifs et les chrétiens d'abjurer leur culte; puis il leur permit de le reprendre. Il défendit de faire des chaussures aux femmes, afin qu'elles ne pussent sortir de leurs maisons. Pour se désennuyer, il fit brûler un jour la moitié du Kaire, pendant que ses soldats pillaient l'autre moitié. Non content de ces fureurs, il interdit le pèlerinage de la Mecque, le jeûne et les cinq prières; enfin, il poussa la folie au point de vouloir se faire passer pour Dieu. Il fit dresser un registre de ceux qui le reconnurent pour tel, et il s'en trouva jusqu'au nombre de seize mille. Cette idée fut appuyée par un faux prophète venu vers ce temps de la Perse en Égypte. Cet imposteur, nommé Mohammed-ben-Ismaël, enseignait qu'il était inutile de pratiquer le jeûne, la prière, la circoncision, le pèlerinage, et d'observer les fêtes; que les prohibitions du porc et du vin étaient absurdes; que le mariage des frères, des sœurs, des pères et des enfans était licite. Pour être bien-venu d'Hakem, il soutint que ce khalyfe était Dieu lui-même incarné; et au lieu de son nom Hakem-Bi-Amr-Allah, *gouvernant par l'ordre de Dieu*, il l'appela Hakem-Bi-Amrih, qui signifie *gouvernant par son ordre propre*. Par malheur pour le prophète, son nouveau Dieu n'eut pas le pouvoir de le garantir contre ses ennemis. Ils le tuèrent dans une émeute, aux pieds même du khalyfe, qui peu après fut massacré lui-même sur le mont Moqattam, où il entretenait, disait-il, un commerce avec les anges. »

Telle fut l'origine de la religion des Druses. Persécutés en Syrie par les Islamites orthodoxes, les sectaires qui avaient embrassé cette foi se réfugièrent, comme l'avaient fait les Maronites, dans les montagnes du Liban, où ils pouvaient défendre leurs personnes contre le fer de leurs ennemis, et leur croyance contre la persécution. Ils s'y maintinrent aussi à peu près indépendans jusqu'au règne d'Amurat III, qui les rendit tributaires.

Vers les premières années du xviie siècle, la puissance de cette peuplade prit tout-à-coup quelque développement et quelque célébrité. L'émyr Fakr-el-Dyn (notre Fakardin) venait d'être appelé au gouvernement du pays des Druses, et dans ce poste, il fit preuve d'un talent et d'une adresse dignes du plus vaste théâtre. Sa tactique fut d'amoindrir chez lui le patronage ottoman, et de créer à la nationalité druse des élémens d'indépendance. Rusé et intelligent, il s'y prit d'abord en ménageant la puissance de la Porte, et en endormant ses défiances par des témoignages de fidélité. Il chassa des plaines de Balbeck, de Sour et d'Acre les Arabes qui les infestaient, se rendant de la sorte populaire dans tout le pays. Bientôt après il s'occupa d'utiliser les influences qu'il s'était ainsi ménagées. La ville de Beyrout, fréquentée par les Vénitiens, était à sa convenance; il fit si bien qu'il s'en empara; puis il procéda de la même manière pour Saïde, Balbeck et Sour, jusqu'à ce qu'en 1613, il se vit maître de tout le pays, depuis Adjaloun jusqu'à Safed. Pour que la Porte fermât les yeux sur ses empiètemens successifs, Fakr-el-Dyn avait soin, à chaque conquête nouvelle, d'envoyer une somme considérable à Constantinople, comme tribut et comme signe de vasselage. Long-temps il parvint à conjurer ainsi l'orage; mais enfin il éclata. Le divan s'alarma des progrès des Druzes, et projeta une campagne contre eux. Soit frayeur, soit politique, Fakr-el-Din n'attendit pas ses adversaires. Il laissa à son fils le soin de la résistance, s'embarqua pour l'Italie, et alla voir les Médicis à la cour de Florence. Il espérait que sa présence hâterait le concours d'auxiliaires chrétiens. Son arrivée dans cette cour, et à cette époque, eut un grand éclat. L'apparition d'un prince d'Orient au sein de cette société italienne, polie par les idées de la renaissance, fit une sensation profonde. Un prince d'Orient dans toute la beauté de son costume, c'était pour la magnifique Florence elle-même quelque chose d'aussi extraordinaire qu'inattendu. Comme on savait peu alors ce qu'était la religion druze, on fit sur-le-champ de ce peuple, un peuple de chrétiens, une race de croisés qui s'étaient établis dans la chaîne libanique. On alla même jusqu'à trouver l'étymologie des Druzes dans le mot français de *Dreux*, en disant qu'un comte de *Dreux* avait fondé cette colonie de Francs, seuls restes de ces grandes émigrations d'hommes, qui avaient signalé les XIe, XIIe et XIIIe siècles. Fakr-el-Dyn savait parfaitement à quoi s'en tenir là-dessus; mais cependant il laissa dire et écrire les étymologistes; il se prêta même à passer pour allié de la maison de Lorraine, et eut une correspondance diplomatique avec ses membres. Plus tard seulement, on sut que les Druzes, d'origine purement arabe, étaient musulmans, et que le mot *Druze* venait du surnom *el-Dorzé*, donné à Mohammed-ben-Ismaël, le fondateur de cette secte.

Fakr-el-Dyn resta neuf ans en Italie, durant lesquels Ali, son fils, conjura les maux de la guerre et repoussa les Turks. Rentré dans ses États, l'émyr n'avait plus qu'à y introduire les progrès qu'il venait d'étudier en Europe. Malheureusement, au lieu d'adopter les idées sérieuses de notre civilisation, il s'était épris des choses futiles. Au lieu de bâtir des casernes, il ne construisit que des bains et des jardins, et osa, en dépit des interdictions mahométanes, les faire décorer de peintures et de sculptures. Cette conduite irrita les Druzes; des factions intérieures déchirèrent le pays, et des ennemis perdirent l'émyr à la cour d'Amurat IV. Sa ruine fut résolue. Le pacha de Damas eut l'ordre de marcher contre Fakr-el-Dyn, pendant que d'autre part, quarante galères investiraient Bayrout. Ali, le fils de l'émyr, essaya de soutenir une lutte inégale; vainqueur dans deux batailles, il fut tué à la troisième. Dès ce moment les affaires furent désespérées. Fakr-el-Dyn perdit la tête; il traita d'abord; puis, menacé dans sa personne, il se réfugia sur des lieux escarpés, où il se maintint pendant douze mois. Il ne fut pris et livré aux Turks qu'un peu plus tard, et par trahison. Conduit à Constantinople, il obtint d'abord la vie; mais sur un caprice d'Amurat, il fut un jour étranglé dans son cachot.

La postérité de Fakr-el-Dyn n'en continua pas moins à régner sur les Druzes. Ce ne fut qu'à son extinction que la couronne passa à la maison de Chach, dans la personne de l'émyr Beschir dont il a été question.

La religion des Druzes, espèce de mahométisme relâché, n'admet, comme pratiques d'observance rigoureuse, ni la circoncision, ni les prières, ni les jeûnes. Chez eux point de prohibitions et point de fêtes. Ils boivent du vin, mangent du porc, se marient de sœur à frère. Il n'y a d'autre culte chez eux qu'une espèce d'initiation qui les rend *oqqâls* ou spirituels, tandis que les profanes restent *djahels* ou ignorans. Dans cette initiation existent plusieurs grades : le plus élevé de tous exige le célibat. On reconnaît les initiés du premier ordre à leur turban blanc, indice de pureté. Cette pureté ne doit jamais être souillée. Si l'on mange dans leur plat, si l'on boit dans leur vase, ils les brisent. Ils ont des oratoires isolés, placés sur des éminences, et ils y tiennent des assemblées secrètes. Ils ont des livres dans lesquels il est question de Hakem, le dieu incarné. On y parle d'une autre vie, d'un lieu de bonheur, de divers degrés d'épreuves, toutes choses qui rappellent la théogonie hindoue. Les oqqâls auront, comme de droit, la première place dans le paradis druze. En dehors de ces oqqâls, il n'y a d'unité ni pour les dogmes, ni pour les cérémonies. Le reste des Druzes vit à sa guise; ceux-ci adorent le soleil, la lune et les étoiles; ceux-là sont demi-chrétiens, les autres sont idolâtres. Ce qui caractérise la masse, c'est une grande tolérance dans les pratiques. Chez des catholiques, ils font comme les catholiques; chez des Islamites, comme les Islamites. Importunés par les missionnaires, plusieurs se sont fait baptiser; puis, tourmentés par des Turks, ils se sont fait circoncire.

Leur organisation politique est plus fixe et plus saisissable. La nation, comme chez les Maronites, se partage en deux classes, les émyrs ou cheyks, et le peuple. Chacun y vit sur le travail des terres, ceux-ci comme propriétaires, ceux-là comme fermiers. Le mûrier et la vigne dans presque tous les cantons; les tabacs, les cotons et quelques grains dans un petit nombre d'autres, composent toutes les richesses du sol. Là, comme ailleurs, les plus forts lots de terrain sont entre les mains de grands propriétaires, qui constituent une sorte d'aristocratie, dont le chef est une espèce de roi ou souverain du pays. Ce chef se nomne *Hakem* ou gouverneur; *Émyr* ou prince. Sa dignité passe tantôt du père aux enfans, tantôt du frère au frère. Les femmes ne peuvent en hériter. Ces promotions se font, du reste, toujours sous la surveillance et avec l'agrément des dignitaires de la Porte. Le hakem ou émyr veille à la paix publique; il maintient l'harmonie entre les émyrs inférieurs et les cheyks de village. Il est à la fois chef militaire, chef judiciaire, et grand percepteur des impôts. C'est lui qui compte avec le pacha pour le tribut annuel dû au sultan. Ce tribut varie suivant la puissance de l'émyr, plus faible quand il se fait craindre, plus fort quand il n'impose pas un peu de respect. On perçoit les taxes ou miry sur les produits du sol. D'ordinaire, elles rentrent sans frais dans le trésor de l'émyr. Chacun vient verser son contingent à Daïr-el-Qammar, ou bien on le compte à des collecteurs du prince qui parcourent le pays.

L'émir n'a pas, du reste, des pouvoirs sans contrôle. Sur les questions d'impôts, comme sur celles de la paix et de la guerre, il est obligé de consulter les notables du pays. A cette fin, il convoque des assemblées générales, dans lesquelles il expose l'état des affaires. Tout cheyk et tout propriétaire a le droit d'y voter, ce qui fait de ce petit État un mélange des trois élémens monarchique, aristocratique et démocratique. Les princes du pays, et le grand émyr lui-même, ont de nombreux esclaves, mais point de troupes permanentes. Quand la guerre éclate, tout le monde est soldat, jeune homme ou homme fait, cheyk ou paysan. Chacun prend un petit sac de farine, un fusil, quelques munitions, et se rend au lieu désigné par le gouverneur. En cas de guerre civile, les serviteurs se rangent auprès des maîtres; les amis auprès des patrons. En cas de guerre générale, le rendez-vous est à Daïr-el-Qammar. C'est de là aussi que part le signal. Le soir, des crieurs montent sur les éminences, et de là se font entendre dans la vallée: « A la guerre, à la guerre! prenez les pistolets, » nobles cheyks, montez à cheval; armez-vous de la lance et du sabre; rendez-vous demain à Daïr-el-Qammar. Zèle de Dieu! Zèle des combats. » A cet appel, parti du chef-lieu, succèdent d'autres appels, qui se transmettent et se répondent d'une éminence à l'autre, de telle sorte qu'en peu d'heures on sait dans tout le pays que la guerre est déclarée. Trois jours après le manifeste lancé des hauteurs de Daïr-el-Qammar, douze à quinze mille fusils sont réunis au pied de la demeure souveraine. Ces troupes, comme on le pense, ont un aspect tout autre que celui de nos bataillons réguliers. Ce sont tout au plus de méchantes guerillas en casaque courte et les jambes nues. On ne connaît que des fantassins dans ces guerres de montagnes; et jamais les Druzes ne s'aventurent en plaine. Ils y supporteraient le choc de la cavalerie d'autant moins facilement qu'ils n'ont pas même de baïonnette à leurs fusils. Toute leur tactique est dans une guerre de tirailleurs; et sur un terrain de broussailles et de rochers, ils la font avec un grand avantage. Excellens tireurs, ardens à pousser leur succès, sobres, vigilans, dociles à leurs chefs, ils ont dans toutes les guerres conservé sur les Turks une supériorité réelle. Ils passent trois mois en plein air, sans tente, sans abris, vivant de petits pains cuits sous la cendre, ou sur une brique, d'ognons crus, de fromage, d'olives, de fruits, quelquefois d'un peu de vin.

Grâce à ces allures indépendantes et belliqueuses, cette petite peuplade a su défendre son territoire contre les nations maraudeuses qui l'entourent et contre la puissance des Turks, encore plus à craindre qu'elles. Les recensemens donnent quarante mille combattans, et cent vingt mille âmes de population pour toute la contrée, ce qui, pour une surface de cent dix lieues carrées, présente mille quatre-vingt-dix âmes par chaque lieue, chiffre aussi élevé que celui de la population des meilleures provinces de France. Et cependant le sol est ingrat et rude, les produits sont difficiles et peu abondans. D'où vient alors cette exubérance de population, si ce n'est qu'un rayon de liberté luit sur ces montagnes, et qu'au rebours de tous les pays turks, le cultivateur sait que le grain qu'il jette dans la terre germera pour lui, et non pour le collecteur du pacha?

Le caractère druze est plus fier, plus énergique, plus fortement trempé qu'aucun de ceux des nations voisines, arabes ou maronites. On cite ces tribus dans tout le Levant, où elles se font remarquer par cette hardiesse aventureuse qui cherche et affronte le péril. Ils ont ces qualités à un degré plus élevé que les Maronites, et quand on demande à ces derniers la raison de cette différence: «Les Druzes, répondent-ils, craindraient peut-être davantage la mort, s'ils croyaient à ce qui la suit.» Très susceptibles sur le point d'honneur, ces peuples punissent sur-le-champ, à coups de kandjar ou de fusil, une insulte faite à leur barbe, dont ils se montrent fort jaloux. La loi du talion, qui règne chez ces peuples comme chez les Maronites, y a des conséquences plus terribles encore, à cause de leur caractère irascible et violent.

A côté de ces défauts, les Druzes ont une vertu qui les rachète, celle de l'hospitalité. Le voyageur, le suppliant, sont sacrés pour eux. On a vu des paysans donner leur dernier morceau de pain à un passant affamé. « Tous » les hommes sont frères, disent-ils, et Dieu est libéral. » Aussi n'y a-t-il point dans la contrée d'hôtellerie qui rappelle celles d'Europe. On frappe aux portes des maisons que l'on trouve sur son chemin. On cite, en fait d'hospitalité, des traits qui honorent le caractère druze. Un aga des janissaires, coupable de rebellion, s'étant un jour enfui de Damas pour se réfugier chez les Druzes, le pacha le sut et réclama le fugitif sous peine de guerre. L'émyr effrayé s'adressa au cheyk qui avait donné l'asile au proscrit; mais celui-ci répondit : « Depuis quand a-t-on vu les Druzes livrer leurs hôtes? Dites au » pacha que, tant que je garderai ma barbe, il ne tombera pas un che- » veu de la tête de mon réfugié. » L'émyr ayant insisté et menacé de l'enlever de vive force, le cheyk arma sa famille. Afin de ne pas livrer le pays à la guerre civile, le pacha renonça à la voie des armes; mais usant d'une loi du pays, il déclara au cheyk qu'il ferait couper cinquante de ses mûriers chaque jour, jusqu'à ce qu'il eût rendu le proscrit. Ce cheyk en laissa couper mille sans sourciller. Cette résignation et ce courage mirent bientôt de son côté tous les cheyks du pays, et sans doute un soulèvement général en serait résulté, si l'aga, occasion de cette lutte, ne s'était sauvé à l'insu de son hôte.

Les Druzes s'allient d'ordinaire en famille. Ils préfèrent toujours un parent, fût-il pauvre, à un étranger riche. Les paysans même ont une espèce de répugnance à donner leurs filles aux marchands du littoral. Du reste, les coutumes de la vie privée ne diffèrent pas chez eux de celles des autres orientaux. Ils peuvent épouser plusieurs femmes, et les répudier quand cela leur plaît, mais ces sortes de répudiations sont fort rares. Les femmes ne marchent que voilées, et ne sortent guère de leurs demeures que pour se rendre au bain. Dans le ménage, elles pétrissent le pain, brûlent le café, lavent le linge et font la cuisine. De leur côté, les hommes vont aux champs pour s'y livrer aux travaux qu'ils exigent. Leur seul délassement, c'est, le soir, de s'accroupir en cercle dans la cour ou l'aire du chef de village; et là, la pipe à la bouche, le poignard à la ceinture, de deviser entre eux des choses qui les intéressent, de la récolte ou de l'émondage, de la guerre ou de la paix, de la disette ou de l'abondance, des chances de résistance contre le pacha, de la quotité de l'impôt. Les enfans, pendant ces heures, de loisir rôdent et jouent autour des pères de famille. Du reste, entre ces hommes, il y a peu de nuances de rang. Ce sont des propriétaires, les uns plus riches, les autres moins aisés, qui vivent entre eux sur le pied d'une familiarité raisonnable. L'émyr lui-même n'est qu'un fermier plus opulent et plus puissant que les autres. Il ne croit pas que son autorité implique une attitude de morgue et de fierté, onéreuse pour ses subalternes. Il n'y voit qu'une délégation de la part de ce peuple, qui reste toujours le maître de ses maîtres.

A côté de ces trois peuplades dont on vient de parler, il en est une quatrième qui habite une vallée intérieure, située à l'orient du pays des Druzes. Ce sont les Motoualis, campés entre le Liban et Damas. Ces Motoualis sont des musulmans, mais de la secte d'Ali comme les Perses, et non de la secte d'Omar ou de Moaouîa comme les Turks. Cette nuance d'origine entretient parmi ces divers religionnaires des haines vives et constantes. Les sectateurs d'Omar se regardent comme les seuls orthodoxes, se qualifient de *sonnites*, tandis qu'ils nomment les autres *chiites* ou dissidens. Le mot *motouali* a la même signification en syriaque. Les Motoualis se nomment aussi *adlié* ou justiciers, par suite d'une de leurs croyances. « Dieu, disent-ils, ne peut proposer un culte impraticable, ni ordonner des actions impossibles, ni obliger à des choses hors de portée; mais en ordonnant l'obéissance, il donne la faculté, il éloigne la cause du mal, il permet le raisonnement; il demande ce qui est facile, et non ce qui est difficile; il ne rend point responsable de la faute d'autrui; il ne punit point d'une action étrangère; il ne trouve pas mauvais dans l'homme, ce que lui-même a créé en lui, et il n'exige pas qu'il prévienne ce que la destinée a décrété sur lui, parce que cela serait une *injustice* et une tyrannie dont Dieu est incapable par la perfection de son être. » On voit combien ces croyances sont raffinées et méticuleuses. A ces dogmes, ils joignent des pratiques qui contrarient directement celles des Sonnites. Ainsi les Motoualis commencent les ablutions par le coude au lieu de les commencer par le bout des doigts, se prétendent souillés par toute espèce de contact étranger, ne boivent jamais au vase d'un individu étranger à leur secte, et ne s'asseyent pas à la même table que lui.

Ces usages et ce rite distinguent les Motoualis de toutes les tribues situées dans leur voisinage. Belliqueux et hardis, du territoire de Balbeck dans le pachalic de Damas qu'ils occupaient jadis, ils se sont peu à peu étendus vers l'Anti-Liban, et jusqu'à Becharré. Plus d'une fois leurs brigandages ont inquiété les Maronites qui ont eu recours aux armes pour s'en délivrer. Long-temps cette peuplade se maintint dans ces montages, plus intrépide, plus forte qu'aucune de celles que l'on a citées. Dans le milieu du dernier siècle, les Motoualis s'emparèrent de Sour et en firent leur entrepôt maritime ; en 1771, ils servirent à Daher et à Ali-Bey d'auxiliaires contre les Ottomans. Toutes les fois qu'ils se rencontrèrent avec les Druzes, l'avantage leur resta. Plus tard, pourtant, Djezzar ayant entrepris de les soumettre et de les anéantir graduellement, ils ont peu à peu abandonné leurs positions littorales, pour se réfugier dans les hautes chaînes, et aujourd'hui c'est à peine s'il en reste cinq cents familles abritées dans l'Anti-Liban.

Voilà les peuples qui, avec les Grecs, les Turks, les Juifs, les Arabes et les Francs des ports de mer, composent la population des pachalics du Liban; races distinctes par les mœurs et par les traditions, par les croyances religieuses et par l'organisation politique. Quand Bonaparte, campé sous Saint-Jean-d'Acre, rêvait des conquêtes plus étendues vers l'Anatolie et l'Asie-Mineure, il n'avait pas négligé cet élément de force placé sur sa route, et il comptait, Djezzar une fois soumis, entraîner avec lui à d'autres victoires les Druzes et leurs émyrs, les Maronites et leurs cheyks, les Motoualis et leurs guerriers influens, les Ansarié et leurs moqaddamins.

PACHALIC D'ALEP.

Le pachalic d'Alep s'étend entre l'Euphrate et la Méditerranée, d'un côté de Skanderoun à Biré par les montagnes, de l'autre de Belès à la mer par Marra et le pont de Chogr. A proprement parler, le terrain se compose de deux vastes plaines; l'une, celle d'Antioche, à l'ouest; l'autre, celle d'Alep, à l'est. Au nord, et le long du littoral, règne un système de hautes montagnes. Le sol du pachalic est en général gras et argileux, mais presque inculte. Le système d'exactions ottomanes, qui ne laisse jamais au cultivateur la certitude de recueillir ce qu'il a semé, arrête et paralyse toutes les exploitations agricoles. En place des riches moissons que cette terre pourrait nourrir, on n'aperçoit que des herbes hautes et vigoureuses, venues partout spontanément après la saison des pluies. A peine aux environs du village trouve-t-on quelques champs assez mal tenus, dans lesquels croissent le froment, l'orge et le coton, produits spéciaux des pays plats. Le sol des montagnes offre des vignes, des mûriers, des oliviers et des figuiers. Les coteaux maritimes sont consacrés aux tabacs, le territoire d'Alep aux galles et aux pistaches. Quant aux pâturages, ils sont abandonnés aux hordes errantes des Turkomans et des Kourdes.

Sous un régime de taxes régulières et de stable propriété, nulle contrée ne serait plus prospère ; mais, dans le pachalic d'Alep, les terres ne sont à personne, parce qu'elles sont à tout le monde. Dans ces vastes plaines, les paysans n'ont pas, pour défendre leurs champs, les mêmes ressources que les habitans des montagnes, et il s'ensuit qu'ils restent livrés à des invasions à peu près continuelles. Limitrophes entre le rayon désert qu'occupent les Bédouins, et la partie cultivable dans laquelle vaguent les Turkomans et les Kourdes, ils sont justiciables de l'un et l'autre peuples maraudeurs, souvent même de tous les deux à la fois. A ce fléau vient encore se joindre celui des exactions commises par les troupes de la garde du pacha, lesquelles perçoivent l'impôt pour leur maître, soit en argent, soit en nature, et ne laissant pas même au cultivateur de quoi ensemencer son champ pour la saison prochaine. Quelquefois même deux autorités se partagent le droit de pressurer le malheureux contribuable : d'une part, c'est le pacha, chef de la force armée; de l'autre, le *mehassel* ou collecteur avec lequel la Porte compte directement. Ce mehassel tient le pachalic à bail, mais pour une année seule. Le prix en varie de 800 à 1,000 bourses, suivant l'état de la contrée et l'abondance des récoltes, sans compter un *droit de babouche*, espèce de pot-de-vin à l'aide duquel on achète la faveur du visir et des intermédiaires influens. Moyennant ce forfait, le mehassel est substitué à tous les droits du gouvernement sur les douanes, sur le passage des bestiaux kourdes et turkomans, sur la saline de Djeboul; enfin, sur le miry ou impôt foncier.

Quand le mehassel est ainsi en possession des recouvremens de fonds généraux, on affecte au pacha un traitement fixe, assez peu élevé. Mais, dans cette taxation, la Porte fait entrer en ligne de compte les ressources extraordinaires et illicites des pachas; les avanies qu'ils imposent, soit aux particuliers, soit aux villages, les taxes exorbitantes que leurs émissaires tirent des Turkomans et des Kourdes. On a vu même des pachas poussant plus loin la soif de l'argent, rançonner chaque corps de métier, et exiger même un tribut des nettoyeurs de pipes. Quand ces extorsions vont trop loin, la Porte rappelle ses dignitaires; mais avant qu'elle sévisse, il faut que les actes arbitraires aient comblé toute mesure.

La garde du pacha d'Alep se compose de cinq cents cavaliers et d'un nombre à peu près égal de fantassins, troupe régulière, composée pour l'ordinaire d'hommes étrangers au pays. En outre, il avait le droit de disposer du corps des janissaires, avant que cette milice bourgeoise eût été dissoute dans toute l'étendue de l'empire ottoman. Il faut dire toutefois qu'à Alep, ville d'intérieur, les ordres formels de la Porte n'ont pas encore prévalu contre une institution presque aussi vieille que l'empire ottoman. Le corps des janissaires y existe encore. Chaque consulat a un janissaire à sa solde; toute maison franke un peu importante a aussi le sien. Au besoin, le corps entier se lève et s'arme, soit pour le service du pacha, soit pour lui imposer ses volontés tumultueuses. Ces janissaires sont un nombre d'hommes classés qui forment une espèce de garde civique. Des priviléges et des immunités étant attachés à ce titre, il y a brigue pour l'obtenir. Du reste, la troupe est fort peu martiale, se composant aujourd'hui de paysans ou d'ouvriers, qui ne veulent s'astreindre ni à aucun exercice, ni à aucune discipline. Long-temps souveraine à Alep, la troupe des janissaires en était venue à y rendre les pouvoirs du pacha presque illusoires, quand ceux-ci imaginèrent de se retirer dans un château-fort situé hors de la ville, et de s'y faire garder par un millier d'hommes à leur solde, moitié cavaliers, moitié piétons.

Les cavaliers de cette garnison sont les seuls que l'on tienne pour gens de guerre, en les nommant à ce titre *daoulé,* ou *deleti,* ou encore *delibaches,* ou *laouend,* d'où nous avons fait *leventé.* Coiffés d'un long cylindre de feutre noir et sans bords, ils ont pour armes le sabre court, le pistolet, le fusil et la lance. Leurs selles, d'un seul cuir vernis, tendu sur un châssis de bois, sont rases et incommodes ; le reste du harnachement ressemble à celui des Mamelouks : seulement il est moins riche et moins bien tenu. Des habits déchirés, des armes rouillées, des chevaux de toutes couleurs et de toute taille, donnent à cet escadron une physionomie étrange. On dirait plutôt une réunion de bandits que de soldats, et dans le fait, avant d'être soldats, presque tous ces hommes ont été maraudeurs turkomans ou kourdes, ou caramaniens. Les gens de pied sont quelque chose de plus désordonné encore. Jadis, on les tirait du pays même, à l'aide d'enrôlemens forcés; mais depuis un siècle environ, on les recrute parmi les Barbaresques ou les Arnautes. Sous le nom de *magarbé* (hommes du couchant), ils composent à eux seuls l'infanterie du pacha. Les armes de ces piétons se composent d'un seul fusil rouillé, d'un grand couteau ; leur bagage consiste en une chemise de coton, un caleçon, une toque rouge, et quelquefois des pantoufles. Tout cela les chargeant peu, leur permet de marcher lestement dans les plus affreux chemins. Moyennant une légère solde, ces gardes-du-corps sont tenus de s'entretenir d'armes et de vêtemens. Le pacha les nourrit. La paie est double pour le cavalier, à qui l'on fournit en outre un cheval avec sa ration d'orge. Ce corps est divisé à l'ancienne manière tartare, par *bairaqs* ou drapeaux, chaque drapeau comptant pour dix hommes.

Ces janissaires et ces gardes du pacha, cette organisation fiscale et militaire ont amené la ruine graduelle de l'un des plus beaux pachalics de l'empire. Le gouvernement d'Alep comptait autrefois plus de trois mille villages; on lui en sait à peine quatre cents aujourd'hui. A chaque pas on y rencontre des hameaux déserts, des citernes enfoncées, des champs sans cultivateurs. Ici ce sont des ruines de l'époque romaine et grecque avec des pierres si énormes, qu'on les prendrait pour des matériaux cyclopéens; ailleurs, ce sont des vestiges de l'ère des khalifes, ou des débris de monumens laissés par nos Croisés à la suite de leur long séjour sur cette terre, curieux jalons que l'archéologue et l'historien rencontrent à chaque pas dans toutes les provinces syriennes.

La ville la plus considérable du pachalic est Alep, l'Halab des Arabes. Située dans la vaste plaine qui s'étend de l'Oronte à l'Euphrate, en se confondant au midi avec le désert, elle n'a autour d'elle qu'un petit oasis de terres fécondes et cultivées. Pendant que le sol, à plusieurs lieues à la ronde, est privé de cours d'eau, Alep a sa petite rivière, qui, descendue des montagnes d'Aëntab, va se perdre à six lieues au-dessous de la ville, dans un marécage peuplé de sangliers et de pélicans. A sa source, ce ruisseau roule au travers de deux murs de roches nues; mais près d'Alep, ses bords se recouvrent d'une terre rougeâtre sur laquelle croissent de délicieux vergers.

Alep est une des plus belles et des plus grandes villes de la Syrie, en ne prenant pour ces épithètes aucun terme de comparaison européenne. Elle est aussi d'une propreté relative. Ses rues fort étroites, sont encombrées de chiens vagans, d'ânes et de chevaux marchant à la file et se pressant sous les poternes des fortifications. Dans la plupart de ces rues, c'est à peine si deux cavaliers peuvent aller de front. La partie la plus large et la plus belle est le quartier européen, qui se compose de vastes khans, cours intérieures autour desquelles se groupent des constructions et des bazars voûtés, construits sous les maisons mêmes. Chacun de ces khans se ferme le soir à l'aide d'une grande porte. En cas de révolte ou de peste, chacune de ces portes reste close. C'est une espèce de forteresse contre la contagion ou le danger. Les rues ouvertes ne se composent du reste que de deux murs, traversés çà et là par des corps de logis tout entiers ou par des kiosques qui surplombent les passans. On y voit peu de fenêtres, et toutes sont grillées à l'extérieur. Ces maisons ont un aspect triste et délabré; mais quand on y pénètre, on y découvre toutes les jouissances raffinées et mystérieuses du luxe oriental. Quelques logemens ont une cour centrale pavée en marbre, au milieu de laquelle un jet d'eau bruit sur le marbre; des arbres en fleurs, des volières, des serres animent ce délicieux intérieur. L'habitation elle-même ne se compose que de petites pièces, mais une vaste salle commune, garnie de divans de soie, réunit tous les hôtes du lieu. C'est là que, la pipe aux lèvres, on reçoit les visiteurs, et qu'on les convie aux honneurs du café, des confitures et des sorbets. Les femmes, chez les Orientaux, ont leur corps de logis spécial dans lequel nul visiteur ne pénètre.

Outre des maisons de ville somptueuses et commodes, Alep a une foule de jardins charmans, situés, les uns dans le faubourg même, les autres à peu de distance de la ville. Là, chaque jour, on peut aller sous des voûtes d'arbustes odorans, oublier les ardeurs d'un soleil perpendiculaire, se coucher sur la pelouse, à côté du filet d'eau qui bruit, jouir de cette vie contemplative qui semble une nature dans l'Orient. Ne rien faire, et remuer le moins possible, voilà le suprême bonheur de ces peuples. Le soir, quand le soleil est couché, et que la nuit ne laisse plus aux objets qu'une forme vague et confuse, tous les Aleppins montent sur les terrasses, d'où l'on découvre au travers des coupoles et des minarets, l'immensité aride et silencieuse du désert. Ces terrasses s'enchaînent de telle sorte, qu'on pourrait, en franchissant l'un après l'autre les petits murs qui les séparent, faire le tour de la ville.

De quelque côté qu'on arrive à Alep, l'œil est saisi par la multitude de ses minarets et de ses dômes blanchâtres. Ainsi accidentée d'aiguilles et de coupoles, sa physionomie a quelque chose d'imposant et de pittoresque. Dans le centre même de la ville est une montagne factice qu'entoure un fossé sans eau, et que couronne une forteresse en ruine. De là on plane sur la ville, et au-delà on découvre d'un côté, jusqu'aux cimes neigeuses de Baïlan, de l'autre jusqu'à la chaîne qui sépare l'Oronte de la mer, tandis qu'à l'Orient et au Sud, la vue va se perdre jusqu'à l'Euphrate. Jadis ce château était une puissance pour la ville; il arrêta pendant plusieurs mois les Arabes d'Omar, et ne fut pris que par trahison. Aujourd'hui il ne résisterait pas à un coup de main. Sa muraille mince et sans contre-fort est déjà éboulée, ses petites tourelles ne sont pas en meilleur état. Dans toute son artillerie, il n'y a pas quatre canons en état de service, sans en excepter une couleuvrine de neuf pieds de long, prise sur les Persans au siége de Basrah. La garnison de janissaires chargée de le défendre ne se tient jamais à son poste. L'aga qui commande le fort, au nom de la Porte, a à peine assez de place pour loger ses gens. Dans l'enceinte même du château est un puits qui tire son eau d'une source distante de cinq quarts de lieue,

Du reste, le terrain des environs d'Alep offre tant d'éminences propres à un siége, que le château, dans l'état actuel de notre science militaire, est une dérision et une inutilité.

Si, comme ville de guerre, Alep est une place insignifiante, elle a, en revanche, quelque importance comme ville de commerce. Entrepôt de l'Arménie et du Diarbekir, elle reçoit des caravanes de Bagdad et de Perse; elle communique avec l'Inde par Basrah, avec l'Égypte et la Mekke par Damas, avec l'Europe par Skanderoun et Lattaquiéh. Chaque année on voit passer dans ses murs la grande caravane qui amène de Perse les Musulmans jaloux de visiter à la Mekke le tombeau de Mahomet et la Sainte-Kaaba. Cette caravane, composée de cinq à six mille marchands, porte avec elle des ballots de châles, des pipes d'ambre, des tissus, des tapis, des narguilés de grande valeur, des perles, des diamans, des chevaux, des armes magnifiques; en un mot, tous les produits industriels des provinces persanes. Elle échange ces divers objets de luxe contre des produits indigènes ou des objets d'Europe. A Alep, le commerce se fait presque tout par échanges. Les principales ressources locales sont les cotons en laine ou filés; les toiles grossières qui se fabriquent dans les villages, les étoffes de soie ouvrées dans la ville, les cuivres, les bourres, les poils de chèvre, les noix de galle du Kourdestan, enfin les pistaches des environs. En contre-valeur de ces objets, nos ports de la Méditerranée y envoient des draps communs du Languedoc, des calottes rouges, les unes simples, les autres brodées, des denrées coloniales, des teintures et des épiceries. Dans aucun pays du Levant les négocians d'Europe ne jouissent d'une sécurité plus grande. Alep compte une douzaine de maisons françaises qui y sont établies de père en fils, depuis bientôt un siècle; cinq ou six maisons italiennes, deux maisons anglaises, et un nombre plus grand encore de maisons juives. La France, l'Angleterre, la Hollande, l'Autriche, la Russie, l'Espagne, la Sardaigne, et d'autres petits États y maintiennent chacun un consul.

Après Constantinople et le Kaire, la ville la plus considérable de l'empire ottoman est Alep. On lui attribuait autrefois deux cent mille âmes de population; mais cette évaluation exagérée peut se réduire au chiffre de cent mille, qui approche plus que tout autre de la vérité. Les habitans musulmans ou chrétiens sont plus civilisés qu'on ne l'est d'habitude dans les provinces turkes. L'air d'Alep est vif et salubre, et pourtant la ville et son territoire sont sujets à une endémie singulière que l'on nomme *dartre* ou *bouton d'Alep.* C'est un petit bouton qui, d'abord inflammatoire, devient ensuite un ulcère de la largeur de l'ongle. La durée fixe de cet ulcère est d'un an : il se place ordinairement au visage, et laisse une cicatrice qui défigure la plupart des habitans. Les étrangers qui passent dans la ville sont sujets à son influence. Pour combattre cette endémie, d'ailleurs fort innocente, on a eu recours à toutes sortes de spécifiques. Aucun n'a eu de succès, et aujourd'hui encore, on estime que le meilleur remède est de n'en point faire. La cause réelle de ce mal est encore un problème. Cependant quelques voyageurs l'ont attribué à la qualité des eaux; et cela avec d'autant plus de raison qu'on retrouve la même endémie, soit aux environs d'Alep, soit dans quelques villages du Diarbekir.

C'est à Alep que l'on élevait jadis les pigeons voyageurs qui servaient de rapides courriers entre cette ville et Bagdad. Voici comment était organisée cette espèce de poste ailée. On prenait des couples qui eussent des petits, et on les portait à cheval au lieu d'où l'on voulait qu'ils revinssent. Quand l'oiseau était arrivé, on lui attachait un billet à la patte, et on le lâchait. Impatient de voir ses petits, le pigeon prenait son vol, et parcourait en quelques heures le trajet de Bagdad à Alep. Alep, d'ailleurs, est très facile à découvrir de loin. Elle est placée comme un écueil élevé sur le vaste océan des sables. Cette position dans la plaine entièrement rase attire autour d'elle une quantité innombrable d'oiseaux de mer qui s'abattent de temps à autre sur la ville pour dévorer les débris qui s'offrent à leur vue.

Autour d'Alep, et dans un rayon de dix lieues, apparaissent çà et là des ruines qui appartiennent évidemment à l'ère de la domination romaine. Ces débris se composent presque tous de blocs énormes qu'on dirait avoir appartenu à des créations cyclopéennes. Quelques uns ont de quarante à cinquante pieds de long. La nature de ces constructions se rapporte à celle des temples et des prétoires romains, avec le système de voûtes qui caractérise cet ordre d'architecture. Parmi ces monumens, il en est beaucoup qui se trouvent dans un bon état de conservation, et qui servent à abriter les caravanes pour leurs haltes de nuit. A côté de ces édifices, se retrouvent, par intervalles, d'autres traces du passage des Romains dans ces provinces asiatiques. Ici quelques morceaux de voie, là des tronçons d'aqueduc suspendus aux flancs des collines. A voir ces imposans décombres, on comprend qu'en des époques antérieures tout n'a pas été sables et rocs dans cette région aujourd'hui si ingrate, on est amené à se dire qu'une complète civilisation architecturale présume et sous-entend une civilisation agricole non moins avancée.

Après Alep, sa capitale, ce pachalic compte plusieurs villes importantes et riches. La seconde, dans l'état moderne, est Alexandrette, que les Turks nomment *Skanderoun*, située au fond d'un golfe qui prend son nom. Alexandrette est l'un des ports littoraux d'Alep; l'autre est Lattakiéh. Par elle-même Alexandrette est une bourgade sans importance; mais sa rade, la seule de toute la Syrie, y attire la plupart des vaisseaux européens chargés de marchandises pour les maisons aleppines. Cette rade n'est sûre pourtant que pendant quelques mois de l'année. Tant que dure l'hiver, elle est sujette aux rafales capricieuses et violentes d'un vent que les marins nomment *raguier*, vent qui descend des sommets abruptes et neigeux dont est bordé le golfe. Quand ces bourrasques éclatent, impossible aux navires de tenir en place; ils chassent sur leurs ancres, et sont poussés vers la haute mer.

Cette difficulté du mouillage n'est pas la seule qui fasse obstacle à l'importance d'Alexandrette et à son progrès commercial. Le climat le plus insalubre en écarte les habitans qui n'y sont pas retenus par des affaires majeures. Des fièvres du plus fâcheux caractère, accompagnées d'obstructions au foie et compliquées d'hydropisie, enlèvent le tiers des équipages qui viennent y charger pendant l'été. Les malheureux Francs qu'y retient l'appât du gain, ont tous le teint jaune, les yeux cernés, le ventre ballonné, l'air triste et cadavéreux. L'insalubrité de ce local provient du peu d'exhaussement de la plaine, qui ne peut pas verser dans le golfe les eaux qui se précipitent des montagnes. Pendant la saison des pluies, Alexandrette est un véritable marécage.

Cependant à quelques lieues de là, au point où commencent les collines, gît une bourgade charmante, aérée, salubre, arrosée d'eaux vives et ombragée d'arbres touffus. On la nomme Bailan. Bailan est l'Élysée des agens francs condamnés à l'enfer d'Alexandrette. Même pendant la saison des arrivages, ils ne passent guère que trois heures par jour dans l'entrepôt littoral, règlent leurs affaires, puis remontent à cheval pour aller coucher à Bailan. C'est ainsi seulement qu'ils évitent des fièvres lentes et mortelles. Bailan serait une charmante résidence, même sans ce contraste de deuil et de mort. Assise parmi des précipices sinueux, au milieu d'une vallée étroite et profonde, elle n'a sur le golfe qu'une échappée de vue. On dirait qu'elle le regarde par une lunette. Appuyées sur les pentes rapides des deux montagnes, les maisons sont disposées de manière à ce que les terrasses des unes servent de rues et de cours aux autres. L'hiver est très froid à Bailan, mais l'été y est délicieux. Les habitans y parlent turk; ils vivent des produits de leurs chèvres et de leurs buffles, et de quelques jardins qu'ils cultivent.

Au-delà de Bailan commence la plaine féconde et abandonnée qu'arrose le poétique Oronte. Sur ce beau terrain qui nourrissait jadis des millions d'âmes, à peine de loin en loin rencontre-t-on de chétifs villages, trop éloignés les uns des autres pour que sur la route on ne soit pas exposé aux brigandages des partis kourdes et turkomans qui infestent le pays. En descendant le cours de la rivière, on trouve les ruines d'Antioche, Antioche si célèbre autrefois, et que le luxe de ses habitans caractérisa dans l'antiquité. Ces somptueux citoyens ne sont plus aujourd'hui que de pauvres et sales fellahs. Pourtant, lorsqu'on se promène dans la ville, que de vestiges, que de débris attestent une splendeur antérieure et déchue! Telle est entre autres l'entrée de la porte de Médine, où, au milieu d'arrachemens que couvrent des plantes grimpantes, s'élève un arceau dont la frise et la voûte intérieure portent encore l'empreinte du ciseau grec (*voyez la planche*). Un long système de murs de circonvallation continue cette porte, et semble faire partie de l'enceinte primitive. Les pierres qui composent cet ouvrage sont grandes, bien équarries, et d'une disposition élégante et solide. Plus loin sont des décombres qui rappellent une autre époque et affectent un autre caractère. Deux grandes tours carrées rappellent la place où Séleucus Nicanor avait bâti son palais, et semblent servir de bastions avancés à une muraille peu épaisse qui grimpe le long de la montagne (*voyez la planche*). Cette muraille, bâtie, croit-on, par les Croisés, est séparée de la ville actuelle par un espace de deux cents toises, sur lequel verdissent des jardins. La ville moderne, dans son ensemble misérable et dégradé, s'étend sur la rive méridionale de l'Oronte, au bout d'un vieux pont en ruine. Les maisons y sont de boue et de chaume, marquetés de fragmens détachés des édifices antiques. Quant au caractère de ces derniers, il n'a rien du beau cachet grec ou romain; c'est de l'art ou enfant ou vieilli, des murs nus et irréguliers, quelques sculptures, point de portiques, peu de colonnades, et à peine quelques frises ornées.

Toute déchue qu'elle est, Antioche pourrait, en d'autres mains, reprendre de l'importance et de l'activité. La civilisation des Européens aurait bientôt repeuplé ce désert. Sa situation pourrait, bien mieux que celle d'Alep, en faire l'entrepôt du commerce avec les ports de la Méditerranée. Pour cela, il suffirait de dégorger l'embouchure de l'Oronte qui se trouve à six lieues plus bas, et avec fort peu de frais on parviendrait à le rendre navigable pour de grosses barques. L'un des plus grands obstacles serait la rapidité même du fleuve, que les Arabes ont surnommé *El-Aasi*, le Rebelle. A Antioche, l'Oronte n'a guère qu'une trentaine de toises de largeur; sept lieues au-dessus, il traverse un lac très riche en anguilles, dont on sale une grande quantité.

Les environs d'Antioche, et surtout la belle plaine de l'Oronte, sont le plus beau sol qu'on puisse voir au monde : noir, gras, vierge, fécond, il est propre à toutes les cultures. Cependant tout y est stérile et abandonné. Placé entre les incursions des Kourdes et les avanies des pachas, le fellah ne veut pas confier des semailles à la terre, dans la crainte qu'elles ne germent pour un autre. Dans la plaine surtout, où nul obstacle naturel ne s'oppose aux incursions des cavaliers, on ne remarque aucune trace d'une industrie agricole calme et suivie. Les seules parties cultivées sont les montagnes qui bordent l'Oronte, surtout en face de *Serkin*. Là s'étendent des plantations de mûriers, de figuiers, d'oliviers et de vignes, qui, par une exception fort rare en Turquie, sont alignées en quinconces. Cet amphithéâtre riche et verdoyant console le regard fatigué de la morne nudité de la plaine.

A l'embouchure de l'Oronte et sur la rive septentrionale, le roi macédonien Séleucus Nicanor avait bâti une ville assez forte, à laquelle il avait donné son nom. Aujourd'hui, ce serait vainement qu'on chercherait cette cité avec les vieux géographes à la main. Il n'y reste pas un seul vestige d'habitation, à peine y découvre-t-on quelques décombres sur le rocher adjacent, et les traces de deux jetées qui semblent dessiner la configuration d'un ancien port, aujourd'hui comblé par les sables. Les gens du pays qui viennent faire la pêche dans cet endroit, le nomment *Souaudié*. De ce point, en remontant au nord, le rivage de la mer est serré par une haute chaîne de montagnes que les anciens géographes désignent sous le nom de Rhosus, nom emprunté au syriaque, et subsistant encore dans celui de *Râs-el-Kansir*, ou cap du Sanglier, qui forme l'angle de ce rivage.

Les autres localités du pachalic d'Alep qui méritent une mention sont le village de Martoûan, célèbre chez les Francs et chez les Turks par la singulière hospitalité qu'on y exerce à l'égard des étrangers. Là, contrairement à toutes les habitudes et à tous les préjugés orientaux, les habitans offrent leurs femmes aux voyageurs moyennant quelques pièces d'argent. Cette prostitution semble du reste être générale parmi les Ansarié, dont les villageois de Martoûan professent la religion. Au nord d'Alep et dans les montagnes qui terminent ce pachalic vers le nord, on cite comme deux endroits considérables, les bourgades de Klès et d'Aentab, habitées l'une et l'autre par des chrétiens arméniens, des Kourdes et des Musulmans, qui vivent en bon accord malgré la divergence des cultes. Unis et braves, ils peuvent ainsi résister aux pachas, aux avanies desquels ils se sont soustraits plus d'une fois, et ils vivent tranquillement du produit de leurs troupeaux, de leurs abeilles, et de leurs champs de tabac.

Le vaste territoire du pachalic est tout semé de ruines antiques semblables à celles qui entourent Alep. Ici est l'ancienne Bembyce ou Hiéropolis, sur les décombres duquel s'élève le bourg moderne de Mambedj. On chercherait vainement, dans cette enceinte, les traces du temple de cette grande déesse, dont le culte revit encore dans les pages de Lucien. En fait de débris de ce temps et de ce caractère, tout ce que l'on retrouve est un canal souterrain qui amène l'eau des montagnes du Nord, et qui se prolonge pendant une étendue de quatre lieues. Ce système d'aqueducs était autrefois général dans toute cette contrée aride et brûlante. Les divers maîtres du pays, les Assyriens, les Mèdes, les Perses, et les premiers Arabes, avaient, autant par devoir religieux que dans un but d'améliorations matérielles, conduit dans le désert les sources abondantes cachées dans les gorges des montagnes. C'est ce qui explique pourquoi ces plaines nues et sablonneuses, qui semblent aujourd'hui inaccessibles aux vivans, étaient jadis florissantes et populeuses. Quand on suit la route pénible qui conduit d'Alep à Homs, on rencontre à chaque pas des ruines d'anciens villages, des citernes enfoncées, des débris de forteresses et même de temples. Le trait le plus caractéristique de ces vestiges des temps anciens, c'est une suite de monticules ovales et ronds, dont la saillie brusque indique qu'ils ont été élevés par la main des hommes. L'un de ces monticules, mesuré par

Volney, avait quatorze cents pieds de tour sur cent pieds d'élévation. On les retrouve comme autant de jalons plantés dans la plaine unie, à la distance d'une lieue l'un de l'autre. Sur le sommet de ces buttes factices existent presque toujours des décombres dont on ne peut pas clairement préciser le caractère. Était-ce des citadelles élevées pour la protection des caravanes? ou bien, comme d'autres l'ont dit, des lieux d'adoration? On ne pourait avancer là-dessus que des hypothèses.

Quoi qu'il en soit, ces buttes, couronnées de fortifications et de temples, présument un état assez florissant de la contrée, qui s'est totalement évanoui de nos jours. Au lieu de riches moissons que jadis elle devait porter, cette lisière du désert est, à l'heure présente, une campagne poudreuse et nue, sans eau, sans ombre, sans gazon, ouverte aux Bédouins maôlis, qui y perçoivent, la lance à la main, un droit de péage sur les caravanes, livrée à de pauvres fellahs qui cultivent de distance en distance quelques petits oasis étendus autour de la margelle des puits saumâtres et à demi desséchés.

PEUPLES ERRANS DE LA SYRIE,

— TURKOMANS, — KOURDES, — ARABES-BÉDOUINS.

---

§ Ier. Turkomans.

En dehors des populations agricoles dont il a été question, la Syrie nourrit des populations nomades qui errent avec leurs troupeaux et leurs tentes dans des districts limités dont ils se regardent comme les propriétaires.

Parmi ces peuples nomades, il faut citer d'abord les Turkomans, peuplades d'origine tartare, qui, à l'époque des grandes révolutions survenues dans l'empire des Abbassides, émigrèrent des bords de la mer Caspienne, et vinrent déborder dans les plaines de l'Arménie et de l'Asie-Mineure. La langue des Turkomans diffère peu de la langue des Turks. Pasteurs comme les Bédouins, ils promènent leurs troupeaux d'une vallée à l'autre; seulement, comme la zone qu'ils fréquentent est plus féconde, ils ne sont pas obligés de parcourir d'aussi grandes distances. Les tribus turkomanes se divisent en *ordous* ou camps, dont chacun reconnaît un chef. Les pouvoirs de ce chef ne sont déterminés par aucun statut, mais seulement par l'usage et par les circonstances : dans une société dont la base est l'égalité entre tous ses membres, cette autorité n'est ni dangereuse, ni exorbitante. Elle a à la fois quelque chose de l'ancien mode patriarcal, et d'un régime militaire. Tout homme en état de porter les armes se range au milieu des guerriers sans qu'on soit obligé de lui faire le moindre appel. De lui-même il comprend que sa considération et sa sûreté dépendent de sa force et de sa bravoure individuelles. Les richesses de ces peuples consistent en bestiaux, tels que les buffles, les chameaux, les chèvres, et surtout les moutons. Ils se nourrissent de laitage, de beurre, de viande et de riz, et portent le reste de leurs produits à Alep, dont ils défraient presque toute la consommation. En retour de ces denrées, ils tirent des villes des habits, des armes, de l'argent et du grain pour les semailles. Quant aux femmes, elles filent des laines et confectionnent des tapis, industrie fort ancienne et fort célèbre dans la contrée. En dehors de quelques travaux agricoles assez peu pénibles, les hommes n'ont d'autres soins que de veiller à la conduite des troupes. Cavaliers vigoureux et soldats infatigables, toujours munis de leur pipe qu'ils ne quittent jamais, même à cheval, ils arpentent ces vastes plaines, la lance sur l'épaule, le sabre courbe au côté, le pistolet à la ceinture. Dans leurs guerres, assez fréquentes avec les Turks, ils ont plus d'une fois obtenu des avantages marqués, et ces derniers n'ont pu les vaincre qu'en attaquant isolément et une à une leurs tribus désunies. Plus de quarante mille de ces Turkomans vaguent dans les pachalics d'Alep et de Damas, seules zones syriennes dans lesquelles on les rencontre. L'été, une grande partie de ces tribus passe dans la Caramanie et dans l'Arménie, pays mieux arrosés, et où l'herbe se dessèche moins vite. Qnoique musulmans, et presque tous circoncis, les Turkomans attachent fort peu d'importance aux cérémonies de leur religion. Du reste, on les dit hospitaliers et généreux, braves, exercés aux fatigues de la guerre, et pouvant fournir en toute autre main que celle de la Porte, d'excellens et infatigables cavaliers au recrutement d'une armée. Quant à leurs mœurs et à leurs habitudes de peuplades, il serait difficile d'en préciser. Il paraît seulement certain qu'ils allient un peu des coutumes arabes aux sauvages traditions des Ansarié.

§ II. Kourdes.

Les Kourdes, que souvent l'on a confondus avec les Turkomans, forment un autre corps de nation, dont le pays originaire est la chaîne des montagnes où naît le Tigre, laquelle, après avoir enveloppé le cours supérieur du grand Zab, passe du midi jusqu'aux frontières de l'Irak Adjami. Dans la géographie, ce pays se nomme le Kourdestan. Il y a un siècle environ, cette région était presque déserte : ce n'est guère que depuis un siècle que de nombreuses tribus kourdes sont venues l'occuper. Du reste, nul terrain n'a été plus favorisé par la nature. Le grain, le lin, le sésame, le riz, les noix de galle, tout y vient à souhait; les pâturages y sont gras et nombreux. Un gland doux qu'on y recueille sert à la fabrication d'une espèce de pain.

Dans l'antiquité la plus reculée, cette portion de l'Asie fut le théâtre de grands et merveilleux événemens. Le Chaldéen Berose et l'Arménien Mariaba, que cite Moïse de Chorène, rapportent que ce fut dans les monts *Gordoués* qu'aborda Xisuthrus, échappé du déluge, et l'affinité des noms, comme les analogies de position, prouvent l'identité des deux noms *Gord* et *Kourd.* Xénophon, dans sa retraite des Dix Mille, parle aussi des Kourdes, que Volney retrouve dans le nom de Karduques. L'historien grec observe que, quoique enclavés de toutes parts dans l'empire des Perses, ils avaient toujours bravé la puissance du grand roi et les armes de ses satrapes. Dans leur état moderne, ils n'ont guère changé, et plus d'une fois ils ont affronté avec succès les attaques de la Porte ottomane. En 1769, Niebuhr, qui passa dans ces cantons, remarqua parmi ces peuples un gouvernement féodal assez semblable à celui que nous avons observé chez les Druses. La nation est fractionnée en trois camps qui ne dépendent pas l'un de l'autre; après quoi chaque camp se fractionne encore en villages, dont chacun nomme son chef. Cet état de démocratie féodale est la cause de troubles nombreux et de querelles sanglantes. A diverses reprises des tribus ou des fractions de tribus se sont détachées de la grande famille kourde, et elles forment aujourd'hui des castes errantes qui ont adopté la vie nomade des Turkomans et des Bédouins. L'ensemble de ces Kourdes détachés qui vaguent dans les plaines d'Erzeroum, d'Érivan, de Sivas, d'Alep et de Damas, peut aller à cent quarante mille tentes, c'est-à-dire à cent quarante mille hommes armés. Comme les Turkomans, ces Kourdes sont vagabonds et pasteurs. Seulement sur plusieurs points leurs mœurs et leurs usages diffèrent. Les Kourdes vendent leurs filles, tandis qu'au contraire les Turkomans les dotent; les Kourdes connaissent et prisent une espèce de noblesse; les Turkomans n'admettent aucune supériorité de rangs; les Kourdes sont déhontés détrousseurs de caravanes, tandis que les Turkomans professent le plus grand respect pour la propriété d'autrui. Les Kourdes, véritables bandits de grands chemins, infestent tout le pays qui s'étend d'Alep à Antioche, et il est peu de voyageurs qui soient à l'abri de leurs brigandages. Celui qui écrit ces lignes fut même, en 1819, arrêté et dévalisé par eux, et put ainsi connaître à fond toutes les ruses de ces maraudeurs.

Il se rendait d'Alexandrette à Alep avec une petite caravane de cinq à six chameaux chargés de marchandises d'Europe, lorsque au-delà de l'Oronte, et vers un point où deux montagnes formaient un brusque éperon sur la plaine, la caravane fut assaillie par soixante cavaliers armés de tridents, de lances, de fusils, de sabres courbes et de pistolets. Toute résistance eût été inutile : on descendit de cheval. Maîtres des hommes, des chameaux et des marchandises, les Kourdes dirigèrent le tout vers un marécage que masquait un rideau d'arbres. Là, hors de toute vue et dans une espèce de coupe-gorge, ils procédèrent à la reconnaissance de leur butin, défoncèrent les caisses, prirent les objets les plus précieux, les belles calottes brodées d'or, les pièces de soie et de brocart, les draps de luxe; enfin, tout ce que l'Europe envoie de plus magnifique à l'Asie. Quand le partage eut été fait, et que les voyageurs eux-mêmes eurent été dévalisés, un autre embarras se reproduisit. Comment faire pour que le pacha d'Alep, chargé de la police de cette province, ne vengeât point tôt ou tard sur toutes les tribus kourdes les spoliations commises par l'une d'elles? Fallait-il, pour faire disparaître les traces du méfait, le couronner par un crime, assassiner les voyageurs, et disperser les marchandises? ou bien existait-il un autre moyen terme pour concilier les intérêts de la tribu avec la vie des étrangers? Pendant une journée entière, la question fut agitée; pendant douze heures on laissa le couteau sur la gorge des pauvres Européens. Enfin, les bandits réfléchirent qu'il était impossible de faire disparaître ainsi une caravane, dont on avait constaté le départ d'Alexandrette, et dont on attendait l'arrivée à Alep; et alors ils avisèrent un biais étrange. Vers le soir, au soleil couchant, on vit paraître une troupe d'hommes à cheval qui poussa des cris sauvages. A ce cri, les Kourdes jouèrent la surprise, s'élancèrent à cheval et prirent la fuite devant les nouveaux arrivans. Ceux-ci, restés maîtres du champ de bataille, se félicitèrent hautement d'avoir délivré des Européens des mains de ces bandits; en ajoutant qu'il fallait dire au pacha d'Alep que *telle tribu de Kourdes* avait délivré des voyageurs des attaques de *telle tribu de Bédouins*. Les nouveaux venus n'étaient pourtant que des compères, des hommes de la même peuplade, à qui leur part du butin devait échoir. Ils avaient arrangé entre eux cette espèce de comédie, pour que les vengeances du pacha d'Alep tombassent sur des Bédouins, leurs ennemis naturels et permanens. Du reste, la ruse ne profita guère à ses auteurs. Le conducteur turk de la caravane (moukre) n'en fut pas la dupe, et dans sa déposition, il ne se trompa point sur le nom des agresseurs. Quinze jours après, huit têtes de Kourdes figuraient plantées sur des piques autour du palais de Kourdchid-pacha, et une forte avanie en argent rentrait dans ses coffres. Mais les Européens dévalisés ne retrouvèrent pas une épingle de leur bagage laissé au désert.

Tels sont les Kourdes. Dans le pachalic d'Alep et dans celui de Damas, leur nombre passe vingt mille tentes. Plusieurs d'entre eux sont sédentaires, et quoiqu'ils n'aient ni dogmes, ni rites, ils sont censés professer l'islamisme. Dans le nombre, quelques uns, distingués par le nom de *Yardie*, honorent le *Chaïtan* ou Satan, c'est-à-dire le génie ennemi de Dieu; croyance qui, conservée dans tout le Diabékir et sur toute la lisière de la Perse, reproduit évidemment le système zoroastrien, et le double principe du bien et du mal; principe, du reste, plus vieux que Zoroastre, et que l'on retrouve soit dans la théogonie indoue, soit dans la mythologie égyptienne. La langue kourde se ressent aussi de l'origine de ce peuple; elle est plus persane que turke. Le fond est un jargon persan, mêlé de chaldéen et d'arabe; les lettres alphabétiques sont purement arabes.

Peu de voyageurs modernes ont pu observer de près les mœurs des Kourdes, naturels fort peu abordables, et l'effroi des voyageurs qui traversent ces contrées. Celui de tous qui a fait parmi eux le plus long séjour est M. Damoiseau, artiste vétérinaire, qui se rendit, en 1819, en Syrie, pour achat d'étalons. M. Damoiseau, malgré tous les dangers d'un tel voyage, se rendit chez l'un des plus puissans cheyks des Kourdes, le cheyk Kolassis, muni d'une simple lettre de recommandation d'Hadji-Ali-Aga. Nous laissons parler le voyageur.

» Les trois Kourdes, dit-il, que nous avions vus tourner le monticule, étaient sans doute des vedettes avancées de Kolassis. Ils avaient dû mettre fort peu de temps à franchir la distance encore assez grande qu'il leur avait fallu parcourir, car nous avions à peine eu le temps de compter les tentes dont se composait le camp, lorsqu'un mouvement eut lieu parmi les Kourdes qui l'habitaient, et que nous en vîmes se diriger vers nous un bon nombre, armés de sabres et de lances. Cette démarche, dont le caractère était difficile à apprécier, porta la terreur dans l'âme fort peu héroïque de Stephens; il se crut perdu. Ce fut à peine s'il eut la force d'ordonner en mon nom au conducteur que nous avait donné Hadji-Ali-Aga, de se porter en avant, et de remettre la lettre de son maître au redoutable Kolassis. Cet homme ne se le fit pas dire deux fois; il piqua droit au cheyk, et lui donna la lettre de l'aga. Colassis la reçut avec les marques du plus grand respect, la porta d'abord sur sa tête, puis à ses lèvres, et en rompit le cachet. Il la lut ensuite tout en continuant sa marche, et lorsqu'il fut arrivé près de moi, il m'examina avec attention, et ordonna à ses hommes de me porter dans sa tente. Je voulus d'abord me refuser à cette singulière marque d'honneur; mais je fus enlevé malgré moi de dessus ma selle; un Kourde s'empara de mon cheval; Stéphens descendit du sien, chemina en causant avec Kolassis, et lorsque nous fûmes arrivés à la tente de ce chef, on étendit par terre un superbe tapis sur lequel on me déposa, et l'on apporta pour m'appuyer un beau coussin de velours rouge. Kolassis ordonna ensuite à ses gens de me présenter une pipe et du café, et leur dit en outre de tuer un chevreau. Mon drogman me prévint de ce préparatif de fête; je m'y opposai, et je fis dire à Kolassis que je ne souffrirais pas qu'il fît pour moi la moindre dépense extraordinaire, et que je voulais vivre comme lui. Cette déclaration parut lui faire le plus grand plaisir; et le dîner fut servi quelques instans après. Il consistait en lait caillé (*lében*), en dattes excellentes, en sucre de raisin (*dups*), en miel très blanc, et en une espèce de galette cuite sur une plaque en fer. Le cheyk me fit placer près de lui, et fit preuve pendant tout le repas d'un excellent appétit. Lorsque nous eûmes fini, un esclave me présenta de l'eau dans un vase de zinc; les plats furent retirés de la natte qui nous avait servi de nappe et de table, et l'on m'apporta du café et des pipes. Lorsque la conversation fut engagée, Kolassis me dit qu'Hadgi-Ali-Aga lui recommandait d'avoir pour moi les soins les plus grands, et qu'il l'invitait à me faire voir tous les chevaux de sa tribu. . . . .

» Le soleil venait de disparaître de l'horizon, et la prière du soir était dite, lorsque je rentrai sous la tente de mon nouvel hôte. A peine y étais-je assis que je vis arriver, les uns après les autres, tous les Kourdes de la tribu. Dès que l'un d'eux paraissait, tout ceux qui étaient entrés avant lui se levaient et faisaient un grand salut en portant la main droite sur le cœur, la bouche et la tête, et prononçant ces mots : « *Sebbahh el Khaïr eich hallack* (bonjour; comment vous portez-vous?) Cette cérémonieuse politesse se renouvela quarante à cinquante fois au moins. Chaque arrivant recevait de la main d'un esclave la tasse de café que lui offrait Kolassis; puis, après avoir fait le salut d'usage, prenait place dans le cercle. La tente, bien que spacieuse, ne tarda pas à se trouver remplie. Lorsque l'assemblée, placée en cercle sur plusieurs rangs, fut au complet, le cheyk se tourna vers moi, et me dit que la réunion de ce grand nombre de Kourdes devait sans doute m'étonner. Je lui répondis qu'elle ne présentait à mon esprit rien que de très naturel, et que je me l'expliquais par le désir tout simple des hommes de sa tribu de profiter de la présence d'un étranger dans la tente hospitalière de leur chef, pour venir lui rendre les devoirs qui lui étaient dus.

« Désabuse-toi, reprit aussitôt Kolassis, tu es le premier Français qui ait » encore paru au milieu de nous., et c'est uniquement pour te fêter et pour » te faire honneur que les hommes de la tribu se sont ainsi empressés de » se rendre auprès de moi. »

» Je remerciai le cheyk et le priai d'être mon interprète auprès de la nombreuse assistance qui m'entourait; puis, lorsque l'heure du repos fut arrivée, et que chacun se fut retiré, je m'étendis auprès du cheyk sur un tapis qui me servit de matelas, et je m'endormis après avoir placé sous ma tête, en guise d'oreiller, un des coussins du divan.

» Je rêvai toute la nuit aux divers événemens qui avaient marqué ma dernière journée. Le lendemain, au lever du soleil, le cheyk se trouva debout. Il avait évité de faire le plus petit bruit; mais mon sommeil était si léger qu'au premier mouvement qu'il fit pour quitter son tapis, je me trouvai éveillé. Il me souhaita aussitôt le bonjour, me fit apporter une pipe et du café, puis me demanda si je voulais aller visiter avec lui les jumens et les poulains de la tribu, qui tous pâturaient dans un champ d'orge situé à quelque distance du camp. Cette proposition me plaisait trop pour balancer un instant à l'accepter. Je m'empressai donc de lui répondre que je le suivrais, et quelques minutes après nous étions en marche. Chemin faisant, nous rencontrâmes stationné près d'une tente un troupeau assez considérable de chameaux de très haute taille et d'une rare beauté. Tous étaient placés en cercle, et avaient un des pieds de devant retroussé sous l'avant-bras au moyen d'une corde faite avec du poil de ces animaux. Je laissai le cheyk marcher en avant avec mon drogman, et je m'approchai de ce magnifique troupeau pour en examiner à l'aise les différens individus. Lorsque j'eus pleinement satisfait ma curiosité, je me mis en devoir de rejoindre Kolassis et Stephens. Ils ne se trouvaient plus qu'à une assez courte distance de moi, lorsque, passant devant une tente de très grande dimension, et dont les montans supérieurs me paraissaient assez violemment agités, j'entendis un cri aigu partir de la bouche d'une femme qui se trouvait alors à l'entrée de ce léger édifice. A cette exclamation, qui me parut arrachée par la surprise et par l'effet que causait mon costume européen, plusieurs autres femmes paraissent aussitôt sur la porte de la tente, se précipitent près de moi et m'entourent. Les unes s'emparent de mon chapeau et l'examinent dans tous les sens; d'autres saisissent les boutons en cuivre de mon habit, et les tirent avec force; d'autres enfin se mettent à genoux, touchent mes éperons et s'amusent à en faire tourner les molettes. Ma position, au milieu de cet essaim de curieuses, ne laissait pas que d'être fort embarrassante. J'étais assez incertain des moyens qu'il me faudrait employer pour m'en retirer sans y laisser mes vêtemens, lorsque heureusement le cheyk vint à se retourner, et à voir la position assez singulière où mon costume m'avait placé. Il accourt aussitôt, d'un mot dissipe le rassemblement féminin, et m'engage à ne plus le quitter. Je sus ensuite par lui que ces femmes étaient occupées à battre du beurre de chamelle; elles l'obtiennent en plaçant le lait de ces animaux dans des peaux de boucs qu'elles suspendent aux montans supérieurs de leurs tentes, et qu'elles agitent ensuite avec force, jusqu'à ce que la séparation complète de la substance butireuse et du petit-lait soit opérée.

» Comme les hommes, les femmes kourdes sont d'assez haute taille; celles que je venais de voir me parurent plus grandes que moi. Il est vrai qu'il n'est pas rare de voir des Kourdes hauts de six pieds. En général, les hommes de cette race ont une belle figure; leurs yeux sont grands et très expressifs; leur barbe est noire et bien fournie; ils sont très forts, pleins de vigueur et de courage, et d'un tempérament essentiellement belliqueux. Leur costume diffère peu de celui des Turkomans; seulement quelques uns ont la tête armée d'une espèce de casque en fer que surmonte une pointe du même métal, longue d'environ six à huit pouces. »

Ces observations d'un voyageur qui raconte naïvement ce qu'il voit, nous ont semblé assez intéressantes pour être consignées ici tout au long. Les Kourdes sont d'ailleurs un peuple presque neuf pour les explorateurs anciens et modernes. Ils ont été rarement visités, et tout ce que l'on savait d'eux jusqu'ici ne nous était arrivé que de seconde et de troisième main.

§ III. DES ARABES-BÉDOUINS.

Voici, de tous les peuples nomades de la Syrie, celui qui jouit de la célébrité la plus grande, soit à cause du rôle politique et militaire qu'il fut appelé à jouer dans le monde, soit à cause de ses mœurs immuables et primitives.

Les Arabes-Bédouins prisent eux-mêmes beaucoup l'ancienneté de leur origine. D'après une tradition que consacre d'ailleurs le Koran, une partie d'entre eux descendent d'Ismaël, de ce fils d'Abraham, dont le Seigneur a dit :

« Ce sera un homme fier et sauvage ; il lèvera sa main contre tous, et tous » lèveront la main contre lui ; et il dressera ses pavillons vis-à-vis de tous » ses frères. Je le bénirai, et lui donnerai une postérité très grande et très » nombreuse. »

Si l'on rapproche ce portrait du caractère actuel des Bédouins, on retrouve en effet une rudesse et une fierté qui ne démentiraient pas l'hypothèse de leur origine. Ce qui est pourtant plus prouvé, c'est que les Arabes sont de la même famille que les Hébreux. Pour obtenir la preuve de cette identité, il suffit de comparer la vie des anciens patriarches avec celle des cheyks de tribus ; tous les faits, tous les usages y concordent au travers des divergences religieuses.

Les livres saints ne sont pas du reste les seuls qui fassent foi de cette existence qui se perd dans la nuit des siècles. On en retrouve les traces dans les auteurs profanes, et Diodore entre autres traçait de la vie des Bédouins, il y a plus de dix-huit siècles, le tableau suivant, qu'on pourrait réimprimer de nos jours, sans y changer presque une syllabe : « Ils habitent » en pleine campagne, sans aucun toit. Ils appellent eux-mêmes leur patrie » une solitude, et ils ne choisissent point pour leur séjour les lieux pour- » vus de rivières et de fontaines, de peur que cet appât même n'attire les » ennemis dans leur voisinage. Leur loi ou leur coutume ne leur permet » ni de semer du blé, ni de planter des arbres fruitiers, ni d'user du vin, » ni de vivre sous des toits ; et celui qu'on surprendrait en une de ces » pratiques, serait infailliblement puni de mort, dans la persuasion où ils » sont que ceux qui se sont assujettis à de pareilles commodités s'assujettis- » sent bientôt à des maîtres pour les conserver. Quelques uns d'entre eux

» font paître des chameaux, et d'autres des brebis en pleine campagne. » Entre tous les Arabes, il n'y en a point de plus riches que ces derniers; » car bien qu'ils ne soient pas les seuls qui aient des troupeaux en des » campagnes désertes, ceux dont nous parlons, qui ne passent pas le » nombre de dix mille, portent encore pour les vendre aux bords de la » mer, de l'encens, de la myrrhe et d'autres aromates précieux qu'ils ont » reçus des habitans de l'Arabie-Heureuse. Ils sont, d'ailleurs, extrê- » mement jaloux de leur liberté; et quand ils ont nouvelle que quel- » que armée s'approche d'eux, ils se réfugient au fond du désert, » dont les bords, par leur étendue, leur tiennent lieu de rempart, car les » ennemis, n'y apercevant point d'eau, n'oseraient pas le traverser; au » lieu que les Arabes s'en étant fournis dans des vaisseaux cachés sous » terre, et dont eux seuls savent les indices, se sont mis à l'abri de ce » besoin. Tout le sol n'étant formé que d'une terre argileuse et molle, ils » trouvent moyen d'y creuser de profondes et vastes cavernes, en forme » carrée, dont chaque côté est de la longueur d'un arpent, et dont l'ou- » verture est extrêmement petite. Ayant ces cavernes d'eau de pluie, ils » en bouchent l'entrée, qu'ils rendent uniforme à tout le terrain qui l'en- » vironne, et sur laquelle ils laissent quelque indice imperceptible, et qui » n'est connu que d'eux seuls. Ils accoutument les troupeaux qu'ils enlè- » vent à ne boire que tous les trois jours, afin que, dans le cas où il fau- » drait fuir un peu plus loin à travers des plaines arides, ils fussent habi- » tués à soutenir quelque temps la soif. Pour eux, ils vivent de chair, de » lait et de fruits communs et ordinaires; ils ont dans leurs champs l'arbre » qui porte le poivre, et beaucoup de ce miel que l'on nomme sauvage, » et qu'ils boivent avec de l'eau. Il y a d'autres espèces d'Arabes qui tra- » vaillent à la terre; ils sont tributaires comme les Syriens, et ont avec eux » plusieurs autres conformités, excepté néanmoins qu'ils n'habitent pas » des maisons. »

Tels étaient les Arabes au temps de Diodore. On pourra, dans les détails qui vont suivre, voir en quoi les Bédouins modernes se rapprochent de leurs ancêtres, et en quoi ils en diffèrent. De tout temps ces peuples, divisés en tribus, et soumis à un chef de famille, ont promené leurs tentes nomades des rives de l'Euphrate à celles du Nil, et des bords de la Méditerranée jusqu'au golfe Persique. Jamais à aucune époque on ne put les assujettir ni les réduire. Tour à tour, les Perses, les Grecs et les Romains traversèrent leurs steppes ingrates, sans en pouvoir chasser leurs insaisissables possesseurs. Fiers de leur indépendance, de tout temps aussi les Bédouins ont regardé avec mépris les nations esclaves qui les entourent. Belliqueuses et ardentes, quand il se leva parmi eux un Mahomet pour les fanatiser, ces tribus marchèrent à la conquête du monde; elles couvrirent de leurs armées l'Afrique, la Syrie, la Perse, l'Espagne et le midi de la France.

Les Arabes, nom générique de ce peuple, se subdivisent en deux fractions, en *cultivateurs* et en *pasteurs*. Le genre de vie établit entre ces deux classes une séparation telle qu'elles sont presque étrangères l'une à l'autre. Dans le premier cas, attachés au sol, sédentaires et soumis à des gouvernemens réguliers, comme les Arabes de l'Yemen, ils rentrent dans la catégorie ordinaire des populations mahométanes. Dans le second cas, ils changent de zone au gré de leurs fantaisies ou sur la moindre menace du danger. Sur le vaste horizon de sable qui les entoure, les hommes et les animaux se détachent comme autant de points noirs, de sorte qu'ils aperçoivent leur ennemi à des distances de plusieurs lieues. Quand ils soupçonnent la moindre surprise, ils cachent leurs dattes, leurs grains, la paille de leurs troupeaux dans des fosses secrètes, et fuient devant leurs adversaires, bientôt las d'une poursuite inutile.

Ces Arabes pasteurs sont ceux qu'on a désignés sous le nom de Bédouins. Quoique divisés en tribus indépendantes, souvent même hostiles, on peut cependant les regarder comme un même corps de nation. Cette fraternité résulte d'ailleurs évidemment de la conformité d'idiome. Le nom de Bédouins, qu'on leur a donné, dérive du mot *Bedaoui*, signifiant *homme du Désert;* il est synonyme de *campagnard.*

La passion de ces peuples pour l'indépendance est telle, que même à l'époque où Mahomet rallia dans une pensée de propagande toutes les tribus de l'Yemen et de l'Hedjaz, les peuplades du désert se refusèrent à tous les appels qu'il leur fit, ce qui leur valut, dans le Koran, la désignation de *rebelles* et d'*infidèles*. Ce caractère si tranché les fait considérer par les Syriens leurs voisins comme des hommes à part, des hommes extraordinaires, et leur degré de surprise à leur égard se proportionne sur les zones plus ou moins avancées qu'ils habitent au sein du désert. Ainsi, les Bédouins des vallées de Bequaa, du Jourdain et de la Palestine, sont-ils regardés comme des Arabes bâtards, tandis que les tribus qui accourent du fond du désert, les Anazès, les Kaïbar et les Taïs excitent, même parmi les peuples du littoral, une sensation extraordinaire. Volney raconte que lorsque, du temps de Daher, il en vint des cavaliers jusqu'à Acre, ils y jouèrent l'effet que produiraient parmi nous des sauvages de l'Amérique. On regardait avec surprise ces hommes plus petits, plus maigres et plus noirs qu'aucuns Bédouins connus. Leurs jambes sèches n'avaient que des tendons sans mollets, leur ventre était collé à leur dos; leurs cheveux étaient crépus, presqu'à l'égal de ceux des nègres. De leur côté, tout les étonnait; ils ne concevaient ni comment les maisons et les minarets pouvaient se tenir debout, ni comment on osait habiter dessous, et toujours au même endroit; mais surtout ils s'extasiaient à la vue de la mer, et ils ne pouvaient comprendre ce *désert d'eau.* On leur parla de mosquées, de prières, d'ablutions, et ils demandèrent ce que cela signifiait, ce que c'était que Moïse, Jésus-Christ et Mahomet, et pourquoi des habitans, n'étant pas des tribus séparées, suivaient des chefs opposés.

Toute l'organisation politique de ces peuples nomades consiste à se grouper par famille, puis par tribu. Chaque famille a un chef qui prend le titre de *cheyk* ou vieillard. C'est celui de ses membres qui, par sa sagesse, sa valeur, ses richesses, s'est attiré le plus de considération. La tribu a donc autant de cheyks qu'elle compte de familles. Mais alors le plus puissant des cheyks devient le chef de la tribu, et lui donne son nom. Quelquefois même il prend le titre d'*émyr,* qui signifie commandant ou prince. Plus un cheyk a de parens, plus il est puissant et fort; il a, en outre, des serviteurs qu'il s'attache d'une manière toute spéciale en fournissant à leurs besoins. D'habitude, ce ne sont guère que les cheyks renommés qui imposent leur nom aux tribus. Ce nom ne change même pas à chaque génération. Il reste le même jusqu'à ce qu'un autre cheyk, par ses talens militaires, par ses vertus, par sa justice, fasse oublier celui de son prédécesseur. C'est à l'ombre de ce nom, d'autant plus redouté et respecté qu'il est plus ancien, que viennent se grouper toutes les petites familles qui n'ont pas assez de force par elles-mêmes pour vivre indépendantes. Ainsi se forme peu à peu la tribu ou *kabilé*, agglomération lente et successive d'individus et de familles, qui tantôt se trouve en progression ascendante, tantôt en décadence, suivant le génie et la bravoure de ses chefs. Le nom générique de ces tribus est *Beni* (enfans), quoique la tribu ne soit pas toute du même sang. On dit par exemple : *Beni Temim, Oulad Taï,* enfans de Temim et de Taï, et cette expression a une valeur si universelle, que les Arabes l'appliquent même aux peuples étrangers à leurs déserts : ils disent *Oulad Mâsr*, pour désigner les Egyptiens; *Oulad Chame*, pour les Syriens; *Oulad Fransa*, pour les Français; *Oulad Mosqou*, pour les Russes.

Il serait bien difficile de trouver une assimilation européenne qui précisât le caractère du gouvernement de ces peuplades. C'est un mélange insaisissable et confus d'élémens républicains et aristocratiques tempérés par l'ancien régime patriarcal : républicains en effet, car la tribu entière est appelée à juger les affaires importantes qui ne se résolvent qu'à la majorité des voix; aristocratiques, car les familles des cheyks y ont et y gardent un privilége de naissance. Il y a plus, l'autorité du cheyk est quelquefois absolue et sans contrôle. Quand il a de la bravoure personnelle, un caractère ferme et impérieux, il peut pousser son pouvoir jusqu'à l'abus; mais il est rare qu'il ne paie pas tôt ou tard de sa tête une violence trop injuste. Du reste, quant aux individus, l'autorité du cheyk est très bornée; sa plus grande influence est dans les affaires d'intérêt général. C'est lui qui ordonne les déplacemens de la peuplade, qui décide de la guerre et de la paix, droit dont il n'abuse pas, son intérêt étant lié à celui de la tribu. Désintéressé d'ailleurs, aucun traitement n'est attaché à sa dignité : il a pour tout revenu le produit de ses troupeaux, la culture temporaire de quelques champs, sa part dans les pillages, et dans le droit de péage imposé aux caravanes qui traversent le territoire de la tribu. En retour, toutes les charges de dépenses extraordinaires pèsent sur lui. Il est obligé de défrayer les allans et les venans, de recevoir la visite des alliés, et de tous ceux qui sont en affaires avec la peuplade. Sur le prolongement de sa tente, est un grand pavillon, asile destiné aux passans et aux étrangers. C'est dans cette pièce attenante qu'ont lieu aussi les assemblées fréquentes de cheyks et de notables, dans lesquelles se décident les questions de campement et de décampement, de guerre ou de paix; les démêlés avec les gouverneurs turks et les villages de la lisière; enfin, les petits différends entre particuliers. De la sorte, ce pavillon est presque toujours rempli d'une foule que le cheyk héberge et défraie. A ces hôtes il faut donner le café, le pain cuit sous la cendre, le riz, quelquefois même le chevreau ou le chameau rôti. Tenir table ouverte et traiter largement son monde, voilà où est la plus grande expression de la puissance d'un cheyk. L'Arabe, pauvre et presque toujours affamé, met avant toute chose la magnificence de celui qui le nourrit. Aussi, tel brave qu'il soit, un cheyk avare n'a-t-il aucune chance de l'impressionner vivement; il lui applique alors son proverbe : *Main serrée, cœur étroit.* Il faut, du reste, fort peu d'éclat pour éblouir ces indigens naturels du désert. Quand un cheyk a quelques troupes, deux ou trois pelisses, des tapis, des armes, des chevaux et des chameaux, il est un potentat. Ceci ne l'empêche pas cependant de seller et de brider lui-même sa jument, de lui donner de sa main l'orge et la paille hachée. Un cheyk a des domestiques sans doute, mais non pas pour son usage particulier. Ses femmes et ses filles préparent son repas, filent ses vêtemens, les lavent au milieu du camp, vont traire les troupeaux, ou se rendent, la cruche sur la tête, à la source commune pour y puiser de l'eau. Le cheyk, de son côté, passe sa vie au milieu des siens, sans gardes, souvent sans armes. Il doit compter beaucoup plus sur l'affection qu'il inspire que sur la crainte qu'il impose. S'il fatigue ses sujets par sa dureté, ils l'abandonnent, et passent dans une autre tribu. Ses propres parens le renversent et prennent sa place, sans qu'il puisse s'appuyer sur aucune force étrangère à la tribu. De cela il résulte que, bien qu'investis d'une autorité à peu près discrétionnaire, les cheyks sont contenus par la crainte d'une éclatante destitution.

Le tribunal du cheyk à la haute-main sur les différends de tout genre; mais son pouvoir est plutôt arbitral qu'absolu; quel que soit le crime, il prononce rarement la peine de mort. Voici les formes usitées. Les plaignants se rendent auprès du cheyk et lui demandent justice; ils s'accroupissent devant ce juge, qui s'accroupit de son côté sur une natte ou sur un tapis. Quand les deux parties ont déposé leur poignard, le cheyk les écoute dans leurs plaidoyers; puis, après avoir bien pesé les prétentions de l'un et de l'autre, il rend son jugement. La sentence paraît-elle blessante pour l'une des deux parties, le cheyk mande auprès de lui un ou deux vieillards respectés, soit pour leur âge, soit pour leur caractère, et il leur expose de nouveau l'affaire. Tant que les plaideurs insistent, il continue ainsi à s'entourer d'avis et de lumières. Mais il est rare que la discussion dure aussi long-temps. D'ordinaire, le gros de la tribu, amené par la curiosité sur le lieu du débat, intervient dans l'affaire. Les amis du plus obstiné plaideur s'emparent de lui, et l'emmènent en lui disant : « Allons, cède, cède, tu as tort. » Le plus souvent ils l'y décident; mais s'il s'obstine, on le chasse de sa tribu, et ses propriétés sont confisquées.

S'il s'agit de vol ou de tout autre délit, qui touche à la tranquillité publique, on procède de la même manière, avec cette seule différence que la sentence une fois rendue est exécutée tout de suite. Le coupable est condamné, soit à une amende, soit à un nombre de coups de bâton que le cheyk lui applique quelquefois lui-même. Dans ce cas, les spectateurs se font eux-mêmes des aides exécuteurs : ils couchent le patient sur le ventre, lui fixent le corps au moyen d'anneaux de fer, puis saisissent les pieds qu'ils relèvent pour en présenter la plante. C'est là-dessus qu'on frappe avec un bâton un peu souple, ou une espèce de fouet nommé *courbay*, formé d'un morceau de peau d'éléphant ou d'hippopotame.

Les querelles sont assez fréquentes parmi les Bédouins; mais elles sont plus bruyantes que dangereuses. Presque toujours elles se terminent en criailleries. On arrive avec d'autant plus de peine à l'effusion du sang, que le meurtre d'un homme devient un objet d'éternelles représailles de famille à famille. La loi du *târ* ou *talion* existe parmi les Bédouins dans toute son implacable rigueur. De tribu à tribu, de famille à famille, ces expiations de l'assassinat subsistent et se perpétuent. Le meurtrier n'est pas le seul poursuivi; les proches parens le sont aussi. Ces haines se transmettent de génération en génération, et cela dure *tant qu'il* reste du sang entre les *deux familles*. Une représaille en attire une autre, de telle sorte que c'est une guerre d'extermination. Quand ces haines existent dans la même tribu, elles peuvent plus facilement se calmer; mais d'une tribu à l'autre, elles sont éternelles, et déterminent quelquefois des hostilités générales. Cette loi est la cause peut-être que ces peuples nomades ne se laissent l'un l'autre ni paix, ni trève, à cause de ces haines de famille, de ce *talion* qu'il faut rendre sous peine d'être déshonoré. De nos jours mêmes, on a pu constater que cet usage fort ancien n'avait rien perdu de son autorité. Voici ce que raconte le voyageur moderne, M. Damoiseau, que nous aimons à citer à cause de la naïveté et de l'importance de ses observations. M. Damoiseau a vécu un mois entier au milieu du désert parmi les tribus de l'intérieur, les Anazés.

« Un Arabe de la tribu de Keboësec, raconte-t-il, tribu qui campe assez ordinairement aux environs de Bagdad, s'était joint à une caravane de Persans qui allait en pèlerinage à la Mekke. Ayant appris, en traversant le désert, que la tribu des Feddans-Anazés avait planté ses tentes sur le territoire d'Alep, il quitta ses compagnons de voyage pour se mêler à une troupe de Turkomans qu'il savait venir à l'espèce de foire de chameaux qui se tenait dans la tribu de Douhaï. Déguisé en marchand d'habits arabe, il n'eut rien de plus pressé, aussitôt son arrivée, que de s'informer auprès de tous ceux qu'il rencontrait, s'ils ne connaissaient point dans le camp un Arabe du nom de Sébilé-el-Chefly. Bien qu'il n'obtînt que des réponses négatives, il ne se découragea point, et sans mettre personne dans la confidence du motif de ses recherches, il les continua avec une activité sans égale. Le lendemain, de très grand matin, il était sur le champ de la foire, renouvelant avec tout aussi peu de fruit ses questions de la veille, lorsque tout-à-coup il aperçoit à une assez grande distance l'Arabe, que depuis deux ans il ne cessait de poursuivre sous toutes les tentes du désert. Mettre le sabre à la main, fondre sur son ennemi avec la rapidité de l'éclair, et lui asséner sur la tête un coup à fendre un bœuf, tout cela ne fut l'affaire que de quelques secondes. En s'approchant de sa victime, la rage était peinte sur ses traits, et lorsqu'il la frappa, il ne fit entendre que ces mots : « Enfin, je te retrouve, je serai » vengé! » Son adversaire voulut détourner avec la main droite le coup qu'il lui porta; mais il était si violent qu'il lui abattit les quatre doigts. Le blessé se mit aussitôt à pousser des cris épouvantables. Quelques Arabes, accourus au bruit, fondirent sur l'assaillant, et, en un instant, une foule de sabres, de casse-têtes et de fers de lance furent dirigés contre lui. Il succombait s'il n'avait point réussi à mettre de son bord une partie des Arabes qui venaient de l'attaquer. Quelques mots sont nécessaires pour bien faire comprendre un changement si subit.

» Lorsqu'un Arabe, quel que soit le sujet de l'attaque, se trouve trop vivement poursuivi, il peut arrêter les assaillans en formant un nœud à l'un des cordons qui servent de franges au châle que tous portent sur la tête, et qu'ils appellent *keifec*. Toute la difficulté consiste à pouvoir former ce signe de salut. Au fort d'un combat, où un homme lutte contre dix, la chose n'est point facile. Mais lorsque l'assailli a le bonheur d'en venir à bout, la scène change, et chaque assaillant doit aussitôt aide et protection à l'homme dont il cherchait auparavant à faire sa victime.

» A peine l'Arabe eut-il réussi à former le nœud sacramentel, qu'une partie de ses adversaires se rangea de son côté, mais sans combattre cependant les Arabes dont elle venait de se séparer. Ils se contentèrent de parer les coups portés à leur nouveau protégé, et de le conduire jusqu'à leur camp, où, une fois arrivés, il lui ménagèrent le moyen de se jeter dans une tente exclusivement occupée par des femmes. Un pareil asile est inviolable, et un Arabe y est dans la sécurité la plus complète pendant tout le temps qu'il peut y rester.

» Quant au malheureux que le fugitif venait de mutiler, il arriva peu d'instans après et se jeta dans une tente voisine de la mienne. Dans les rencontres du genre de celles que je viens de raconter, l'usage du désert veut que les propriétaires des tentes où se réfugie chaque adversaire épousent aussitôt la cause de leur hôte, et s'identifient avec ses intérêts et ses haines.

» Cette aventure ne tarda pas à se répandre dans tout le camp; ses circonstances n'étaient point sans gravité. Douhaï convoqua donc en conseil les anciens de la tribu, qui tous se rendirent sur une espèce de place, située au centre du camp. Là, ils se constituèrent en tribunal, sous la présidence du cheyk, qui fit immédiatement amener devant lui les propriétaires des tentes où chacun des Arabes avait cherché asile. La séance avait lieu en plein air, et au milieu d'une foule d'Arabes qui se tenaient rangés en cercle à une certaine distance des juges.

» L'acte d'accusation fut présenté par l'hôte de l'Arabe aux doigts coupés. Son adversaire lui répondit en exposant les motifs qui avaient porté l'Arabe étranger à une attaque aussi violente. Voici les faits qu'il raconta :

« Il y a deux ans, dit-il, Sébilé-el-Chefly faisait partie de la tribu » Keboësec. Une caravane vint à être pillée; il avait droit à une part du » butin. Dans le partage, il se prend de querelle avec l'Arabe qui vient de » le blesser, et, au milieu de la dispute, tire son sabre, et du premier » coup emporte à mon hôte une partie des muscles de l'avant-bras. Redou» tant la vengeance de sa victime, le lendemain Sébilé-el-Chefly avait quitté » la tribu. Le sang de mon hôte avait coulé; il fallait que celui de Sébilé » payât le sien. C'est, vous le savez, la loi du talion. Dès qu'il fut guéri, » mon hôte quitta sa tente, jura de n'y rentrer que lorsqu'il serait vengé, » et se mit à la recherche de Sébilé. Pendant deux ans, il a visité presque » toutes les tribus du désert de Syrie, et ce n'est que ce matin qu'il a » rencontré son ennemi; qu'il lui a tiré le sang que Sélibé lui avait fait » perdre. Qui oserait dire qu'il aït fait mal?

» Pour qui connaît les Arabes, cet incroyable amour de la vengeance ne saurait surprendre. Il existe entre certaines familles des guerres qui durent souvent plus d'un siècle. Tant *qu'il y a du sang* entre un ou plusieurs de ses membres, il faut qu'il soit racheté, soit par d'autre sang versé, soit par une composition en argent. Un agresseur est il mort sans avoir satisfait à cette dette, ses parens, ses amis ou ses enfans lui succèdent dans cette sanguinaire obligation, et les poursuites ne cessent que lorsqu'il y a compensation complète. Je reviens aux débats.

» L'hôte de Sébilé répondit à son adversaire, que, quels que fussent les motifs de cette querelle, toujours était-il que la gravité de la blessure demandait une réparation. Le cheyk mit ses conclusions aux voix; elles furent adoptées, et les juges s'occupèrent ensuite de régler la composition. Le demandeur exigea vingt chameaux par chaque doigt coupé. Le tribunal les accorda, et condamna l'Arabe étranger à payer cent chameaux à Sébilé. George me traduisait chaque partie du débat. Je fis alors observer que le nombre de têtes accordées au plaignant ne devaient être que de quatre-vingts, puisque quatre doigts seulement avaient été abattus. Un arabe me répondit que j'aurais raison, si le pouce restant seul et ne pouvant plus être d'aucune utilité à Sébilé, il n'était pas de toute justice de racheter la main tout entière Je ne répliquai rien; mais prenant ma pipe avec mon pouce, je démontrai que Sébilé pouvait encore s'en servir, ne fût-ce que pour cet usage. Les juges furent de mon avis, et réduisirent de vingt chameaux l'indemnité accordée. La discussion roula ensuite sur l'appréciation en argent de ces quatre-vingts têtes. Après force discours échangés de part et d'autre, la compensation fut fixée à 800 piastres (600 francs), plus le sabre qui avait servi d'instrument à la mutilation. Le procès ainsi terminé, l'accusé se trouva déchargé de toute responsabilité, et déclaré libre.

» Tandis que l'on débattait la valeur pécuniaire de chacune de ses articulations digitales, Sébilé-el-Chefly, retiré sous la tente où il avait trouvé asile, se débattait au milieu de douleurs atroces, et malgré tous les moyens employés par ses hôtes pour diminuer l'hémorrhagie, perdait une énorme quantité de sang. On en fut réduit à employer les moyens auxquels recourent les Arabes lorsque le cas devient extrême. On mit du beurre dans une marmite que l'on plaça sur le feu; puis, lorsqu'après être fondu le beurre entra en ébullition, on plongea dedans le moignon du pauvre blessé, qui, poussant des cris horribles, jura qu'une fois guéri, rien au monde ne pourrait l'empêcher de tirer vengeance de ceux qui le faisaient si épouvantablement souffrir. »

Voilà quelles horribles représailles exige cette loi du talion, en vigueur de temps immémorial chez les Arabes. Cependant, avant que les haines soient devenues trop envenimées, on peut apaiser la famille offensée avec des présens qui consistent principalement en bestiaux, et le traité qui se conclut alors se nomme *dyeh* ou rachat de sang. On lit dans la Bible, que du temps même de Moïse, ce rachat était connu des tribus errantes dont il fut le législateur. Lorsque les deux familles ennemies sont de la même tribu, le *dyeh* est beaucoup plus facile à conclure. Le talion et le rachat du sang ont également lieu pour les blessures. Les hommes ont le droit de mort sur leurs enfans, et ils l'exercent quelquefois pour punir leurs femmes adultères. Quant au duel, il est inconnu des Arabes. On ne rencontre dans l'histoire de ces peuples rien qui y ressemble, si ce n'est pourtant quelques combats singuliers, soit entre un petit nombre de guerriers, soit entre deux braves qui se défiaient à la vue des armées rivales.

Les cheyks bédouins apportent dans leurs traités avec les tribus qui les avoisinent, une finesse, une sagacité, une dignité qui feraient honneur à nos diplomates européens. Plus d'une fois des voyageurs ont eu l'occasion d'admirer la profondeur de leurs vues et la sagesse de leur conduite. Les questions de paix et de guerre sont entièrement de leur ressort; c'est à eux à ne pas entraîner leur peuplade dans des hostilités désastreuses qui ruineraient leur propre autorité. Lorsque la paix se conclut entre deux tribus, les cheyks se font des cadeaux réciproques, et cette formalité est tellement de rigueur, que lorsque des princes étrangers traitent avec eux, ils se conforment à cet usage. La coutume est aussi, en pareille occasion, de prendre un repas ensemble. Manger sous la même tente devient le gage d'une inviolable amitié, et quand une fois un Arabe a *rompu le pain et le sel* avec un étranger, il lui est tout acquis et dévoué. Denon raconte qu'un officier français devenu, pendant la campagne d'Égypte, prisonnier d'un cheyk, se trouva perdu avec lui au milieu du désert avec un pain pour toute ressource. Ce pain pouvait à peine suffire pour ses besoins de la journée, et pourtant il le partagea avec le captif. « Demain, dit-il, j'en aurai peut-être besoin; mais je n'aurai pas du moins à me reprocher d'avoir prolongé mes jours aux dépens des tiens. » Ces vertus hospitalières prennent parfois un caractère chevaleresque que l'on serait loin d'attendre de ce peuple demi sauvage. L'étranger qui a touché les tentes arabes, non seulement sera nourri aux dépens de la tribu, mais encore il sera inviolable. L'insulter, lui nuire, le tourmenter serait une lâcheté qui retomberait sur toute la tribu; le livrer à un ennemi, si puissant qu'il fût, serait une honte éternelle, une infamie indélébile. L'autorité même du sultan serait impuissante a obtenir l'extradition du moindre réfugié. Si avide, si pillard hors de son camp, le Bédouin devient libéral, généreux, presque prodigue dès qu'il touche à ses tentes. Si peu qu'il ait, il est prêt à tout partager. Il n'attend pas les besoins de son hôte, il les devance, il les sollicite. S'il prend un repas, il affecte de s'asseoir à la porte de sa tente afin d'inviter le passant : sa générosité est si vraie qu'il ne la regarde pas comme une qualité et comme un mérite, mais simplement comme un devoir. Du reste, les procédés des Arabes entre eux donneraient souvent lieu de croire qu'ils vivent en communauté de biens. Ils connaissent toutefois la propriété; mais elle n'a pas chez eux les formes dures, tranchantes et procédurières qu'elle affecte parmi les nations civilisées.

En dehors des alliances particulières de tribu à tribu, il existe de grandes ligues qui se rangent sous les ordres d'un cheyk plus puissant que les autres. L'Arabe ne combat guère qu'à cheval; il se met en campagne armé d'un sabre courbe, d'un poignard et d'une longue lance, souvent aussi de javelots et d'une masse d'armes suspendue à l'arçon de sa selle. Parfois pourtant, surtout parmi les tribus de la lisière du désert, le fusil est substitué à la lance, et le cavalier manie cette arme à feu, même au galop, avec une grande habileté. Quant à l'usage de la lance, on sait que les Arabes y excellent; quoiqu'ils puissent la lancer à quelque distance, ils ne l'abandonnent presque jamais; le cavalier la tient d'ordinaire près du fer, la lance avec force et la laisse glisser dans sa main de toute la longueur du bois, puis par un mouvement contraire la ramène à lui, et la remet dans sa première position. Excellent écuyer, le Bédouin ne pare les coups de son antagoniste que par le mouvement de son cheval, dont l'étonnante souplesse le tire des plus grands dangers.

Les Bédouins des plaines qui bordent les sables, les plus exposés de tous aux incursions des Turks, connaissent la poudre, et en fabriquent eux-mêmes d'une qualité assez mauvaise et trop chargée de charbon. Jamais dans leurs attaques on ne les voit donner par escadrons; ils escarmouchent en tirailleurs. Quand ils sont forcés de se réunir, c'est pêle-mêle, et sans ordre assigné. Les batailles sont ainsi des engagemens confus, où les plus braves prennent la tête, tandis que les plus prudens se tiennent à quelque distance. Ces rencontres sont du reste courtes et peu meurtrières. Le vainqueur reste sur le champ de bataille, le vaincu regagne l'immensité du désert. Jamais les Bédouins n'attaquent la nuit; leur tactique consiste à surprendre l'ennemi par des marches rapides et des diversions inattendues, à lui dresser des embuscades et à le harceler quand il est le plus fort. La moindre enceinte, d'ailleurs, les arrête; une muraille de briques, un simple fossé, une haie de nopals, suffisent pour mettre un village à l'abri de leurs déprédations. Les paysans de la Syrie ont même çà et là dressé des buttes factices au haut desquelles ils se réfugient avec leurs troupeaux quand ils voient poindre à l'horizon les lances des Bédouins.

Dans les guerres entre tribus, les Bédouins ne font point d'esclaves; ils renvoient les prisonniers après les avoir dépouillés, et gardent à peine quelques otages. Quand ils font des captifs dans d'autres guerres, ils en gardent quelques uns qui demeurent chez eux comme esclaves, employés aux travaux du ménage et à la mouture du grain, sous l'autorité des femmes. Cet esclavage finit du reste par devenir une adoption. Les esclaves sont traités comme le reste de la famille; ils suivent leurs maîtres à la guerre, et rachètent leur liberté par un beau fait d'armes. On en a vu même devenir membres si réels du ménage qu'ils entraient comme les autres enfans dans le partage de la succession. Naturalisés dans la tribu, ils arrivaient parfois jusqu'au grade de cheyks.

Des guerres que les Bédouins ont à soutenir, les plus cruelles, les plus persévérantes sont celles que leur livrent les Turks-Arnautes et les Mograbins des pachalics environnans. Maîtres de tout le pays cultivable, les Turks ne regardent et ne traitent les Arabes que comme des vassaux rebelles et comme des bandits du désert. Sur ce principe, ils sont toujours en guerre avec eux, et ne leur laissent aucune trève. Les pachas surtout, occupés à chercher incessamment des ressources par voie d'avanies, se font une étude de diviser, de surprendre et de pressurer ces populations. Tantôt ils leur contestent un terrain qu'ils leur ont loué; tantôt ils exigent un tribut dont on n'est point convenu. Quand une guerre s'allume entre deux cheyks, ils ont le soin de prendre parti ou pour l'un ou pour l'autre, éternisant ainsi les guerres, de manière à ce que les deux tribus s'écrasent et s'affaissent mutuellement. Souvent encore, ils font assassiner ou empoisonner les chefs dont ils redoutent l'habileté ou le courage, fussent-ils même leurs alliés. De leur côté, les Arabes regardant les Turks comme des traîtres, ne cherchent que les occasions de leur nuire; et comme ils ne peuvent se venger sur leurs soldats, ils s'en prennent aux pauvres paysans innocens du fait. A la moindre alarme, on coupe leurs moissons, on enlève leurs troupeaux, on intercepte les communications et le commerce. De là naît entre les peuplades du désert et les cultivateurs des terrains arabes, une mésintelligence à peu près constante et une guerre presque éternelle.

L'indépendance absolue des Bédouins s'étend même sur les choses religieuses. Entre les Arabes du littoral et les Bédouins du désert existe ce contraste que, tandis que les uns se montrent les rigoureux esclaves de la loi musulmane, les autres affectent au contraire d'en garder à peine les plus strictes prescriptions. Aussi, parmi les croyans dévots, ces derniers passent-ils pour des infidèles sans loi et sans prophètes. Quand on leur demande la raison de cette indifférence, ils répondent : « Comment faire » des ablutions? nous n'avons point d'eau. Comment faire des aumônes? » nous ne sommes pas riches. Pourquoi jeûner pendant le Ramadan? nous » jeûnons toute l'année; et pourquoi aller à la Mekke? puisque Dieu est » partout. » De cette insouciance en matière de pratique résulte une tolérance absolue et générale dont Volney cite quelques exemples assez curieux. Un cheyk nommé Ahmed, fils de Bahir, chef de la tribu des Ouaidiés, lui disait un jour : « Pourquoi veux-tu retourner chez les Francs? Puisque tu n'as » pas d'aversion pour nos mœurs, puisque tu sais porter la lance et courir » à cheval comme un Bédouin, reste parmi nous. Nous te donnerons des » pelisses, une tente, une honnête et jeune Bédouine, et une bonne jument » de race. Tu vivras dans notre maison. — Mais ne sais-tu pas, lui répon- » dis-je, que, né parmi les Francs, j'ai été élevé dans leur religion? Comment » les Arabes verront-ils un *infidèle* ou que penseront-ils d'un *apostat?*—Et » toi-même, réplique-t-il, ne vois-tu pas que les Arabes vivent sans souci du » prophète et du livre? Chacun parmi nous suit la route de sa conscience. » Les actions sont devant les hommes, mais la religion est devant Dieu. » Un autre cheyk, conversant un jour avec Volney, lui adressa par mégarde la formule triviale : « *Écoute et prie sur le prophète.* » Au lieu de la réponse ordinaire, *j'ai prié*; Volney répondit en souriant : *J'écoute*. Alors, le cheyk qui s'aperçut de la méprise, sourit à son tour. Un Turk de Jérusalem, qui était présent, prit la chose d'une façon plus sérieuse. « O cheyk, dit-il, » comment peux-tu adresser ces paroles à un infidèle? — La langue est » légère, répliqua le cheyk, encore que le cœur soit blanc; mais toi qui » connais les coutumes des Arabes, comment peux-tu offenser un étran- » ger avec qui nous avons mangé le pain et le sel? » Puis, se tournant vers Volney, il ajouta : « Tous ces peuples du Frankestan dont tu m'as » parlé sont-ils plus nombreux que les Musulmans? — On pense, répliqua » Volney, qu'ils sont cinq ou six fois plus nombreux en comptant les » Arabes. — Dieu est juste, dit alors le cheyk; il pèsera dans ses » balances. »

La seule pratique observée avec quelque rigueur parmi les Bédouins est celle de la circoncision. Les ablutions sont difficiles à faire faute d'eau, et quoique la prière soit imposée par le Koran à cinq heures différentes du jour, ce n'est guère qu'au lever et au coucher du soleil que les Arabes la pratiquent. Peut-être y mêlent-ils un peu de cette vénération qu'ils ont eue de tout temps pour les astres, reste évident de leur ancienne croyance. Dans les camps arabes on ne trouve point de lieu consacré à la prière; chacun la fait où il veut la faire, et agit à cet égard comme il l'entend. Il n'y a point chez eux de prêtre ni d'iman, mais seulement un cadi; et ce docteur qui devrait connaître à fond le Koran et ses commentaires, sait à peine lire. Le cheyk dit à un Arabe : « *Tu es cadi.* » Là se borne toute l'investiture. Pour complaire au cheyk l'Arabe accepte ce grade. Parfois pourtant l'Arabe monte sur les lieux élevés, pour y sacrifier un mouton ou un jeune chameau, en invoquant le nom du Seigneur; puis il distribue aux pauvres une partie des chairs de la victime.

Depuis un demi-siècle, un schisme s'est même produit parmi les Arabes; celui des Wehabites ou peuples du Nedj. La croyance nouvelle de ces peuplades, espèce de protestantisme musulman, admet que Dieu seul doit être adoré et invoqué; qu'on ne doit, en priant, faire mention d'aucun prophète, parce que cela touche à l'idolâtrie; que Moïse, Jésus-Christ et Mahomet sont à la vérité de grands hommes, dont les actions sont édifiantes, mais que nul livre n'a été inspiré par l'ange Gabriel, ou par quelqu'autre esprit céleste : enfin, que les vœux faits dans un péril menaçant ne sont d'aucun mérite ni d'aucune obligation.

Tous les Bédouins partagent avec le reste des Mahométans le respect pour leur barbe ; les esclaves ne peuvent la porter ; la couper à un homme libre, c'est le déshonorer. Aussi les Bédouins jurent-ils par elle, en la prenant avec la main. Quelquefois aussi ils jurent par leur tête; mais, de tous leurs sermens, le plus saint, le plus redouté, est celui qui se prononce sur les organes de la génération. Les Arabes croient aussi aux talismans, qu'ils portent ou attachés au bras ou suspendus au cou. Ces talismans sont une espèce de sachet de cuir qui renferme un morceau de papier sur lequel un derviche a écrit des paroles mystérieuses. On en a vu encore qui portaient ainsi de petites pierres gravées en caractères koufiques, et de petites statuettes d'origine égyptienne. Ces talismans sont, suivant eux, des préservatifs efficaces contre la maladie, et des curatifs plus sûrs qu'aucune formule médicale. Un arbre né près d'un tombeau est toujours, d'après les Bédouins, la demeure d'un Génie : ce serait un sacrilége que d'en couper une branche ou même de le frapper. Ils y attachent des cheveux, du poil, des morceaux d'étoffe ou de papier couverts de caractères bizarres et de paroles magiques, et, selon la cérémonie, cet *ex-voto* doit déterminer le sort en leur faveur, ou jeter quelque maléfice sur leurs ennemis. Quand une caravane passe devant un de ces arbres votifs, chaque voyageur ne manque pas de suspendre à ses branches une amulette cabalistique.

Les usages civils des Arabes sont fort simples et assez rationnels. Les hommes se marient très jeunes; jaloux de leurs femmes, ils usent du poignard au moindre soupçon d'infidélité, et cependant ils ne se font aucun scrupule de reprendre celles qui par les événemens de la guerre ont passé dans les bras du vainqueur. Ce n'est pas le fait qui semble coupable à ces hommes, mais l'intention. La jeune fille que la violence a rendue victime d'un étranger, trouve un mari comme si rien ne lui fût arrivé; mais, dans tout autre cas, il faut que, le jour du mariage, la preuve de sa virginité soit non seulement acquise à son époux, mais encore notoire pour toute la tribu. Le plus grand désir des pères de famille, c'est d'avoir beaucoup d'enfans; c'est chez eux un moyen certain de considération et de richesse. Aussi la naissance d'un fils les comble-t-elle de joie, et c'est par suite de cet amour de père qu'ils ajoutent leur nom au nom de leur premier né. Ainsi le père s'appellant *Abdallah*, s'il lui naît un fils auquel il donne le nom d'*Aly*, à l'instant même il le fait appeler *Abdallah-Abou-Aly* ou simplement *Abou Aly*.

Les enfans ont le plus grand respect pour leurs parens, et en général pour tous les vieillards; ils se lèvent devant eux, prêtent l'oreille à leurs discours, et s'abstiennent même de fumer en leur présence, à moins qu'ils ne soient précisément invités à continuer. Ce respect pour les hommes âgés de la tribu est la base de la famille, comme elle l'est du gouvernement.

Les Bédouins sont plutôt agiles que vigoureux; maigres, mais non pas d'une maigreur maladive, d'une taille petite et assez uniforme. La taille moyenne est de cinq pieds deux pouces; quelques cheyks seulement, mieux nourris sans doute, sont plus fortement constitués. Ils sont blancs, mais d'un blanc hâlé par le soleil, dont la réverbération sur les sables augmente encore l'énergie; ils ont la barbe, les cheveux et les yeux noirs, les dents blanches et bien rangées, les traits généralement beaux, la physionomie spirituelle, le cou musculeux, les épaules et la poitrine larges, les genoux un peu gros; ce qui provient peut-être de leur manière de s'asseoir accroupis. Les femmes ont les yeux plus larges et mieux fendus que les hommes; les dents blanches et admirablement rangées, la taille gracieuse et souple; les bras, les mains, les jambes et les pieds d'une beauté parfaite; mais les traits chez elles ont peu d'expression et de mobilité, peut-être à cause de l'habitude où elles sont de se voiler le visage. Le nez est d'ailleurs très gros chez elles, la bouche grande, le visage quelquefois désagréablement tatoué. Chez les jeunes filles, le sein est parfaitement placé et d'une charmante proportion; mais à mesure qu'elles se développent, il tombe, et se dépare par suite de l'allaitement. Les filles ne sont donc jolies qu'une année à peine. Toutes sont extrêmement fécondes. Une femme qui n'aurait point d'enfans tomberait dans le mépris et serait bientôt répudiée par son époux.

Le plus grand honneur dans ces tribus est pour les vieillards. Ils sont plus recherchés dans leurs costumes que ne le sont les jeunes gens. On leur réserve les étoffes les plus riches et les moins grossières. Le respect pour les traditions s'étend jusqu'aux vêtemens. Chez l'Arabe le vêtement est immuable. « On faisait ainsi, on s'habillait ainsi du temps de nos pères, » disent les Arabes; nous devons faire comme eux. » Ce vêtement consiste en une tunique fort ample, en fil ou en laine, qu'ils serrent autour des reins avec une large ceinture, et ils ont par-dessous un pantalon de toile. Leur tête rase est couverte d'un turban; ils laissent croître leur barbe;

gardent le cou, les bras et les jambes nus. L'habillement des femmes se compose d'une longue chemise qui sert en même temps de robe, d'un caleçon, d'un turban, de deux voiles, l'un plus large, jeté sur la tête, l'autre plus étroit placé sur la figure, immédiatement au-dessous des yeux, et fixé par deux cordons qui se nouent derrière la tête. Elles portent pour bijoux des anneaux d'argent ou plus souvent de verre bleu passés aux bras et aux jambes; des bagues ou des boucles d'oreilles en cuivre ou en argent, rarement en or. Quelques unes se percent une narine, et y passent un anneau comme dans les pays sauvages. Un autre coutume bizarre, c'est de se teindre en jaune le dessous de mains et des pieds, ornemens disgracieux, et de se border les paupières d'une ligne noire, qui se prolonge un peu vers les coins. Ce dernier procédé de toilette est d'un meilleur effet; l'œil en acquiert plus de vivacité; il paraît plus grand et plus fendu.

Le ménage arabe n'a pas, comme on peut se l'imaginer, un mobilier bien considérable; une lance de treize pieds de long, un sabre courbe, un fusil rouillé, un moulin à bras, une plaque de fer pour faire griller le blé ou cuire le pain, une cafetière, un sac de cuir pour puiser l'eau, quelques outres, des écuelles de bois, de petites tasses pour le café, une marmite, une natte qui sert de tapis et de lit, quelquefois un métier à tisser des étoffes grossières, une pipe de quatre pieds de long, une espèce de violon, un tambourin formé d'un vase de terre cuite sans fond et recouvert d'un côté par une peau fortement tendue: tel est le mobilier de cette tente, autour de laquelle vaguent quelques poules, chèvres ou chameaux; quelquefois aussi la jument, trésor inestimable de l'Arabe. Quant à la tente, élevée de six pieds, elle est de forme quadrangulaire, et faite d'une étoffe grossière et forte en poil de chameau. La partie supérieure de la tente qui forme le toit est peu inclinée. A l'intérieur, une cloison sépare la pièce des hommes de celle des femmes. Toutes ces tentes sont placées sans ordre, de manière à former un rond assez irrégulier. Dans ce centre est la place publique, qui sert en même temps de parc aux troupeaux. De loin, ces tentes noires ou brunes, tendues sur trois piquets, n'offrent guère qu'une suite de taches noires sur les sables du désert. L'œil des Arabes peut seul reconnaître un camp de quelque distance. Jamais on n'y pratique de retranchemens; point de gardes avancées, point de vedettes; les chiens seuls sont chargés d'éveiller la tribu au premier danger. Les chevaux d'ailleurs restant toujours sellés : un camp disparaît en quelques minutes. Le signal est-il donné, à l'instant même chaque ménage enveloppe son mobilier dans les toiles de sa tente, et le charge sur ses chameaux. Les troupeaux sont chassés en avant, et bientôt toute cette colonie nomade, hommes, femmes, enfans, vieillards, les uns à pied, les autres montés sur des chameaux ou sur des ânes, poursuit sa course au milieu des sables du désert. Des hommes à cheval éclairent et protégent la marche, et bientôt les moindres traces du passage de ces hommes ont disparu de la surface mobile du désert.

On a beaucoup et de tout temps vanté la sobriété des Arabes. Cette sobriété n'est pas chez eux, il faut le dire, une vertu volontaire. La disette souvent leur impose l'abstinence, et le commun de ces malheureux vit dans un état de misère et de famine habituelles. Quoique cela paraisse peu croyable, il est un fait avéré, c'est que six onces de nourriture sont la moyenne de la consommation du désert, surtout parmi les tribus de l'Hedjaz et du Nedj. Six à sept dattes trempées dans du beurre fondu, quelque peu de lait doux et caillé suffisent à la nourriture d'un homme. Quand ils peuvent y joindre un peu de farine grossière ou une boulette de riz, c'est un aliment de luxe. De petites galettes de dourah ou de blé, à peine cuites, des lentilles, des fèves, du fromage dur, aigre et salé, un peu de café sans sucre, voilà sur quoi roule encore l'ordinaire. La viande est réservée pour les jours de grande fête ; ce n'est guère que pour un mariage ou une mort que l'on tue un chevreau. Les cheyks riches et généreux sont les seuls qui tuent de jeunes chameaux pour en manger la viande avec du riz. On conçoit comment, avec un tel menu, le Bédouin doit souvent sentir le besoin d'une nourriture plus substantielle : toujours affamé, il court après les plus grossiers alimens, mange les sauterelles, les rats, les serpens, les lézards, grillés sur des feux de brousailles. De là aussi cette constitution grêle et maigre ; de là cet esprit inquiet de vol et de rapine, ces incursions perpétuelles dans les lieux cultivés, où ils peuvent espérer quelque nourriture. Un fait assez remarquable, c'est que leur déperdition en tout genre, même en sueurs, est fort minime ; aussi leur sang se dépouille-t-il de sérosité à tel point, qu'il n'y a que la grande ardeur du soleil qui puisse le maintenir dans sa fluidité. Ce n'est pas là, comme on pourrait le croire, un état maladif. Les maladies sont, au contraire, plus rares parmi eux qu'elles ne le sont parmi les habitans des terrains cultivés.

Les cheyks, quand ils reçoivent les étrangers, y mettent pourtant une recherche d'abondance, sinon de variété. Le voyageur Damoiseau raconte ainsi le repas que leur servit Douhaï, un cheyk des Anazés.

« Nous trouvâmes à la porte un immense plateau de bois, qui, placé sur une natte, se trouvait rempli de riz à moitié cuit, et dont la masse, de forme pyramidale, n'avait pas moins de trois pieds de hauteur. La base de ce singulier édifice était, comme on doit le penser, fort large. Sa sommité se trouvait occupée par de la viande de chameau cuite dans l'eau. Après nous avoir fait signe de nous asseoir, le cheyk plaça entre M. de Portes et moi un vénérable vieillard, dont la barbe blanche était teinte en rouge à l'extrémité avec du henné. Lorsque chacun de nous se fut rangé autour du plat en s'asseyant à terre et en croisant les jambes, le vieillard que Douhaï nous avait donné pour voisin fit avec sa main un trou dans la partie du plat du riz qui se trouvait en face de M. de Portes et de moi, plaça dans les deux cavités du *leben* (lait caillé), et toujours avec ses doigts, prit de la viande du haut de la pyramide, la divisa en plusieurs portions, et en mit les morceaux sur le lait qu'il venait de verser. Chacun en fit autant. Nous n'étions pas peu embarrassés pour tirer parti de cette mixtion. Dans notre perplexité, nous jetâmes les yeux sur nos voisins, et les vîmes pétrir avec les doigts le mélange que chacun d'eux avait devant lui. Nous les imitâmes et formâmes comme nous pûmes des espèces de boulettes que nous ne laissâmes pas que de manger d'assez bon appétit. Le repas ne fut point long. Nous attendîmes pour nous lever que quelqu'un nous en donnât le signal. Ce fut le cheyk qui, le premier, quitta la place : M. de Portes et moi, nous fîmes comme lui ; d'autres convives qui, debout derrière nous depuis le commencement du repas, attendaient une place vacante pour s'en emparer aussitôt, nous remplacèrent autour du plat, et firent ensuite place à d'autres qui eurent des successeurs jusqu'à ce qu'enfin l'immense monceau de riz que nous avions entamé eût complètement disparu. En quittant la table, un esclave nous présenta à boire dans une tasse de zinc, qui était probablement la seule que possédât Douhaï, car elle servit à tous les convives. Le cheyk nous fit ensuite passer dans sa tente; nous y trouvâmes une peau de chameau tendue sur quatre piquets, et formant un réservoir qui contenait l'eau où nous devions nous laver les mains, la bouche et la barbe. Nous fûmes heureux d'arriver les premiers, car la même eau servit aux ablutions de tous les assistans. Dieu sait la couleur qu'elle prit au bout de quelques minutes! Mais les Arabes n'en furent aucunement effrayés; l'eau, d'après leurs idées religieuses, ne cessant jamais d'être pure. Ensuite on nous servit du café dans une tasse qui, comme la tasse de zinc, passa successivement à tous les assistans. Le café se prit sans sucre. Quand chacun en eut pris quelques gorgées, nous nous assîmes sur des tapis; l'on nous présenta des pipes, et chacun s'arrangea pour passer sans ennui le reste de la soirée. Les jeunes gens chantèrent en s'accompagnant d'un instrument composé d'un morceau de bois taillé en forme de violon, et sur lequel était placé un morceau de peau de chameau tannée, percée de plusieurs trous, et sur laquelle des crins fortement tendus faisaient l'office de cordes. L'archet dont ils se servaient était aussi en crins; les sons qu'ils en tiraient étaient faibles et discordans. D'autres frappaient sur des tambourins en métal. »

Voilà l'aspect d'un camp bédouin dans un jour de gala; mais le tableau est moins riant dans les jours de la vie ordinaire. L'état famélique dans lequel se trouvent presque toujours ces populations donne lieu souvent à des scènes curieuses. Damoiseau parle, entre autres, d'un pauvre chameau mort d'hémiplégie, et qui à peine dépecé disparut sous ses yeux. « On lui trancha, dit-il, la tête à coups de hache, et les Arabes le dépouillèrent immédiatement de sa peau. A peine était-elle enlevée qu'une foule de femmes et d'enfans se jetèrent sur les restes palpitans de l'animal, cherchant à en emporter chacun un morceau. Leur ardeur à la curée fut si grande, que les gens du cheyk eurent toutes les peines du monde à sauver une épaule qu'ils mirent bien vite en sûreté sous la tente de leur maître. Force Bédouines y laissèrent leurs cheveux entre les mains d'amies auxquelles de leur côté elles emportèrent quelques lambeaux de chemise ou de coiffure. Les hommes paraissaient indifférens à cette lutte. Jusqu'aux os et aux intestins tout fut enlevé. On vante très haut la sobriété des Arabes; je la nie. Oui, sans doute, il y a frugalité chez eux lorsqu'ils n'ont rien à manger; et quelques dattes et une poignée de riz suffisent alors pour une journée; mais qu'il arrive une occasion où ils puissent se repaître, et l'on verra si la gloutonnerie et la voracité leur sont choses étrangères. »

Du reste, l'économie ménagère est fort peu avancée parmi les Arabes. Ils réduisent le blé en farine au moyen de moulins à bras, garnis de petites meules de pierre, ou bien ils le broient tout simplement sur une pierre concave, avec une autre en forme de molette, comme font les peintres pour leurs couleurs. Pétrie et mise en pâte, la farine est étendue sur une plaque de fer, chauffée d'avance et placée sur du feu, au fond d'un trou creusé dans le sable. Le tout est recouvert de cendres chaudes, et le pain est retiré de là bien long-temps avant d'avoir acquis le degré de cuisson que nous lui donnons en France. Cet usage se pratique au désert de temps immémorial. Abraham disait à Sarah : « Faites cuire du pain sous la cendre. » La même plaque de fer sur laquelle on cuit le pain sert à faire griller des grains de blé ou d'orge. Le seul combustible qu'emploient les Arabes est la fiente de bestiaux séchée au soleil. Leur plus grand régal se compose d'un mouton entier, de poules, de miel et de fromage blanc.

Les Arabes aiment à leur désert autant que les peuples civilisés peuvent aimer à une patrie riante et féconde. Le désert, quand on l'a habité, a en effet ses charmes et ses avantages. Il n'effraie que lorsqu'on ne le connaît pas. Comparé à celui des pays qui l'avoisinent, son climat l'emporte en salubrité et en fixité. La peste y pénètre rarement ; les ophthalmies y sont rares; la petite-vérole y est la seule maladie endémique. Ces peuples s'y sont partagés entre eux des sables arides et immenses, auxquels ils sont attachés comme on pourrait l'être à des plaines riches et arrosées. On conçoit que l'étendue de ces divisions territoriales doit être très grande, puisqu'à peine, de dix lieues en dix lieues, le désert offre quelques toises de terrain où les troupeaux puissent brouter un peu d'herbe maigre et fanée. Ainsi, pour nourrir le moindre bétail, les Arabes sont obligés de parcourir de vastes espaces, ce qui les a voués à la vie pastorale et nomade. En dehors de cette raison d'ordre physique, qui explique et justifie l'existence des Arabes, il en est d'autres, d'ordre politique, qui ne sont pas moins décisives. Si, en effet, leurs allures errantes ne provenaient que de la dévastation de la contrée, on les verrait alors se rapprocher de la partie fertile de leurs frontières, du Diarbekir et de l'Anatolie, y camper presque à demeure fixe, et finir, comme les Turkomans et les Kourdes, par y fonder des villages. Les Arabes pourtant ne font rien de pareil; ils préfèrent, au contraire, se rejeter dans les plaines les plus nues, dans les steppes les plus inaccessibles. Pourquoi cela? Pourquoi? c'est qu'avant toutes choses, ce qui importe au Bédouin c'est son indépendance, c'est son isolement complet de toute espèce de patronage, doux ou onéreux, cruel ou clément. Ce que le Bédouin cherche par-dessus tout c'est de se mettre hors de la portée des armes des pachas, afin de pouvoir continuer à l'aise son métier de rapine et de vols. C'est là le seul motif de ces déplacemens continuels et fatigans. Aussi, si le hasard conduit ces peuples sur un point où ils puissent trouver la sécurité et la liberté jointes à des ressources suffisantes, ils s'y fixent et passent insensiblement à l'état cultivateur et sédentaire. S'il arrive, au contraire, que la tyrannie d'un gouverneur pousse à bout la patience d'un village établi, à l'instant même les habitans désertent leurs maisons et fuient en masse vers la montagne, ou vers les plaines, en changeant souvent de retraite afin de ne pas être surpris. Parfois même il arrive que des individus, devenus voleurs, pour se soustraire soit à une peine encourue, soit à un despotisme injuste, organisent de nouvelles hordes qui bientôt se classent en tribus. Mais ces nouveaux venus, nés dans la contrée cultivable, n'en quittent jamais la frontière, et se décident difficilement à s'engager dans le cœur des déserts.

Le désert est le domaine exclusif de l'Arabe qui y est né : seul il l'aime et ne voit rien au-dessus de lui. Pour se faire une idée du désert, il faut se figurer, sous un ciel ardent et toujours serein, des plaines à perte de vue, sans habitations, sans arbres, sans ruisseaux, sans accidens de terrain. Quelquefois l'horizon s'y étend uni et ras comme la mer, avec quelques palmiers isolés qui, complétant l'illusion, simulent au loin des mâts de navires. En d'autres endroits, le sol est tourmenté par des ondulations ou hérissé de rocs et de rocailles. Aride presque toujours, la terre n'offre que quelques plantes ligneuses clair-semées et des buissons épars où se logent les lièvres, les sauterelles et les rats. Un semblable terrain s'étend depuis Alep jusqu'à la mer d'Arabie, et depuis l'Égypte jusqu'au golfe Persique, dans une étendue de près de six cents lieues de longueur, sur trois cents de large. Dans un pareil espace, le sol varie pourtant; il a des veines diverses et se modifie par canton. Sur la frontière de Syrie, par exemple, la terre est en général grasse, cultivable et féconde : elle est encore de cette nature sur les bords de l'Euphrate; mais en gagnant vers le midi, elle devient crayeuse et blanchâtre, comme sur la ligne de Damas, puis rocailleuse comme dans l'Hedjaz; enfin pur sable comme à l'orient de l'Yémen. Les tribus de Bédouins se ressentent de cette différence dans les qualités du sol. Ainsi dans les cantons où l'herbe est maigre ou rare, comme le Nedj et l'intérieur du grand désert, les tribus sont faibles et très distantes. Elles deviennent moins rares et plus rapprochées aux points où le sol, mieux garni, présente des oasis plus nombreuses, comme entre Damas et l'Euphrate; enfin dans les cantons cultivables du pachalic d'Alep, dans le hameau et le pays de Gazza, les camps sont très multipliés. Les Bédouins sont dans le premier cas purement pasteurs, ne vivant que du produit des troupeaux, et de dattes; dans le second ils sont à demi cultivateurs, ensemencent quelques terrains et ajoutent à leur ordinaire quelque peu de riz et d'orge.

Cette infertilité du désert, cette stérilité invincible de sa croûte sablonneuse, ne proviennent que de l'absence d'eau. Un large fleuve qui traverserait ces plaines les rendrait à la culture. Ce manque d'eau vient de la disposition du terrain. Comme sur cette vaste étendue pas un point culminant n'arrête les nuages, ils glissent sur sa surface, échauffée pendant neuf mois au moins sur douze, et n'y versent pas une seule goutte de pluie. Aussi pendant tout l'été le ciel est-il étincelant le jour et azuré pendant la nuit. L'hiver seulement, lorsque le froid de l'atmosphère condense les nuées, elles se résolvent quelquefois en pluies; mais dans l'intérieur du désert cette eau est bien vite absorbée par des sables arides. Sur la frontière seulement, elle détermine une irrigation qui féconde quelques terrains. L'été venu, toute cette eau disparaît, et il n'en résulte ni sources, ni ruisseaux durables. Pour obvier à cette disette, les Arabes ont construit, à main d'hommes, des puits, des réservoirs et des citernes où l'on recueille l'eau pluviale pour la provision annuelle. Ce sont là, sous un ciel ardent, de rudes travaux; et encore souvent sont-ils traversés par la guerre et par les ravages des hordes ennemies. Un cas de sécheresse, cas assez fréquent, peut détruire en un jour le travail de plusieurs mois et la ressource de l'année. Les tribus sont alors réduites à la disette même de l'eau. On en trouve, il est vrai, en creusant la terre depuis six pieds jusqu'à vingt pieds de profondeur; mais, comme dans tout le désert d'Afrique et d'Asie, cette eau est saumâtre, et souvent même elle tarit : alors la soif et la famine surviennent, et si le gouvernement n'y pourvoit pas, les villages se désertent. De là résultent nécessairement une agriculture précaire, et des établissemens constamment menacés de mort. Dans certains cantons où le sol est rocailleux et sablonneux, les pluies font germer quelques plantes sauvages, les renoncules, les absinthes, les *qualis ;* elles forment même, vers les bas-fonds, des lagunes où croissent des roseaux et des herbes. Cette saison donne à ces plaines stériles une robe de verdure que les premiers soleils ternissent et dessèchent bientôt. A cette époque de fraîcheur et d'abondance succède une aridité poudreuse, et le sol n'offre plus dès lors que des tiges sèches et ligneuses que le bétail ne peut même plus brouter.

Quelque peu d'intérêt qu'il y ait à se disputer une terre si ingrate, les Arabes se montrent fort jaloux des circonscriptions qu'ils se sont attribuées. La possession d'un puits est surtout pour chacun d'eux un objet important de jalousie. Chacune des tribus, formée en un ou deux camps, se disperse sur l'étendue de terrain que les traités lui garantissent; elle l'exploite soit pour les revenus du sol, soit pour le produit du pillage qui peut s'opérer dans ses limites. Quiconque empiète sur les droits du voisin, conduit des bestiaux ou détrousse une caravane sur son territoire, viole le droit inter-national des Arabes; il est alors sur-le-champ traité en ennemi, et la guerre s'ensuit. Presque toutes les guerres entre tribus proviennent de violations analogues. Ces guerres, suivant l'importance du grief ou la force des alliances, deviennent plus ou moins générales: elles sont du reste fort peu meurtrières, ainsi qu'il a été dit. Le délit connu, on monte à cheval, on cherche l'ennemi, on se rencontre, on parlemente. Presque toujours on parvient à s'entendre sans coup-férir; mais dans le cas contraire, on s'attaque par pelotons ou par cavaliers, on s'aborde ventre à terre, la lance baissée; quelquefois on la darde contre l'ennemi qui fuit. Du reste il est rare que la victoire se dispute; le premier choc la décide, et les vaincus fuient dans le désert.

L'un des plus grands fléaux de ces plaines de sables, c'est le *semoun* (poison) ou vent du désert, qui souffle d'ordinaire de la partie du S.-O. Ce vent arrive presque à l'improviste, sans que rien ne l'annonce. L'air qu'il apporte est pestilentiel: il tuerait les hommes et les animaux, si ceux-ci n'évitaient de le respirer, soit en se couvrant la figure, soit en fouillant le sable avec les naseaux. Le semoun offre un spectacle que la poésie nous semble avoir assez bien rendu, à nous, témoin une fois de son horrible passage (1).

Elle luit, mais les feux sur la plaine tombés
Dorent à l'horizon des nuages plombés,

(1) *Napoléon en Égypte*, poëme.

L'air est calme, et pourtant, comme par un prodige,
L'épine des nopals frissonne sur leur tige.
Privé de ses rayons, le soleil élargi
Semble un disque de fer dans la forge rougi,
Et lugubres signaux d'une crise prochaine,
Des bruits mystérieux résonnent dans la plaine.
Soudain le chamelier, enfant de ce désert,
A montré le midi de tourbillons couvert.
« Voyez-vous, a-t-il dit, cette arène mouvante;
» Le *semoun*, le *semoun!...* » Ce long cri d'épouvante
Glace les bataillons dans la plaine arrêtés,
Et l'Arabe s'enfuit à pas précipités.
Il n'est plus temps, déjà le vent de flamme arrive;
Il pousse en mugissant son haleine massive,
Étend sur les soldats son immense rideau,
Et creuse sous ses pieds un mobile tombeau.
La trombe gigantesque, en traversant l'espace,
Du sol inhabité laboure la surface,
Et son aile puissante au vol inattendu,
Promène dans le ciel le désert suspendu.
Ainsi planait la mort dans la nue enflammée,
Ainsi le vent de feu grondait sur une armée,
Quand les Perses vainqueurs, de dépouilles couverts,
Du saint temple d'Ammon profanaient les déserts.
Sacriléges fureurs! Sous la dune brûlante,
Le Kamsim étouffa cette armée insolente;
Et vingt siècles après les peuples musulmans
Des soldats de Cambyse ont vu les ossemens.

Ces immenses tourbillons semblent en effet un bouleversement total de la nature. Ils élèvent des nuages de sable à une hauteur telle, que des caravanes et des armées entières en ont été souvent englouties. L'arène du désert garde ainsi presque éternellement des cadavres saisis un jour par l'asphyxie, et enterrés à demi vivans. Au moment où le *semoun* va se déclarer, les bestiaux le pressentent et poussent des cris plaintifs, les chevaux hennissent, la nature entière s'alarme et semble se tenir sur la défensive. Peu de minutes après, le soleil détache, dans son éclat rouge et mat, un orbe dépouillé de rayons; l'horizon prend des teintes pourpres et violacées; l'atmosphère se chauffe peu à peu à la température d'un four. L'air devient irrespirable; il fatigue, il brûle, il dessèche les poumons. Le pouls de l'homme passe à l'état fébrile, et une rafale suffit pour frapper de mort l'être animé qui ne l'évite pas. Hors du désert, le semoun, quoique moins dangereux, n'en est pas moins fatigant ni moins incommode. Il chasse devant lui une poussière subtile et brûlante, et attaque la vie dans ses organes les plus délicats : s'il se prolongeait, il serait mortel.

Un autre phénomène du désert, c'est celui du mirage. Le mirage est une illusion d'optique, une cruelle ironie de ces plaines sablonneuses. Par suite d'un effet de réverbération, des images fantastiques, affectant des formes diverses au gré des fantaisies des voyageurs, viennent distraire leur chemin et tromper leurs souffrances. Le plus souvent, dans ces configurations vaporeuses, le pèlerin croit voir l'aspect d'un lac qui semble le fuir et se jouer de ses efforts. D'autres fois, c'est un oasis qui se dessine avec ses palmiers touffus, ou bien la verte lisière d'une campagne que traverse un large fleuve. Les corps que l'on aperçoit à cette distance présentent au-dessous d'eux leurs images renversées, et sont pour l'œil une illusion à peu près complète. On conçoit quel tourment doit résulter, au milieu de steppes arides, cette fantasmagorie d'un lac qui semble s'évanouir et reparaître à chaque instant devant des lèvres arides.

Le désert a d'autres habitans que l'homme. Outre les animaux féroces qui le traversent, le chacal, l'hyène, la panthère, il a des hôtes gracieux comme la gazelle, rapides et précieux comme l'autruche, utiles comme le chameau, le dromadaire et le cheval. Rien de plus svelte, de plus souple,, de plus élégant que la gazelle du désert, qui défraie si souvent la poésie sonore des Arabes. Dégagée dans ses formes, demi sauvage, demi caressante, la gazelle, avec son œil timide et doux, sa prestesse à la course, est l'un des plus jolis animaux de la création. Rien de plus récréatif et de plus curieux que de la voir bondir par troupes, au sein de gorges pierreuses ou sur l'immensité de la plaine, s'arrêtant attentive et inquiète au moindre bruit, et disparaissant avec la rapidité de la flèche. On trouve encore aux environs des camps arabes des chiens de forte taille et de poil roux, qui n'appartiennent à personne, et vivent dans un état presque sauvage. Malgré les chaleurs excessives et la disette presque absolue d'eau, jamais ces chiens ne sont atteints d'hydrophobie. Ils se nourrissent d'immondices et d'animaux morts, et font ainsi pour la salubrité publique une espèce de service de voirie. Du reste, comme ils savent fort bien distinguer les étrangers des hommes de la tribu, ils servent la nuit de sentinelles avancées, toujours prêts à donner l'alarme par leurs aboiemens, et à garantir ainsi leurs maîtres de toute surprise. Chez quelques hordes on trouve en outre des chiens lévriers de fort belle espèce; mais ceux-ci ne vivent point en liberté comme les premiers; ils ont des maîtres qui les tiennent presque toujours à l'attache, et qui s'en servent pour forcer à la course des gazelles et des autruches.

Mais l'un des animaux les plus utiles à l'habitant du désert, c'est le chameau. On peut même avancer que sans le chameau le désert serait inhabitable. Volney a dit avec quelque exagération : « Aucun animal ne présente une analogie si marquée et si exclusive à son climat: on dirait qu'une *intention préméditée* s'est plu à régler les qualités de l'un sur celles de l'autre. Voulant que le chameau habitât un pays où il ne trouverait que peu de nourriture, la nature a économisé la matière dans toute sa construction; elle ne lui a donné la plénitude des formes ni du bœuf, ni du cheval, ni de l'éléphant; mais se bornant au plus étroit nécessaire, elle lui a placé une petite tête sans oreilles au bout d'un long cou sans chair; elle a ôté à ses jambes et à ses cuisses tout muscle inutile à les mouvoir; enfin elle n'a accordé à son corps desséché que les tendons nécessaires pour en lier la charpente. Elle l'a muni d'une forte mâchoire pour broyer les plus durs alimens; mais de peur qu'il n'en consommât trop, elle a rétréci son estomac, et l'a obligé à *ruminer*. Elle a garni son pied d'une masse de chair qui, glissant sur la boue et n'étant pas propre à grimper, ne lui rend praticable qu'un sol sec, uni et sablonneux, comme celui de l'Arabie; enfin elle l'a destiné visiblement à l'esclavage, en lui refusant toute défense contre ses ennemis. Privé des cornes du taureau, du sabot du cheval, de la dent de l'éléphant et de la légèreté du cerf, que peut le chameau contre les attaques du lion, du tigre et même du loup? Aussi, pour en conserver l'espèce, la nature le cacha-t-elle au sein des vastes déserts, où la disette des végétaux n'attirait nul gibier, et d'où la disette du gibier repoussait les animaux voraces. Il a fallu que le sabre des tyrans chassât l'homme de la terre habitable pour que le chameau perdît sa liberté. Passé à l'état domestique, il est devenu le moyen d'habitation de la terre la plus ingrate. »

On regrette qu'un esprit aussi éminent que celui de Volney ait écrit ce passage. Cette préméditation de la nature qui crée le chameau pour le désert, et peut-être aussi le désert pour le chameau; cette combinaison physique toute spéciale, ces soins de détails pris par la Providence qui oblige le chameau à ruminer, tout cela est puéril, indiscutable et peu digne d'un philosophe. Si l'on voulait faire de l'histoire naturelle à ce point de vue, on trouverait que toutes les localités ont été adaptées aux espèces et les espèces aux localités. Il y a là-dedans un incroyable cercle vicieux, et tout un système de prévoyance providentielle démenti par les observations et par les faits. Le chameau avait les conditions nécessaires pour vivre dans le désert comme il vit ailleurs; il y a vécu. Peut-être d'autres races s'y sont-elles éteintes pendant qu'il s'y maintenait, et alors, en faisant la nature prévoyante pour une espèce, on la fait injuste pour les autres.

Ce qui est de toute évidence, c'est l'utilité du chameau pour le service des Arabes. Lorsque, dans la zone la plus ingrate, l'Arabe, sans grain, sans eau, sans fourrage, voit ses chevaux, ses bœufs, ses moutons expirer de fatigue ou de besoin, ses chameaux lui restent et lui suffisent; ils le portent sur leur dos et le nourrissent de leur lait; puis endurant la faim et la soif, et parcourant d'immenses solitudes, ils le dérobent à ses ennemis.

Le chameau est de plusieurs espèces: le chameau bactrien, ou chameau proprement dit, et le dromadaire; l'un et l'autre appartiennent au genre des ruminans sans cornes de Cuvier. Toutes les espèces de ce genre supportent les privations avec une patience qui tiendrait du prodige, si l'on ignorait la structure de leur estomac, capable de conserver et même de produire continuellement de l'eau. En effet, non seulement les chameaux n'ont presque pas besoin de repos, mais encore ils peuvent pousser l'abstinence jusqu'à un degré merveilleux. Quelques plantes épineuses qu'ils broutent en passant, et que tout autre animal dédaignerait, leur suffisent dans le cours du voyage. Aux haltes on leur donne, quand on le peut, de la paille hachée, des fèves et des noyaux de dattes pilés. Dans des trajets au travers du désert, ils restent quelquefois jusqu'à huit et dix jours sans boire. Un aperçu de leur structure intérieure expliquera ces facultés. Les chameaux ont l'estomac multiple comme les autres ruminans, avec une cinquième poche qui leur est propre. D'après Daubenton, cette poche, qu'à cause de son usage il appelle réservoir de l'eau, ne sert que de passage aux alimens de la panse au bonnet : elle offre à tout son pourtour quatorze auges transversales à son axe, dont les plus grandes, profondes d'un pouce, longues de quatre et larges d'un demi, sont divisées en un grand nombre d'augets par des cloisons transversales, ayant elles-mêmes d'autres intersections longitudinales. La plupart de ces augets sont subdivisés en godets plus petits par des valvules. Dès que les parois intérieures de cet estomac sont comprimées excentriquement, comme il arrive lorsque les alimens le traversent, toutes les cloisons et valvules rapprochent leurs bords libres et ferment leurs augets. Il en résulte que le passage des alimens n'absorbe pas l'eau qu'ils contiennent, ce qui arrive dans la panse où il existe aussi des auges dont le mécanisme, moins compliqué, permet l'imbibition des alimens par l'eau qu'elles contiennent ou qu'elles exhalent. Sur un individu mort depuis dix jours, Daubenton a trouvé dans ce réservoir environ trois pintes d'eau assez claire, presque insipide et encore potable. Elle coulait comme d'une source quand on comprimait extérieurement les boursouflures du réservoir, et dès que la compression cessait, elle rentrait dans les augets où elle disparaissait. Cette observation explique la longueur du temps pendant lequel les chameaux supportent la soif, et la dernière ressource à laquelle recourent les Arabes quand ils éventrent leurs chameaux pour se procurer de l'eau. Comme les parois de ces cavités sont évidemment glanduleuses, et comme le véhicule de plusieurs liquides animaux est de l'eau pure, il n'est pas invraisemblable que cette eau soit le produit d'une sécrétion. Quoi qu'il en soit de l'origine de cette eau accumulée dans ce réservoir, il est évident qu'en le comprimant par l'action des muscles abdominaux, l'animal peut faire refluer le liquide dans la panse pour l'imbibition des alimens, ou même jusqu'à la bouche pour se désaltérer pendant la rumination.

Les qualités des chameaux ne sont pas, comme on pourrait le croire, le résultat d'une éducation; elles tiennent à leur organisme même. Supérieurs aux autres ruminans pour l'intelligence, ils égalent au moins le bœuf pour la patience et la résignation. Il n'y a, par exemple, aucune raison de supposer que la faculté de supporter la soif vienne de la nécessité qu'on leur en impose. L'habitude ne crée pas les facultés; elle peut seulement ou les développer ou en restreindre l'exercice. La grandeur de l'œil et la faculté de supporter l'ardente réverbération des sables signale, dans les chameaux, une vue énergique. Leur odorat est aussi excellent. Ils sentent l'eau d'une demi-lieue; on n'a aucun indice sur l'activité de leur ouïe.

Le gros chameau ou chameau bactrien (*Djemal* des Arabes), est caractérisé par une et quelquefois deux protubérances d'une graisse compacte contenue dans un tissu fibro-celluleux. Son allure habituelle est le pas; son trot est lourd, et il ne peut pas le continuer long-temps. Les Arabes conduisent leurs chameaux avec un licou, et lorsqu'ils marchent en caravanes, ils les attachent à la queue les uns des autres. Un homme alors en soigne six. On les emploie à porter à dos toute espèce de fardeaux. La charge se répartit des deux côtés du chameau, au moyen d'un bât garni de cordes, et il est rare qu'elle soit de plus de deux cents kilogrammes, à moins qu'il ne s'agisse d'un trajet fort court. La vitesse moyenne d'une caravane, composée d'une centaine de chameaux ainsi chargés, et allant au pas, est d'environ 3,500 mètres par heure : un seul chameau ferait à peu près le quart en sus dans le même temps.

La seconde espèce de chameaux, plus faible, plus svelte, plus légère à la course, est le dromadaire (*hagyn* en arabe). Cet animal ne transporte rien il sert seulement de monture. On le conduit au moyen d'un cordon attaché à un anneau que l'on passe dans la narine. La selle se place sur la bosse même. Le trot du dromadaire est, en général, allongé, et plus doux que celui du cheval; quelque rapide que soit le galop de ce dernier, un dromadaire l'atteindra à la longue par la continuité de la marche. A l'époque de l'expédition française en Égypte, après avoir épuisé tous les moyens de rigueur vis-à-vis des tribus arabes, qui après quelques incursions s'enfuyaient au désert, insaisissables et enhardies par l'impunité, le général en chef eut la pensée d'organiser contre elles un corps de dromadaires, chargé de les poursuivre et de les atteindre. Cette institution remplit son but : dès que les Arabes entrevirent des représailles possibles, leurs maraudes cessèrent.

Pour pouvoir monter ou charger un chameau, on est obligé, à cause de sa hauteur, de le faire coucher, et pour cela on l'habitue à obéir à un cri convenu. L'animal commence à s'agenouiller sur les jambes de devant, puis il laisse glisser sous lui les jambes de derrière, de manière à se poser sur le ventre. Quand on le monte, il faut avoir le soin de se pencher d'abord en arrière, puis en avant, sans quoi le mouvement qu'il fait pour se relever démonte le cavalier. Ce n'est pas chose facile que de saisir avec précision ces deux mouvemens opposés.

On ne peut pas parler des Arabes sans parler des chevaux, ces compagnons, ces amis de l'Arabe. Les chevaux de sang se classent en Arabie en deux races bien distinctes, les communs et les nobles. Ces derniers commencent à devenir assez rares. On les nomme *Koheyl.* Un cheval n'est réputé noble que tout autant que sa mère et son père le sont; et comme cette qualité de noble établit un grande différence dans les prix, on a soin, lorsqu'on fait couvrir des jumens nobles par des chevaux de la même race, d'en dresser un acte en présence de témoins. Cet acte accompagne toujours la vente des chevaux, et on a soin de la leur suspendre au cou dans une espèce de sachet qui, en outre, contient souvent un écrit mystérieux qui doit porter bonheur au cheval et au cavalier. Les Arabes ne hongrent point leurs chevaux; ils ne leur mutilent ni la queue ni les oreilles. Du reste, le cheval ou la jument de l'Arabe sont des hôtes de la maison; ils vivent pêle-mêle avec la famille, avec une simple entrave au pied, qu'on leur enlève quelquefois pour qu'ils puissent aller courir en liberté autour du camp. L'Arabe ne frappe jamais son cheval, mais lui parle au contraire, et le raisonne. Le cheval mange dans sa main, et le suit partout comme ferait un enfant.

A dix-huit mois on commence à habituer les poulains à la selle; à deux ans on les fait monter par des enfans : quand on les dresse on ne leur donne guère que deux allures, le pas et le galop. Pour éviter qu'ils ne se blessent dans les pâturages où ils vaguent, on leur met aux pieds une sorte d'entraves nommées *Rousteck.* Ces entraves sont en cordes, et garnies d'une espèce de feutre que les Arabes nomment *Libbet*; chacune d'elles s'adapte à l'aide d'un gros bouton fixé à l'une des extrémités, et que l'on passe dans une boucle qui forme l'extrémité opposée, et qui fait ainsi l'office de boutonnière. Ces deux entraves se mettent parfois aux jambes de devant seulement, parfois à celles de devant et de derrière. La corde qui les unit entre elles est ordinairement très courte : aussi l'animal a-t-il toujours les extrémités très rapprochées du centre de gravité. Parfois encore, au-dessus de ces premières entraves, et autour de chaque bout, on passe quatre autres entraves, qui se terminent par une longue corde que l'on croise en avant et en arrière, et que l'on attache ensuite à un piquet en fer fixé dans le sol. Ainsi maintenus, les chevaux ne peuvent que légèrement se tourner à droite et à gauche, et sont dans l'impossibilité de ruer les uns contre les autres.

La nourriture des chevaux arabes est uniforme; on leur donne dans le jour de la paille hachée, et cinq ou six livres d'orge au coucher du soleil :

jamais de foin. Ils ne boivent qu'une fois vers midi, et trois fois moins que nos chevaux. Les chevaux arabes deviennent de fort bonne heure faibles des jambes de devant, et cela pour deux causes : la première est la position avancée de la selle, qui pèse presque sur les hanches du cheval ; la seconde est la manière dont les Arabes arrêtent court leurs chevaux quand ils galopent. A l'appel de la bride violemment tirée, le cheval roidit les jambes de devant, se laisse traîner sur celles de derrière et s'arrête ainsi brusquement au moment de sa plus grande vitesse. A cela il faut ajouter l'inconvénient d'un mors si dur, que lorsqu'on veut pousser les chevaux au galop, on est obligé de leur rendre tout-à-fait la main.

Les Arabes montent les uns à poil ras, d'autres sur de simples couvertures, d'autres enfin sur des selles à dossier semblable à celui d'un fauteuil, et avec un pommeau de cinq à six pouces sur le devant. Les étriers, quand ils en ont, sont formés d'une plaque de cuivre, recourbée des deux côtés, de manière à offrir au pied une surface quadrangulaire et un peu convexe avec des angles acérés qui servent d'éperons. Ces selles commodes et ces étriers fort courts donnent un grand avantage dans le combat.

On ne voit guère chez les Arabes de grands et de petits chevaux. La taille ordinaire est de quatre pieds huit à neuf pouces. Le cheval arabe meurt avec presque toute son ardeur; il conserve sa vivacité et son feu jusqu'au dernier moment. La maladie elle-même lui enlève des forces sans lui enlever de sa bonne volonté. Au reste, on rencontre dans cette race peu de chevaux vicieux. Quoique entier, le cheval arabe est extrêmement doux. Un Arabe peut demeurer tranquille sur son étalon, même dans le voisinage de quelque jument. Le noble animal ne bouge pas. Les Arabes préfèrent la jument au cheval, moins peut-être à cause d'une supériorité de qualité, qu'à cause d'un avantage inappréciable pour des maraudeurs nocturnes les jumens ne hennissent pas.

La plus admirable qualité des chevaux arabes, c'est la souplesse. On a des races plus belles, plus rapides à la course; on n'en connaît point d'aussi gracieuses, d'aussi légères, d'aussi coquettes. A six ou sept pas d'une muraille on peut les lancer au galop; on peut les faire volter en tous les sens ; ils s'y prêtent avec plaisir ; ils semblent vous comprendre et vous deviner. Rien de plus vif et de plus intelligent que le cheval arabe dans ces espèces de barres à cheval, passion des Orientaux, et que l'on nomme le *Djerid.* On dirait que le noble animal s'est associé à la pensée d'une guerre simulée, et qu'au milieu de ces cris qui se poussent, de ces bâtons qui se lancent, de ces haltes subites et de ces volte-faces, il connaît son rôle, et s'y conforme. Cette complexion étonnante des chevaux arabes les rend précieux, surtout pour un combat corps à corps, où les mouvemens de l'animal sont plus habiles pour détourner le coup que l'escrime du cavalier. Aussi les coursiers arabes sont-ils recherchés dans l'Orient entier, et chaque jour le désert est-il obligé de fournir des montures pour peupler les haras des princes musulmans.

Ce n'est pas sans peine que l'Arabe se défait de son ami, de son compagnon, de son inséparable. Plus d'une fois, aux monceaux d'or qu'on étalait sous ses yeux, il a préféré sa bête, qu'il enfourchait pour retourner au désert. Sa jument, c'est la vie de l'Arabe. Elle devine mieux que lui le danger, reconnaît sur les sables mobiles, à d'imperceptibles indices, quelle est la route qui conduit vers les tentes amies, devine aux sons confus de la plaine si un ennemi va pointer à l'horizon, et galope s'il le faut une journée entière sans halte et sans nourriture, pour arracher son maître à un danger pressant.

La vie de l'Arabe est donc toute concentrée en quelques affections ; sa famille et ses chevaux. Quand un Arabe a une tente, une femme et une jument, il est superlativement heureux parmi les hommes. A cela, si l'on ajoute quelques meubles, quelques troupeaux, il ne manque rien à l'enfant du désert. Il a tout ce qu'il est utile pour pouvoir dévaliser à point les caravanes qui traversent son territoire, ou si elles le préfèrent, percevoir d'elles un droit de passage stipulé d'avance, et devenu ainsi une espèce de sauf-conduit. Quant à ses heures, elles sont toutes remplies ; la fabrication d'étoffes grossières, la préparation du beurre et du fromage, la vente des chevaux et des chameaux, le louage de ces derniers par les caravanes; puis, selon les localités, le commerce du charbon, du séné, du sel marin, des poissons secs, du natron, de la soude, de l'alun, du jonc à tresser les nattes, voilà qui occupe au-delà les loisirs de toutes ces tribus errantes et sauvages.

Le plus grand reproche que l'on a fait aux Arabes, le plus juste, le plus mérité, c'est un esprit de rapine et de pillage qui caractérise toutes leurs tribus. Ce défaut est plutôt un résultat de leur position que de leur caractère. Jetés sur cette immensité déserte qui les met comme en dehors de la société qui les entoure, ils se croient tenus à être honnêtes entre eux, mais point envers les étrangers. Tout voyageur qui traverse leur terrain est leur justiciable. Quand un pacte quelconque n'a pas consacré son droit de passage, ils se croient libres de l'arbitrer eux-mêmes, et de se payer de leurs mains. D'ailleurs, comme les gouvernemens des environs ne se font pas scrupule de les pressurer, quand l'occasion les y invite, eux, à leur tour, ils prennent leur revanche sur les individus, regagnant ainsi en détail ce qu'ils ont perdu en masse. Du reste, cet esprit de pillage n'exclut pas vis-à-vis des étrangers un respect pour la personne. L'Arabe n'a point un courage sanguinaire; il n'attaque que pour dépouiller, et si on lui résiste, il ne trouve pas que le butin vaille le risque de la vie. Pour l'irriter, il faut verser son sang; mais alors il met d'autant plus d'animosité dans la vengeance qu'il a été lui-même plus lent à se compromettre. Le grand avantage des Arabes, c'est qu'ils sont les maîtres d'accepter ou de refuser le combat. Sont-ils les plus forts, ils insistent; sont-ils les plus faibles, il fuient sans rien laisser à leur ennemi. La fuite n'attire chez eux aucun déshonneur. Elle est au contraire un titre de réserve et de prudence. Leurs guerres avec les gouvernemens organisés tournent presque toujours à leur avantage; et les pachas finissent par leur abandonner quelques terrains fertiles sur la limite du désert. Alors les Bédouins s'engagent de leur côté, soit à payer une redevance pour les terres qu'on leur cède, soit à respecter les campagnes des propriétaires voisins. D'ailleurs toujours inquiets, toujours en garde contre la trahison, ils veillent sur l'observance de ce traité les armes à la main.

Entre eux pourtant, et dans l'intérieur de leur société, règne de la bonne foi, de la générosité, presque de la grandeur. Leur dignité de manières est même fort étonnante chez un peuple qui n'a pas la moindre teinture d'arts libéraux. A peine rencontre-t-on parmi eux quelques cheyks qui sachent lire. En revanche, ils possèdent les connaissances que peut donner une longue observation, unie à une sagacité pénétrante. A l'aide des étoiles, ils savent se diriger parfaitement la nuit dans les plaines rases et uniformes où aucune route n'est tracée; ils déterminent l'instant où le soleil passe au méridien, et quelques autres divisions de la journée au moyen de la longueur de leur ombre, et la règle qu'ils emploient, selon les diverses saisons, cadre assez avec la latitude du pays qu'ils habitent. Ils ont quelques traditions de médecine et quelques pratiques de l'art vétérinaire. Ils connaissent les mœurs des hôtes de leurs déserts, et savent distinguer les plantes qui jouissent de quelques propriétés utiles. Bien avant que les botanistes eussent découvert les sexes entre les végétaux, les Arabes employaient déjà la dénomination de mâles et de femelles, pour distinguer des dattiers qui portent des fleurs seulement de ceux qui portent des fleurs et des fruits ; ils savaient que la poussière des premiers est nécessaire pour féconder les autres, et lorsque dans leurs expéditions rapides ils veulent faire du tort à leurs ennemis, ils se bornent à couper les palmiers mâles, qui sont toujours en petit nombre.

Privés de traditions scientifiques, les Arabes ont une poésie, l'une des poésies les plus vraies et les plus riches qui soit au monde. Ils parlent constamment un langage figuré : peu d'abstractions, beaucoup d'images, beaucoup de tropes brillans et sonores. Le dialecte lui-même plein, accentué, guttural, prête un charme de plus à leur parole colorée et passionnée. On dirait qu'au milieu de ces plaines solitaires, sous un soleil ardent et perpétuel, l'imagination de l'Arabe reflète la nature silencieuse et grande qui l'environne. Rarement il emploie le mot propre, le mot simple et court; mais il accumule les comparaisons, drape sa phrase, lui donne une forme tangible et concrète. Il ne dit point : « Cette femme est belle ; » elle est belle de telle et telle façon. Je la défendrai contre ses ennemis ; » mais il s'écriera : « Elle est belle comme le premier rayon du jour quand » il jette ses teintes roses sur les sables du désert; elle est belle comme la » lune qui argente les sables; son haleine est celle de la brise quand elle a » traversé l'oasis des palmiers, fraîche comme l'eau de la fontaine; ses » cheveux pendent sur ses épaules comme les branches d'un sycomore; » ses yeux sont doux comme ceux de la gazelle, noirs comme la nuit, et » rians comme l'aurore; son sein ressemble à deux chevreaux jumeaux » qui paissent parmi des lis. Je serai auprès d'elle comme une lionne » furieuse qui défend ses petits; ma lance l'entourera d'un rempart impé» nétrable, etc. »

Ce langage qui, en tout autre pays, est le partage exclusif des hommes que l'on nomme poëtes, de ceux chez qui la sève déborde, et à qui les mots vulgaires ne suffisent plus, ce langage est celui de la foule des Arabes. Chez eux l'éducation n'a point encore créé ces catégories qui distinguent, dans notre Europe, les hommes lettrés de ceux qui ne le sont pas. Ils sont tous, plus ou moins, poëtes par nature, quoiqu'ils sachent distinguer pourtant ceux qui s'élèvent en ce genre au-dessus des autres. Les poëtes et les conteurs arabes font la gloire et l'honneur de leur tribu. On se pare d'eux, on se les envie. Quand ce talent arrive à un degré saillant de supériorité, le nom du conteur ou du poëte retentit dans tout le désert. Ses chants demeurent perpétués par la tradition, et sans doute modifiés par elle. On a vu des tribus se faire la guerre, pour l'importance relative de leurs rapsodes, et ne déposer les armes que lorsque la question de supériorité était entièrement vidée.

Les chants des poëtes sont consacrés, soit à l'amour, soit à l'histoire guerrière de la tribu. L'amour dans leur poésie n'est pas complètement sensuel; il a quelques unes de ces teintes idéales qui en doublent le charme; il est presque toujours chaste, généreux, profond et désintéressé. Quant aux vertus guerrières, elles ne sont pas présentées sous leur côté brutal et sanguinaire, mais au contraire avec des couleurs chevaleresques qui feraient honneur à un peuple de paladins. Le soir, quand le soleil dore la plaine d'un dernier rayon, rien de plus curieux que de voir ces hommes drapés d'une manière pittoresque, s'accroupir en rond autour du barde arabe qui a préludé sur sa mandoline. Ces figures cuivrées que termine une barbe noire, ces bouches qui s'ouvrent d'étonnement, et laissent voir deux magnifiques rangées de dents blanches, ces yeux noirs, vifs et profonds, ces châles et ces burnous qui flottent à la brise, ces chevaux qui hennissent, ces armes oubliées pêle-mêle sur le sable, ces tentes sur lesquelles la nuit descend en ombres graduelles; ces chameaux qui, assis sur leurs genoux, broient lentement et au milieu de grognemens sourds, quelques tiges d'absinthe ou de plantes épineuses, voilà quel spectacle offre un camp arabe le soir, à l'heure où la veillée commence, à l'instant solennel où le poëte et le conteur règnent seuls. On allume alors le feu avec des tourbes de fiente, et le chantre commence. Les yeux, tantôt fixés au ciel, tantôt ramenés vers la terre, il semble s'inspirer dans les souvenirs de la solitude, et dans les scènes grandioses de cette nature morte. Alors il entonne ou les exploits d'un brave, ou les malheurs d'un jeune couple, et l'assemblée, le corps en avant, semble suspendue à ses lèvres. D'abord, chacun a gardé sa pipe; mais peu à peu, à mesure que le récit s'échauffe, on l'écarte de la bouche, et tous ces visages basanés deviennent immobiles et fixes, presque à l'état de pétrification. Le poëte raconte, par exemple, qu'au temps passé vivaient un cheyk et une jeune bédouine, et que le cheyk ayant aperçu la jeune bédouine à la dérobée, en devint passionnément amoureux. Ensuite il dépeint son héroïne; il a soin de parler de ses cheveux noirs, de ses yeux de jeune gazelle ou de jeune chevreau, de son regard mélancolique et passionné, de ses deux sourcils courbés comme deux arcs d'ébène, et figurant parfaitement un *élif;* de sa taille souple et droite comme une lance; il la détaille avec soin, des pieds à la tête, sans omettre une seule de ses grâces, une seule de ses perfections; il n'oublie ni sa démarche légère et rapide comme celle d'une jolie pouliche, ni ses paupières admirablement noircies de *kohl*, ni ses lèvres peintes de bleu, ni ses ongles teints de *henné* aux reflets d'or, ni son sein pareil à une couple de grenades, ni sa peau unie comme de la soie, ni son sourire doux comme du miel, ni ses paroles pures comme du lait. Il n'entre pas dans de moindres détails pour le jeune amant, beau, fier, généreux, comme ils le sont tous, hardi cavalier et guerrier infatigable. Suit, s'il y a lieu, le récit des campagnes du jeune homme, afin d'attirer sur lui toute la faveur de l'assistance, après quoi l'intrigue commence. Le jeune cheyk est éperdument amoureux; il se consume tellement de désirs et d'amour que son corps ne donne plus d'ombre; il est diaphane. Pour voir sa maîtresse, rien ne lui coûte; il brave tout, la haine de ses parens, la malédiction de sa tribu, les périls de voyages, les embuscades d'ennemis, la soif, la faim, la captivité, la mort. Il enlève sa maîtresse, et galope avec elle dans le désert sur sa jument, qui joue un grand rôle dans son aventure, traverse une foule d'enchantemens, tombe prisonnier d'une horde sauvage dont le cheyk lui dispute sa beauté, se tire, à sa grande gloire, de cette dernière épreuve, et finit par ramener sa fiancée heureuse et pure sous la tente paternelle, où on les unit en les bénissant. Quand l'attendrissante histoire est achevée, un *ma cha allah* (bien! très bien!) sort de toutes les bouches, et le conteur est félicité à la ronde. Quelquefois, dans ces histoires naïves et simples entrent une foule de combinaisons merveilleuses où les fées et les génies jouent un rôle assez important. Avant que le Tasse eût inventé sa forêt magique, les Arabes possédaient un répertoire à peu près complet de sorcelleries et de conjurations, soit dans les *Mille et une Nuits*, soit dans une foule de contes inédits qui jouissent encore de la célébrité du désert, et qui se gravent à cent mille exemplaires dans la mémoire de chaque génération nouvelle.

Quand le conte ou le chant a cessé, on rallume sa pipe au foyer commun, et l'on se passe de main en main la tasse de café, cette autre passion de l'Arabe.

Ce qui étonne le plus dans toute cette poésie, c'est la délicatesse avec laquelle elle touche à l'amour et aux femmes. On a peine à concevoir comment un peuple si grossier et si misérable d'ailleurs a pu trouver, pour peindre et raconter ces choses, des expressions aussi vaporeuses, et des sentimens aussi raffinés. Cela vient sans doute de ce que la femme, dont on exagère la position dans tous les livres qui parlent de l'Orient, y est une chose voilée, secrète, mystérieuse. Avant qu'un jeune homme choisisse une épouse, les secrets de sa beauté, la ressource de ses charmes sont une énigme pour lui. Il passe plusieurs années de sa vie à rêver un objet idéal avant d'entrer dans la réalité de la possession. De là toutes ces imaginations tendues vers l'amour à qui elles ont voué une sorte de culte; de là ces nuances de respect et de désirs comprimés qui se reproduisent dans chacune de ces compositions. Ensuite, au milieu de ce désert, qui ne s'embellit de rien, l'imagination du poëte se concentre sur la femme, la seule beauté, la seule volupté de cette vie ingrate. Que d'objets de distraction n'avons-nous pas dans notre société civilisée, pour que l'amour n'en soit que le pivot secondaire? L'ambition, les plaisirs bruyans, les joies de la table, l'harmonie des théâtres, les plus beaux paysages du monde, l'abondance de toutes choses, surtout cette liberté des femmes, que nous pouvons toutes admirer sans voiles, qui se mêlent à nous à toute heure, et ont elles-mêmes une autre puissance, d'autres influences que celles de l'amour. L'Arabe, le pauvre Arabe n'a rien de tout cela pour occuper ses heures, pour défrayer son imagination ardente comme son soleil. Il chante l'amour plutôt dans ses peines que dans ses joies, plutôt dans ses désirs que dans ses jouissances. Les femmes d'ailleurs sont beaucoup plus considérées chez les Arabes que chez les autres peuples de l'Orient. On a vu, à la mort d'un cheyk, sa femme gouverner une tribu. L'un des savans de l'expédition d'Égypte raconte que des Bédouins ayant surpris le poste de Mansourah, égorgèrent une centaine de dragons qu'on y avait imprudemment laissés, et emmenèrent avec eux une Italienne, femme d'un maréchal-de-logis mort dans cette désastreuse surprise. Plus tard, lorsqu'à la suite d'une rude poursuite, cette tribu fut contrainte à faire la paix, les Français exigèrent que la captive fût rendue, et les Arabes consentirent à cette clause. Qui le croirait! l'Italienne ne voulut pas profiter de l'article du traité qui la concernait. Elle s'était habituée à cette vie nomade; un cheyk l'avait épousée; elle se trouvait heureuse dans sa nouvelle vie. Il faut donc que le sort des femmes ne soit pas, chez ces peuples, ni aussi humiliant ni aussi triste qu'on a voulu le faire.

Les contes des Arabes ne sont pas toujours d'une nature si idéale et si fantastique, que la réalité ne s'y mêle. Tous les événemens qui ont retenti sur les frontières du désert deviennent pour eux une espèce de légende. On sait le trait du jeune Bédouin qui, chargé de porter le bagage de M. de Chateaubriand, se mit en route en s'écriant : « *En avant, marche!* » Aujourd'hui une foule de versions circulent dans le désert au sujet de la campagne de Bonaparte dans l'Orient. Voici l'une des plus accréditées :

« Abou'l Féroué, proprement, « homme à fourrure. » On l'appelle aussi *Bounaberdi*.

» Il vint, il y a environ trente ans, en Égypte, avec une armée plus nombreuse que les fourmis et plus terrible que la sauterelle : on évalue les forces qu'il y avait amenées avec lui à une et mille myriades, et l'on dit qu'il possédait le pouvoir de commander aux *Djinns* ou génies. Ce qu'il y a de certain, c'est qu'il avait trouvé l'anneau de Salomon, au moyen duquel il comprenait le langage des oiseaux, et pouvait se transporter en un clin d'œil à des distances plus grandes que celles de la terre aux Pléiades. Tout le monde sait qu'on l'a vu le même jour au Kaire et sous les murs de Jaffa.

» On varie beaucoup sur les motifs de son expédition en Égypte. S'il faut croire le bruit le plus accrédité et le plus vraisemblable, il entreprit cette guerre dans le but d'enlever la maîtresse d'un bey mamlouk. C'était, à ce qu'on assure, une femme circassienne de la plus grande beauté; sa figure ressemblait à la pleine lune, et sa taille à une branche de ban ; elle avait le nez comme la lettre *élif*, des sourcils comme deux *nouns* renversés, et une bouche plus petite que la lettre *mims;* en un mot, elle pouvait saisir le héros le plus redoutable avec le lacet fait d'un des cheveux de sa tresse, et le rendre son esclave à jamais.

» Abou'l Féroué devint éperdument amoureux de cette beauté accomplie, sur le rapport qu'un Copte lui avait fait de la beauté de ses charmes, et résolut de l'obtenir à tout prix. Il avait offert pour elle à son maître dix provinces et cent villes opulentes et peuplées; mais le Mamlouk la lui refusa positivement, en lui disant qu'il ne donnerait jamais une musulmane à un homme qui croit en Dieu autrement que les disciples de Mahomet. Ce fut alors que Bounaberdi rassembla une grande armée avec laquelle il vint en Égypte pour conquérir la belle Circassienne. On sait qu'il y vainquit les Mamlouks, et y poussa ses conquêtes jusqu'à l'équateur, et aux pays d'Hasbéh et du Soudan ; mais lorsqu'il fut en possession de celle qu'il adorait, cette femme sut lui faire comprendre qu'il vivait dans l'erreur, et Abou'l Féroué se fit aussitôt Musulman avec toute son armée. »

Voilà l'une des versions de notre campagne d'Égypte. Maintenant en voici une autre qui se rapproche davantage de la vérité, tout en restant dans cette ligne du merveilleux dont les Arabes dévient très rarement. Elle est empruntée au voyageur Damoiseau.

« Dans une autre partie de la tente, dit-il, au centre d'un grand nombre de Bédouins assis par terre et en rond, se tenait debout un de ces conteurs que l'on trouve en Orient dans tous les lieux publics, et à toutes les haltes de caravane, et dont toute la vie se passe à réciter des contes, qui ne le cèdent ni pour la longueur, ni pour la fécondité d'imagination aux contes renommés des *Mille et une Nuits*. Le merveilleux ne domine pas tellement chez eux qu'il ne s'y glisse parfois quelque peu d'histoire. Ainsi le conteur que nous avions alors sous les yeux entretenait son auditoire des hauts faits de l'armée française en Égypte. A chaque instant, je le voyais interrompu par des exclamations de crainte, de plaisir ou d'admiration, dont l'explosion bruyante me déchirait les oreilles. J'étais à la torture, et je cherchais à deviner les causes d'aussi vives émotions, lorsque M. Geoffroy, qui nous servait de drogman, nous en apprit enfin le sujet, et s'offrit à nous rendre en français cette partie du récit du conteur arabe. Nous acceptâmes. Voici ce qu'il nous apprit.

« Les Français, disait l'Arabe, sont des êtres surnaturels; leurs armes de » guerre sont plus terribles que la foudre. Ils ont des canons qui lancent » dans le camp de leur ennemi des balles d'une grosseur démesurée. » Chose extraordinaire! fort souvent ces balles restent un instant paisi- » bles; puis, au moment où on y pense le moins, elles s'ouvrent avec » fracas; l'enfer sort de leur sein, et détruit tout ce qui les entoure (il » parlait des bombes)! Bien plus, ajoutait-il, ils sont immortels, car, bien » qu'ils marchent ensemble et enchaînés les uns aux autres, on a beau » tirer sur eux, jamais on ne voit un vide dans leurs rangs. Ils ont en

» outre le don de se multiplier à volonté, car souvent on voit une petite » troupe s'avancer, qui, au moment où on y pense le moins, s'étend, se » multiplie, et couvre quelquefois une plaine dont elle n'occupait « d'abord qu'un petit point (les bataillons carrés). Enfin, ils possèdent » des fusils avec lesquels ils tirent souvent quinze à vingt coups sans » avoir besoin de les recharger; c'est un feu perpétuel (feu de ligne et de » peloton). Il existe parmi eux des soldats qui portent des bonnets à » poil. Oh! ceux-là sont terribles! un seul suffit pour terrasser six cava- » liers arabes. En revanche, leurs cavaliers ne sont pas à craindre; un » seul des nôtres peut, à son tour, en battre facilement six. Le pays qu'ils » habitent est fort loin d'ici; il est séparé de nous par la mer (*Bahr*). » Eh bien! s'ils le voulaient, ils réussiraient à passer de front, et arrive- » raient ici en un clin d'œil. »

» Le récit glaça les Arabes d'épouvante; ils se tournèrent vers M. de Portes et moi d'un air d'effroi, semblant chercher dans nos regards et dans notre maintien la confirmation ou le démenti des choses merveilleuses qu'ils venaient d'entendre. Nous tînmes parfaitement notre sérieux, et des gestes quasi-affirmatifs vinrent dissiper tous les doutes. Aussi lorsque le soir nous nous retirâmes chez nous, accoururent-ils dans notre tente pour nous apporter leur tribut d'étonnement et de respect. »

Voilà les Arabes-Bédouins. Il ne faut pas à leur égard s'arrêter à l'écorce. On les voit sales, dégoûtans, pauvres, couverts de haillons, infestés de vermine; mais il faut oublier tout cet extérieur pour aller au fond de quelques instincts élevés, de quelques vertus nobles et profondes. Nous nous sommes étendus avec quelques détails sur cette race, parce qu'au milieu de la population métisse de la Syrie, de ce mélange confus de Grecs, de Juifs, de Turcs, de Barbaresques, d'Arméniens et de Francs, de Maronites, de Druses et de Mograbins, c'est le seul peuple qui offre un caractère spécial et homogène, le seul dont on puisse rattacher l'etnographie aux traditions primitives et à l'histoire des premiers âges.

PACHALIC DE DAMAS.

Le pachalic de Damas occupe la partie orientale de la Syrie. Quoique, dans la géographie moderne, ses limites aient empiété sur le terrain de la Judée et de la Palestine, nous maintiendrons ces deux provinces, qui ont leur caractère historique et spécial, en dehors de la circonscription du pachalic ottoman.

Le territoire de Damas se composera donc, pour nous, des plaines qui bordent le versant oriental de la chaîne libanique depuis Mara et Hama jusqu'à Boshra en suivant au nord le cours de l'Oronte, et au midi les vastes plaines du Hauran.

Dans cette grande étendue de pays, le sol fertile porte des produits nombreux et variés. Il donne du froment, de l'orge, du dourah, du sésame, du coton. Le pays de Damas, proprement dit, et le haut Beqaa sont d'un terrain graveleux et maigre, plus propice au tabac et aux fruits qu'à aucune autre denrée. Les montagnes sont garnies d'oliviers, de mûriers, de fruits, et en plusieurs endroits de vignes. Avec leur produit les Maronites font un vin connu sous le nom de *vin d'or*. Quant aux Musulmans, ils se contentent de faire sécher le raisin.

Le pachalic de Damas, l'un des plus importans de la Syrie, est confié presque toujours à un fonctionnaire sûr et dévoué. Dans les premières années du siècle il était occupé par un nommé Ahmet, qui ne fut rappelé que pour combattre Ali Pacha de Janina. Le voisinage des Bédouins, qui font sur ce territoire des incursions incessantes et désastreuses, demande de la part du titulaire de ce pachalic quelque capacité militaire et en outre du courage personnel. Aussi, il y a cinquante ans, ce gouvernement ne se donnait pas, comme les autres, pour un temps précaire et limité. Les pachas de Damas étaient nommés à vie. On le vit, dans le courant du siècle, occupé par une riche famille de Damas, dont un père et trois frères se succédèrent au pouvoir. Le dernier, que connut Volney, un nommé Asad, le garda pendant douze ans. Avare, mais bon administrateur, Asad avait réussi à se faire craindre de ses soldats et à se faire aimer de ses sujets. Son habileté à aller chercher de l'argent là où il se trouvait lui donnait les moyens de faire moins peser son avidité sur le peuple. Voici un trait en ce genre qui prouve un grand génie fiscal.

Asad avait besoin d'argent, et pour s'en procurer il consulta d'abord ses familiers qui lui dirent : — Mettez une avanie sur les chrétiens et sur les fabricans d'étoffes. — Combien croyez-vous que cela puisse me rendre? répliqua Asad. — Cinquante à soixante bourses, poursuivirent les donneurs de conseils. — Mais, insista le pacha, ce sont des gens peu riches; comment feront-ils cette somme? — Seigneur, lui fut-il répondu, ils vendront les joyaux de leurs femmes, et puis ce sont des chiens. — J'y songerai, dit le pacha; je veux éprouver si je suis plus habile avaniste que vous. En effet, dans le jour même, il fit demander le muphti, en lui disant de ne venir que de nuit et à la dérobée. Quand ce dignitaire religieux fut arrivé : « Je sais, lui dit sévèrement le pacha, que depuis long-temps » vous menez une vie fort irrégulière ; je sais que vous, chef de la loi, vous » mangez du porc et vous buvez du vin, contrairement à l'esprit et à la » lettre du *livre très pur* (le Koran) .Ainsi ne soyez point étonné que je » fasse part de tout cela au muphti de Constantinople. J'ai voulu vous en » prévenir, afin de ne point encourir de votre part le reproche de perfidie.» A cette ouverture, le muphti se prit à trembler de tous ses membres, en priant le pacha de se désister de ce dessein ; puis, voyant qu'il résistait, il aborda sur-le-champ la question d'argent, sans aucun scrupule, comme cela se pratique chez les Turks. — Voulez-vous mille piastres pour garder le silence? dit-il. — Non. — Deux mille? — Non. — Trois mille? — Non. — Cinq mille? — Non. — Six mille? — Eh bien! soit, envoie-moi six mille piastres, et j'annulerai ma dépêche. Ce qui fut dit fut fait. Le lendemain le pacha avait les six mille piastres dans son trésor. Le jour suivant ce fut le tour du qady. — Je sais, dit-il à ce nouveau contribuable, je sais que votre gestion financière est un péculat perpétuel, et je dois envoyer demain à Constantinople une pièce qui peut avoir pour résultat de vous faire couper la tête. On conçoit quelles furent les craintes du qady, et avec quel empressement il chercha à négocier son impunité. Six mille nouvelles piastres tombèrent dans le coffre du pacha. Après le qady, ce fut le tour de l'ouali ; puis vint le naqib, puis l'aga des janissaires, puis le mohtesseb; enfin les plus riches marchands turks et chrétiens. Pris en flagrant délit, soit touchant les choses de son état, soit pour quelque peccadille religieuse, soit surtout à propos des femmes, chacun s'empressa d'expier sa faute par une contribution. Lorsque la somme totale fut rassemblée, Asad fit venir ses familiers, et leur dit : — Avez-vous entendu parler d'avanie dans Damas? — Non, seigneur. — Comment se fait-il donc que j'aie trouvé près de deux cents bourses que voici? Les donneurs de conseils restèrent émerveillés. Les preuves étaient là, matérielles, palpables, évidentes. — Comment vous y êtes-vous donc pris? s'écrièrent-ils. — J'ai tondu les béliers, répliqua le pacha, plutôt que d'écorcher les agneaux et les chèvres.

Les droits du pacha de Damas sont plus considérables, ses priviléges plus grands que ceux des autres gouverneurs, car il est *émir-hadj* (prince des pèlerins), c'est-à-dire conducteur de la grande caravane de la Mecque. Cette conduite de la caravane est une fonction si essentielle pour les Musulmans, que le pacha qui s'en acquitte à la satisfaction de tous devient sacré et inviolable, même pour le sultan. Le sultan ne peut plus *verser son sang*. Il est vrai qu'il tourne souvent la défense en faisant étouffer dans un sac ou piler dans un mortier le prince des pèlerins. Le tribut du pacha de Damas, vis-à-vis de la Porte-Ottomane, est insignifiant; mais il a d'autres charges. C'est lui qui supporte de tous les frais du *hadj*, c'est-à-dire du mouvement de la grande caravane, frais que l'on évalue à près de huit millions par an. Ils consistent en provisions de blé, d'orge et de riz; en louage de chameaux pour les troupes d'escorte et pour les pèlerins. Il y a en outre à s'arranger avec les tribus arabes pour le droit de passage sur leur territoire, droit qui ne laisse pas que d'être fort coûteux. Pour se rembourser de ces déboursés annuels et exorbitans, le pacha n'a guère que le *miry*, ou impôt foncier, qu'il sous-afferme ou qu'il règle en perception directe. Les douanes lui formeraient bien un autre revenu, mais le pèlerinage de la Mecque les absorbe aussi. Leur produit est destiné à la solde des janissaires et à la garde des châteaux qui sont sur la route de la Mecque. Seulement le pacha est l'héritier direct de tous les pèlerins qui meurent en route; et d'ordinaire ce sont les plus riches. L'état militaire du pacha consiste en six ou sept cents janissaires, auxquels on a pourtant enlevé ce nom, troupe moins mal tenue qu'elle ne l'est d'ordinaire, et en une quantité à peu près égale de Barbaresques nus et pillards; enfin, en cinq ou six cents *delibaches* ou cavaliers. Cela forme une espèce d'armée qui s'est acquis, dans la contrée syrienne, une redoutable réputation de force et de despotisme. Les troupes du pacha de Damas sont surtout la terreur des tribus arabes, qui n'en parlent qu'avec une espèce d'épouvante. Du reste, ce n'est pas seulement contre les maraudeurs du désert que le gouverneur ottoman emploie ces mercenaires, mais encore à la perception de l'impôt, et quelquefois d'intolérables avanies. Trois mois avant le départ de la sainte caravane, cette troupe criarde et indisciplinée quitte les casernes de Damas, et sous la conduite, tantôt du pacha lui-même, tantôt d'un de ses délégués, elle parcourt tout le ressort de ce vaste gouvernement, en taxant les villes, les villages, et jusqu'aux habitations isolées. Cette perception ne s'accomplit pas, du reste, sans résistance de la part des contribuables. Aux demandes exagérées de tribut, quelquefois ils répondent par des coups de fusil, et alors s'engage un conflit qui se termine rarement à l'avantage des populations.

Damas ne peut guère être regardé que comme un oasis de verdure jeté au centre de déserts. Entouré comme Alep de jardins fertiles, et arrosé, Damas n'a point, à proprement parler, de campagne, et son sol même, excellent pour les fruits, ne nourrirait point de moissons, à cause de sa nature maigre et graveleuse. Parmi les fruits, il faut aussi savoir distinguer et choisir, car il en est, dans le nombre, de malsains et presque de vénéneux. On cite surtout une espèce d'abricot, que les naturels nomment *massa-frandgi*, c'est-à-dire *tue-francs*, à cause de leurs propriétés malfaisantes. La ville, toute coupée de ruisseaux et de fontaines, est néanmoins assez insalubre. Toutes les eaux qui la traversent, après avoir, pendant trois lieues de cours, fertilisé une foule de jardins, vont se perdre dans un marécage du désert nommé *Bahireh-el-Mardj* (mer du pré). A cette cause d'insalubrité vient se joindre la mauvaise qualité des eaux, qui, descendues des montagnes, sont froides et dures. Aussi, les Damasquins sont-ils sujets aux obstructions et aux maladies de foie.

La population de Damas, qu'on élève à trente ou trente-cinq mille âmes, se compose en majorité d'Arabes et de Turks. On y compte pourtant dix mille chrétiens, dont les deux tiers sont schismatiques. En masse, cette population est méchante, fanatique, intolérante, orgueilleuse, ce qui provient du voisinage de la Mekke. Suivant eux, Damas est une ville sainte, une ville privilégiée entre les villes, et la porte de la Kaaba. C'est, en effet, à Damas que se concentrent les caravanes avec leurs masses de trente à cinquante mille hommes. De ces pèlerins, il en est qui arrivent plusieurs mois à l'avance, d'autres qui entrent dans la ville à la fin du Ramadam. Alors Damas ressemble à une foire immense; elle est encombrée d'hommes, de chevaux, de chameaux et de ballots de marchandises. Quand l'heure est venue, cette foule s'ébranle pêle-mêle, confusément, de manière à pouvoir faire son entrée à la Mekke pour les fêtes du Bairam. Ce voyage ne s'effectue pas sans quelques engagemens et quelques risques; mais le plus souvent le pacha, qui est l'émir hadgi, a traité avec le cheyk principal des Arabes, qui se porte le garant de la sécurité des routes. Alors le cheyk, après avoir reçu du pacha une masse d'armes, une tente et une pelisse, devient ce que l'on appelle *chef de conduite*. En cette qualité, il fournit des chameaux moyennant un louage convenu, les morts demeurant pour son compte. On calcule qu'il meurt, année commune, dix mille chameaux dans ce trajet. Le but de cette caravane, religieuse seulement dans l'origine de l'institution, a pris depuis plusieurs siècles un caractère mercantile et spéculateur. La caravane est moins un pèlerinage qu'un moyen commode et sûr d'exploiter toutes les branches du commerce asiatique et africain. C'est un vrai bazar perpétuel, où chaque voyageur apporte les denrées de son pays, qu'il échange, soit en route, soit à la Mekke, tantôt contre les mousselines et les toiles de l'Inde, contre les châles de Kachemyr, et l'ambre du Dekkan, tantôt contre les perles de Ceylan, les poivres de Sumatra ou les cafés de l'Yémen. Plusieurs de ces hadgis, vieux routiers de caravanes, ont parcouru jusqu'à dix fois le chemin de la Mekke, et y ont recueilli des profits immenses. Un autre avantage pour eux, c'est de pouvoir, rentrés dans leurs foyers, raconter les merveilles de ce pèlerinage, les combats imaginaires qu'ils ont soutenus contre les Arabes, les fatigues subies, les victimes tombées en chemin; enfin, les merveilles du Mont-Arafat et de la Kaaba sainte, ces deux destinations finales de la promenade pieuse. Cette habitude d'exagération chez les hadgis a été consacrée par un proverbe arabe: « Défie-toi de ton voisin, dit-il, s'il a fait un hadgi; mais s'il en a fait » deux, hâte-toi de déloger. »

Le passage de la caravane donne à Damas une activité commerciale que sa situation isolée eût exclue sans cela. Touchant à l'Asie par Alep, à l'Afrique par le Kaire, recevant les denrées d'Europe par le littoral syrien, elle rayonne ainsi dans toutes les directions utiles au développement de ses rapports. Ses étoffes de soie et de coton, ses armes renommées, les fruits secs de son territoire, et ses pâtes sucrées que consomme toute la Turquie, forment un capital de richesse locale qui se féconde encore par les échanges. Si l'esprit remuant de la population n'avait écarté de la ville les résidens européens, Damas aurait pu devenir une cité plus importante que ne l'est Alep, la clef du commerce asiatique. Mais des insultes stupides et inévitables, des avanies sans mesure et sans raison, ont écarté de ce point les maisons franques que l'on trouve dans presque toutes les Échelles orientales. Nulle part le fanatisme musulman n'a des allures plus repoussantes et plus farouches; non seulement les femmes doivent marcher voilées dans les rues, mais encore la moindre infraction à cette coutume est-elle impitoyablement punie. Damoiseau raconte qu'un jour qu'il traversait le bazar de Damas, une jeune fille malheureuse et mourant de faim l'accosta, et se découvrit dans l'espoir de lui plaire. Comprenant quelle dure nécessité la poussait à cet acte hardi, le voyageur allait lui donner quelques secours, quand un arnaute aperçut la pauvre créature. Froidement, et sans prononcer un mot, le soldat tira un pistolet de sa ceinture, et fit sauter, à bout portant, la cervelle à la jeune imprudente. En vain Damoiseau, exaspéré, voulut-il faire punir ce furieux; on lui répondit que c'était l'usage, et que sa conduite, au lieu d'être digne de reproche, lui vaudrait au contraire toutes les récompenses du pacha.

BALBECK-TADMOR ou PALMYRE.

Seul, parmi les localités syriennes, le pachalic de Damas offre des vestiges d'une existence historique, météore brillant et court des anciennes annales. Nous voulons parler du royaume de Palmyre, si célèbre dans le troisième âge de Rome, tant par son intervention dans les démêlés entre les Romains et les Parthes, que par l'étrange fortune de ses derniers souverains Odénat et Zénobie. Long-temps on se contenta des beaux souvenirs que nous ont laissés, sur cet empire fastueux, les traditions grecques et romaines, et jusqu'à la fin du dernier siècle on ne parut pas se douter que de vastes et magnifiques décombres pouvaient ajouter aux preuves écrites une preuve monumentale non moins curieuse et non moins concluante. C'est à ce titre que les ruines de Balbeck et de Palmyre ont une importance aujourd'hui bien appréciée.

Quoique Balbeck gise dans la vallée de Beqâa, il nous semble par son caractère antique qui le lie à Palmyre, appartenir plutôt au pachalic de Damas qu'à celui de Tripoli; Balbeck, que les Grecs nommèrent *Heliopolis* ou ville du soleil, dort au pied de l'anti-Liban, à la dernière ondulation de la montagne, et se signale au loin par la ligne blanche de ses monumens, qui semble se poser sur la verte couronne des arbres. Quand on arrive au pied même de la ville, ce qui frappe l'œil d'abord, c'est un mur en ruines, qui, flanqué de tours carrées, indique dans ses contours l'enceinte de l'ancienne ville. Quand on franchit ce mur, on se trouve en face de l'un des plus beaux monumens de l'architecture antique, monument dont les beautés frappent le regard, même au milieu des débris qui l'obstruent.

Ce monument, ou plutôt cet ensemble de monumens, se compose de deux temples assez distincts, l'un plus grand, l'autre plus petit. Le portique n'y est caractérisé que par les bases de douze colonnes qui régnaient d'un pavillon à l'autre. Quand on l'a franchi, on rencontre une vaste cour hexagone de cent vingt pieds de diamètre, semée de fûts brisés, de chapiteaux frustes, de débris de pilastres, d'entablemens et de corniches. A cette cour sucède une deuxième cour plus spacieuse que la première, et terminée par six énormes colonnes qui saillent majestueusement à l'horizon. Ces six colonnes ont vingt-neuf pieds de circonférence sur cinquante-huit pieds de hauteur; de sorte que la hauteur totale, y compris l'entablement, est de soixante et onze à soixante et douze pieds. La première pensée est toute d'étonnement à la vue de cette ruine solide que rien ne semble soutenir; mais en examinant bien le terrain, on reconnaît toute une suite de bases qui forment un carré long de deux cent soixante-huit pieds sur cent quarante-six de large, d'où l'on conclut que c'est là le péristyle d'un grand temple, qui présentait à la grande cour une face de dix colonnes sur dix-neuf de flanc. Les galeries latérales formaient une suite de chambres qui conservent des frontons de niches et de tabernacles, construction bizarre et pittoresque, qui saisissent aujourd'hui l'attention par le mélange des feuillures des chapiteaux avec les touffes d'herbes sauvages qui les enlacent de toutes parts.

C'est dans cette cour, et sur la gauche, qu'une file de colonnes relève un second temple ; ce monument, plus bas que l'autre, présente un flanc de treize colonnes sur huit de front, colonnes d'ordre corinthien comme celles du grand temple, avec un fût de quinze pieds sur quarante-quatre de hauteur. L'édifice auquel elles aboutissent est un temple obstrué par des pierres et des tronçons de colonnes, et ouvert par la chute de sa voûte. Des décombres souillés de poussière et tapissés de plantes parasites remplissent l'intérieur du monument. Les murs que couvraient jadis toutes les richesses de l'ordre corinthien, offrent à peine quelques frontons de niches et de tabernacles, dont presque tous les soutiens sont tombés, et entre ces niches des pilastres cannelés, dont le chapiteau supporte un entablement plein de brèches. Ce qui reste de cet entablement conserve une admirable frise de guirlandes, soutenues d'espace en espace par des têtes de satyres, de chevaux et de taureaux. C'était, du reste, là-dessus que s'élevait la voûte dont la portée devait avoir cinquante-sept pieds de large sur cent dix de longueur. C'était là, sur ces vastes parois arrondies en arc, que les décorateurs du temple semblaient avoir épuisé toutes les ressources de leur art. Aujourd'hui, c'est par les seuls débris dont le sol est jonché, que l'on peut se faire une idée des merveilles de cette voûte ; comme aussi celles de la galerie qui semblent accuser le même travail, et reproduire à peu près les mêmes scènes. Ce qui en subsiste, offre des encadremens à losange, où sont représentées en relief les scènes de Jupiter assis sur son aigle, de Léda caressée par le cygne, de Diane portant l'arc et le croissant; enfin, divers bustes qui paraissent être des portraits d'empereurs et d'impératrices.

Telles sont les ruines des temples de Balbeck. Il y a un siècle, quand Dawkins et Robert Wood les visitèrent, ces vestiges étaient beaucoup plus imposans qu'ils ne le sont aujourd'hui, le tremblement de terre de 1759 ayant renversé depuis lors un grand nombre de colonnes. A ces ébranlemens naturels qui précipitaient la ruine de ces monumens, il faut joindre les efforts des Turks, qui cherchaient à s'emparer des axes de fer servant de tenons aux deux ou trois pièces dont chaque fût est composé. Rien d'ailleurs n'égale la perfection avec laquelle sont coupées ces pierres; quoique aucun ciment ne les joigne, on aurait peine à passer la lame d'un couteau dans leurs interstices. Pour donner une idée de l'énormité des matériaux employés dans cette construction, il suffit de dire que la plupart des assises se composent de pierres qui ont depuis vingt-huit pieds jusqu'à trente-cinq pieds de longueur sur environ neuf de hauteur. Dans un endroit, trois pierres occupent à elles seules un espace de cent soixante et quinze pieds, et ont environ cinquante-neuf pieds chacune sur une épaisseur commune de douze pieds. Une carrière qui règne sous la ville a fourni ces magnifiques blocs, qui sont de granit blanc à grandes facettes luisantes comme le gypse. Le transport de ces pierres suppose des procédés fort avancés en mécanique et en statique. Aussi les habitans actuels prétendent-ils que cet édifice a été construit par les *Djnouns* ou génies, sous les ordres du roi Salomon, lequel roi avait enterré sous ces profondeurs d'immenses trésors qui y dorment encore. Du reste, c'est là une habitude à peu près générale dans le pays syrien, d'attribuer à Salomon tous les grands ouvrages d'architecture. Et ce qu'il y a de plus remarquable, c'est que juifs, chrétiens et musulmans concordent d'avis là-dessus. Le Salomon de la Bible est la grande figure de tradition, même pour les sectaires du Koran.

Quelle que soit la magnificence des vestiges dont Balbeck est semée, les historiens grecs et romains parlent peu de cette ville et de ses temples. A peine les trouve-t-on cités dans un fragment de Jean d'Antioche, qui attribue la construction de cet édifice à Antonin-le-Pieux. Cette origine est justifiée par l'emploi du corinthien, qui ne prévalut guère avant le troisième âge de Rome. Le temple, d'après l'aspect des sculptures, devait être consacré au soleil. On y retrouve l'aigle oriental à aigrette, symbole de cette divinité. Le culte du soleil, transporté d'Égypte, existait à Balbeck dès la plus haute antiquité. On y adorait cet astre avec des cérémonies dont Macrobe nous a donné le détail. C'est de ce culte qu'est dérivé le nom de *Balbeck* donné à la ville, nom qui en syriaque signifie ville de Bal, ou ville du Soleil, et qu'on devait traduire en grec par Héliopolis. A des époques antérieures, on ne sait guère ce que put être Balbeck; mais placée comme elle l'était entre Palmyre et Tyr, elle dut participer au commerce de ces opulentes métropoles. On arrive ainsi sans autre jalon jusqu'à Antonin-le-Pieux, qui bâtit le temple actuel sur les débris de l'ancien, puis à Constantin qui le convertit en église.

Quelque imposantes que soient les ruines de Balbeck, elles ne sauraient guère être regardées, quand on les compare à celles de Palmyre, que comme une sorte de magnifique propylée. Pour arriver à la célèbre capitale de l'empire de Zénobie, aujourd'hui perdue au sein des déserts, il faut, après avoir quitté Homs, traverser des steppes incultes, habitées seulement par des troupeaux de gazelles. Au-delà paraît entre deux chaînes de montagnes une gorge que caractérisent les débris d'un ancien aqueduc, et des espèces de tours carrées, qui paraissent être d'anciens sépulcres palmyréniens. C'est au débouché de cette gorge que se présente Palmyre, sous la forme d'une île jetée sur l'océan sablonneux. On ne saurait se faire une idée du spectacle magnifique qui se déroule alors devant l'œil du voyageur. Ce sont de tous les côtés de longues enfilades de colonnes au travers desquelles la vue se joue sans qu'aucun massif vienne l'arrêter; ce sont des fûts immenses qui semblent aller chercher leur entablement vers le ciel; c'est une forêt de piliers debout, que rien ne lie plus entre eux, et cela dans une étendue de plus de treize cents toises. Au-delà de ce point, se révèlent pourtant des édifices plus complets. Ici c'est un palais dont on ne reconnaît plus que les cours et les murailles; là c'est un temple dont le péristyle est à moitié renversé; puis un portique, une galerie, un arc de triomphe. Sur un point, les lignes de la colonnade sont troublées par la chute de plusieurs tronçons; ailleurs, au contraire, semblable à une allée d'arbres, la colonnade se prolonge de manière à fuir et à se masser dans le lointain, à un et deux milles de distance. Que si, détournant le regard de ces grandioses perspectives, on les reporte sur les objets environnans, ce ne sont de toutes parts que fûts renversés, les uns entiers, les autres frustes, les uns cassés à faux, les autres disloqués seulement dans leurs articulations. A chaque pas, dans cette vaste enceinte, on heurte de vastes pierres à demi enterrées, souillées par le sable, tapissées de plantes grimpantes : chapiteaux écornés, frises mutilées, sculptures effacées, tombeaux violés, autels profanés, pêle-mêle de ruine actuelle et de grandeur ancienne, amalgame qui écrase la pensée, tel est l'aspect de Palmyre. Au nombre des ruines qu'on a pu réédifier par la pensée, et dont on a reconnu ou à peu près la destination, figurent quelques fortifications turques en ruines, témoignages de la dernière transformation palmyrénienne; des sépulcres, de longues files de colonnes aboutissant à quatre grands piédestaux; d'autres colonnes ayant une fausse apparence de cirque, divers débris de temples, au centre desquels s'élevait le magnifique temple du Soleil. C'est dans ce dernier et merveilleux monument que Palmyre a laissé le plus de preuves de son éclat passé et de sa pompe primitive. L'enceinte carrée de la cour qui l'enferme a sur chaque face six cent soixante et dix-neuf pieds, et dans toute la longueur régnait intérieurement un double rang de colonnes. Au fond se déployait la façade du temple, large de quarante-sept pieds, et par une exception rare, la porte en répond à l'Occident au lieu de répondre à l'Orient. Sur la soffite de cette porte, tombée à terre, paraît un zodiaque dont les signes sont les mêmes que les nôtres ; une autre soffite porte le même oiseau que l'on voit à Balbeck.

Les savans qui ont exploré ces ruines les divisent en deux catégories, dont chacune a son caractère et son âge. Les unes semblent appartenir à des temps fort reculés, les autres à des siècles beaucoup plus modernes. Ces dernières semblent appartenir aux trois siècles qui précédèrent Dioclétien, siècles durant lesquels l'ordre corinthien fut préféré à tous les autres. Située à trois journées de l'Euphrate, sur une espèce de terrain neutre entre les Parthes et les Romains, Palmyre dut atteindre l'apogée de sa puissance à l'époque où la guerre des deux gands empires l'avait rendue nécessaire à l'un et à l'autre. Alors, devenue tout à la fois une barrière et un entrepôt, elle eut l'art de profiter de ces démêlés sans s'y associer en aucune manière, et elle utilisa au profit de son industrie et de son commerce le luxe de ces deux grands empires.

L'origine de Palmyre semble remonter à Salomon. Sa position centrale entre le golfe Persique et l'Asie-Mineure, et l'existence de deux sources d'eau douce et sulfureuse, sources plus salubres que ne le sont les eaux saumâtres de ces déserts, y attirèrent des habitans dès une époque fort reculée. C'était déjà une colonie naissante quand Salomon jeta les yeux sur elle. « Il y construisit de bonnes murailles, dit Josèphe, pour s'en assurer » la possession, et il la nomma *Tadmour*, qui signifie lieu des Palmiers. » Ces travaux importans de la part du roi des Juifs indiquent que Palmyre était dès lors une situation utile au commerce de la Judée, une échelle intermédiaire entre le littoral de la Méditerranée et le littoral Persique, un des dépôts intérieurs dans lesquels la célèbre Ophir versait son or et ses perles. L'opulence de Palmyre aurait toujours dès lors marché dans une progression ascendante, si à diverses reprises les guerres des idolâtres contre le peuple juif ne lui eussent porté des coups funestes. D'autres capitales, comme Ninive et Babylone, s'élevèrent tour à tour pour lui disputer la richesse et l'influence. Avant de marcher contre Jérusalem, Nabuchodonosor s'empara de Tadmor, qui rivalisait alors avec les métropoles environnantes. Comme toute la puissance des villes ne se composait alors que de l'absorption d'autres villes, on voit Palmyre reprendre son rang à mesure que les autres capitales déchoient. Quand arrive la lutte longue et sanglante des Romains et des Parthes, restée neutre et paisible, elle profite des dévastations qui se poursuivent autour d'elle, et rencontre une ère de paix, d'activité et de bonheur qui lui permet de s'élever à de pompes monumentales, ce luxe de la vie des peuples. Sous Odenat et Zénobée, cette prospérité était arrivée à son comble, quand la période de décadence arriva tout d'un coup. Proscrite, prise et dévastée par Aurélien, Palmyre tomba en un jour du rang qu'elle s'était fait, aux conditions d'existence des autres colonies romaines. Depuis lors, accablée d'impôts, bouleversée par la guerre, changeant à diverses fois de maîtres et de despotes, Palmyre a marché peu à peu vers une décadence complète. Dans des âges plus modernes, Alep et Damas ont recueilli ses dernières dépouilles. Aujourd'hui, du sein de ces ruines pleines de grandeur de magnificence, à peine s'élève-t-il une trentaine de huttes en terre, habitées par des familles de misérables fellahs. C'est là tout ce qui reste de ce peuple riche et policé, de cette nation qui fut plus grande par les arts que par la guerre. La culture de quelques champs de blé et de quelques bouquets d'oliviers, un petit nombre de chèvres et de brebis, sont les seules richesses de ces hommes perdus au milieu de ces imposantes ruines. Leur commerce consiste dans l'envoi de deux ou trois petites caravanes qui arrivent chaque année de Homs. Faibles d'ailleurs, et cernés par les Bédouins, ils sont obligés de se racheter chaque jour du pillage par des contributions volontaires ou forcées. Il est à croire que, décimée par les privations ou par la guerre, cette petite colonie disparaîtra un jour du milieu des ruines où elle est campée. Déjà les voyageurs plus modernes ont pu constater une décroissance dans le nombre des derniers Palmyréniens, depuis le jour où le chevalier Dawkins et Robert Wood les visitèrent. « Leur » corps est sain et bien fait, disaient alors les voyageurs anglais, et la » rareté des maladies parmi eux prouve que l'air de Palmyre mérite » l'éloge qu'en fait Longin, dans son épître à Porphyre. Il y pleut rare- » ment, si ce n'est au temps des équinoxes, où il arrive aussi de ces » ouragans de sable si dangereux dans le désert. Le teint de ces Arabes » est très hâlé par la grande chaleur; mais cela n'empêche pas que les » femmes n'aient de beaux traits. Elles sont voilées comme dans tout » l'Orient; mais elles ne se font pas tant de scrupule qu'ailleurs de lais- » ser voir leur visage; elles se teignent le bout des doigts en roux (avec » du *henné*); les lèvres en bleu; les sourcils en noir, et elles portent aux » oreilles et au nez de gros anneaux d'or ou de cuivre. » Il est utile de constater tout ce qui se rattache à cette race, car bientôt sans doute elle n'existera plus que comme un souvenir.

Tout ce rayon désert, situé à l'Est de l'Anti-Liban, ne contient en dehors de ces localités historiques qu'un très petit nombre de lieux dignes d'un examen attentif. En avant de Palmyre, et sur la lisière même du désert, on rencontre Homs, l'Emesus des Grecs, située un peu au-dessus du lac Kades et sur la rive orientale de l'Oronte; Homs, gros bourg ruiné qui compte deux mille habitans, Musulmans ou Grecs. Un aga y gouverne toute la contrée jusqu'à Palmyre, au nom et pour le compte du pacha de Palmyre. A deux journées au-dessous, et toujours sur l'Oronte, paraît la ville d'Hama, célèbre dans la contrée pour ses roues hydrauliques, les plus grandes et les plus puissantes que l'on y connaisse. Elles ont trente-deux pieds de circonférence. Leur mécanisme, des plus simples, est celui que l'on rencontre dans toute l'Égypte et dans toute la Syrie. La circonférence des roues est formée par des augets disposés de telle façon qu'ils s'emplissent d'eau d'abord en tournant dans le courant du fleuve, puis, qu'arrivés au zénith de la roue, ils se dégorgent dans un bassin d'où, par des canaux publics ou particuliers, l'eau se rend dans les maisons de bains ou dans les habitations des riches. La situation d'Hama, affourchée pour ainsi dire sur les deux rives de l'Oronte, est des plus délicieuses que l'on puisse voir. Ville intermédiaire entre Alep et Tripoli, Hama, outre d'assez grandes ressources agricoles, a aussi quelque activité industrielle et commerciale. Sa population de quatre mille habitans serait même l'une des plus riches de la Syrie, si les environs n'étaient devenus tributaires des puissantes peuplades arabes qui les infestent. Placés entre les rapines de ces forbans du désert et les exactions des pachas turks, les habitans ne se livrent à la culture qu'avec mollesse et défiance. Le pays le plus fécond reste ainsi improductif. En continuant à descendre l'Oronte jusqu'aux limites du pachalic d'Alep, on s'engage dans un terrain marécageux, au milieu duquel s'élève Famiéh, l'ancienne Apamée, l'une des villes les plus célèbres de ces environs, localité que Strabon cite comme l'école et la pépinière de la cavalerie des Séleucides. Que les temps sont changés! Au lieu des trente mille cavales, des trois cents étalons et des cinq cents éléphans que nourrissaient ces vastes pâturages, à peine aujourd'hui les marais de Famiéh renferment-ils quelques buffles épars et quelques troupeaux de moutons. Où campaient les soldats d'Alexandre, on ne voit plus aujourd'hui qu'un petit nombre de malheureux fellahs, dont la propriété est à la merci des maraudeurs arabes. C'est là, du reste, le fléau qui dévaste toute cette zone, jadis peuplée de villes comme l'attestent de magnifiques débris, aujourd'hui solitaire et ruinée. Marra vers le Nord, et, en descendant vers le Sud, Sodome habitée par quelques chrétiens maronites; Haonarân, Haria Qaritain, Maloula, villages turks, sont des localités qui n'ont aucune garantie d'existence calme et assise. Les mêmes inquiétudes et les mêmes fléaux règnent dans les vastes plaines de Haurân, situées au midi de Damas. Les traditions anciennes nous dépeignent cette zone comme peuplée de villes et de bourgs magnifiques, et des vestiges imposans justifient le dire des livres hébreux. La seule richesse qui manquât à ces steppe, c'étaient des matériaux durables pour la construction des édifices. Le sol y est tout meuble, offrant une terre pure sans pierres, presque sans cailloux. Les pèlerins qui traversent cette steppe féconde, pour se rendre à la Mekke, parlent tous de la fécondité de ce sol, qui attend et sollicite la culture. Le froment qu'on y sème croît à hauteur d'homme quand les pluies ne manquent pas. Les habitans, au dire des voyageurs, y ont une taille et une force corporelle au-dessus de celles des autres Syriens. Leur vie, du reste, diffère peu de celle des autres Arabes; ils manquent, comme dans le reste du désert, d'eaux vives et de bois, font du feu avec de la fiente, et construisent des huttes avec de la terre battue et de la paille. Quoique tributaires du pacha de Damas, ils n'en sont pas moins obligés de mettre leurs villages sous la protection de quelque cheyk du désert. Ce cheyk, s'il est puissant, assure par son concours un peu de sécurité aux habitans de ces plaines, et alors les cultures s'en ressentent. C'est surtout dans la partie montueuse de l'ouest et du nord que se sont groupés les villages les plus populeux et les plus riches, connus dans le pays sous le nom de Deas. Parmi leurs habitans, on compte beaucoup de familles druses et maronites que les troubles du Liban chassent souvent vers la plaine, et qui y obtiennent sans peine de la tolérance arabe le droit de professer librement leur culte, d'avoir leurs chapelles et leurs prêtres.

Tel est l'ensemble du pachalic de Damas, vaste territoire qui, en dehors de sa capitale, grande et belle, n'embrasserait qu'une zone infertile et déserte, si la Porte n'avait fait entrer dans sa circonscription, et mis dans sa dépendance une bonne portion de la Palestine et de la Judée qui nous reste à décrire.

LA JUDÉE ET LA PALESTINE.

I.

DE JAFFA A JÉRUSALEM.

Nous voici maintenant arrivés à cette portion de la terre syrienne, théâtre de notre histoire religieuse, et berceau de nos croyances chrétiennes. Pour décrire ces localités, la description méthodique serait insuffisante, en supposant même qu'elle ne fût point fautive. Un double écueil s'y rencontre, et c'est d'une part de violer les circonscriptions turkes qui règnent de fait, de l'autre, de morceler un territoire qui demande à être envisagé dans son unité primitive et antique. Pour ces causes, nous avons adopté à son égard la forme de l'itinéraire qui laisse plus de liberté aux allures et plus de marge aux tableaux.

En allant vers la Terre-Sainte, la première plage où aborde le pèlerin est celle de Jaffa. Jaffa est un lieu de réputation moderne autant que de célébrité antique. Les croisades consacrèrent son nom que devait mettre plus tard en relief la campagne orientale de Bonaparte. C'est sur la plage de Jaffa que périrent les quatre mille mograbins composant la garnison de la ville, et que le général fit fusiller tous faute de pouvoir les garder prisonniers, et pour n'avoir pas une seconde fois à les vaincre. C'est à Jaffa que se passèrent les épisodes les plus mémorables de la peste qui décima l'armée française, et, suivant des historiographes hostiles, un prétendu empoisonnement que des témoignages irrécusables ont depuis démenti.

Dans l'Écriture, Jaffa est l'ancienne Joppé, qui échut à Ephraïm avec Lydda et Ramleh. Ce fut à Joppé qu'abordèrent les flottes d'Hiram, chargées de cèdres pour le temple de Salomon ; ce fut là que s'embarqua Jonas quand il s'enfuit devant la face du Seigneur. Tombée entre les mains des divers peuples idolâtres, Joppé devint l'une des onze toparchies où Ascarlen était adorée. Juda Machabée la brûla ; saint Pierre y ressuscita Tabithe, et y reçut chez Simon, le corroyeur, les hommes venus de Césarée. Détruite par Sestius, saccagée par Vespasien, prise et reprise par Saladin et Richard-Cœur-de-Lion, Jaffa eut, dans tous les âges, une existence oscillante et tourmentée. Elle ne présente guère plus aujourd'hui qu'un amas circulaire de maisons disposées en amphithéâtre. Un mur qui vient aboutir de chaque côté à la mer la met à l'abri d'un coup de main. Ce qui a rendu de tout temps sa position avantageuse pour l'établissement d'une ville, ce sont deux sources de fort bonne eau qui se trouvent dans son enceinte même, et sur le rivage de la mer. Son port, que forme une jetée, est aujourd'hui comblé, ce qui force les navires à mouiller au large sur une rade foraine. Les environs de Jaffa offrent un coup d'œil agréable. Avant que des siéges récens les eussent dévastés, des jardins d'orangers, de limoniers, de cédras, entouraient la ville, tandis qu'au-delà des bois d'oliviers déroulaient leur ceinture d'un vert plus pâle. Cependant, depuis quelques années, les eaux et le soleil ont rendu à Jaffa sa parure de vergers et sa campagne riante. Quand M. de Lamartine y passa, la ville avait déjà retrouvé ses forêts profondes de citronniers, de grenadiers et de figuiers. Jaffa obéit à un aga, qui prend la place à forfait, et s'indemnise à l'aide du droit du myri, de la capitation imposée à quelques villages voisins, et surtout des droits de douane qui sont assez considérables. Comme port des pèlerins, et comme échelle directe de Jérusalem, Jaffa entretient un commerce assez actif.

En sortant de Jaffa, et au-delà de sa lisière de jardins commence la plaine de Saron, la plaine célèbre des Livres-Saints, la plaine des rosiers. Aujourd'hui encore, quand vient le printemps, la campagne s'y couvre de fleurs éclatantes et parfumées. Seulement ce ne sont plus des roses, mais des chardons rouges, blancs, jaunes et violets. La plaine de Saron qui s'étend depuis Gaza au midi jusqu'au Mont-Carmel au nord, embrasse quatre plateaux, qui sont séparés les uns des autres par autant de cordons de pierres nues et dépouillées. Le sol est une arène fine, blanche et rouge, et, quoique sablonneuse, d'une extrême fertilité. Par intervalles, on y aperçoit de grands troupeaux que chassent devant eux des cavaliers arabes, armés d'une longue lance comme les pâtres des Marais Pontins. Quelques villages bâtis en boue, recouverts d'herbe sèche, sortent de terre comme autant de meules de foin.

L'endroit le plus important après qu'on a quitté Jaffa est le village de Loud (*Lydda* ou *Diospolis*). Impossible de se faire une idée de l'air dévasté et misérable de ce lieu, amas de décombres et de masures, dont le *seraï* ou palais de l'aga est la plus apparente. A l'aspect de ces cônes renversés qui forment les habitations, on se croirait dans quelque contrée lapone. Cependant Loudd est célèbre dans la Judée pour les restes d'une église de Saint-Pierre. Les habitans y montrent une colonne sur laquelle ce saint se reposa; on y voit aussi l'endroit où il prêchait, celui où il faisait sa prière, traditions vagues et peu précises, que chaque localité perpétue dans un but de piété purement spéculative. Au-delà de ce point, et à une très petite distance se présente Ramla ou Ramleh, l'ancienne Arymathie, endroit charmant situé à l'une des extrémités de la plaine de Saron. Ramleh est aujourd'hui presque aussi ruinée que Loudd. Son enceinte est toute décombres : l'aga y est logé entre des murs qui se lézardent, et sous des voûtes qui croulent. Les Barbaresques à sa solde occupent un khan que les scorpions leur disputent. Cependant rien n'est plus beau que la campagne environnante : des oliviers gigantesques s'y groupent en quinconce, et de vastes champs de coton occupent les espaces libres. Ramleh, aujourd'hui peuplé de deux cents familles, a dû autrefois nourrir une population bien plus importante, comme l'attestent la grande étendue de ruines, de citernes enfoncées, et de vastes réservoirs voûtés que l'on y rencontre à chaque pas. Parmi les citernes on en remarque une surtout qu'on dit être l'ouvrage de la mère de Constantin. On y descend par vingt-sept marches : elle a trente-trois pas de long sur trente de large; elle est composée de vingt-quatre arches, et reçoit les pluies par vingt-quatre ouvertures.

Mais de toutes les ruines de Ramleh, la plus caractéristique est celle que l'on nomme la Tour des quarante martyrs, qui servit de minaret, comme l'indique une inscription arabe du temps du sultan Seyf-ed-Dyn. Lors du voyage de M. de Lamartine, la Tour des quarante martyrs était occupée par des Derviches tournans, prêtres musulmans dont les voyageurs purent constater les pratiques bizarres. Voici ce fragment curieux de leur relation.

« C'était un vendredi, jour de cérémonie de leur culte : nous y assistons. Une vingtaine de Derviches, revêtus d'une longue robe et d'un bonnet pointu de feutre blanc, étaient accroupis en cercle dans une enceinte entourée d'une petite balustrade. Celui qui paraissait en être le chef, figure vénérable, à grande barbe blanche, était, par distinction, placé sur un coussin et dominait les autres. Un orchestre, composé d'un *nahi* ou basson, d'un *shoubabé*, sorte de clarinette, et de deux petits tambours réunis appelés *nacariate*, jouait les airs les plus discordans à nos oreilles européennes. Les Derviches se lèvent gravement un à un, passent devant le supérieur, le saluent, et commencent à tourner en cercle sur eux-mêmes, les bras étendus et les yeux élevés vers le ciel. Leur mouvement, d'abord lent, s'anime peu à peu, arrive à une rapidité extrême, et finit par former comme un tourbillon où tout est confusion et éblouissement : tant que l'œil peut les suivre, leurs regards paraissent exprimer une grande exaltation; mais bientôt on ne distingue plus rien. Le temps que dura cette walse étrange, je ne saurais le dire; mais il me parut incroyablement long. Peu à peu, cependant, le nombre des tourneurs diminuait; épuisés de fatigue, ils s'affaissaient l'un après l'autre et retombaient dans leur attitude première; les derniers semblaient mettre une grande persistance à tourner le plus long-temps possible, et j'éprouvais un sentiment pénible à voir les efforts que faisait un vieux derviche, haletant et chancelant à la fin de cette rude épreuve, pour ne céder qu'après tous les autres. Pendant ce temps, nos Arabes nous entretiennent de leurs superstitions; ils prétendent qu'un chrétien récitant continuellement le *Credo* forcerait le Musulman à tourner sans fin par une impulsion irrésistible jusqu'à ce qu'il en mourût; qu'il y en avait beaucoup d'exemples, et qu'une fois les Derviches ayant découvert celui qui employait ce sortilége, l'avaient forcé à réciter le *Credo* à rebours, et avaient ainsi détruit le charme au moment où le tourneur allait expirer. Et nous, nous faisons de tristes réflexions sur la faiblesse de la raison humaine, qui cherche à tâtons, comme l'aveugle, sa route vers le ciel, et se trompe si souvent de chemin. Ces bizarres extravagances, qui dégradent en quelque sorte l'esprit humain, avaient pourtant un but digne de respect et un noble principe. C'était l'homme voulant honorer Dieu; c'était l'imagination voulant s'exalter par le mouvement physique, et arriver, comme elle y arrive par l'opium, à cet étourdissement divin, à cet anéantissement complet du sentiment et du moi, qui lui permet de croire qu'elle s'est abîmée dans l'unité infinie, et qu'elle communique avec Dieu!

» En sortant de la tour, nous entrons dans les galeries d'un cloître ruiné qui conduisent à une église souterraine; nous descendons par plusieurs marches sous une voûte surbaissée que porte une belle colonnade. L'aspect d'une église souterraine m'a toujours paru d'un effet imposant et attendrissant à la fois. L'obscurité mystérieuse, la solitude de ces voûtes silencieuses reportent l'imagination aux premiers temps du culte, lorsque les chrétiens se retiraient dans des grottes profondes pour dérober leurs mystères aux yeux profanes, et les soustraire à la persécution. En Orient, la plupart des églises semblent bâties pour embellir ces asiles primitifs, et orner de tout le luxe de l'architecture ces humbles retraites où la foi s'était long-temps cachée, comme pour venger, par une éclatante réparation, les humiliations et les injures de la domination païenne; mais le temps des persécutions devait renaître pour les malheureux chrétiens, et le nom de ce monument, les Quarante Martyrs, ferait croire qu'il a servi de refuge aux fidèles, sans pouvoir les protéger. Et maintenant tout est en ruines; les nefs et les colonnades bâties par les empereurs n'ont pas commandé plus de respect aux vainqueurs que les humbles grottes des premiers disciples de la croix : les voûtes servent d'écuries, et les cloîtres de casernes. »

Ces ruines qui avoisinent la tour des Quarante Martyrs consistent en des espèces de portiques, parsemés de figuiers sauvages. On veut que saint Joseph, la Vierge et l'Enfant se soient arrêtés dans ce lieu, lors de la fuite en Égypte.

Quand on quitte Ramleh, la route continue pendant deux lieues au travers de la plaine, sans offrir d'autre particularité que la vue d'un puits nommé, comme une foule d'autres, puits de Jacob ou Yakoub. Au-delà de ce point, commencent les premières ondulations des montagnes de Judée, et trois milles plus loin les premières rampes de la chaîne. Alors les chemins deviennent escarpés et difficiles : tantôt on longe un torrent sur un sentier étroit qui semble taillé dans les parois du roc, tantôt on franchit des quartiers de roc roulés et entassés en forme d'escaliers. Toute cette charpente montueuse se trouve composée de pics coniques, dont les bandes sont disposées en amphithéâtre. De chaque redan du rocher sortent des touffes de chênes nains, de buis et de lauriers roses. Le fond des ravins est tapissé d'oliviers qui, parfois, forment des bois entiers sur les flancs de la chaîne. Quand on a atteint le sommet des premiers rameaux, et qu'on se retourne vers la mer, l'œil est frappé du plus magnifique spectacle. Toute la plaine de Saran, de Gazah à Césarée, est étendue sous les pieds du voyageur avec la mer pour bordure, tandis qu'au nord s'ouvre le vallon de Jérémie, où l'on croit qu'est né le grand poëte des Lamentations. Cependant, en approchant du village de Saint-Jérémie, des troupeaux de chèvres à oreilles tombantes et des moutons à large queue se révèlent comme autant de preuves traditionnelles de la vie pastorale des anciens Hébreux. Des femmes arabes font sécher les raisins dans les vignes, ou, comme les filles de Madian, portent sur leurs têtes des vases pleins d'eau. Plus loin recommencent les ondulations montueuses, tantôt au travers d'avalanches de pierres qui roulent sous les pieds des chevaux, tantôt sur le bord d'une étroite et glissante corniche. Les versans à droite et à gauche sont souvent très boisés, le vert luisant du laurier thym et du fraisier arbuste contraste avec le maigre feuillage des oliviers et des lentisques.

Ainsi de la vallée de Jérémie on descend dans la vallée de Térébinthe, plus étroite et plus profonde que la première, couverte de vignes et de roseaux de doura. Là coule le torrent où David ramassa les cinq pierres dont il frappa le géant Goliath. Le torrent a un pont de pierres, le seul que l'on rencontre dans ces déserts. A peu de distance est Kercet Lefla, au bord d'un ravin desséché; puis, dans le lointain, el-Bire sur la route de Nablous ou Naplous, la Sichem du royaume d'Israël et la Néapolis des Hérodes. Nablous est encore aujourd'hui un assez gros bourg, résidence d'un cheyk, qui relève du pacha de Damas. Sa population, toute composée de zélés musulmans, ne souffre pas le mélange de chrétiens. Ce pays, situé au cœur des montagnes, et loin des pachas avanistes, est plus prospère que ne l'est ordinairement un pays turk ou arabe. Les Nablousains sont répartis dans des villages populeux, dont le sol produit du blé, du coton, des olives et de la soie. Ils ont passé de tout temps pour le peuple le plus indépendant et le plus riche de la Syrie.

A mesure que l'on avance vers les plateaux élevés au faîte desquels est assise Jérusalem, les sites prennent un caractère plus âpre et plus sauvage. C'est un désert onduleux, où des figuiers desséchés étalent leurs feuilles noircies. Peu à peu, la terre qui, jusqu'alors, a conservé quelque verdure, se fane et se dépouille. Bientôt toute végétation cesse; les mousses même disparaissent. On a peine à se rendre compte de la grande fortune de cette ville en examinant sa situation; on s'explique difficilement comment il a pu arriver à une ville placée loin de tout grand passage, sur un terrain scabreux et sans eau, au milieu de ravines et de hauteurs ardues, de réaliser une des plus grandes et des plus magnifiques existences qu'ait jamais atteintes cité humaine. Cette situation ingrate empêchait que Jérusalem ne fût ni un entrepôt de commerce, ni un siége de consommation; et pourtant Jérusalem est encore aujourd'hui la ville sainte, la ville de la tradition, la ville du prestige religieux, sacrée aux yeux des juifs, des chrétiens, et même des Musulmans qui la nomment *el-Qods*, la ville sainte. Son assiette même, difficile et ardue, sa grandeur morne et dépouillée, ont dû contribuer à lui conserver ce culte de tous les peuples et de tous les âges. M. de Châteaubriand fut frappé de cet aspect de puissance et de rudesse.

« Parvenu à ce passage, dit-il, nous cheminâmes pendant une autre heure sur un plateau nu, semé de pierres roulantes. Tout-à-coup, à l'extrémité du plateau, j'aperçus une ligne de murs gothiques flanqués de tours carrées, et derrière lesquels s'élevoient quelques pointes d'édifices. Au pied de ces murs, paroissoit un camp de cavalerie turke, dans toute la pompe orientale. Le guide s'écria : « *El-Qods !* » (la sainte), et il s'enfuit au grand galop.

» Je conçois maintenant ce que les historiens et les voyageurs rapportent de la surprise des croisés et des pèlerins à la première vue de Jérusalem. Je puis assurer que quiconque a eu, comme moi, la patience de lire à peu près deux cents relations modernes de la Terre-Sainte, les compilations rabbiniques et les passages des anciens sur la Judée, ne connaît rien du tout encore. Je restai les yeux fixés sur Jérusalem, mesurant la hauteur de ses murs, recevant à la fois tous les souvenirs de l'histoire, depuis Abraham jusqu'à Godefroy de Bouillon, pensant au monde entier changé par la mission du Fils de l'Homme, et cherchant vainement ce temple, dont il ne reste pas pierre sur pierre. Quand je vivrois mille ans, jamais je n'oublierois ce désert, qui semble respirer encore la grandeur de Jéhova et les épouvantements de la mort. »

II.

JÉRUSALEM.

Jérusalem, au dire des Écritures, fut fondée l'an 2023 avant notre ère, par le grand-prêtre Melchisedech, ce qui lui donne une existence de trois mille trois cent cinquante-neuf années. Elle n'occupait pas, comme elle l'a fait depuis, le bas du mont Sion, les monts d'Acra et de Moria, et le Calvaire; mais seulement les deux montagnes de Moria et d'Acra. Son nom de Jérusalem (*vision de la paix*) lui vient des Jébuséens qui la soumirent cinquante ans après sa fondation. Ce fut sur ces maîtres que Josué conquit la partie basse de la ville, et David la ville haute ainsi que la citadelle. Les Jébuséens y avaient régné 824 ans. Après David, vint Salomon, à qui Jérusalem dut ses plus grandes magnificences. Saccagée par le roi d'Egypte Sesac, puis cent cinquante ans après par Joas, roi d'Israël, envahie par Manassès, rasée par Nabuchodonosor, Jérusalem perdit, dans cette période de troubles, son beau Temple de Salomon, ses monumens splendides, et une partie de sa population emmenée en esclavage. Ce fut Zorobabel qui commença à rebâtir le Temple et la ville. Esdras et Néhémée continuèrent son œuvre.

Bientôt, dans leur passage, les invasions grecques et romaines touchèrent à la ville sainte. Alexandre y passa l'an du monde 3583 ; Ptolomée, fils de Lagus, s'en rendit maître; Ptolomée Philadelphe la protégea ; Antiochus-le-Grand reconquit la Judée ; Antiochus-Épiphane régna à Jérusalem jusqu'au moment où les Machabées la délivrèrent. A leur tour, les Romains, appelés par la guerre civile, s'emparèrent de la ville sainte ; Pompée y entra en vainqueur clément, et protégea le Temple que Crassus devait piller plus tard. Ballottée entre les armes des Parthes et des Romains, affaiblie par les prétentions de divers candidats au trône, la Judée tombe entre les mains d'Hérode, qui envoie le dernier Machabée au supplice, règne paisiblement, et dote Jérusalem de nouvelles créations monumentales. Ce fut sous lui que Jésus-Christ vint au monde.

La descendance d'Hérode s'arrête à Agrippa, à la mort duquel la Judée fut réduite en province romaine. Les Juifs s'étant révoltés, Titus assiégea et prit Jérusalem. Deux cent mille habitans périrent de faim dans ce siége, et cent seize mille cadavres sortirent par une seule porte de Jérusalem. Les détails de ce siége sont affreux. « On mangea, dit M. de Châteaubriand, le cuir des souliers et des boucliers; on en vint à se nourrir de foin et des ordures que l'on cherchait dans les égouts de la ville : une mère dévora son enfant. Les assiégés avalaient leur or : le soldat romain, qui s'en aperçut, égorgeait les prisonniers, et cherchait ensuite le trésor recelé dans les entrailles de ces malheureux. Onze cent mille Juifs périrent dans la ville de Jérusalem, et deux cent trente-huit mille dans le reste de la Judée. Enfin, il y eut quatre-vingt-dix-neuf mille deux cents prisonniers de guerre : les uns furent condamnés aux travaux publics, les autres furent réservés au triomphe de Titus : ils parurent dans les amphithéâtres de l'Europe et de l'Asie, où ils s'entretuèrent pour amuser la populace du monde romain. Ceux qui n'avaient pas atteint l'âge de dix-sept ans furent mis à l'encan avec les femmes ; on en donnait trente pour un denier. Le Temple fut brûlé trente-huit ans après la mort de J.-C. ; de sorte qu'un grand nombre de ceux qui avaient entendu la prédiction du Sauveur purent en voir l'accomplissement. »

Ce sac effroyable ne fut pas le seul que Jérusalem eut à essuyer. Après Titus vint Adrien qui poursuivit l'œuvre de destruction. Adrien bâtit une autre ville sous le nom d'Ælia, et il en interdit l'entrée au Juifs, et immola dans ses guerres près de six cent mille victimes. Jérusalem, ou plutôt Ælia, demeura païenne jusqu'à Constantin, qui y fit abattre les idoles. Julien, trente-sept ans plus tard, voulut vainement faire rebâtir le Temple, et Justinien éleva l'église de Jérusalem au rang du patriarcat.

A un siècle de là les calamités recommencent. Jérusalem est prise par Kosroës, roi des Perses, qui enlève le bois de la vraie croix; Héraclius reconquit l'un et l'autre, et en reste maître jusqu'au moment de la propagande islamite. Alors, Omar paraît devant la ville sainte, et l'enlève de force. Sous la main des Musulmans, Jérusalem éprouve une nouvelle série de désastres et de misères ; elle passe tour à tour des Omniades aux Abassides, puis aux Toulonnides, aux Ecchédites, aux Soljoncides, aux Fatimites et aux Ortokides. Les Fatimites commandaient quand les Croisés parurent; Godefroy arriva devant Jérusalem en l'an 1099 de notre ère. Autour de lui se groupait l'élite de la noblesse européenne : Baudouin, Eustache, Tancrède, Raymond de Toulouse, les comtes de Flandre, de Normandie, de l'Étolde, Guicher, Gaston de Foix, Gérard de Roussillon, Raimbaud d'Orange, Saint-Paul, Lambert, Pierre l'Ermite, etc. Après avoir pris tour à tour Rama et Emmaüs, l'armée des Croisés pénétra dans Jérusalem le 12 ou le 15 juillet 1099. Maître de la ville, Godefroy refusa de poser sur son front la couronne brillante qu'on lui destinait. « Je ne » veux point, dit-il, porter une couronne d'or là où Jésus-Christ a porté » une couronne d'épines. »

Après avoir conquis Nablous, et battu le soudan dans les plaines d'Azcalon, Godefroy mourut à Jaffa. Après lui régnèrent Baudouin, Foulques d'Anjou, Baudouin III, Amaury et Baudouin IV. Ce fut pendant ce temps qu'eurent lieu les croisades de Louis VII et de l'empereur Conrad. Baudouin V et Gui de Luzignan, après lui, devait rencontrer un terrible adversaire dans Salah-ed-Dyn (Saladin). Salah-ed-Dyn fit prisonnier, à la bataille de Tibériade, le roi de Jérusalem, et vint ensuite mettre le siége devant cette capitale. Il la prit en 1188 de notre ère. La liberté de chaque habitant fut taxée à un besan d'or, et, faute de pouvoir payer cette somme, quatorze mille habitans demeurèrent esclaves. Avant d'entrer dans la mosquée du Temple, Salah-ed-Dyn, s'il faut en croire Sanut, en fit laver et purifier les murs avec de l'eau de rose. Une croix d'or qui couronnait le fronton fut abattue et brisée ; on n'épargna qu'une église, celle du Saint-Sépulcre, que les Syriens rachetèrent pour une grosse somme d'argent.

Dès ce moment, ce royaume lointain, à demi perdu, n'eut guère que des souverains nominaux. Philippe-Auguste et Richard Cœur-de-Lion ne purent sauver la ville sainte, et vinrent seulement s'immortaliser sur le littoral. Louis IX arriva en Orient sept ans après la catastrophe. Dès lors le mouvement chevaleresque des croisades fut complétement amorti. Les sultans mamelouks, baharites ou circassiens, occupèrent tour à tour Jérusalem, jusqu'à l'époque ou Sélim s'en empara pour en faire une annexe de la Porte.

Sur l'aspect actuel des lieux, on aurait peine à se faire une idée de ce qu'a dû être autrefois le royaume de Jérusalem. Pour nourrir une population comme celle dont parlent les Écritures, la campagne devait y être bien autrement riche et féconde. Devenue la proie du fer et du feu, après avoir été envahie dix-sept fois, et avoir été arrosée du sang de plusieurs millions d'hommes, la Judée a pu devenir ce qu'on la voit de nos jours, une solitude ingrate et rocailleuse; mais, dans l'ère antique, cette terre était bien la terre d'abondance, la terre promise du Seigneur. Voici ce qu'en dit l'abbé Guenée, qui dépeint son organisation à l'époque des croisades.

« Ce royaume s'étendait du couchant au levant depuis la mer Méditerranée jusqu'au désert d'Arabie, et du midi au nord depuis le fort de Darum au-delà du torrent d'Égypte jusqu'à la rivière qui coule entre Beryth et Biblos. Ainsi, il comprenait d'abord : les trois Palestines, qui avaient pour capitales, la première Jérusalem, la deuxième Césarée maritime, la troisième Betshan, puis Nazareth; il comprenait en outre tout le pays des Philistins, toute la Phénicie, avec la deuxième et troisième Arabie, et quelques parties de la première. »

« Cet État, disent les Assises de Jérusalem, avaient deux chefs seigneurs, l'un spirituel et l'autre temporel; le patriarche était le seigneur spirituel, et le roi le seigneur temporel.

» Le patriarche étendait sa juridiction sur les quatre archevêchés de Tyr, de Césarée, de Nazareth et de Krak; il avait pour suffragans les évêques de Bethléem, de Lydde et d'Hébron : de lui dépendaient encore les six abbés de Mont-Sion, de la Latine, du Temple, du Mont-Olivet, de Josaphat et de Saint-Samuel, le prieur du Saint-Sépulcre, et les trois abbesses de Notre-Dame-la-Grande, de Saint-Anne et de Saint-Ladre.

» Les archevêques avaient pour suffragans celui de Tyr, les évêques de Beryth, de Sidon, de Panéas et de Ptolémaïs; celui de Césarée, l'évêque de Sébaste; celui de Nazareth, l'évêque de Tibériade et le prieur du Mont-Tabor; celui de Krak, l'évêque du Mont-Sinaï.

» Les évêques de Saint-George, de Lydde et d'Acre, avaient sous leur juridiction, le premier, les deux abbés de Saint-Joseph, d'Arimathie et de Saint-Abacuc; les deux prieurs de Saint-Jean l'Évangéliste et de Sainte-Catherine du Mont-Gisard, avec l'abbesse des Trois-Ombres; le deuxième, la Trinité et les Repentirs.

» Tous ces évêchés, abbayes, chapitres, couvens d'hommes et de femmes, paraissent avoir eu d'assez grands biens, à en juger par les troupes qu'ils étaient obligés de fournir à l'Etat. Trois ordres surtout, religieux et militaires tout à la fois, se distinguaient par leur opulence ; ils avaient, dans le pays, des terres considérables, des châteaux et des villes.

» Outre les domaines que le roi possédait en propre, comme Jérusalem, Nablous, Acre, Tyr et leur dépendance, on comptait dans le royaume quatre grandes baronnies; elles comprenaient, la première, les comtés de Jaffa et d'Ascalon, avec les seigneuries de Rama, de Mirabel et d'Ybelin ; la deuxième, la principauté de Galilée; la troisième, les seigneuries de Sidon, de Césarée et de Bethsan; la quatrième, les seigneuries de Krak, de Montréal et d'Hébron. Le comté de Tripoli formait une principauté à part, dépendante, mais distinguée du royaume de Jérusalem.

Un des premiers soins des rois avait été de donner un Code à leur peuple. De *sages hommes* furent chargés de recueillir les principales lois des différens pays d'où étaient venus les Croisés, et d'en former un corps de législation d'après lequel les affaires civiles et criminelles seraient jugées. On établit deux cours de justice, la haute pour les nobles, l'autre pour la bourgeoisie et toute la roture. Les Syriens obtinrent d'être jugés suivant leurs propres lois.

» Les différens seigneurs, tels que les comtes de Jaffa, les seigneurs d'Ybelin, de Césarée, de Kaïffa, de Krak, l'archevêque de Nazareth, etc., eurent leurs cours et justice, et les principales villes, Jérusalem, Nablous, Acre, Jaffa, Césarée, Bethsan, Hébron, Godres, Lydde, Assur, Panéas, Tibériade, Nazareth, leurs cours et justices bourgeoises ; les justices seigneuriales et bourgeoises, au nombre d'abord de vingt ou trente de chaque espèce, augmentèrent à proportion que l'État s'agrandissait.

» Les baronnies et leurs dépendances étaient chargées de fournir deux mille cavaliers; les villes de Jérusalem, d'Acre et de Nablous, en devaient six cent soixante-six, et cent treize sergens; les cités de Tyr, de Césarée, d'Ascalon, de Tibériade, mille sergens.

» Les églises, évêques, abbés, chapitres, etc., devaient en donner environ sept mille, savoir : le patriarche, l'église du Saint-Sépulcre, l'évêque de Tibériade et l'abbé du Mont-Tabor, chacun cinq cents; l'archevêque de Tyr et l'évêque de Tibériade, chacun cinq cent cinquante ; les évêques de Lydde et de Bethléem, chacun deux cents, et les autres à proportion de leurs domaines.

» Les troupes de l'État réunies firent d'abord une armée de dix à douze mille hommes : on les porta ensuite à quinze, et quand Lusignan fut défait par Saladin, son armée montait à près de vingt-deux mille hommes, toutes les troupes du royaume.

» Malgré les dépenses et les pertes qu'entraînaient des guerres presque continuelles, les impôts étaient modérés, l'abondance régnait dans le pays, le peuple se multipliait, les seigneurs trouvaient dans leurs fiefs de quoi se dédommager des avantages qu'ils avaient laissés en Europe, et Baudouin de Bourg lui-même ne regretta pas long-temps son riche et beau comté d'Édesse. »

Tel était le royaume de Jérusalem des rois croisés, déjà l'ombre de lui-même, et bien déchu de ses splendeurs hébraïques. Tout ruiné qu'il est aujourd'hui, l'aspect de la capitale peut donner une idée de ses grandeurs successives; on peut le réédifier et le reconstruire à l'aide des vestiges de monumens qu'on y rencontre à chaque pas, monumens de caractères divers, hébreux, grecs, romains, chrétiens, arabes, gothiques ou turcs.

De ces monumens, le plus important par les souvenirs qui s'y rattachent, est l'église du Saint-Sépulcre, église qui en comprend trois, celle du Saint-Sépulcre proprement dite, celle du Calvaire, et celle de l'Invocation de la Sainte-Croix.

L'église du Saint-Sépulcre est bâtie dans la vallée du Calvaire sur le terrain où Jésus fut enseveli. L'édifice, cruciforme et circulaire comme le Panthéon de Rome, ne reçoit de jour que par un dôme au-dessous duquel se trouve le Saint-Sépulcre. Cette rotonde est ornée de seize colonnes de marbre qui soutiennent, en décrivant dix-sept arcades, une galerie supérieure, également composée de dix-sept arcades et de seize colonnes, les unes et les autres plus petites que celles du rang inférieur. Au-dessus de la frise de la deuxième galerie s'élèvent des niches qui correspondent aux arcades, et qui autrefois étaient décorées de mosaïques. Le dôme s'appuie sur l'arc de ces niches.

Le chœur de l'église, situé à l'orient du Tombeau, est double comme dans les anciennes basiliques, et autour du double sanctuaire règnent les ailes du chœur toutes garnies de chapelles. Dans l'aile droite s'ouvrent deux escaliers qui conduisent, l'un à l'église et à la cime du Calvaire, l'autre à l'église de l'Invocation de la Sainte-Croix.

Toute cette architecture est évidemment du temps de Constantin : l'ordre corinthien y domine. Les piliers sont lourds ou maigres avec des diamètres presque toujours sans proportion avec les hauteurs. A part quelques colonnes qui portent la frise du chœur, le reste du monument est d'un style assez médiocre : les corniches se profileraient à l'œil avec assez de grandeur si l'on n'avait pas, dans l'ère moderne, surbaissé l'arcade qui sépare le chœur de la nef. Du reste, l'église est sans péristyle ; on y entre par une seule porte, et comme ces avenues sont masquées par quelques couvens grecs accolés à ses murs, il ne produit pas un grand effet à l'extérieur. Quant au tombeau de Jésus-Christ, destination pieuse et spéciale de cette église, il consiste en un tombeau de marbre blanc, des plus simples que l'on puisse voir, recouvert d'un catafalque orné d'arceaux demi-gothiques, engagés dans les côtés pleins. Ce monument s'élèverait avec assez d'élégance sous le dôme qui l'éclaire, s'il n'était gâté par une chapelle massive que les Arméniens ont bâtie à l'autre extrémité.

L'église du Saint-Sépulcre, d'une ancienneté incontestable, a été, suivant les uns, commencée sous Adrien ; suivant les autres, sous Constantin seulement. Elle fut tour à tour ravagée par Kosroës, roi des Perses, et dévastée par le kalyfe Fatimite Hakem ; mais l'ensemble et les grosses œuvres de l'édifice ne semblent pas avoir beaucoup souffert de ces atteintes. Elles sont aujourd'hui encore à peu près ce qu'elles étaient à la date de l'érection.

Rien de plus saisissant que l'aspect de l'église du Saint-Sépulcre, dont toutes les Stations ont un caractère profond et biblique. Éclairée par une foule de lampes qui jettent sur tous les objets leur teinte douce et mystérieuse, elle dispose l'âme à la prière, et agit sur la mémoire par la grandeur des souvenirs. Du haut des arcades qu'habitent les prêtres chrétiens de diverses sectes sortent, de temps à autre, des cantiques psalmodiés qui semblent descendre du ciel. A la variété des voix et des idiomes se joint la variété des instrumens qui se font entendre à toutes les heures du jour et de la nuit. Vous écoutez tour à tour l'orgue et les cymbales, tandis qu'un nuage d'encens s'élève de tous les coins de la nef, et semble donner une réalité physique aux mystères qui s'accomplissent sur l'autel.

Si l'on quitte le divin sanctuaire pour suivre la Voie Douloureuse, c'est-à-dire le chemin que parcourut Jésus-Christ en se rendant de la maison de Pilate au Calvaire, toute l'histoire animée, parlante, de la Passion, se déroule peu à peu sous les yeux du voyageur. D'abord paraît la maison de Pilate, ruine qui domine le vaste emplacement du temple de Salomon et la mosquée bâtie sur cet emplacement. On y montre encore la fenêtre d'où Pilate montra au peuple le Fils de Dieu, après qu'on l'eut battu de verges et couronné d'épines. Ce fut de là qu'il cria : *Ecce homo!* voilà l'homme! A cent vingt pas plus loin est l'église de Notre-Dame-des-Douleurs, lieu où l'on dit que Marie, chassée d'abord par les gardes, rencontra son fils chargé de la croix. Plus loin, Simon le Cyrénéen aida le Sauveur à porter l'instrument de son supplice. Après avoir passé la rue où se tenait d'un côté Lazare le Pauvre, et qu'habitait de l'autre le mauvais riche, on rencontre la rue qui monte au Calvaire, et où Jésus-Christ, voyant des femmes qui pleuraient, leur dit : « Filles de Jérusalem, ne pleurez pas » sur moi, mais pleurez sur vous-mêmes et sur vos enfans. » Ensuite se découvre l'emplacement de la maison de Véronique, cette pieuse femme qui essuya le visage du Sauveur, puis la porte judiciaire qui conduit au Golgotha, et où se termine la Voie Douloureuse après un mille environ de longueur.

La ville de Jérusalem est semée de localités qui rappellent des faits touchans de notre histoire religieuse. La maison d'Anne le pontife, sur laquelle les Arméniens ont bâti une église; la maison de Simon le pharisien, église totalement ruinée, située à l'orient de la ville ; le monastère de Sainte-Anne, mère de la Vierge, aujourd'hui changé en mosquée; la prison de Saint Pierre, près du Calvaire, dont il ne reste plus que des murs; la maison de Zébédée, grande église grecque; la maison de Marie, mère de Jean-Marc, église syrienne; enfin le lieu du martyre de Saint Jacques-le-Majeur, qui est aujourd'hui le couvent des Arméniens.

Maintenant, si l'on quitte la ville pour faire le tour de ses remparts, on rencontre d'abord la piscine de Bethsabée, fossé large et profond, mais sans eau, on se trouve ensuite en face du Mont-de-Sion qui jadis eut la gloire de donner son nom à la ville. Ce mont, en croissant du côté de Jérusalem, est d'un aspect jaunâtre et stérile. Son faîte arrondi est couronné de trois ruines : la maison de Caïphe, le Saint-Cénacle et le palais de David. Du haut de ce mont on découvre par delà la vallée de Ben Hinnon, le champ du Sang, le mont du Mauvais-Conseil, les Tombeaux des Juges, et tout le désert vers Habron et Bethléem. La maison de Caïphe qui couronne le mont est une église aujourd'hui desservie par les Arméniens; le palais ou tombeau de David est une petite salle voûtée où l'on trouve trois sépulcres de pierre noirâtre; le Saint-Cénacle est une mosquée et un hospice turcs. C'est dans ce lieu que David garda, pendant trois mois, l'arche d'alliance;

ce fut là que Jésus-Christ fit sa dernière pâque, qu'il institua le sacrement de l'eucharistie, et apparut à ses disciples; là aussi que le Saint-Esprit descendit sur les apôtres. Benjamin de Tudèle rapporte, au sujet de fouilles tentées dans cet endroit, un fait miraculeux que nous donnons sous son autorité.

« Toute l'étendue de Jérusalem, dit-il, est environnée de hautes montagnes; mais c'est sur celle de Sion que doivent être les sépulcres de la famille de David dont on ignore le lieu. En effet, il y a quinze ans qu'un des murs du temple que j'ai dit être sur la montagne de Sion croula. Là-dessus, le patriarche donna ordre à un prêtre de le réparer des pierres qui se trouveraient dans le fondement des murailles de l'ancienne Sion. Pour cet effet, celui-ci fit marché avec environ vingt ouvriers entre lesquels il se trouva deux hommes amis et de bonne intelligence. L'un d'eux mena un jour l'autre dans sa maison pour lui donner à déjeuner. Etant revenus après avoir mangé ensemble, l'inspecteur de l'ouvrage leur demanda la raison pourquoi ils étaient venus si tard; auquel ils répondirent qu'ils compenseraient cette heure de travail par une autre. Pendant donc que le reste des ouvriers fut à dîner, et que ceux-ci faisaient le travail qu'ils avaient promis, ils levèrent une pierre qui bouchait l'ouverture d'un antre, et se dirent l'un à l'autre : « Voyons s'il n'y a pas quelque trésor caché. » Après y être entrés, ils avancèrent jusqu'à un palais soutenu par des colonnes de marbre et couvert de feuilles d'or et d'argent. Au-devant, il y avait une table avec un sceptre et une couronne dessus : c'était là le sépulcre de David, roi d'Israël; celui de Salomon, avec les mêmes ornemens, était à la gauche, aussi bien que plusieurs autres rois de Juda de la famille de David, qui avaient été aussi enterrés dans ce lieu. Il s'y trouva en outre des coffres fermés; mais on ignore ce qu'ils contenaient. Les deux ouvriers ayant voulu pénétrer dans le palais, il s'éleva un tourbillon de vent qui, entrant par l'ouverture de l'antre, les renversa par terre, où ils demeurèrent comme s'ils eussent été morts, jusqu'au soir. Un autre souffle de vent les réveilla, et ils entendirent une voix semblable à celle d'un homme qui leur dit : » *Levez-vous et sortez de ce lieu.* » La frayeur dont ils étaient saisis les fit retirer en diligence, et ils rapportèrent tout ce qui leur était arrivé au patriarche, qui le leur fit répéter en face d'Abraham de Constantinople, le pharisien, et surnommé le pieux, qui demeurait alors à Jérusalem. Il l'avait envoyé chercher pour lui demander quel était son sentiment là-dessus; à quoi il répondit que c'était le lieu de la sépulture de la maison de David, destinée pour les rois de Juda. Le lendemain, on trouva ces deux hommes couchés dans leurs lits et fort malades de la peur qu'ils avaient eue. Ils refusèrent de retourner dans le même lieu à quelque prix que ce fût, assurant qu'il n'était permis à aucun mortel de pénétrer dans un lieu dont Dieu défendait l'entrée : de sorte qu'elle a été bouchée par le commandement du patriarche, et que la vue en a été ainsi cachée jusqu'à aujourd'hui. »

Cette histoire de Benjamin de Tudèle semble renouvelée de celle de Josèphe qui la rapporte au temps d'Hérode-le-Grand.

En descendant le versant oriental du mont de Sion, on arrive dans la vallée, où se trouvent et la fontaine et la piscine de Siloé. La fontaine sort sans bruit du rocher et s'épanche dans son réservoir. Les uns la font paraître du temps d'Isaïe, les autres du temps d'Ézéchias. Les deux piscines sont auprès de la source ; elles servent aujourd'hui comme alors à laver le linge. Plus loin une autre fontaine, dite de la Vierge, mêle ses eaux à celles de Siloé.

Ici, à la racine du mont Moria, et sous les murs mêmes du Temple, commence la vallée de Josaphat. Cette vallée court du nord au sud entre le mont Moria et la montagne des Oliviers; le torrent de Cédron, presque toujours à sec, la traverse. La vallée de Josaphat prit ce nom du mausolée de ce roi qui y fut inhumé. C'était d'ailleurs, de temps immémorial, un lieu de sépulture pour les Juifs ; les cèdres dont elle était plantée lui donnaient une physionomie funèbre. Le côté occidental est formé d'une haute falaise sur laquelle reposent les murs de la ville ; le côté oriental s'appuie au mont des Oliviers et au mont dit *offensionis*, l'un et l'autre nus, sombres, tristes, parsemés de vignes brûlées, d'oliviers sauvages, qui poussent au milieu de décombres. Sur le torrent de Cédron est jeté un pont d'une seule arche. En fait de monumens, on n'y remarque guère que les tombeaux de Zacharie, de Josaphat et d'Absalon, qui dorment en ce champ de deuil avec les mille pierres blanches du cimetière des Juifs, qui se montrent à la hauteur du village arabe de Siloan. A la naissance de la vallée et presqu'à la source du Cédron, se découvre le jardin des Oliviers, dans lequel on remarque huit gros troncs d'arbres d'une extrême décrépitude. Les Pères latins, qui ont acheté ce local de leurs deniers, font remonter bien haut l'origine de ce quinconce. Le village de Gethsémani touche au jardin des Oliviers, et sur ses ruines est le sépulcre de la Vierge. C'est là que, d'après l'opinion de plusieurs Pères, Marie fut ensevelie. Une église souterraine y a été construite, et toutes les sectes chrétiennes se la partagent : les Turcs même y ont un oratoire. On y voit, à côté du tombeau de la Vierge, ceux de Saint Joachim, de Saint Joseph et de Sainte Anne. Plus loin est la grotte où Jésus sua du sang et à la porte de laquelle Judas le trahit par un baiser. Sur le sommet de la montagne, on montre la place d'où Jésus lança sur Sion une prophétie de deuil, et où plus tard Titus vint asseoir ses tentes.

« Quatre ans avant le commencement de la guerre, dit l'historien Josèphe, lorsque Jérusalem était encore dans une profonde paix et dans l'abondance, Jésus, fils d'Ananus, qui n'était qu'un simple paysan, étant venu à la fête des Tabernacles, qui se célèbre tous les ans dans le temple, en l'honneur de Dieu, cria : Voix du côté de l'Orient; voix du côté de l'Occident; voix du côté des quatre vents; voix contre Jérusalem et contre le Temple; voix contre les nouveaux mariés et les nouvelles mariées ; voix contre tout le peuple. » Et il ne cessait point, jour et nuit, de courir par toute la ville en répétant la même chose. Quelques personnes de qualité, ne pouvant souffrir des paroles de si mauvais présage, le firent prendre et fouetter..... Mais à chaque coup qu'on lui donnait, il répétait d'une voix plaintive : « Malheur ! malheur sur Jérusalem !..... » Quand Jérusalem fut assiégée, on vit l'effet de ses prédictions. Et faisant alors le tour des murailles de la ville, il se mit encore à crier : « Malheur, malheur sur la ville! malheur sur le Temple! » A quoi ayant ajouté : « Et malheur sur moi! » une pierre le frappa, et il rendit l'esprit. »

En continuant à gravir la colline, on arrive à une petite mosquée, bâtie sur les débris d'une église. C'est de là, qu'après sa résurrection, Jésus-Christ remonta au ciel. On fait voir sur le rocher même l'empreinte du pied gauche d'un homme que l'on dit être celui du Sauveur. Là s'arrête cette histoire divine qui commence à Bethléem et se termine sur le mont des Oliviers.

Mais à côté de cette Jérusalem de la Bible, et comme fondue avec elle, existe une autre Jérusalem, celle qui fut tour à tour romaine, sarrasine et turque, la ville moderne près de la ville ancienne. Le premier point qui en frappe, c'est la citadelle que les chrétiens nomment la tour des Pisans, et qui, d'après d'Anville, est bâtie sur les ruines de l'ancien château de David. C'est une forteresse gothique, qui n'a rien de saillant. Du sommet de son donjon on découvre toute la campagne. « Le paysage qui environne la » ville est affreux, dit l'éloquent auteur de l'*Itinéraire* : ce sont de toutes

» parts des montagnes nues, arrondies à leurs cimes ou terminées en pla-
» teau ; plusieurs d'entre elles, à de grandes distances, portent des ruines
» de tours et de mosquées délabrées. Ces montagnes ne sont pas telle-
» ment serrées qu'elles ne présentent des intervalles par où l'œil va cher-
» cher d'autres perspectives ; mais ces ouvertures ne laissent voir que d'ar-
» rière-plans de rochers aussi arides que les premiers plans. »

Quand on a quitté cette forteresse démantelée, à droite du bazar, et au pied de la montagne de Sion, on entre dans le quartier des Juifs, le plus misérable, le plus sale, le plus dégoûtant de tous les quartiers de la ville. La population y végète en proie à mille privations et à mille misères. Pour nourrir les Juifs de Jérusalem, on a été obligé d'avoir recours à des quêtes faites en Europe.

Non loin de là, et à peu de distance du Prétoire de Pilate, paraissent la Piscine probatique, le palais d'Hérode, et un ancien hôpital jadis chrétien, aujourd'hui turk, où figure la chaudière dite de Sainte Hélène. Chaque Musulman pauvre recevait autrefois à cet hôpital deux petits pains, et des légumes cuits à l'huile.

Quand on fait le tour de Jérusalem, on reconnaît que ses remparts forment un carré long qui court de l'est à l'ouest. Le mur d'enceinte actuel est l'ouvrage de Soliman, fils de Sélim, ce qui est constaté par des inscriptions turques. Cette enceinte, flanquée de tours carrées, se compose de murs qui ont cent vingt pieds de haut, et environ trente pieds de large. Les fossés sont les vallons qui enveloppent la ville. Du reste, avec les moyens actuels pour l'attaque des places, Jérusalem ne tiendrait pas quarante-huit heures. Parmi les portes de la ville, on cite : *Bab-el-Khalil* (porte du bien-aimé), que l'on nomme aussi porte des Pèlerins, porte de Jafa ; *Bab-el-nabi-Daoud* (porte du prophète David), qui regarde le sud ; *Bab-el-Maugarbé* (porte des Mograbins); *Bab-el-Dahabié* (la porte Dorée), *Bab-el-sitti-Mariam* (la porte de la Sainte-Vierge), *Bab-el-Zahara* (la porte de l'Aurore), *Bab-el-Cham* (la porte de Damas). Les rues principales sont : *Harat-bab-el-Hamoud* (la porte de la Colonne), *Souk-el-Kebir* (rue du Grand-Bazar), *Harat-el-Allam* (qui comprend la Voie Douloureuse). Sept autres petites rues complètent cette nomenclature, et dans le nombre figure la rue des Mograbins, où logent presque tous les Barbaresques.

Des monumens de l'ère antique, il en est peu dont les vestiges soient dans un état satisfaisant de conservation. Le premier et le second temple n'existent plus que dans la tradition : on en chercherait vainement une trace. Le premier n'a guère été décrit que par Josèphe. « La longueur du temple, dit cet historien, est de soixante coudées, sa hauteur d'autant, sa largeur de vingt. Sur cet édifice, on en éleva un autre de la même grandeur; et ainsi, toute la hauteur du temple était de six vingt coudées. Il était tourné vers l'Orient, et son portique était de pareille hauteur, de six vingt coudées, de vingt de long, et de six de large. Il y avait à l'entour du temple trente chambres en forme de galeries, et qui servaient au dehors comme d'arcs-boutans pour les soutenir. On passait des unes dans les autres, et chacune avait vingt coudées de long, autant de large et vingt de hauteur. Il y avait au-dessus de ces chambres deux étages de pareil nombre de chambres toutes semblables. Ainsi la hauteur de trois étages ensemble, montant à soixante coudées, revenait justement à la hauteur du bas édifice du temple dont nous venons de parler; et il n'y avait rien au-dessus. Toutes ces chambres étaient couvertes de bois de cèdre, et chacune avait sa couverture à part, en forme de pavillon; mais elles étaient jointes par de grosses et longues poutres, afin de les rendre plus fermes; et ainsi elles ne faisaient ensemble qu'un seul corps. Leurs plafonds étaient de bois de cèdre fort poli, et enrichis de feuillages dorés, taillés dans le bois. Le reste était aussi lambrissé de bois de cèdre, si bien travaillé et si bien doré, qu'on ne pouvait y entrer sans que leur éclat éblouît les yeux. Toute la structure de ce superbe édifice était de pierres si polies et tellement jointes, qu'on ne pouvait pas en apercevoir les liaisons; mais il semblait que la nature les eût formées de la sorte, d'une seule pièce, sans que l'art et les instrumens dont les excellens maîtres se servent pour embellir leurs ouvrages y eussent en rien contribué. Salomon fit faire dans l'épaisseur du mur, du côté de l'Orient, où il n'y avait point de grand portail, mais seulement deux portes, un degré à vis de son invention pour monter jusqu'au haut du temple. Il y avait, dedans et dehors du temple, des ais de cèdre, attachés ensemble avec de grandes et fortes chaînes, pour servir encore à le maintenir en état.

» Lorsque tout ce grand corps de bâtiment fut achevé, Salomon le fit diviser en deux parties, dont l'une, nommée le Saint des Saints, ou Sanctuaire, qui avait vingt coudées de long, était particulièrement consacrée à Dieu, et il n'était permis à personne d'y entrer. L'autre partie, qui avait quarante coudées de longueur, fut nommée le Saint-Temple, et destinée aux sacrificateurs. Ces deux parties étaient séparées par de grandes portes de cèdre, parfaitement bien taillées et fort dorées, sur lesquelles pendaient des voiles de lin, pleins de diverses fleurs de couleur de pourpre, d'hyacinthe, d'écarlate . . . . Salomon se servit, pour faire confectionner tout cela, mais principalement les ouvrages d'or, d'argent et de cuivre, d'un ouvrier admirable, nommé Hiram, qu'il avait fait venir de Tyr, dont le père, nommé Ur, quoique résidant à Tyr, était descendu des Israélites; car sa mère était de la tribu de Nephtali. Ce même homme lui fit aussi deux colonnes de bronze qui avaient quatre doigts d'épaisseur, dix-huit coudées de haut, et douze coudées de tour, au-dessus desquelles étaient des corniches de fonte, en forme de lis, de cinq coudées de hauteur. Il y avait autour de ces colonnes des feuillages d'or qui couvraient ces lis, et on y voyait pendre, en deux rangs, deux cents grenades, aussi de fonte. Ces colonnes furent placées à l'entrée du porche du Temple, l'une nommée Jachim, et l'autre nommée Bor, à main gauche . . . . Salomon fit en outre bâtir, hors de cette enceinte, une espèce d'autre temple d'une forme quadrangulaire, environné de grandes galeries, avec quatre grands portiques qui regardaient le levant, le couchant, le septentrion et le midi, et auxquels étaient attachées deux grandes portes toutes dorées; mais il n'y avait que ceux qui étaient purifiés selon la loi et résolus d'observer les commandemens de Dieu, qui eussent la permission d'y entrer. La construction de cet autre temple était un objet si digne d'admiration, qu'à peine est-ce une chose croyable; car pour le pouvoir bâtir au niveau de la haute montagne sur laquelle le Temple était assis, il fallut remplir, jusqu'à la hauteur de quatre cents coudées, un vallon dont la profondeur était telle qu'on ne pouvait le regarder sans frayeur. Il fit environner ce Temple d'un double galerie, soutenue par un double rang de colonnes de pierres d'une seule pièce; et ces galeries, dont toutes les portes étaient d'argent, étaient lambrissées de bois de cèdre. »

A ce premier Temple, dont il serait difficile, sur un récit aussi vague, de reconstruire l'ensemble, succéda le second Temple, bâti par Hérode, l'Ascalonite, qui rentrait dans le caractère des ouvrages moitié grecs et moitié juifs. Ainsi il ne reste, à proprement parler, aucun édifice à Jérusalem qui appartienne à la première époque de son existence, si ce n'est pourtant la Piscine Probatique. Cette piscine, qu'on voit encore près de la porte de

Saint-Étienne, bornait le temple du côté du nord. C'est un réservoir qui a cinquante pieds de long sur une largeur de quarante pieds. Il est formé de murs construits avec de grosses pierres que lient des crampons de fer, puis revêtu de cailloutage que couvre un enduit. Dans cette piscine desséchée croissent aujourd'hui des grenadiers, des nopals et des tamarins sauvages.

Les monumens grecs et romains sont plus abondans à Jérusalem que les monumens tout-à-fait antiques. Dans la vallée de Josaphat gisent les sépulcres d'Absalon et de Zacharie: le premier formant un masse carrée, qu'ornent vingt-quatre colonnes d'ordre dorique uni, à demi engagées dans la masse, colonnes surmontées elles-mêmes d'un socle qui porte une pyramide triangulaire; le second taillé dans le roc, et se termine par une pointe recourbée comme celle des édifices chinois. Le sépulcre de Josaphat et le sépulcre de saint Jacques sont aussi des constructions qui ne manquent ni de goût, ni d'élégance. M. de Chateaubriand porte leur date à l'époque des Machabées.

Les sépulcres des rois semblent avoir un autre caractère, un caractère mixte, moitié égyptien et moitié grec. Ils se composent d'une salle découverte, taillée dans le roc, de trente pieds de long sur trente de large et douze de hauteur. La porte de cette salle, d'ordre dorique, située au midi, est surmontée d'une frise sculptée avec une finesse exquise, frise qui reproduit un triglyphe, un métope, et une grappe de raisin se succédant l'un à l'autre. Au-dessus de la frise, et dans une direction parallèle, règne une autre ligne d'ornemens, feuillage entremêlé de fruits qui descend le long des côtés de la porte. Dans l'angle, à gauche de cette porte, s'ouvre une sorte de canal dans lequel on ne peut aller qu'en rampant, et qui aboutit à une chambre carrée creusée dans le roc. Les parois de cette chambre sont garnies de trous qui semblent avoir été disposés de manière à recevoir des cercueils. Sept autres chambres mortuaires continuent cette première chambre, et la plus mystérieuse de toutes semble avoir contenu les cercueils des principaux rois. D'après les fragmens qui en restent, on voit que les sarcophages étaient de pierres ornées d'élégantes arabesques. Ce lieu était incontestablement un lieu de sépulture, car plusieurs voyageurs des premiers temps y virent, les uns des ossemens, les autres des cendres. Au dehors, ces sépultures étaient signalées par trois pyramides, dont l'une existait encore du temps du Villalpendus. Quant au roi qui fit bâtir ces monumens, et qui le premier y trouva sa sépulture, M. de Chateaubriand, après avoir comparé entre eux Josèphe, le livre des Machabées et Pausanias, nomme Hérode le Tétrarque, qui ne fut pas moins magnifique que son frère l'Ascalonite.

On a vu, à propos des saints lieux, quel était le caractère des monumens chrétiens construits à Jérusalem avant l'invasion sarrasine. Il ne reste plus qu'à apprécier ceux qui datent de cette seconde époque. Au premier rang est la mosquée du Temple, commencée par Omar sur les ruines du Temple de Salomon. Ce Temple, ruiné de fond en comble par les soldats de Titus, offrait un bel emplacement dont les conquérans surent tirer parti. Ils y construisirent une mosquée devenue sainte aujourd'hui, presqu'à l'égal de celles de la Mecque et de Médine, et l'ornèrent de toutes les dépouilles des monumens voisins. Elle se nomma la mosquée de la Roche, à cause d'une roche que l'on y découvrit. C'est sur cette mosquée que les Arabes essayèrent les premiers rudimens de cette architecture gothique que les Ommiades devaient transporter en Espagne, où elle allait s'élever aux proportions et aux magnificences de l'Alhambra.

La mosquée est octogone, et couronnée d'une lanterne à huit faces, que domine un dôme revêtu jadis de cuivre, aujourd'hui de plomb. Les murs sont revêtus, à l'extérieur, de petits carreaux ou de briques peintes chargées d'arabesques et de versets du Koran, écrits en lettres d'or. Les portiques des parvis, et ces briques peintes rappellent les décorations du généralife et de la cathédrale de Cordoue. Du reste, cette mosquée diffère peu, pour le caractère, de la foule des mosquées musulmanes, que beaucoup de voyageurs ont vues et décrites. On peut donc, sans y avoir pénétré, s'en faire une idée pertinente. On sait que la décoration intérieure des temples turks est des plus simples. Voici ce que l'on en raconta à l'ambassadeur Deshayes : « Il y a dedans un grand dôme qui est porté par deux » rangs de grosses colonnes de marbre, au milieu de laquelle est une » grosse pierre, sur laquelle les Turcs croient que Mahomet monta quand » il alla au ciel. Pour cette cause, ils y ont une grande dévotion, et » ceux qui ont quelques moyens fondent de quoi entretenir quelqu'un » après leur mort qui lise l'Alcoran autour de cette pierre à leur « intention. Le dedans de cette mosquée est tout blanchi, hormis en » quelques endroits, où le nom de Dieu est écrit en caractères arabiques. »

Guillaume de Tyr en parle à son tour ainsi :

« Pour entrer dans le Temple, il y a quatre portes situées à l'orient, à « l'occident, au septentrion et au midi; chacune ayant son portail bien » élabouré de moulures, et six colonnes avec leur piédestal et chapi- » teau; le tout de marbre et de porphyre. Le dedans est tout de marbre » blanc : le pavé même est de grandes tables de marbre de diverses cou- » leurs, dont la plus grande partie, tant des colonnes que du marbre, et » le pomb, ont été pris aux Turks, tant en l'église de Bethléem qu'en celle » du Saint-Sépulcre, et autres qu'ils ont démolies.

» Dans le Temple, il y a trente-deux colonnes de marbre gris en deux » rangs, dont seize grandes soutiennent la première voûte, et les autres le » dôme, chacune étant posée sur son piédestal, et leurs chapiteaux. Tout au- » tour des colonnes, il y a de très beaux ouvrages de fer doré et de cuivre, » faits en forme de chandeliers, sur lesquels il y a sept mille lampes posées, » lesquelles brûlent depuis le jeudi au soleil couché, jusqu'au vendredi » midi, et tous les ans, un mois durant, à savoir, au temps de leur Rama- » dam, qui est leur carême.

» Dans le milieu du Temple, il y a une petite tour de marbre, où l'on » monte en dehors par dix-huit degrés. C'est où se met le cadi tous les » vendredis, depuis midi jusqu'à deux heures que durent leurs céré- » monies.

» Outre les trente-deux colonnes qui soutiennent la voûte et le dôme, » il y en a deux autres moindres, assez proches de la porte de l'occident » que l'on montre aux pèlerins étrangers, auxquels ils font accroire que » lorsqu'ils passent librement entre ces colonnes, ils sont prédestinés » pour le Paradis de Mahomet, et disent que si un chrétien passait entre » ces colonnes, elles se serreraient et l'écraseraient. J'en sais pourtant bien » à qui cet accident n'est pas arrivé, quoiqu'ils fussent bon chrétiens.

» A trois pas de ces deux colonnes, il y a une pierre dans le pavé, qui » semble de marbre noir, de deux pieds et demi en carré, élevée un peu » plus haut que le pavé. En cette pierre, il y a vingt-trois trous, où il » semble qu'autrefois il y ait eu des clous, comme de fait il en reste encore » deux : savoir à quoi ils servaient, je ne le sais pas; même les Mahomé- » tans l'ignorent, quoiqu'ils croient que c'était sur cette pierre que les » prophètes mettaient les pieds lorsqu'ils descendaient de cheval pour » entrer au Temple, et que ce fut sur cette pierre que descendit Mahomet

» quand il arriva de l'Arabie Heureuse, et quand il fit le voyage du paradis » pour traiter d'affaires avec Dieu. »

Au milieu de la naïveté de ce récit, il est facile de distinguer ce qu'est la mosquée de la Roche, que les Turks semblent défendre avec le plus grand soin de l'approche des Chrétiens. Damoiseau, qui chercha à y pénétrer, raconte la manière adroite avec laquelle le mutzelim sut l'éconduire :

« Un objet, dit-il, excitait vivement ma curiosité à Jérusalem; c'était la » belle mosquée bâtie sur les ruines du temple de Salomon. Tant de voya- » geurs assuraient qu'il était impossible à tout chrétien d'y pénétrer, que je » voulus tenter de prouver le contraire. Recommandé au mutzelim de la ville, » j'allai lui présenter mes respects, et le presser de m'accorder une faveur à » laquelle j'attachais le plus grand prix, celle de visiter ce temple des vrais » croyants dont on raconte merveilles et miracles. La réception amicale » du mutzelim encourageait mes instances; il souriait à mes vœux, il pa- » raissait dans les dispositions d'y céder, et je me croyais déjà sûr de la » réussite, quand quelques mots m'éclairèrent. « Va, mon fils, me dit-il, » la lumière divine t'éclaire; tu désires, je le vois bien, renoncer au culte » des infidèles pour entrer dans le rang des disciples de Mahomet. Je bénis » notre saint prophète d'avoir embrasé ton âme de cette ardeur salutaire, » de t'avoir inspiré le besoin de te convertir à la foi qui seule peut mériter » la béatitude éternelle. Va, mon cher fils, et reviens purifié de tes souil- » lures pour suivre désormais la bonne voie. Je vais te donner une escorte » qui se chargera d'instruire nos imans de tes louables intentions, et t'apla- » nira toutes les difficultés. » Ce discours, que la malice du mutzelim lui » dictait pour m'embarrasser, me désenchanta singulièrement. Je lui ré- » pondis que, tout en professant une grande vénération pour Mahomet et » beaucoup de respect pour la religion qu'il enseigne, mon dessein n'était » pas de renoncer à ma patrie pour devenir sujet du Grand-Seigneur ; que » la seule envie d'examiner un beau monument des arts de l'Orient avait » déterminé ma démarche auprès de lui, et qu'étant né de père et mère » chrétiens, à mes risques et périls, je voulais mourir chrétien. « Ah ! me » dit le mutzelim, ceci change bien l'affaire ! Je m'étais étrangement trompé » sur ton compte, seigneur Français! N'importe, je t'ai promis une escorte » pour t'accompagner à la mosquée, je tiendrai ma parole; on t'en fera » voir les dehors et l'intérieur dans tous les details; seulement je dois t'a- » vertir que si le peuple musulman te reconnaît pour chrétien, ce qui est

» plus qu'à supposer, le moindre désagrément qui puisse t'arriver, c'est » d'être massacré sur place. Vois maintenant ce que tu dois faire; une pa- » reille bagatelle n'arrêtera pas sans doute un homme de courage comme » toi? — Pas le moins du monde, répondis-je au facétieux mutzelim ; mais » comme il me reste encore quelques légers intérêts à régler, je remettrai » la partie de plaisir à un autre jour, si vous voulez bien me conserver la » même bienveillance. » Le mutzelim parut charmé de cet échange de » plaisanteries; il fit apporter des sorbets et des pipes, et nous nous quit- » tâmes fort bons amis, quoique je m'en retournasse un peu désappointé » du non-succès de mes espérances. »

Tels sont les monuments de Jérusalem rangés par catégories et par époques. Cette ville obéit tantôt à des gouverneurs propres qui ont le titre de pachas, tantôt à des *motzelams* ou *mutzelims*, qui relèvent du pacha de Damas. Ce mutzelim paie une ferme et s'en rembourse à l'aide du miré, des douanes et des avanies considérables qu'il impose aux chrétiens; ces avanies presque toujours prennent leur source dans une sorte de concurrence que se font les diverses sectes chrétiennes qui visent à la possession des saints lieux. Chaque communion grecque, catholique, arménienne, copte, abyssine et franke tient à honneur de ne point demeurer inférieure à ses rivales en priviléges de localité. Ainsi on met à une espèce d'enchère les prérogatives de telle chapelle, le droit de telle procession, et le mutzelim a grand soin de profiter de cette concurrence, qui garnit ses coffres. Par suite de cette position rivale, les divers couvents sont presque toujours en hostilité, et les fidèles aussi bien que les couvents. On ne saurait évaluer à moins de cent mille piastres ce que rapportent au gouverneur les avanies qu'il fait peser sur les chrétiens. Chaque pèlerin lui paie un droit d'entrée de dix piastres, et un droit d'escorte pour le voyage au Jourdain. Il a, en outre, une taxe sur toutes les contraventions qui se commettent, soit une réparation clandestine à une église, soit une procession passée à quelques toises au-delà de ce qu'elle devait aller. Chaque couvent est le contribuable obligé du mutzelim; il ne s'y fait rien, il ne s'y déplace pas un hôte sans qu'une capitation soit payée. On paie pour tout changement de supérieur, on paie pour toute cérémonie publique. Il n'est pas jusqu'aux chapelets, reliquaires, croix, agnus et scapulaires qui n'acquittent un droit entre les mains du gouverneur. L'exportation de ces reliques pieuses est plus considérable qu'on ne pourrait croire. Le grand couvent de la

Terre Sainte en exporte à lui seul pour une cinquantaine de mille piastres, et les autres couvents grecs, arméniens et coptes, pour une somme à peu près égale.

Outre ces taxes prévues, le mutzelim a encore une foule d'occasions de profits licites ou non licites. Sur un caprice il taxe un chrétien à dix, vingt, trente bourses, sous peine de recevoir cinq cents coups de bâton. M. de Chateaubriand cite comme l'un des plus célèbres avanistes de l'Orient le pacha Abdallah. « Un jour, dit-il, ce pacha avait envoyé sa cavalerie piller des Arabes cultivateurs, de l'autre côté du Jourdain. Ces bonnes gens, qui avaient payé le miré et qui ne se croyaient point en guerre, furent surpris au milieu de leurs tentes et de leurs troupeaux. On leur vola 2,200 chèvres et moutons, 94 veaux, 1,000 ânes et 6 juments. Un Européen ne pourrait guère imaginer ce que le pacha fit de ce butin. Il mit à chaque animal un prix excédant deux fois sa valeur; il estima chaque chèvre et chaque mouton à vingt piastres, chaque veau à quatre-vingts. On envoya les bêtes ainsi taxées aux bouchers, aux différens particuliers de Jérusalem et aux chefs des villages voisins; il fallait les prendre et payer sous peine de mort. J'avoue que si je n'avais pas vu de mes yeux cette double iniquité, elle me paraîtrait tout-à-fait incroyable. Quant aux ânes et aux chevaux, ils demeurèrent aux cavaliers; car, par une singulière convention avec ces voleurs, les animaux au pied fourchu appartiennent au pacha dans les épaves, et toutes les autres bêtes sont le partage du soldat. »

L'un des plus curieux épisodes de la vie de Jérusalem, c'est le passage des pèlerins. Autrefois, le christianisme tout entier concourait à la splendeur de ce pèlerinage; mais depuis quelques années, si l'on en excepte un petit nombre de moines italiens, allemands ou espagnols, cette pratique religieuse n'existe plus pour les Latins, mais elle s'est perpétuée chez les Grecs schismatiques et parmi les chrétiens de l'Orient. Les Grecs assurent que le pèlerinage vaut indulgence plénière, non seulement pour le passé, mais encore pour l'avenir. Aussi chaque année part-il de Morée, de Constantinople, de l'Archipel, de l'Anatolie, de la Syrie et de l'Égypte, une foule de pèlerins dévots qui arrivent en novembre à Jaffa, et vont à Jérusalem, où ils demeurent jusqu'après les fêtes de Pâques. Quand cette troupe arrive, elle se distribue parmi les couvents des diverses communions, puis elle suit avec recueillement les exercices religieux. Le jour du vendredi-saint est marqué comme celui de la plus grande cérémonie. Le voyageur Damoiseau en fut le témoin. « En ma qualité de pèlerin, dit-il, j'assistai aux » exercices du saint jour. Je vis, ou plutôt je ne vis pas les ténèbres, car » l'obscurité était si complète quand tous les cierges furent éteints spontanément, que force me fut de garder ma place pour ne pas tout heurter » en essayant de sortir. On frappait de grands coups sur les planches, en » faisant retentir les voûtes de chants lugubres en langue espagnole. Enfin » la lumière brilla de nouveau, et l'on aperçut l'officiant, assis sur des » coussins de velours, et revêtu de riches habits pontificaux. Il prononça » d'une voix grave un sermon espagnol, qu'un autre moine répéta en » arabe. Ensuite l'image de Jésus fut promenée tout autour de l'église, en » s'arrêtant à différents endroits pour marquer les stations du Sauveur; » puis on crucifia cette statue, on la décrucifia; on l'enveloppa dans un » linceul, on fit le simulacre de l'embaumer, on la mit au cercueil pour » la retirer le lendemain. »

Une autre cérémonie, c'est la purification dans le Jourdain, quand le dimanche des Rameaux est arrivé. La foule des pèlerins se précipite alors hors des murs de Jérusalem, et traversant la plaine de Jéricho, va se baigner dans le fleuve saint; quelques uns poussent le pèlerinage jusqu'à la mer Morte; puis de retour dans la ville sainte, ils assistent à la cérémonie du feu du ciel, qui, le samedi-saint, est apporté par l'ange lui-même. Quand la Pàque est finie, on délivre à chaque pèlerin une espèce de patente, et ils partent après s'être fait graver sur le bras des figures de croix et de lances avec le chiffre de Jésus et de Marie. Cette espèce de tatouage se pratique à l'aide de piqûres d'aiguilles que l'on remplit ensuite de poudre à canon ou de chaux d'antimoine.

On a calculé que cette affluence de pèlerins laissait à Jérusalem des sommes considérables. Volney les évalue à un million et demi, dont une portion passe entre les mains des marchands de denrées. L'eau, en 1784, s'est payée jusqu'à la valeur de quinze sous la voie. Les autorités turkes profitent de l'autre portion de ces sommes; enfin la troisième portion demeure dans les couvents, dont quelques uns, ceux des Grecs surtout, affichent un grand luxe. L'archevêque grec, le plus opulent prince du lieu, se distingue par les somptueuses décorations de son logement et par les raffinements de sa table. Damoiseau, qui y fut invité, en dit ce qui suit : « Le jour où j'eus l'honneur de dîner avec ce patriarche, un re- » pas pour dix-huit cents personnes était servi sur la terrasse du couvent

» qu'il habite. D'un côté des vins délicieux, des mets exquis, des fruits » superbes se trouvaient offerts; de l'autre, une montagne de riz cuit à » l'huile, de poissons cuits à l'eau et force haricots indigestes, attendaient » la voracité des convives qui n'en laissèrent pas de vestige, tant le jeûne » les avait rendus peu difficiles ! »

Quant aux Pères latins qui occupent le couvent dit de *Saint-Sauveur* ou de *Terre-Sainte*, ils ne paraissent ni aussi riches, ni aussi influens que les chrétiens schismatiques. Loin d'avoir toutes les aises et toutes les jouissances que certains récits leur supposent, les Pères gardiens du tombeau de Jésus-Christ ont une vie de lutte et de souffrances. « Il » faut, dit M. de Chateaubriand, qu'ils obtiennent la permission de se » nourrir, d'ensevelir leurs morts, etc. Tantôt on les force de monter à » cheval sans nécessité, afin de leur faire payer des droits; tantôt un Turk » se déclare leur drogman malgré eux, et exige un salaire de la commu- » nauté. On épuise contre ces infortunés moines les inventions les plus » bizarres du despotisme oriental. En vain ils obtiennent, à prix d'argent, » des ordres qui semblent les mettre à couvert de tant d'avanies; ces » ordres ne sont point exécutés : chaque année voit une oppression nou- » velle, et exige un nouveau firman. Le commandant prévaricateur, le » prince, protecteur en apparence, sont deux tyrans qui s'entendent, » l'un pour commettre une injustice avant que la loi soit faite, l'autre » pour vendre à prix d'or une loi qui n'est donnée que quand le crime » est commis. Le registre des firmans, des Pères, est un livre bien » précieux, bien digne à tous égards de la bibliothèque de ces apôtres » qui, au milieu des tribulations, gardent avec une constance invincible » le tombeau de Jésus-Christ. Les Pères ne connaissoient pas la valeur » de ce catalogue évangélique; ils n'y voyoient rien qui pût m'inté- » resser; souffrir leur est si naturel qu'ils s'étonnoient de mon éton- » nement. »

Le couvent de la Terre-Sainte est le chef-lieu de toutes les missions qui existent dans le ressort de l'empire turk. Ces missions sont au nombre de dix-sept, desservies par des Franciscains de toutes nations, mais surtout par des Italiens, des Espagnols et des Français. Les trois grandes autorités se partagent entre ces trois nations; le supérieur est Italien, le procureur Espagnol, le vicaire Français. Chacun de ces administrateurs a une clef de la caisse générale, afin que le maniement des fonds ne puisse se faire qu'en commun. Chacun d'eux est assisté d'un remplaçant que l'on nomme *le discret*. Ces chefs et ces *discrets*, avec l'adjonction d'un septième membre qui est Portugais, forment ce que l'on nomme *le directoire* ou chapitre souverain. La plus grande partie des recettes de ce couvent consistent en magnifiques aumônes que lui font les puissances catholiques, puis en recettes réalisées à l'époque du pèlerinage. Les dépenses consitent en présens au mufti, au qady, au naqib, au pacha, enfin à tous les dignitaires turks dont l'influence et l'appui peuvent être utiles à la communauté.

L'aspect général de Jérusalem est monotone et triste. Vue de la montagne des Oliviers, la ville présente un plan incliné qui descend du couchant au levant. Dans le centre de la ville, et vers le calvaire, les maisons se pressent d'assez près, mais le long de la vallée de Cédron, des vides se remarquent, surtout dans le terrain abandonné où s'élevaient le château Antonia et le second palais d'Hérode. Les maisons de Jérusalem sont de lourdes masses carrées fort basses, sans cheminées et sans fenêtres; les unes surmontées de terrasses, les autres terminées en dôme. Ces dômes et ces terrasses seraient à l'œil d'un niveau morne et égal, si les clochers des églises, les minarets des mosquées et les cimes de quelques cyprès ne coupaient l'uniformité des lignes. Cette tristesse extérieure se reproduit au-dedans sous d'autres teintes et avec d'autres couleurs. Un labyrinthe de petites rues non pavées qui, procédant par autant d'escaliers, n'offrent qu'un sol de poussière subtile ou de cailloux roulans, des bazars voûtés et infects, de chétives boutiques, personne aux portes de la ville, personne dans les rues, si ce n'est quelques barbaresques à cheval, et quelques Fellahs qui reviennent du marché, voilà le spectacle habituel que présente la grande et belle Jésusalem, jadis pays de splendeur et de lumières, aujourd'hui terre de ténèbres et de désolation.

La nourriture n'est pas exorbitamment chère à Jérusalem. La viande de boucherie y abonde, et le gibier est très commun dans les environs. On voit sur les tables du buffle, du mouton, du veau, des pigeons, des perdrix blanches, des bécasses, des lièvres, du sanglier, de la gazelle. Les légumes les plus communs sont les lentilles, les fèves, les concombres et les oignons; les fruits, très variés, consistent en dattes, grenades, figues, pommes, pastèques, raisins. Le vin des coteaux de la

Judée est excellent; le froment qu'on y recueille, très savoureux. Les récoltes des environs consistent en blé, orge, douca, sésame, maïs et coton.

Pour résumer ce tableau de Jérusalem, nous empruntons à M. de Lamartine une vue prise des environs.

« L'aspect général de Jérusalem, dit-il, peut se peindre en peu de mots: montagnes sans ombre, vallées sans eau, terre sans verdure, rochers sans torrent et sans grandiose; quelques blocs de terre grise perçant la terre friable et crevassée, de temps en temps un figuier auprès, une gazelle ou un chakal se glissant furtivement entre les brisures de la roche; quelques plants de vignes rampant sur la cendre grise ou rougeâtre du sol; de loin en loin un bouquet de pâles oliviers, jetant une petite tache d'ombre sur les flancs escarpés d'une colline; à l'horizon un térébinthe ou un noir caroubier se détachant triste et seul du bleu du ciel; les murs et les tours grises des fortifications de la ville apparaissant de loin en loin sur la crête de Sion; voilà la terre. Un ciel élevé, pur, net, profond, où jamais le moindre nuage ne flotte et ne se colore de pourpre du soir et du matin. Du côté de l'Arabie, un large gouffre descendant entre les montagnes noires, et conduisant les regards jusqu'aux flots éblouissans de la mer Morte, et à l'horizon violet des cimes des montagnes de Moab. Pas un souffle de vent murmurant dans les créneaux et entre les branches sèches des oliviers; pas un oiseau chantant, ni un grillon criant dans le sillon sans herbe : un silence complet, éternel, dans la ville, sur les chemins, dans la campagne. Telle était Jérusalem pendant tous les jours que nous passâmes sous ses murailles. Je n'y ai entendu que le hennissement de mes chevaux qui s'impatientaient au soleil autour de notre camp, et qui creusaient du pied la poussière; et, d'heure en heure, le chant mélancolique du mouezzin, criant l'heure du haut des minarets, ou les lamentations cadencées des pleureurs turks, accompagnant en longues files les pestiférés aux différens cimetières qui entourent les murs. Jérusalem, où l'on vient visiter un sépulcre, est bien elle-même le tombeau d'un peuple; mais tombeau sans cyprès, sans inscriptions, sans monumens, dont on a brisé la pierre, et dont les cendres semblent recouvrir la terre qui l'entoure de deuil, de silence et de stérilité. Nous y jetâmes plusieurs fois nos regards, en la quittant du haut de chaque colline d'où nous pouvions l'apercevoir encore; et enfin nous vîmes, pour la dernière fois, la couronne d'oliviers qui domine la montagne de ce nom, et qui surnage long-temps dans l'horizon, après que l'on a perdu la ville de l'œil, s'abaisser elle-même dans le ciel, et disparaître comme ces couronnes de fleurs pâles que l'on jette dans un sépulcre. »

III.

ENVIRONS DE JÉRUSALEM;

— BETHLÉEM; — JÉRICHO; — LA MER MORTE; — LE JOURDAIN; — NAZARETH; GAZZAH; — LE DÉSERT; — MONTS DE TOR ET DE SINAÏ, ETC.

Pour se rendre de Jérusalem à Bethléem, on sort par la porte de Damas; puis traversant les ravins du mont de Sion, on chemine pendant une heure sur un plateau qui court au sud de Jérusalem. Le couvent de Saint-Élie, où l'on montre le rocher sur lequel s'asseyait le saint, et le champ de Rama, où l'on trouve le tombeau de Rachel, sont les stations les plus remarquables de la route. Le tombeau de Rachel est un édifice carré que surmonte un petit dôme, et dont rien ne prouve l'authenticité. On le prendrait plus volontiers pour un santon turk que pour un tombeau hébreu. Le nom de Rama seul est resté au village qui entendit les cris de Rachel pleurant ses fils.

Au-delà de ce hameau, un chemin étroit conduisait à Bethléem. Bethléem (*la maison du pain*) fut ainsi nommée par Abraham. Ville de la maison de Juda, elle vit naître David, Émissan, Élimélech, Booz et Jessé. Mais la naissance de Jésus-Christ devait lui donner une célébrité bien plus vaste, une bien plus haute importance. De tout temps elle fut le but de pieux pèlerinages. Les premiers fidèles y avaient élevé sur la Crèche du Sauveur un oratoire qu'Adrien renversa pour y placer la statue d'Adonis. A son tour, sainte Hélène fit bâtir une église au lieu où s'élevait l'idole; et c'est cette église, accrue par les princes chrétiens, que des religieux gardent depuis huit siècles. A l'église attient un couvent fermé par de hautes murailles. L'église, à laquelle conduit une poterne basse, saisit le regard par sa majesté intérieure. Son ensemble est cruciforme, et la nef, qui figure le pied de la croix, est ornée de quarante-huit colonnes d'ordre corinthien, de deux pieds six pouces de diamètre près de la base, et de dix-huit pieds de hauteur, y compris la base et le chapiteau. La voûte de la nef manquant, les colonnes ne portent qu'une frise de bois qui remplace l'architrave, et au lieu de dôme figure une charpente en bois destinée à porter un toit qui n'a jamais été achevé. Les murs percés de fenêtres ont été autrefois couverts de mosaïques, dont la conservation eût été essentielle pour l'histoire de l'art. Ces mosaïques représentent des figures, en général vues de face, droites, roides, sans mouvement et sans ombre.

L'aspect du temple est du reste dévasté et triste : on y cherche en vain ce qui caractérise tous les temples chrétiens, l'autel et la chaire. Le beau vaisseau lui-même n'est point intact. Une muraille grossièrement faite le partage à la naissance de la croix. Cette muraille est la ligne de démarcation entre les divers cultes, qui tous se disputent la possession des moindres parties des lieux saints. Ainsi, l'église est comme la religion; elle manque d'unité; les schismes la défigurent. Quand on a passé la muraille, on se trouve dans le sanctuaire ou le chœur qui occupe le haut de la Croix, et qui est élevé de trois degrés au-dessus de la nef. Les deux nefs latérales qui formaient la croix de l'ancienne église sont constituées en chapelles particulières, dont l'une appartient aux Arméniens, l'autre aux latins. Dans le sanctuaire est un maître-autel dédié aux Mages, et placé exactement au-dessus de la grotte de la Nativité. Au bas de cet autel, et sur le pavé, paraît une étoile de marbre, qui, d'après la tradition, correspond au point du ciel où s'arrêta l'étoile conductrice des trois Rois. C'est au-dessous de cette étoile qu'est placé le lieu où naquit le Sauveur, dans l'église souterraine de la Crèche. Pour y arriver, on a pratiqué deux escaliers tournans, de quinze degrés chacun. Cette grotte irrégulière occupe, dit-on, tout l'emplacement de l'Étable et de la Crèche. Taillée dans le roc, elle a sur son pavé et sur ses parois un revêtement de marbre. Aucun jour du dehors n'y parvient; mais trente-deux lampes, envoyées chacune par un prince chrétien, y veillent sans cesse. La place où naquit Jésus est au fond de la grotte du côté de l'est : un marbre blanc incrusté de jaspe et entouré d'argent la signale. On y lit : *Hic de Virgine Maria Christus natus est.* Une table de marbre qui sert d'autel est élevée au-dessus de ce lieu, et trois lampes d'argent y brûlent en l'honneur du mystère de la Nativité. A quelques pas, vers le midi, est la Crèche, dont le niveau est plus bas que celui de la grotte. Un bloc de marbre blanc, creusé en forme de berceau, indique le lieu où le Sauveur fut couché sur la paille.

Cette église souterraine n'a pas seulement des attraits mystérieux, mais elle plaît encore par ses décorations précieuses. Les tableaux de l'école espagnole et italienne la tapissent de toutes parts, et offrent des scènes qui cadrent avec les souvenirs du lieu. Les ornemens ordinaires de la Crèche sont de satin bleu, brodé en argent. L'encens y brûle toujours devant le berceau, tandis qu'un orgue fait entendre des airs pieux ou quelquefois profanes.

Bethléem a encore d'autres lieux consacrés par la tradition. De la grotte de la Nativité, on va dans la chapelle souterraine, où cette tradition place la sépulture des Innocens. Plus loin, s'ouvre la grotte de saint Jérôme, et les tombeaux de sainte Paule et de sainte Eustochie, deux grandes dames romaines, qui délaissèrent les délices de Rome pour venir vivre et mourir à Bethléem.

Après le pèlerinage de Bethléem, vient celui du Jourdain et de la mer Morte. Pour s'y rendre, on passe par Béthulie, peuplée encore de quelques familles arabes; puis on descend vers la route de Jéricho, par un chemin large, et à pentes ménagées dans les flancs escarpés des montagnes. Cette route était celle qui menait aux possessions des tribus d'Israël, campées dans la vallée du Jourdain, et de là en Arabie et en Mésopotamie. Au-delà de Béthulie la végétation cesse : il n'y a plus ni moissons, ni culture ; mais seulement des groupes de roches noirâtres, qui affectent les combinaisons les plus âpres et les plus bizarres. La plupart de ces montagnes sont de formation volcanique : les blocs qui roulent ou pendent sur leurs flancs ressemblent à une lave durcie. A peine çà et là trouve-t-on, dans un karavanseraï abandonné, quelques gouttes d'eau tombant du roc, et s'amassant dans une conque naturelle.

Quand on a franchi ces onduleuses chaînes, la vallée du Jourdain paraît aux yeux du voyageur. On ne voit point encore le fleuve; mais à l'aspect plus riant de la campagne, on pressent le voisinage de l'eau. Quelques bocages artificiels apparus çà et là rappelaient les jolis sites de l'Europe. Après une heure de marche dans ce vallon, on arrive à Jéricho. Les remparts de Jéricho, si célèbres dans l'histoire, ne sont que de véritables murailles de vingt pieds d'élévation sur quinze à vingt de largeur, formées de fagots d'épines accumulés et arrangés avec une admirable industrie pour empêcher le passage des bestiaux et des hommes; car Jéricho ou Raha est aujourd'hui un village arabe qui cherche à se défendre des invasions de l'ennemi. Cette forteresse d'épines sèches avait deux ou trois larges portes toujours ouvertes, et où les sentinelles arabes veillaient sans doute pendant la nuit. Quand on passe devant cette enceinte, on aperçoit les femmes et les enfans de la ville du désert, groupés sur les terrasses, dans des attitudes pittoresques. Les maisons de cheyks ne sont pas plus considérables que les autres : ce sont des huttes de boue, de quelques pieds d'élévation, avec une grande cour remplie de chevaux, de chameaux, de chèvres et de vaches. Jadis on cultivait à Jéricho ce que l'on nomme le baume de la Mecke, arbuste semblable aux grenadiers, et qui porte un fruit charnu d'où l'on retire le baume. Aujourd'hui Jéricho n'a plus de ces végétaux ; mais il a des *zaqqouns*, arbuste d'où l'on tire une huile excellente pour les blessures. Ce *zaqqoun* ressemble au premier. Son fruit est un gland sans calice, où se trouve l'amande qui fournit l'huile de zaqqoun.

Quand on va de Jéricho vers le Jourdain, on trouve d'abord quelques champs de maïs et de douza, quelques jardins de grenadiers et d'orangers, puis tout redevient désert et sable. On descend ensuite par de vastes gradins terrestres, et par une suite de terrasses successives jusqu'au bord même du fleuve qui ne se découvre qu'au moment où l'on y touche. Les bords du Jourdain, à cette hauteur, n'ont pas l'aspect nu et désolé qu'ils affectent à son embouchure dans le lac Asphaltite. Le fleuve s'est creusé entre les plateaux du désert une oasis fraîche, profonde et ombreuse, une vallée gracieuse et charmante, où tout est pelouses, fraîcheur, ombre et verdure. Çà et là, sur ces tapis mollement onduleux, croissaient des touffes de joncs en fleurs, des bulbeuses, dont les larges corolles scintillaient comme autant d'étoiles, des bouquets d'arbustes aux tiges flexibles, des peupliers de Perse au feuillage touffu et épanoui ; des forêts de saules, de grands osiers impénétrables qu'enlaçaient mille tiges de lianes. Ces forêts s'étendent à perte de vue sur les deux rives du fleuve, et ne laissent accès qu'au piéton. En cet endroit, le Jourdain peut avoir de cent à cent vingt pieds de largeur; sa profondeur est considérable, et son cours très rapide; ses eaux sont d'un bleu pâle, légèrement ternies par le mélange des terres grises qu'il traverse et qu'il creuse. La forêt suit d'ailleurs toutes les sinuosités du fleuve, et le borde d'une perpétuelle guirlande de rameaux et de feuilles qui trempent dans l'eau. Une innombrable quantité d'oiseaux peuple ces impénétrables asiles, où les Arabes disent avoir souvent vu des lions, des panthères et des chats-tigres.

A mesure que l'on approche de la mer Morte, le paysage change de caractère : il devient plus stérile et plus âpre. Bientôt la vallée du Jourdain se trouve resserrée entre deux chaînes, qui élèvent leurs falaises vers le ciel. D'un côté est la chaîne arabique taillée à pic, noire, nue et droite; de l'autre, la chaîne de la Judée moins élevée et plus inégale, crayeuse et fantastique. La vallée comprise entre ces chaînes offre un sol assez semblable au fond d'une mer depuis long-temps à sec. Çà et là croissent quelques arbres chétifs. Quelques ruines de tours et de châteaux apparaissent au loin. Au moment de se jeter dans la mer Morte, le Jourdain lui-même traversant un sol vaseux, semble changer de physionomie et de couleur. Il semble traîner à regret vers le lac immobile des eaux jaunes et lentes. Les bords de la mer Morte sont plats du côté du levant et du couchant : au nord et au midi, de hautes montagnes l'encadrent. L'aspect de la mer Morte n'a rien de la teinte funèbre que divers voyageurs, plus poétiques que vrais, lui ont attribuée. C'est un lac éblouissant dont la nappe représente le soleil comme une glace, en offrant partout le même aspect : éclat, azur et immobilité. Cette mer porte très bien son nom. Elle est belle, elle étincelle, elle inonde le désert de ses reflets; mais elle est morte; elle n'a plus ni mouvement, ni bruit; ses ondes semblent trop lourdes pour le vent; l'écume de ses flots ne joue jamais avec les cailloux de la grève. On dirait une mer saisie, une mer en putréfaction. Ses bords sont entièrement déserts; l'air y est infect et malsain. On ne voit que très peu de verdure sur la rive, et on dit qu'elle ne nourrit point de poissons. C'est possible; mais il est moins vrai que les oiseaux ne puissent la traverser impunément. On a vu des hirondelles voler à sa surface pour y recueillir l'eau nécessaire à la construction de leurs nids. La vraie cause de l'absence des végétaux et des animaux est la salure âcre de cette mer, qui repose évidemment sur de vastes lits de sel gemme. L'air chargé par évaporation de cette salure, et aussi d'exhalaisons de bitume et de soufre, n'est plus ni aussi salubre pour l'homme, ni aussi propice à la végétation. On trouve tout le long du rivage du bitume et du soufre ainsi que des sources d'eaux minérales, que signalent au loin de petites pyramides. On y rencontre aussi une sorte de pierre qui exhale, en la frottant, une odeur infecte, brûle comme le bitume, se polit comme l'albâtre, et sert en Judée à paver les cours. La mer a du côté où le Jourdain se jette trente lieues de long, et les Arabes ne se sont jamais aventurés, même à suivre son rivage. Jusqu'ici il ne semble pas qu'on ait osé risquer une longue navigation sur ses ondes, ni même qu'on en ait fait le tour. Du reste, ce ne sont point les périls de cette entreprise qui ont pu en détourner les voyageurs; mais plutôt les superstitions des Arabes, qui semblent regarder cette navigation comme impossible. De là vient sans doute le mauvais renom que l'on a donné à la mer Morte. Ce que quelques voyageurs lui refusent, et entre autres des poissons, d'autres le lui accordent; de sorte qu'au fond, ce lac, si voisin de Jérusalem, est encore une énigme pour la géographie.

C'est sur l'emplacement de ce lac, qu'existaient, selon Strabon, treize villes englouties, huit selon Étienne de Bysance, cinq selon la Genèse, quatre selon le Deutéronome. Quant à la forme du lac, c'est le père Nau qui a donné là-dessus les renseignemens les plus précis. « La mer Morte, » dit-il, est à sa fin comme séparée en deux : il y a un chemin par où on » la traverse, n'ayant de l'eau que jusqu'à mi-jambes, du moins en été. Là » la terre s'élève et borne un autre petit lac, de figure ovale, entouré de » plaines et de montagnes de sel. »

Le Jourdain n'est pas toujours dans l'état où l'on vient de le décrire, et qui forme pour ainsi dire son aspect mixte. Dans les grandes sécheresses, il reste quelquefois presqu'à sec, et alors ses bords se ressentent du manque d'eau. D'autres fois, au contraire, dans le courant de l'hiver, il sort du lit étroit qui l'encaisse, et, débordant sur la plaine, il forme une large nappe qui couvre un quart de lieue de terrain. Sa grande crue est en mars, au temps où les neiges fondent sur la montagne du Cheyk, et viennent se mêler à ses ondes jaunâtres et à son cours impétueux. Du reste, le fleuve n'a mérité aucune des exagérations de ces visiteurs. Il n'est ni aussi humble, ni aussi fier qu'on l'a fait. C'est un cours d'eau ordinaire, qui se relève par l'importance des mystères dont il fut jadis le témoin, et par les pieux souvenirs qui s'y rattachent. Les Arabes le nomment *el-Charria.*

Les environs du Jourdain sont infectés d'Arabes qui mettent à contribution les voyageurs isolés qui vont visiter ses bords et ceux du lac Asphaltite. M. de Chateaubriand eut une alerte de ce genre. « A peine avions-nous

» fait, dit-il, un quart de lieue dans la vallée, que nous aperçûmes sur » le sable des traces nombreuses de pas d'hommes et de chevaux. Ali » proposa de serrer notre troupe afin d'empêcher les Arabes de nous » compter.— S'ils peuvent nous prendre, dit-il, à notre ordre et à nos » vêtemens, pour des soldats chrétiens, nous sommes sauvés. Quel magni- » fique éloge de la bravoure de nos armées! Nos soupçons étaient fondés. » Nous découvrîmes bientôt derrière nous au bord du Jourdain une troupe » d'une trentaine d'Arabes, qui nous observoient. Nous fîmes marcher en » avant notre *infanterie*, c'est-à-dire nos six Bethléemites, et nous couvrîmes » leur retraite avec notre *cavalerie*. Nous mîmes nos *bagages* au milieu : » malheureusement, l'âne qui les portoit étoit chétif, et n'avançoit qu'à force » de coups. Le cheval du drogman ayant mis le pied dans un guêpier, les » guêpes se jetèrent sur lui, et le pauvre Michel, emporté par sa monture, » jetoit des cris pitoyables; Jean, tout Grec qu'il étoit, faisoit bonne » contenance; Ali étoit brave comme un janissaire de Mahomet II. Quant » à Julien, il n'étoit jamais étonné : le monde avoit passé sous ses yeux, » sans qu'il l'eût regardé; il se croyoit toujours dans la rue Saint-Honoré, » et me disait du plus grand sang-froid du monde en menant son cheval » au petit pas : « Monsieur, est-ce qu'il n'y a pas de police dans ce pays-ci » pour réprimer ces gens-là? » Après nous avoir regardés long-temps, les » Arabes firent quelques mouvemens vers nous; puis, à notre grand » étonnement, ils rentrèrent dans les buissons qui bordent le fleuve. Ali » avoit raison, ils nous prirent sans doute pour des soldats chrétiens. » Nous arrivâmes sans accident à Jéricho. »

Le retour de la mer Morte s'effectue par la vallée de Saint-Saba dans laquelle est situé le couvent de ce nom. Le désert, de ce côté, est beaucoup plus accentué qu'ailleurs. Des terres vagues et des ondulations de sable le labourent dans tous les sens. Le couvent est bâti dans la ravine même du Cédron qui, à sec en cet endroit, peut avoir de trois à quatre cents pieds de profondeur. L'église occupe une petite éminence dans le fond du lit. De ce point partent les constructions du monastère qui, par des escaliers perpendiculaires et des passages creusés dans le roc, s'élèvent jusqu'à la croupe de la montagne, où elles se terminent par deux tours carrées. Du haut de ces tours, l'œil plane sur le désert et sur les montagnes; c'est une porte d'observation d'où l'on surveille les mouvemens des Arabes. Au pied même et dans la ravine, on remarque des grottes qu'habitèrent autrefois les anachorètes, et où des colombes bleues font aujourd'hui leurs nids. Le couvent de Saint-Saba semble avoir une grande importance dans l'histoire religieuse de la contrée. On y montre quatre mille têtes de morts, qui sont celles de religieux massacrés par les infidèles, à une époque que précisent les annales du monastère.

Telle est Jérusalem ; telles sont les localités qui l'entourent. En dehors de ce rayon, assez rapproché de la ville sainte, il existe encore d'autres lieux que leurs noms recommandent à l'attention chrétienne, et dont quelques uns ont été cités déjà; la plaine d'Esdrelon, par exemple, cette partie favorisée du royaume de Chanaan, cette zone de riches moissons et de gras pâturages. C'est là que Basac défit Sisara; là encore que Josias, roi de Juda, combattit contre Nekao, et tomba percé de flèches ; là enfin qu'eurent lieu les grandes rencontres armées depuis Nabuchodonosor jusqu'à Kléber; Juifs, Gentils, Sarrasins, Croisés, Égyptiens, Persans, Druses, Turks, Arabes, Français, tous les peuples, tous les cultes semblent s'y être, dans le cours des siècles, donné rendez-vous. Non loin de là est Nazareth, avec son couvent latin et son église de l'Annonciation, la plus belle de la Palestine après celle de Bethléem. Là aussi, on a consacré à l'adoration des fidèles un local que l'on dit être celui où figuraient autrefois la cuisine et la chambre à coucher de la Vierge, l'atelier de saint Joseph, et la place où l'ange Gabriel lui apparut; enfin, l'école où Jésus enfant se rendait avec ses jeunes camarades. Tout près de là sont Cana, célèbre par le miracle de l'eau changée en vin, et le mont Thabor, que consacrent à la fois le prodige de la transfiguration et la victoire que Kléber remporta sur les Osmanlis. Sur le sommet de la montagne est une grotte où l'on a construit trois autels en mémoire des trois tabernacles que saint Pierre proposa d'y élever. Plus au nord est Tibériade sur le lac de ce nom, où résidèrent les principaux docteurs juifs après la ruine de Jérusalem, et où les bains d'Emmaüs attirèrent si long-temps la foule au temps des Romains. Au N.-E. se révèle encore Capharnaüm, séjour de Jésus pendant les dernières années de sa vie mortelle, et théâtre de plusieurs de ses miracles. Enfin, en se rapprochant de Saint-Jean d'Acre, paraît le mont Carmel, où vécurent dans les temps anciens les prophètes Élie et Élisée, et dans le moyen âge une foule d'anachorètes qui s'abritaient sous les grottes du mont, et se réunissaient le jour dans l'église qui le couronne pour prier en commun. Cette église, et le couvent qui y touche, servirent, pendant le siége de Saint-Jean d'Acre, d'hospice pour les pestiférés. Le voyageur Damoiseau a relevé sur ses murs des preuves parlantes et curieuses de cette destination. « Dans le couvent même, dit-il, je retrouvai bien des sujets de méditation. Les murailles délabrées attestaient le » séjour et les malheurs de notre armée en Syrie. Des soldats malades, » blessés ou captifs, y avaient long-temps gémi en désespérant de jamais » revoir leur patrie. Les ossemens de beaucoup d'entre eux y reposaient. » Çà et là se voyaient écrites les sensations que la mort leur faisait éprouver » dans ce lieu d'exil. Les unes étaient tristes et déchirantes; les autres » philosophiques et résolues. Au pied d'un squelette, dessiné sur une surface » unie, et auquel on avait mis une pipe, je déchiffrai les vers qui suivent, » et que j'ai fidèlement copiés :

» Mes amis, voici la camarde
» Qui vient, à défaut de tabac,
» Pour nous mettre tous dans le sac,
» Et nous fumer dans sa bouffarde.
» Il nous faut descendre la garde ;
» Passons l'arme à gauche gaiement.
» Nom de D... ! quel embêtement !
» Déjà la mort. — Eh oui, regarde !
» Tu t'en défendrais vainement,
» Troupier, car c'est une gaillarde
» Qui n'a pas peur d'un régiment,
» Quand monte à son nez la moutarde ;
» Suivons-la donc à la houssarde,
» Mais S.... nom d'un sacr....t
« Que le tonn..... la bombarde !

» L'auteur de cette boutade ne paraissait pas, comme on le voit, bien » effrayé de sa fin prochaine. Beaucoup de semblables caractères se ren» contrèrent chez nos soldats, qui, jouissant de la vie tout autant qu'ils le » peuvent, se résignent de bonne grâce à la destruction quand elle arrive. » Les douloureuses pensées qui me frappèrent dans les inscriptions du » couvent étaient nées d'affections profondes pour des personnes chères, » et non de la terreur causée par la mort elle-même. »

Si l'on quitte le rayon nord de la Judée, pour pousser jusqu'à ses dernières limites dans le sud, vers les déserts de Gazzah et de Tor, on trouve le village d'Habroun ou Hébron, que les Arabes nomment *el-Khalil*, le bien-aimé, nom qui lui vient, dit-on, d'Abraham, dont on montre en ce lieu la grotte sépulcrale. Assis au pied des ruines d'un château antique, Habroun domine un bassin oblong de cinq à six lieues d'étendue, semé de collines rocailleuses, de bosquets de sapins, et de plantations d'oliviers et de vignes. Le raisin qui provient de ces vignes est séché et préparé pour la vente. Les autres branches de l'industrie locale sont la filature du coton, des fabriques de savon et une verrerie fort ancienne, d'où sortent des anneaux et des bracelets coloriés, dont on fait grand usage dans l'Orient. Ces industries diverses contribuent à la richesse d'Habroun, qui, dans ses rixes avec Bethléem, sa rivale, peut armer huit à neuf cents hommes. Cette rivalité et cette lutte durent depuis que les Arabes se sont établis dans la contrée. Ces voies de fait consistent en des vols à main armée, en dévastations réciproques. Les Arabes fondent sur les Bethléemites, ravagent leurs champs de doura, de maïs, de blé et de sésame, leurs plants d'oliviers et leurs récoltes pendantes, enlèvent leurs brebis, leurs chèvres et leurs chameaux, puis emportent le butin. A quelque temps de là, les Bethléemites rendent la pareille aux Arabes en même monnaie, et de représailles en représailles, la querelle est interminable. Aussi le pays est-il misérable et pauvre. Les Turcs, les Juifs, les Grecs, d'humeur vagabonde, les malfaiteurs poursuivis par les pachas, se réfugient à el-Khalil comme dans une terre d'asile, ce qui concourt à faire de ce village un repaire de brigands. El-Khalil possédait autrefois une magnifique église, bâtie par l'impératrice Hélène sur le tombeau même d'Abraham. Les Turcs, pour qui la mémoire d'Abraham est sacrée, ont fait de cette église une mosquée, desservie avec luxe, et où le prétendu mausolée du patriarche est recouvert d'étoffes de soie verte, richement brodées en or, et renouvelées de temps à autre par le Grand-Seigneur.

En se rapprochant de Gazzah et du littoral, on rencontre à quatre lieues de Ramleh le village de Mesmié, qui fournit beaucoup de coton filé. Plus loin, à une petite lieue, est la colline el-Tell, sur laquelle on trouve de vastes débris d'habitations, et des souterrains tels qu'on en construisait dans les châteaux du moyen âge. Betagobris (Baït-Djibun) n'est éloigné d'el-Tell que de quelques lieues. En tirant vers le S.-O., paraît un autre village de Bédouins nommé el-Hesi, aux environs duquel est une colline carrée et factice, large de cent cinquante pas, et longue de deux cents, sur soixante et dix pieds de hauteur.

En gagnant encore vers la mer, on rencontre Yabné, l'antique Jamnia, qui possède le seul ruisseau de ces cantons, où l'on trouve de l'eau en été; el-Doud, la puissante Azote des Philistins, qui n'a aujourd'hui rien de remarquable, si ce n'est ses scorpions; puis Azqalan, dont les ruines désertes semblent s'éloigner de jour en jour de la mer, qui jadis les baignait. Toute cette côte s'ensable journellement, et des lieux qui ont été jadis des ports sont aujourd'hui au milieu des terres. Ainsi est Gazzah, cette ville philistine dont Samson enleva les portes. Gazzah est un groupe de trois villages, dont celui du milieu, nommé le *Château,* s'élève sur une colline de médiocre élévation. Ce château n'est, à proprement parler, qu'une ruine qui domine la plaine et la mer. Aux environs de Gazzah commence un changement caractérisé dans le paysage; ce n'est plus une nature syrienne, mais égyptienne. Le port des dattiers, la plaine rase et nue, la chaleur, la sécheresse, les vents, la taille, l'accent, les mœurs des populations, tout signale l'Égypte, dont Gazzah et el-Arych sont les deux clés. Cette position a fait de Gazzah une ville importante. Des ruines de marbre blanc attestent qu'elle eut jadis quelque luxe et quelque importance. Ses jardins, arrosés d'eaux vives, sont encore couverts de vergers d'orangers, de grenadiers et de palmiers aux dattes exquises. Quoiqu'en décadence, et peuplée de deux mille âmes seulement, Gazzah est célèbre dans la Palestine pour ses fabriques de coton. Autrefois le commerce de soude, que les Arabes apportaient du désert, pour alimenter des fabriques de savon, occasionnait un mouvement d'affaires assez considérables; mais le pacha ayant voulu s'en attribuer le monopole, cette branche d'industrie s'est éteinte. Une autre branche plus avantageuse, est le passage des caravanes qui vont et viennent d'Égypte en Syrie. Les approvisionnemens pour la traversée du désert procurent aux farines, aux huiles, aux dattes et aux autres denrées, un débouché profitable aux habitans. Ils ont aussi des relations avec Suez, où ils arrivent en deux ou trois marches forcées, et vont aussi à la rencontre de la caravane de la Mekke, jusqu'à Mâan; mais, de tous ces bénéfices, le plus grand est l'achat des pillages des Bédouins. Malheureusement les occasions sont rares. Volney cite celui de 1757 comme un des plus fructueux pillages connus. Les deux tiers des marchandises de la grande caravane arrivèrent a Gazzah, portés par les Bédouins qui les avaient enlevés. Ces malheureux donnaient pour quelques piastres les châles de cachemire, les toiles, les mousselines de l'Inde, les sirsakas, les cafés, les perses et les gommes. Un Bédouin d'Anazé, ayant trouvé dans son butin plusieurs sachets de perles fines, et les prenant pour des graines de doura, les fit bouillir pour en faire une soupe; puis voyant qu'elles ne cuisaient point, il allait les jeter quand un Grec lui offrit en échange un bonnet écarlate, ce que l'Arabe accepta avec joie. En 1784, les Bédouins s'emparèrent ainsi de trois mille charges de café, ce qui fit tomber de moitié le prix de cette fève.

Au sud de Gazzah, il n'y a plus que déserts. Jusqu'à la frontière d'Égypte on ne rencontre que deux châteaux mal fortifiés, Kan-Yonnès, qui a douze hommes de garnison, et el-Arich où les Français ont fait quelques travaux durant leur séjour en Égypte. A l'est du littoral, s'étendent quelques vallées qui appartiennent plutôt à l'Arabie qu'à la Syrie, et où des Fellahs s'établissent l'hiver, sous le coup des rapines des Arabes, pour y cultiver quelques champs de doura. Dans cette direction, en gagnant vers Mâan, Karak, et dans le S.-E. du lac Asphaltite, le sol est jonché de ruines monumentales, qui témoignent d'une existence populeuse et splendide. Plus de trente villes en ruines s'y révèlent, comme Palmyre, par des tronçons de colonnes et des débris de temples. C'était là le pays des Nabathéens, les pères des Arabes et des Iduméens, qui, à l'époque du siége de Jérusalem, étaient tout aussi nombreux que les Juifs.

Plus au sud, s'étend le désert de Tôt, que les Arabes nomment pays du mont Sinaï. Ce désert, limite méridionale de la Syrie, s'étend en forme de presqu'île entre les deux golfes de la mer Rouge : celui de Suez à l'ouest, celui d'el-Aqabé à l'est, dans une largeur commune de trente lieues sur soixante et dix de longueur. C'est là ce qu'on nommait, dans l'ancienne géographie, Arabie pétrée. Les montagnes, qui sont calcaires du côté de la Syrie, deviennent granitiques en approchant de la mer Rouge. Le Sinaï et l'Horeb sont des pics de granit. C'est par ces monts et par le désert de Tôt que le peuple israélite arriva en Judée; c'est là que Moïse les retint pendant une génération afin d'avoir le temps de faire un peuple de conquérans d'un peuple de pasteurs. Toute cette zone se compose d'un terrain aride, qui ne produit guère que des acacias épineux, des tamarins, des sapins et quelques arbustes clairsemés. Dans les environs fourmillent des localités que les Écritures ont rendues célèbres : le rocher d'où jaillit une source sous la verge d'Aaron, les tombeaux d'Aaron et de Moïse, la chaire de ce dernier, la grotte de saint Athanase; enfin, pour les Musulmans, l'empreinte du pied de la jument de Mahomet, dans le lieu où ce prophète fut, selon le Koran, enlevé vers le ciel. Les montagnes d'Horeb et de Sinaï offrent d'ailleurs un grand intérêt au géologue. Des voyageurs modernes, tels que Gray et Seetzen, y ont entendu, par intervalle, sous leurs pieds, un bruit prolongé qui ressemblait au battement d'une pendule et paraissait soulever le sable. Procope dit aussi que le sommet du mont Sinaï était inhabité à cause du bruit horrible qu'on y entendait. Ces phénomènes s'expliquent, comme celui du lac Asphaltite, par l'existence de volcans souterrains et peut-être mal amortis. La grande quantité d'eaux thermales que l'on trouve dans l'Arabie-Pétrée, et les matières bitumineuses que l'on y rencontre à chaque pas, confirment cette opinion. Cependant, de loin en loin, quelques vallons riants apparaissent entre ces montagnes nues, tels que la vallée de Djirandel, toute semée de bocages, et la vallée de Faran, qui renferme les vestiges d'une ville.

Dans ce rayon où, comme l'a reconnu M. Delaborde, s'élevaient jadis de florissantes villes, errent aujourd'hui, avec leurs dromadaires, cinq ou six mille Arabes, que l'on nomme Arabes de Tor, et dont les caravanes poussent de temps en temps jusqu'au Kaire, avec leurs bêtes chargées de sel gemme et de charbon. Tor, leur principal entrepôt, est situé au sud de Suez, dans le dernier coude de la mer Rouge. C'est un méchant petit village, habité par des Arabes qui s'engagent comme matelots, et protégé par un fort ruiné et sans garnison. La seule chose qui ait donné quelque célébrité à Tor, c'est le mont Sinaï, au pied duquel il est situé. Le mont Sinaï est l'objet d'un pèlerinage célèbre parmi les Grecs schismatiques, qui vont y faire leurs dévotions aux reliques de sainte Catherine. Les pèlerins partent du Kaire avec une escorte, arrivent au mont Sinaï, visitent l'église de Sainte-Catherine, baisent les reliques, montent à genoux cent marches du mont, et s'en vont après avoir laissé leur offrande entre les mains du supérieur du couvent. L'église et le couvent de Sainte-Catherine ressemblent à une petite citadelle posée, comme l'aire d'un aigle, au sommet de pics arides et nus. Le Sinaï, auquel les bâtimens sont adossés, semble devoir les écraser un jour sous son cône noirâtre. La grande église, qui est la principale partie de cette construction, fut bâtie par l'empereur Justinien, et la coupole et l'autel appartiennent à cette érection primitive. On distingue encore sur la coupole le portrait de Justinien et de sa femme Théodora à côté d'un tableau de la Transfiguration. Du reste, l'ensemble de l'édifice ressemble à un fort ou à une prison, plutôt qu'à un couvent. Pour parvenir dans l'intérieur, il faut s'asseoir dans un panier que l'on hisse à l'aide d'un treuil. Deux petites pièces de canon et un arsenal bien fourni d'armes défendent, contre les surprises des Arabes, les trente moines qui habitent le monastère. Les portes ne s'ouvrent guère qu'une fois tous les trois ou quatre ans pour recevoir la visite solennelle de l'évêque. Il paraît que, malgré cette situation toujours menacée, les anachorètes s'accommodent de cette vie pénible, au milieu de solitudes ingrates. Comme ils sortent rarement, la campagne n'étant point sûre, ils sont parvenus à se ménager sur les rochers un jardin de terre rapportée, qui leur sert de promenade : ils y cultivent d'excellens fruits, tels que des raisins, des figues, et surtout des poires inconnues au Kaire, où ils en envoient comme un cadeau très recherché. La vie de ces moines ressemble à celle des cénobites du Liban ; elle se partage entre des travaux d'utilité et des pratiques de dévotion. Seulement les moines du mont Sinaï n'ont pas, comme ceux du Liban, la faculté de sortir de leur enceinte claustrale. Loin que cette servitude leur déplaise, l'un d'eux, supérieur de Mar-Hanna, et obligé comme les moines du Sinaï à une réclusion rigoureuse par la crainte des Arabes, disait à Volney : « Dans l'état où est le pays, quel sort est préférable au nôtre? Vois le paysan pillé par l'Arabe, pillé par le Turk, massacré par l'un, bâtonné par l'autre. Ne sommes-nous pas plus heureux, plus tranquilles, entre le néant de la terre et l'espoir de l'éternité? »

Cette organisation monastique est à peu près la même pour tous les couvens répandus sur le territoire de la Syrie. Ainsi vivent les Grecs de Mar-Siméon au nord d'Alep ; de Mar-Saba, sur la mer Morte, et de Mar-Hanna. Quoique semblables à des prisons et perdus dans les sites les plus âpres, ces couvens sont peuplés. On compte trente ou quarante moines au mont Sinaï, vingt à Mar-Saba, et deux ou trois cents autres disséminés dans des localités non moins sauvages.

RÉSUMÉ GÉNÉRAL DE LA SYRIE.

Comme topographie, on a pu voir ce qu'étaient les provinces syriennes, ou *Barr-el-Cham* (pays de la gauche), ainsi que les nomment les Arabes. C'est un pays compris entre deux lignes, l'une d'Alexandrette à l'Euphrate, l'autre d'el-Arych ou de Gaza au désert arabique. Quand on l'aperçoit du large, il se présente comme un mur littoral qui forme une ligne non interrompue jusqu'en Arabie, serrant la mer entre Alexandrette et l'Oronte, puis se prolongeant par sommets successifs et continus jusqu'aux sources du Jourdain; là elle se bifurque pour embrasser ce fleuve et trois lacs, en projetant d'ailleurs sur la route des rameaux qui vont se perdre dans diverses directions, les uns vers la mer, les autres vers le désert. Les versans de cette suite de chaînes offrent diverses zones de végétation et de culture, fécondes et productives du côté du Liban, stériles et ingrates du côté de la Judée. Aussi vers le nord voit-on le cèdre, le sapin, le chêne, le mûrier, tandis que dans les vallons secs et raboteux de la Judée paraissent les palmiers, les lentisques, et quelques arbres rares et maigres, dont la perspective attriste plus qu'elle ne récrée l'œil. Ce vaste territoire n'a que deux cours d'eau qui l'arrosent, l'Oronte qui se jette dans la Méditerranée au-dessus de Lattakié, et le Jourdain qui se perd dans le lac Asphaltite; l'un et l'autre avec le caractère des localités qu'ils traversent.

La charpente des montagnes de la Syrie est en général formée d'un calcaire dur, disposé par lits diversement inclinés. Cette pierre se reproduit dans toute l'étendue du territoire, d'Alep à Hama, dans la masse du Liban et de l'Anti-Liban, dans les montagnes de la Galilée et du Carmel jusqu'au lac Asphaltite. Il existe seulement entre Batroun et Djebaïl une carrière de pierres schisteuses avec pétrifications marines. Le fer abonde dans ces chaînes, surtout dans celles du Kosroan et des Druses. La Judée doit en avoir beaucoup. Ces montagnes, surtout dans le midi et du côté du Jourdain, sont volcaniques. La vallée de la mer Morte porte les empreintes, d'un feu souterrain qui ne semble point amorti encore aujourd'hui. A défaut des éruptions qui engloutirent autrefois trois de ses villes, la Syrie éprouve des tremblemens de terre dont plusieurs ont secoué la ville d'Alep jusqu'en ses fondemens.

Un des fléaux de la Syrie, ce sont des nuées de sauterelles, dont le nombre est incroyable; quand elles s'avancent, elles font le bruit d'une armée, et plus qu'une armée elles sont fatales aux pays qu'elles parcourent. A peine ont-elles passé, qu'une campagne toute verte et en robe de printemps, devient nue et triste comme si l'hiver la désolait. Ces nuées d'insectes obscurcissent littéralement le ciel : ce qui est pire encore, c'est que la famine est sur leurs ailes. Pour les détourner, les paysans leur opposent des torrens de fumée; mais les agens les plus efficaces contre ces insectes sont les vents de S.-S.-E. et le *samarmar*, espèce de loriot. Le S.-S.-E. les chasse sur la Méditerranée, où les sauterelles se noient par myriades; le samarmar les poursuit et les tue.

La qualité du sol syrien varie suivant les plateaux; la terre des montagnes est rude, celle de la plaine est grasse. D'Alep à Antioche, elle est rouge et féconde; partout ailleurs, elle est brune comme du terreau de jardin. Le climat, chaud sur le littoral et dans toutes les steppes du désert, se rafraîchit à mesure que l'on s'élève dans les montagnes, et cela de telle sorte que, dans un espace de quelques lieues, on peut avoir toutes les climatures, depuis les ardeurs de la plage jusqu'aux neiges des hauts sommets. Les Arabes, parlant du Liban (*Sannine*) dans leur langue figurée, ont dit qu'il portait l'hiver sur sa tête, le printemps sur ses épaules, l'automne dans son sein, tandis que l'été dormait à ses pieds. Grâce à ces zones si diverses, la végétation du Liban pourrait être infinie, et comprendre toutes les espèces du globe. Outre le froment, le seigle, l'orge, les fèves et le coton, qu'on y retrouve à peu près partout, la Palestine a, comme produit spécial, le sésame et le doura; Balbeck, le maïs et le riz; Beyrout, la canne à sucre essayée avec succès; le pays de Bizan, l'indigo; Lattakié, le meilleur tabac du monde; Antioche et Ramleh, un olivier aussi haut que des hètres; le pays des Druses, le mûrier blanc, la vigne en échalas et grimpant sur des chênes; Yaffa, le coton-arbre, les poiriers, les limons et les pastèques; Gazza, les dattes et les grenades; Tripoli, des oranges et des figues; Alep, des pistaches; Damas, tous les fruits d'Europe et vingt espèces d'abricot; le littoral de la Palestine, l'arbre à cochenille.

Ainsi rien ne manque à ce sol dont un pacha turk disait : « L'Égypte sans » doute est une excellente métairie ; mais la Syrie est une charmante » maison de campagne. »

L'air et les eaux ne sont guère salubres que dans la montagne : le premier est fiévreux, les secondes sont presque toujours saumâtres sur la côte et dans les bas-fonds. Les vents y soufflent d'une manière presque périodique. Le N.-O. domine de septembre en novembre ; l'Ouest et le S.-O., vents de pluie, de novembre en février ; en mars arrivent les vents du Sud ou Simoun ; puis les vents de l'Est les relèvent jusqu'en juin, où commence le vent du Nord, modifié par ce qu'on nomme la brise du large. Dans cette saison d'été, le vent alterne durant les vingt-quatre heures, brise de terre la nuit, brise de mer le jour.

On a vu déjà, peuple par peuple, tribu par tribu, ce qu'est la population si mêlée et si diverse de la Syrie. Depuis 2,500 ans, dix invasions successives qui ont passé sur ce pays ont dû y laisser les élémens de toutes les races conquérantes ou conquises. Les Juifs, les Assyriens, les Chaldéens, les Perses de Cyrus, les Grecs d'Alexandre, les Séleucides, les Romains, les Arabes, les Sarrasins, les Croisés, les Turkomans, les Mamelouks, les Mongols, et enfin les Turks, ont déposé chacun leur petit agglomérat parmi ces peuples qui ont vingt langues, vingt cultes, vingt lois politiques, vingt codes sociaux. Aussi distingue-t-on encore aujourd'hui les descendans des Grecs du Bas-Empire, la postérité des Arabes conquérans, les Turks ottomans ; le tout subdivisé en Grecs schismatiques, latins ou maronites ; en Arabes Motoualis, Druzes et Ansariés ; enfin, en Bedouins, Turkomans et Kourdes. La population juive y est peu nombreuse, et clairsemée même en Judée.

Dans ces races distinctes, le sang suit la nature du climat. Les montagnards sont moins basanés que les habitans de la plaine ; les Druzes ont les traits et le coloris européens ; les femmes de Tripoli et de Damas sont renommées pour leur blancheur. De tous les traits, les yeux sont les plus beaux : le corps, écrasé par les draperies du costume, manque d'élégance et de grâce ; mais en revanche on ne rencontre point de tailles contrefaites. La stature est en général moyenne, et la corpulence médiocre. En fait de maladies endémiques, la Syrie a la peste et le bouton d'Alep. Les autres maladies sont la dyssenterie, les fièvres et la petite-vérole. L'idiome général du pays est l'arabe. Niébuhr a prétendu que le syriaque se parlait encore dans quelques montagnes; rien n'a confirmé ce fait. Les Maronites, qui l'ont conservé dans leur lithurgie, ne l'entendent pas eux-mêmes. Le grec est aussi une langue morte en Syrie. Le turk y est la langue diplomatique et aussi celle de quelques hordes du Nord. L'arabe de Syrie est beaucoup plus rude que l'arabe d'Égypte.

Chacune des races que nous avons nommées a ses allures propres : les Arabes et les Grecs natifs peuplent les villages; ils forment la classe des laboureurs à la campagne, et celle des artisans dans les villes. Les Grecs latins habitent plutôt les villes, où, sous la protection des consuls *francs*, ils se livrent avec succès au commerce. Les Maronites, les Druzes, les Motoualis, les Ansariés, sont des tribus montagnardes qui s'occupent ou d'industrie ou d'agriculture, quelquefois concurremment de l'une et de l'autre. Les Turkomans, les Kourdes et les Bedouins sont des nomades maraudeurs. Ces populations ont d'ailleurs été déjà passées en revue avec de plus grands détails.

La Syrie peut se diviser en trois longues bandes de terrain de qualités diverses : l'une, régnant le long de la Méditerranée, est une vallée chaude, fertile, mais insalubre; l'autre, frontière de celle-ci, est un sol montueux et rude où l'air est beaucoup plus sain; enfin, la troisième bande, qui forme le revers des montagnes à l'Orient, réunit la sécheresse de celle-ci à la chaleur de celle-là. Du reste, parmi ces terrains divers, il n'en est point qui y ait l'aspect vert et feuillé de nos campagnes françaises. La Provence est la seule de nos provinces qui offre quelques sites analogues aux sites syriens.

Au temps de Volney, la Porte percevait deux mille huit cent quarante-cinq bourses (trois millions environ) de ces diverses provinces, non compris le casuel des successions des pachas, et la capitation des chrétiens. Dans le même temps, les pachas tiraient trente millions environ de revenus de leurs gouvernemens. La force armée était de 2400 cavaliers et de 2300 fantassins barbaresques. Quant à la population, les élémens d'appréciation sont beaucoup plus vagues. Volney l'estime à deux millions et cinq cent mille habitans, ce qui ferait une moyenne de quatre cent soixante et seize âmes par lieue carrée. Combien ce chiffre est éloigné de celui de la population ancienne! Strabon dit que deux territoires seulement, ceux de Yoppé et de Yamnia, pouvaient armer quarante mille hommes : la Judée, au temps de Titus, nourrissait, elle seule, quatre millions d'âmes; aujourd'hui, elle n'en a pas trois cent mille. Le pays des Philistins et des

Phéniciens, les royaumes de Samarie et de Damas, n'étaient pas moins populeux, au dire de toutes les traditions historiques.

Ce qui a surtout dépeuplé cette terre, c'est le gouvernement des Ottomans. Quand ces hordes conquérantes mirent le pied sur ce territoire, ils le traitèrent comme on traite un pays vaincu. Ils déléguèrent ses provinces à des dignitaires de leur choix, en les laissant à peu près libres sur la manière de les gouverner. Ce territoire est ainsi comme affermé à des pachas, qui sous-afferment, à leur tour, ses subdivisions à d'autres employés, tels que les mutzelins, qaïmaqans, agas, et jusqu'aux delibachis. Tous ces hommes, les plus hauts comme les plus inférieurs, parlent et agissent au nom du sultan. Le pacha, étant ainsi l'image du sultan, se substitue à ses pouvoirs absolus et despotiques. Il est à la fois chef militaire, financier, civil, criminel et politique. Il résume tout en lui; il a droit de vie et de mort, droit de paix ou de guerre. Cependant il n'use de tout cela que pour la perception du tribut. Les agens de cette exécution fiscale sont des sous-fermiers qui, de grade en grade, descendent jusqu'aux plus petits villages. Ces emplois se donnent aux enchères, et souvent les enchères sont tellement poussées, qu'il faut un grand talent de pressurer pour se tirer ensuite d'affaire.

La Porte a divers moyens pour empêcher que ces pachas si absolus ne sortent pas de la ligne de leurs devoirs. Elle tient, pour cela, des soldats et des officiers à sa dévotion, dans quelques châteaux-forts; ou bien, quand un pacha a comblé la mesure, un *Kapidji* arrive à la fin de l'année, tantôt avec un firman de prorogation, tantôt avec une queue nouvelle; puis, pendant que le pacha célèbre la fête de cette investiture, l'envoyé de la Porte tire de sa poche un kat-chérif qui demande sa tête, et le fait exécuter séance tenante. Ce sort menace toujours les pachas les plus riches, dont le sultan se constitue alors l'héritier; et cependant la visée principale des pachas est d'amasser de grandes richesses. Tous regardent le pays comme leur domaine. Leur droit de vie et de mort est absolu : ils l'exercent sans formalité et sans appel. L'exécuteur ordinaire de ces sortes d'arrêts est le ouâli, qui fait sa ronde en coupant des têtes. Ce ouâli exerce aussi la police des marchés; il surveille les poids et mesures. Outre cette justice criminelle, il y a partout une justice civile qui ressort du qady. Les qadys ne sont point à la nomination des pachas respectifs, mais bien à celle du *qady-el-askar* (juge de l'armée) qui réside à Constantinople. Ces places de qadys sont, comme celles de pachas, vénales; elles ne sont point données aux plus justes, mais aux plus riches. Les qadys rendent la justice dans leur *mahkamé*, assis sur une natte ou sur un mauvais tapis, et flanqués de leurs *scribes*. Chaque partie plaide elle-même sa cause, pendant que le magistrat fume sa pipe et roule sa barbe dans ses doigts. Quand les plaidoiries sont terminées, le qady prononce, et les parties s'en vont, laissant le dixième du fonds comme épices du procès. Cette justice expéditive serait un grand avantage si la corruption n'atteignait les qadys; mais les arrêts se marchandent, comme se marchande toute chose en Turquie.

Les peuples de Syrie sont, en général, ou musulmans ou chrétiens. Les musulmans y sont plus fanatiques et plus intolérans que dans aucune province turke. Toute démonstration publique de culte est interdite aux chrétiens: ils ne peuvent bâtir de nouvelles églises, et si les anciennes tombent en ruine, ils n'ont la faculté de pouvoir les réparer que sur des permissions payées à prix d'or. Un chrétien qui frappe un musulman risque sa vie; un musulman qui tue un chrétien peut se racheter à l'aide d'une rançon. Les chrétiens ne peuvent monter à cheval dans quelques villes; il leur est défendu de porter des babouches jaunes, des châles blancs, et rien qui soit de couleur verte; le rouge pour chaussure, le bleu pour l'habit, voilà ce qu'on leur permet. Dans plusieurs péages, les chrétiens seuls paient; les musulmans sont libres de taxes. En justice, le serment de deux chrétiens ne compte que pour un; enfin, ils sont sujets à la capitation du *djazz el-râs* (rachat de la tête). Ces distinctions sont passées dans l'usage. Le salut de musulman à chrétien n'est pas le même que de musulman à musulman; heureux encore le chrétien quand le salut n'est pas suivi, de la part du croyant, des épithètes de *jaour, kefer, kelb* (*impie, apostat, chien*), qui sont les aménités habituelles des sectaires de Mahomet vis-à-vis du commun des Infidèles.

En Syrie, comme dans tout l'empire turk, les paysans sont *esclaves* du sultan, mot qui pourtant ne signifie que *sujets*, et ne constitue point l'esclavage avec le droit de vente. Les paysans acquittent ce que l'on nomme le *miri*, d'après le cadastre fixé par l'empereur Selim. Cet impôt serait très modéré si les pachas et leurs agens ne l'avaient aggravé de taxes accessoires et illégales. Maîtres de la majeure partie des terres, ils ne les cèdent qu'à des conditions onéreuses; ils exigent tantôt la moitié, tantôt les deux tiers de la récolte, que les cultivateurs sont obligés ensuite de racheter au-dessus de leur valeur. Ensuite ils chicanent sur les pertes; puis comme, en définitive, ils ont la force pour eux, ils enlèvent ce qu'ils veulent. A ces vexations habituelles se joignent mille vexations passagères. Tantôt on rançonne un village entier pour un délit imaginaire ou vrai; tantôt on établit une corvée d'un genre nouveau; un jour, c'est un *backshich* (présent) pour l'avénement d'un gouverneur, ou une contribution de guerre pour le passage de ses cavaliers. Chaque *louend* ou soldat qui passe fait trembler un village: les provisions, les volailles, les récoltes, tout lui appartient. Aussi qu'en résulte-t-il? que la campagne se déserte, et que les paysans se réfugient dans les villes. Si l'on ajoute à cela les pillages des Bedouins, on voit combien l'existence du cultivateur en Syrie est précaire et tourmentée. Les moins malheureux sont ceux du pays des Druses, de Kesrouân et de Nablous; partout ailleurs, leur situation est des plus misérables. Ils sont réduits au petit pain plat d'orge ou de doura, aux oignons, aux lentilles et à l'eau. Pour ne rien perdre de leur grain, ils y laissent l'ivraie, qui donne des vertiges et des éblouissemens pendant plusieurs heures. Lorsqu'il y a disette dans le Liban, ils recueillent des glands de chêne, et les mangent bouillis. Comme on le présume, les méthodes d'agriculture sont bien peu avancées dans un pays aussi pauvre. Le laboureur manque d'instrumens, ou n'en a que de mauvais; la charrue est une branche d'arbre coupée sous une bifurcation, et traînée, sans roues, par des ânes, des vaches, rarement des bœufs. Dans les cantons ouverts aux Arabes, il faut semer le fusil à la main. Les récoltes, à peine faites, sont serrées dans des caveaux ou *matmoures*, aussi secrets, aussi mystérieux que possible.

Les ouvriers et les marchands des villes sont incontestablement plus heureux que les habitans de la campagne; ils ont, plutôt que ces derniers, les moyens de se dérober à des exactions exagérées. Aussi les villes sont-elles, pour ce fait, assez populeuses.

Le commerce en Syrie est à l'état d'enfance. Les communications, qui en sont l'âme, sont difficiles, lentes et périlleuses. Le seul courrier qui existe pour les villes d'intérieur, est le *Tartare*, qui vient de Constantinople à Damas par Alep. Les échanges de marchandises s'opèrent par caravanes, qui ne marchent que par intervalles et sous escorte. Dans toute la Syrie, pas un chariot, pas une charrette, pas une voiture. Les transports s'y font tous à dos d'ânes, de mulets ou de chameaux. Il n'y a d'auberges en aucun lieu; seulement les villes et les villages ont un vaste local que l'on nomme Khan ou Kervan-Seraï, qui sert d'asile à tous les voyageurs. Ce sont des constructions composées de quatre ailes carrées qui entourent une vaste cour. Les cellules, sans autre meuble que quatre murs, sont infestées de scorpions. Quand un voyageur prend possession de l'une d'elles, le gardien lui donne une natte et la clef; le reste du bagage doit marcher avec le voyageur. La vie des marchands orientaux se passe presque en entier dans les pèlerinages; il y trouve l'avantage de puiser ses denrées aux sources et de surveiller les achats par lui-même. Dans l'Orient, il n'y a d'uniformité pour rien, ni pour les poids, ni pour les mesures. Le rottle d'Alep pèse six livres de Paris; celui de Damas, cinq et un quart; celui de Saïde, moins de cinq; celui de Ramléh, près de sept. Le *derhem* ou dragme, élément de ces poids, est seul le même partout. Les mesures sont la coudée égyptienne, ou la coudée de Constantinople. Les monnaies sont plus fixes; ce sont le *parà*, avec ses divisions, puis les piastres de trente, de quarante et de soixante paras. Ces diverses monnaies sont d'argent, mais affreusement alliées de cuivre. Les pièces d'or sont le sequin *dahab*, et le sequin *fondqouli*. Telles sont les monnaies turques. Parmi les monnaies européennes, on compte les talaris ou les piastres, monnaie autrichienne ou espagnole; puis les sequins de Venise, très recherchés à cause de la finesse de leur titre. Ces sequins de Venise servent aussi à la parure des femmes. Après les avoir percés, on les enfile dans une chaîne d'or, et les pièces tombent ainsi en *rivière* sur la poitrine. Plus la chaîne a de sequins, plus cette parure est belle. C'est le luxe favori des femmes riches, et tandis que les moins aisées se contentent de piastres fortes, on en a vu se parer de plusieurs rangs de quadruples qui retombaient sur leur poitrine. Deux ou trois cents sequins ainsi disposés, tant en bandeau qu'en rivière, deviennent un véritable fardeau.

Les Francs, les Grecs et les Arméniens concentrent dans leurs mains presque tout le commerce de la Syrie; les Musulmans, soit par nonchalance, soit par esprit de religion, s'en mêlent peu. Cela doit venir aussi de ce qu'à l'aide de marchés passés avec la Porte, quelques puissances européennes voient leur commerce favorisé au préjudice même de celui des sujets turks. Là où les Européens ne payent que trois pour cent de droits, les Turcs en payent dix. Les résidens européens ont en outre obtenu de pouvoir couvrir de leur patronage les chrétiens latins qu'ils emploient comme agens ou *barataires*, c'est-à-dire courtiers privilégiés. L'une des nations les plus favorisées aujourd'hui encore dans le commerce du Levant est la nation française. Nos manufactures du Midi fournissent le Levant de draps, de bonnets, de denrées coloniales, de fers, de plombs, d'objets de quincaillerie, de soieries, de galons et d'autres produits de nos fabriques. En échange, la France tire des Échelles de Syrie, de la soie, des cotons, des noix de galle, des pistaches, quelques vins et quelques laines. Marseille accapare presque tout ce commerce, à cause de la quarantaine obligée pour les équipages, pour les navires et pour les marchandises qu'ils portent.

Quant aux arts et à l'industrie locale, ils sont dans l'enfance en Syrie. A part quelques insignifiantes exceptions, tout ce qui tient au mobilier et au vêtement des Turks opulens est apporté d'Europe. Ce luxe lui-même est très borné; il ne consiste guère qu'en objets de coton, de poil de chèvre ou de soie. L'orfévrerie est seule une chose importante, soit dans les bijoux des femmes, soit pour les soucoupes de café découpées en dentelles, pour les ornemens dehsarnais et des pipes. Quant à l'aspect des bazars, il présente un mélange assez confus de batteurs de coton, de débitans de mercerie et d'étoffes, de barbiers qui rasent la tête, d'étameurs, de serruriers, de selliers, de vendeurs de graines, de dattes, de sucreries, enfin de bouchers dont l'étal est presque toujours assez mal fourni. On voit aussi, dans les capitales, quelques méchans arquebusiers.

Les procédés agricoles sont encore beaucoup plus arriérés que les arts. Chaque maison a un mauvais petit moulin portatif qui ne produit qu'une farine grossière. Les instrumens aratoires sont dans l'enfance. Dans les montagnes on ne taille point la vigne, et l'on n'ente point les arbres. De toutes les méthodes industrielles ou agricoles, il n'en est qu'une dans laquelle ils nous surpassent, c'est celle de la teinture en rouge, qu'ils tiennent, dit-on, encore des Tyriens. La manière d'exploiter le fer est de la plus grande simplicité; c'est celle que l'on emploie encore dans les Pyrénées sous le nom de fonte catalane.

Leur danse et leur musique sont informes et sans caractère. Les Arabes seuls ont des chants qui, pour les inflexions et pour les roulades, sembleraient vouloir lutter avec la vocalisation italienne. Quant à la danse, ils ne connaissent guère que celle de leurs almés que nous retrouverons en Égypte, théâtre de leurs plus grands succès.

Avec l'ère des Kalifes sont passés, pour la Syrie, les temps de la science et de l'éducation arabes. Les sultans ont laissé s'épaissir sur ces peuples conquis une couche si profonde d'ignorance, que sa régénération semble devoir être lente et difficile, sinon impossible. Aujourd'hui on ne trouve plus dans ces provinces ni astronomes, ni géomètres, ni médecins, ni musiciens, ni peintres, ni horlogers, ni mécaniciens. La seule science du pays, c'est l'étude de la langue dans ses rapports avec la religion. Les principes seuls de la grammaire occupent pendant plusieurs années les jeunes élèves qui suivent des cours des mosquées ; puis on arrive à la déclamation, à l'éloquence, enfin à la science par excellence, ou théologie. L'unique base de ces études c'est le Koran. Les autres livres sont fort rares, et cette rareté vient de ce que l'imprimerie n'a pas encore acclimaté ses procédés expéditifs sur ce sol demi barbare. On chercherait vainement peut-être dans toute la Syrie un exemplaire des *Mille et une Nuits*. Le sultan favorise, autant qu'il est en sa puissance, le maintien de cette ignorance, qui est, à tout prendre, dans l'état des pays turks, un moyen de gouvernement.

Ce qui frappe d'abord quand on arrive en Syrie, comme aussi dans tout pachalic ottoman, c'est le contraste de ses mœurs avec les nôtres. Nous portons des vêtements serrés et courts, ils les portent longs et amples ; nous laissons croître nos cheveux et rasons nos barbes, ils laissent pousser leurs barbes et rasent leurs cheveux. Se découvrir la tête est chez eux un signe de folie, chez nous une marque de respect ; ils saluent droits, nous saluons en nous inclinant. Ils s'asseyent et mangent à terre, nous nous tenons, pour cela, assis à distance du sol ; ils écrivent au rebours de nous, et la plupart des noms masculins chez nous sont féminins chez eux. Le caractère le plus général des Turks, c'est un air de componction religieuse, un visage austère et mélancolique, un maintien nonchalant et calme. On dirait que le mouvement est pour eux un supplice. N'ayant aucun de ces plaisirs publics qui animent nos villes, limités aux seules joies de leurs harems, les Turks n'éprouvent pas le besoin incessant de distractions toujours nouvelles qui agitent notre société européenne. Mais en revanche, ils n'ont aucune des jouissances qui découlent de ce besoin même. Du reste, si l'on va au fond du naturel turk, on y trouve de la bonté, de l'humanité, de la persévérance et de la suite dans les amitiés comme dans les haines, du courage d'instinct, de la dignité, de la noblesse. Au contraire, les Grecs, qui vivent en grand nombre à côté d'eux, ont, à côté d'une foule de qualités plus sociables, les défauts qui tiennent à leur position de peuple long-temps esclave, la mobilité, la ruse, la dissimulation. Un religieux à qui l'on disait un jour que les chefs chrétiens ne s'étaient jamais, dans ce pays, montrés dignes de leur fortune, répondit : « Nos chrétiens n'ont pas la main propre au gouvernement, parce » qu'elle n'est exercée dans leur jeunesse qu'à battre du coton. Ils ressem- » blent à ceux qui marchent pour la première fois sur les terrasses : leur » élévation leur donne de l'étourdissement ; puis, comme ils craignent de » retourner aux olives et au fromage, ils se hâtent de faire leurs provisions. » Les Turks, au contraire, sont habitués à régner ; ce sont des maîtres accou- » tumés à leur fortune, et ils en usent comme n'en devant jamais changer. »

A cette opposition entre les races, il faut ajouter d'autres contrastes qui résultent des localités. Ainsi, les habitans du littoral sont en général plus dissimulés, plus immoraux, plus cupides que les habitans de l'intérieur des terres. D'ailleurs, pour les uns comme pour les autres, Musulmans ou Chrétiens, la vie se passe dans l'Orient au milieu d'une monotonie extrême. Toutes leurs distractions se réduisent à deux : les bains et le café. Les bains ou étuves des hommes sont à peu près les mêmes que les étuves ou bains des femmes dont il a été question plus haut. Quant à ce qu'on décore du nom de café, c'est tout simplement une assez vaste pièce enfumée, dans laquelle, assis sur des nattes, les gens aisés passent des journées entières à fumer la pipe, en ne conversant que par saccades, et par phrases courtes et rares. Quelques chanteurs, quelques danseuses qui passent, viennent parfois égayer ou charmer l'assemblée silencieuse. Un conteur d'histoires de ceux que l'on nomme *nachyd*, obtient souvent la parole, et moyennant quelques paras, narre une aventure, ou récite les vers de quelqu'ancien poëte. Ces nachyds, pour peu qu'ils aient de talent, sont écoutés avec une attention religieuse. D'autres fois, pour tromper les heures, les Musulmans ont recours au seul jeu que le Koran ne leur interdise point, celui des échecs, et ils s'y montrent fort habiles. Quant aux spectacles publics, à part quelques baladins, jongleurs et danseurs de corde, ils n'ont rien qui puisse rappeler nos usages. On voit de ces jongleurs qui, à l'instar de ceux de l'Inde, mangent des cailloux, soufflent des flammes, se percent le bras et le nez, et avalent des serpens, grâce à des secrets d'escamotage qu'ils possèdent seuls, et dont ils se montrent fort jaloux. Ces hommes sont servis en cela par la facilité qu'ont les Orientaux à s'enthousiasmer pour le merveilleux et à croire aux prodiges. Cette disposition tient à l'instinct poétique dont ces peuples sont presque tous doués. En général, ils ont la parole éloquente et facile, le geste aisé, les passions fortes et constantes, le sens droit dans les choses qu'ils connaissent, et intelligent dans celles qu'ils ne connaissent pas. Leur commerce, froid au premier abord, devient peu à peu doux, attachant et sûr. Personne ne possède à un plus haut degré des qualités de sobriété et de tempérance. L'un des plus grands obstacles qu'ils aient rencontré dans leur marche vers la civilisation, c'est l'état de dépendance et de confinement dans lequel ils tiennent les femmes, cette moitié de la création humaine. La législation et la religion sont la cause de ce préjugé anti-social. Mahomet, dans son livre, n'a pas même fait aux femmes l'honneur de les nommer: elles y demeurent en dehors de toute prescription religieuse, et c'est aujourd'hui encore un problème chez les grands docteurs de la loi musulmane de savoir si les femmes ont une âme. La loi civile, venant après la loi religieuse, a encore enchéri sur elle. Une femme ne peut rien posséder; elle est l'esclave et la servante de son mari, qui est son maître. Ses droits, son influence sociale, sont complétement nuls. Aussi un Musulman ne regarde-t-il guère ses femmes que comme une sorte de mobilier, dont il use et qu'il change et renouvelle à sa volonté. Jamais il n'en parle à un étranger, et ce serait une grande impolitesse de lui en demander des nouvelles. Personne ne voit ses épouses, ses esclaves; personne ne leur adresse la parole. Sont-elles malades, il faut leur prescrire des remèdes sans les voir, ou leur tâter le pouls au travers d'une mousseline. Les relations des hommes vis-à-vis des femmes doivent être, dans un pareil ordre d'habitudes, purement sensuelles, et l'ennui et le dégoût suivent bientôt l'abus des plaisirs. Il n'est pas rare de voir des Turks complétement énervés à l'âge de trente ans, et alors le harem n'est plus pour eux qu'un meuble de luxe. Du reste, ces harems sont d'ordinaire le théâtre d'une guerre civile acharnée et continue. Ce sont éternellement des querelles de femme à femme, et des plaintes des favorites au mari. Tantôt les épouses se plaignent des esclaves, tantôt les esclaves, des épouses. Un bijou donné, une complaisance obtenue, une permission d'aller à la mosquée ou au bain, sont des sujets d'incessantes querelles, au milieu desquelles l'autorité et la dignité du maître sont plus d'une fois compromises.

Telles sont, sommairement, les mœurs des peuples qui habitent les provinces syriennes. Nous devions en donner l'aperçu pour compléter l'aspect général du pays, examiné déjà et successivement dans ses traditions célèbres, dans son état antique et dans son état moderne, dans ses divisions politiques et ethnographiques, dans sa topographie, dans sa géologie, dans son archéologie, dans son histoire. Aidés de nos impressions personnelles, nous les avons appuyées et complétées par les observations précises et nombreuses que des voyageurs célèbres ont recueillies à diverses époques et à titres divers, sur une des plus riches et des plus antiques contrées du globe. Mannert, Ludolphe, Mandeville, Tuchor, Heyter, Salignac, dans une époque ancienne, et plus près de nous, Cotovic, Nau, Maundrel, Niebuhr, Pococke, Shaw, Hasselquist, Mariti, Steezten, Volney, Chateaubriand, Forbin, Burkhardt, Irby et Mangles, Delaborde et Linant, Banks et Legh, Henniker, Damoiseau, ont fourni des matériaux pour un travail comparatif, sorte de contre-épreuve aux textes sacrés et profanes antérieurs à notre ère, aux Saintes-Écritures et à leurs commentaires, aux pages de saint Jérôme, de saint Chrysostome et de saint Ambroise, aux travaux de l'historien Josèphe, de Strabon, de Dioscoride, de Pline, de Tacite et d'Étienne de Bysance. C'est la substance de tous ces écrits et de tous ces auteurs qui a été résumée dans ce livre. Grâce à eux, il a été possible de rendre sa physionomie primitive et grandiose à cette terre qui s'est desséchée sous les vengeances d'en-haut; il a été facile de restaurer la Judée et la Jérusalem antique, lieux aimés du ciel, où naquit le Sauveur des hommes, et où parlèrent les prophètes.

Soit que l'on aborde, soit que l'on quitte cette terre féconde en religieux souvenirs, le sentiment le plus profond et le plus réel que l'on éprouve est celui de la tristesse. A cet aspect de dévastation désolante, de stérilité presque générale, de solitude presque complète, le voyageur sent son âme se serrer malgré lui ; il cherche les vallons du Jourdain et leur abondance miraculeuse, il cherche les villes étagées sur les montagnes judéennes, il cherche les populations que nourrissaient leurs croupes toujours vertes, et ne voyant que sables et rochers, que monts calcinés et versans abruptes, que steppes sans graminées et sans eau, il s'écrie dans une contemplation douloureuse : « Le doigt de Dieu a passé par là ! »

FIN.

TABLE DES MATIÈRES

CONTENUES DANS CE VOLUME.

ERRATA.

Pag. 129, ligne 18, au lieu de : *jardins fertiles, et arrosé;* lisez : *jardins fertiles et arrosés.*

133, ligne 14, au lieu de : *construction bizarre et pittoresque ;* lisez : *constructions bizarres et pittoresques.*

ibid, ligne 17, au lieu de : *relève;* lisez *révèle.*

136, ligne 5, au lieu de : *vastes pierres ;* lisez : *larges pierres.*

137, ligne 32, au lieu de : *pleine de grandeur, de magnificence ;* lisez : *et de magnificence.*

138, ligne 31, au lieu de : *du pacha de Palmyre:* lisez : *du pacha de Damas.*

139, ligne 33, au lieu de : *à ces steppes ;* lisez : *à ces plaines.*

Pag. 146, ligne 4, au lieu de : *la plaine de Saran ;* lisez : *de Saron.*

148, ligne 3, au lieu de : *trois mille trois cents;* lisez : *trois mille huit cents.*

ibid., ligne 18, au lieu de : *l'an du monde* 3583 ; lisez : *l'an 331 avant J.-C.*

149, ligne 31, au lieu de : *reconquit ;* lisez : *reconquiert.*

166, ligne 14, au lieu de : *miré ;* lisez : *miry.*

176, ligne 18, au lieu de : *douza;* lisez ; *doura.*

183, ligne 18, au lieu de : *quelque importance;* lisez : *quelque magnificence.*

184, ligne 24, au lieu de : *pays de Tôt;* lisez : *pays de Tor.*

ibid., ligne 30 (même correction).

Daisate del.   Finden sc.

REMPARTS DE St JEAN D'ACRE. | RAMPARTS OF St JEAN D'ACRE.

EXPLICATION DES GRAVURES

CONTENUES DANS CE VOLUME.

REMPARTS DE SAINT-JEAN D'ACRE.

L'histoire de Saint-Jean d'Acre, l'étymologie de son nom, ses gloires, ses vicissitudes, tout cela a été traité fort au long au commencement de ce premier volume. Il nous restait pour compléter ces détails à parler des remparts; c'est ce que nous allons faire succinctement. Bien qu'ils ne soient que d'une médiocre importance, comparativement à nos fortifications européennes, les remparts de l'ancienne Ptolémaïs n'en ont pas moins acquis une grande célébrité. Plusieurs fois détruits et plusieurs fois réédifiés, à chaque nouvelle reconstruction, ils ont augmenté les moyens de défense de la ville; mais c'est surtout à partir de 1750 qu'ils commencent à prendre un caractère imposant. Acre, par la nature de sa position, demandait peu de chose au génie de l'homme pour être défendu contre l'agression. Bâti sur une langue de terre qui se projette dans la Méditerranée en forme de demi-lune, il est baigné au nord, à l'ouest et au sud par la mer qui lui sert de défense naturelle. Le côté de l'est était le seul point vulnérable; aussi est-ce dans cette partie que la prudence du cheyk Daher jugea à propos d'élever des remparts. Ces murailles, qui formaient une ceinture à la ville du côté de la terre, avaient tout au plus trois pieds de profondeur. Il n'y laissa seulement que deux portes. Aucun fossé n'en garantissait l'approche, ni aucune ligne de défense ne s'y faisait remarquer. Jusque là on ne connaissait dans toute cette partie de l'Asie, ni bastion, ni chemins couverts, en un mot, aucun des modes de fortification de l'art moderne.

Déjà auparavant, sous prétexte de se bâtir une maison, Daher avait fait construire à l'angle du nord un palais qui commandait la mer, et qu'il garnit d'artillerie. Des tours furent également érigées pour la défense du port. Les murs du palais de Daher étaient hauts et minces; ceux des tours avaient environ cinquante pieds d'élévation, et leur sommet était couronné de canons. Un fossé étroit et peu profond les cernait à leur base.

Plus tard, toutes ces constructions furent augmentées par le pacha Djezzar, dont nous avons donné l'histoire (*voyez* p. 12 et suiv.). Ce dernier attira près de lui des ingénieurs et des architectes de différentes nations d'Europe, qui embellirent la ville et en perfectionnèrent les fortifications. Vu à distance, Saint-Jean d'Acre est loin de paraître formidable. Au premier abord, son aspect répond peu à l'idée que l'on se fait d'une ville qui a résisté aux armes victorieuses de Bonaparte. Mais en l'examinant de près, on s'aperçoit bientôt qu'une double enceinte de murailles en pierres de taille, garantie par des fossés profonds, s'étend d'une extrémité à l'autre de la ville, et vient en s'arrondissant aboutir à la mer de chaque côté.

Toutefois, c'est moins à la solidité de leur construction que les remparts de Saint-Jean d'Acre doivent la gloire d'avoir tenu en échec le héros des Pyramides et d'Aboukir, qu'aux circonstances et à l'habileté de deux hommes enfermés dans leurs murs, lord Sidney Smith, que nous avons déjà nommé, et l'ingénieur français Phélipeaux, qui avait été le compagnon d'armes et le rival de Bonaparte.

Ce que n'avait pu faire le plus grand capitaine des temps modernes, devait être accompli de nos jours par une armée d'Arabes. En 1832, après un siége long, opiniâtre et plusieurs assauts livrés sans résultat, Ibrahim-Pacha est parvenu à s'emparer de Saint-Jean d'Acre. Abdallah-Pacha qui commandait la place avec une faible garnison de trois mille hommes, a soutenu pendant neuf mois les efforts multipliés de trente mille combattans et d'une formidable artillerie. Les remparts, les murailles, la grande mosquée, le palais de Djezzar, et toutes les merveilles que Saint-Jean d'Acre avait vu naître dans l'espace de moins d'un siècle, ont beaucoup souffert durant cette dernière guerre. Ibrahim a eu cependant le bon esprit de respecter après la victoire ce qui était resté encore debout. Notre planche représente la portion des fortifications qui est dominée par la tour carrée. Le point de vue a été pris de l'intérieur des remparts, non loin des ruines du château de Djezzar. On voit au fond le mont Carmel qui s'étend en une vaste courbe rentrante au sud-ouest de la ville, et forme ainsi un magni-

Dauzats del[t]. — Bon Taylor dir[t]. — Finden sc.

ENTRÉE DE LA RUE DU BAZAR À S[T] JEAN D'ACRE. | ENTRANCE OF THE STREET OF THE BAZAAR AT S[T] JEAN D'ACRE.

fique golfe où les vaisseaux peuvent trouver un abri. Avant de quitter l'antique Ptolémaïs, nous allons dire un mot de son bazar.

ENTRÉE DE LA RUE DU BAZAR A SAINT-JEAN D'ACRE.

Le bazar de Saint-Jean d'Acre est loin d'avoir la magnificence de ceux de Constantinople, de Bagdad, du Caire et de Damas. Plusieurs voyageurs ont donné des descriptions très détaillées de ceux-ci; aucun, que nous sachions, n'a décrit celui de Saint-Jean d'Acre. Il est vrai que tous les bazars en Orient ont un air de famille, et en cela nous n'avons que peu de chose à dire ici de particulier. C'est quelquefois une rue couverte de bannes formées de nattes; le plus souvent, c'est une sorte de grande galerie oblongue, et recouverte par une voûte fort élevée qui reçoit la lumière d'en haut. Cette voûte en ogive est surmontée de coupoles, dont les ouvertures sont ménagées de manière à ne laisser pénétrer qu'un demi-jour favorable à la conservation et à la vente des marchandises.

L'intérieur du bazar présente une longue suite de boutiques symétriques, ayant chacune une petite chambre au fond ou magasin de derrière. Dans la boutique principale sont étalées avec art les marchandises de vente. La pièce du fond n'est autre chose qu'un lieu de dépôt. On a partagé le bazar en plusieurs grandes divisions, qui prennent chacune un nom déterminé par la nature des articles qu'on y expose. Il est d'usage de mettre ensemble les marchandises de même espèce. Ainsi, par exemple, toutes les étoffes, tous les fruits sont réunis dans des lieux séparés qui prennent le nom de bazar des étoffes, bazar des fruits, et ainsi pour chaque espèce particulière de productions que l'on y vend. Classées de la sorte, les marchandises offrent plus de facilité pour les emplettes des acheteurs. Leurs recherches sont moins longues et moins pénibles que dans nos bazars européens, où tout est confondu.

En Orient, le bazar n'est pas seulement un marché, c'est tout à la fois le rendez-vous des hommes d'affaires et des hommes de plaisir. C'est là que s'opèrent les transactions commerciales, et que les jeunes gens des familles opulentes viennent concerter leurs projets joyeux. Aussi le bazar ne désemplit-il jamais. Séjour constamment gai et animé, il semble que toute la vie, tout le bruit et le mouvement de la ville s'y soient concentrés.

Les marchands orientaux ignorent encore l'art de la tenue des livres; ils n'écrivent même que très rarement les combinaisons ou les résultats de leurs opérations. C'est à la mémoire ordinairement qu'ils les confient. On a lieu d'être étonné de la merveilleuse facilité avec laquelle ils retiennent les calculs les plus longs et les plus compliqués. Cela rappelle ces descendans du peuple de Dieu, maîtres alors du pays, qui devaient réciter par cœur à une certaine époque, les livres de Moïse et les prophètes. Toute la science d'un boutiquier du bazar consiste uniquement à séduire les yeux et les oreilles des chalands par un babil ampoulé et le prestige de l'étalage. A Saint-Jean d'Acre, de même que dans toutes les autres villes de l'Orient, les lois qui régissent le commerce sont très arriérées et très défectueuses.

Outre son bazar à longue galerie ou abrité par des bannes, Acre possède encore plusieurs autres marchés à ciel ouvert, assez semblables à nos marchés de France, et où se vendent les objets les moins précieux. Les boutiques de ces sortes de bazars, comme au reste toutes celles que l'on rencontre dans les rues, sont élevées au-dessus du sol de plusieurs pieds avec un banc de pierre sur lequel s'asseyent les acheteurs. La largeur ordinaire des boutiques sur la rue ne dépasse pas six à sept pieds; elles ont en général de dix à douze pieds de profondeur; elles sont divisées, ainsi que nous l'avons dit plus haut, en deux parties distinctes, dont l'une sert d'arrière-boutique. Une petite tente en forme d'auvent ou d'appentis, le plus souvent composée de nattes de joncs attachées à de longues perches, garantit les marchandises de l'ardeur du soleil. Le dessin de cette planche donnera une idée de ces constructions, qui impriment une physionomie toute particulière au pays. On voit sur le premier plan l'entrée de la rue, et un peu plus loin les gigantesques arceaux de la galerie du bazar surmontés de fenêtres treillagées, comme dans presque toutes les constructions orientales.

SARCOPHAGES ANTIQUES, ROUTE DE BEYROUT A SIDON.

Après avoir quitté les jardins qui entourent la ville de Sidon comme d'une verdoyante ceinture diaprée de fleurs, on aperçoit le long de la côte, à environ une lieue de cette ville, divers sarcophages, dont plusieurs ont conservé leur couvercle. Tous ces tombeaux ont à peu près la même forme. Quelques uns sont ornés de légères décorations à moitié effacées, représen-

Danzats del. — Bon Taylor dir. — Finden sc.

SARCOPHAGES ANTIQUES,
ROUTE DE BEYROUTH A SIDON.

ANCIENT SARCOPHAGI,
ROAD FROM BEYROUTE TO SIDON.

tant des guirlandes, des feuilles d'arbre et des figures humaines; d'autres sont à panneaux avec des couvercles soutenus par des pilastres de plusieurs ordres d'architecture grecque; d'autres encore gisent, ouverts et vides, au milieu des broussailles et des rochers.

Quels furent les hôtes de ces coffres de pierre, quels personnages y ont laissé leurs cendres? Nul ne le sait. L'histoire est muette à cet égard, et rien de ce qui reste n'est assez explicite pour dissiper les incertitudes; cependant on peut conjecturer, d'après le style de ces ouvrages, qu'une partie dut être exécutée par les Phéniciens, et l'autre par les peuples gréco-romains, sans doute pour y déposer des individus de leur nation. Selon certaines traditions vagues et sans fondemens, l'un des sarcophages aurait reçu les dépouilles mortelles du prophète Sophonias, et un autre celles du patriarche Zabulon. La tribu de Zabulon, en effet, occupait une portion de l'espace compris entre la Méditerranée et le lac de Tibériade; mais on sait que le patriarche mourut en Égypte.

C'est dans une colline située parmi les sarcophages dont nous venons de parler, que se trouvent les souterrains où furent renfermés, dit-on, les tombeaux des anciens rois de Syrie. Ces tombeaux sont taillés dans le roc, et leur entrée est assez grande pour qu'un homme y puisse pénétrer. Arrivé dans l'intérieur, on y erre à travers plusieurs espèces de salles de cinq à six pieds carrés disposées en forme de labyrinthe.

Des niches oblongues, au-dessus desquelles on distingue encore quelques bas-reliefs presque méconnaissables, et de grossières peintures exécutées en rouge, avaient été pratiquées dans l'épaisseur des murs de ces antiques catacombes : du reste, point de noms, point d'inscriptions assez lisibles qui puissent renseigner le voyageur. La plupart de ces tombeaux sont ouverts, et servent de retraite aux bêtes fauves et aux bergers, qui s'y réfugient pendant les heures brûlantes du jour. On ne peut se défendre d'un sentiment de tristesse au milieu de ces ruines, dont le caractère lugubre est encore augmenté par la solitude profonde et le voisinage de la mer. L'aspect d'un horizon sans limite qui fuit devant vous, et réveille dans l'esprit l'idée d'éternité, en opposition avec l'image de la destruction et de la mort gisant là à vos pieds, jette l'âme dans une mélancolique contemplation. Tel est l'effet que nous avons cherché à reproduire dans cette planche, où toutes ces choses sont représentées.

DAÏR EL-QAMMAR.

A quelques lieues de Sidon, dans la chaîne du Liban, est la ville de Daïr-el-Qammar. Ce nom donné à la capitale du pays des Druzes, signifie, ainsi que nous l'avons dit (page 26), *maison ou couvent de la Lune*. Selon d'antiques traditions perpétuées par les gens du pays, il y aurait eu autrefois à l'endroit même qu'occupe aujourd'hui la ville, un couvent consacré à la Vierge. Or, il faut savoir que les peuples orientaux représentent souvent la Vierge de la conception avec un croissant sous les pieds. Les Druzes ont substitué la lune au croissant. De là, par un ancien reste de l'usage des peuples antiques, qui confondaient souvent le sujet avec l'attribut, et se servaient indifféremment de l'un ou l'autre nom pour désigner la même chose, les habitans de cette contrée appelèrent le couvent dédié à la Vierge, *couvent de la Lune*. Depuis lors, la ville de Daïr-el-Qammar ayant été bâtie sur les ruines du couvent, elle en a retenu la dénomination. Telle est l'explication donnée par les Druzes eux-mêmes.

La situation de Daïr-el-Qammar est des plus pittoresques. Jeté sur le penchant d'une montagne à l'extrémité d'une vallée étroite, il ne se trouve point très éloigné de la rivière du Damour, qui coule au bas. L'aspect de cette ville est singulièrement original: ses petites maisons blanches, assises sur des pentes à pic, paraissent à quelque distance, comme superposées sur les toits les unes des autres. Des roches énormes, suspendues au sommet de la montagne, semblent incessamment prêtes à crouler sur la ville, et à l'écraser sous le poids de leur chute. Aux yeux du voyageur qui contemple ce spectacle, le danger paraît imminent; il frissonne de crainte, et cependant les habitans de la capitale des Druzes dorment tranquilles dans leurs habitations, depuis des siècles, ou se livrent à leurs affaires en pleine sécurité.

La population de Daïr-el-Qammar est presque entièrement composée de Maronites, de Druzes, et de Turcs. On y compte huit à neuf cents familles maronites, quatre à cinq cents familles druzes, et une quarantaine de familles turques. La ville est très pauvre en jardins, qui n'y sauraient être, du reste, très spacieux, à cause de la nature de la localité. A peine y voit-on quelques mûriers, quelques figuiers, et, çà et là, de maigres bouquets de

Dauzats del. | Bon Taylor dir. | Finden sc.

CAÏR EL QUAMMAR ET LE PALAIS BETTEDEN. | CAÏR EL QUAMMAR AND THE BEITEDIN PALACE.

Dauzats del.t — B.on Taylor dir.t — Finden sc.

BEITEDDIN.

PALAIS DU PRINCE DES DRUSES. | THE PALACE OF THE PRINCE OF THE DRUSES.

palmiers. A vrai dire, Daïr-el-Qammar n'est guère qu'un gros bourg par son importance. Néanmoins, depuis quelque temps, toute l'industrie des montagnes s'est réfugiée dans son sein. Presque tous les habitans professent des métiers, et passent en général pour de très habiles ouvriers dans leur genre. Quiconque préfère le travail régulier de chaque jour à la vie nomade et incertaine du montagnard, peut venir s'établir dans ses murs. La population a déjà reçu de notables augmentations, par suite de ces émigrations successives.

Malgré son peu de faste et d'étendue, Daïr-el-Qammar jouit de toute la prédilection de l'émyr Beschir, qui en fait l'objet spécial de sa sollicitude. Entre les nombreuses branches d'industrie qu'on y exploite, la plus avantageuse, celle pour laquelle les habitans montrent le plus d'aptitude, et qui leur vaut une grande réputation, c'est la fabrication de ces belles robes de soie, appelées dans le pays *aba*. On sait que ces robes, toutes brodées d'or et d'argent, composent la principale parure des grands cheyks druzes. Elles se vendent jusqu'à 800 piastres la pièce (1). Dans notre gravure, nous avons représenté la ville que nous venons de décrire, par son côté le plus pittoresque. A droite sont les palais de Bettedin, situés sur deux collines séparées de Daïr-el-Qammar par une gorge profonde. Les crêtes de la chaîne du Liban se dressent derrière, et courent dans toute l'étendue de l'horizon. Lorsqu'on est arrivé à Daïr-el-Qammar, il est impossible de ne pas apercevoir une autre merveille de ces contrées sauvages, nous voulons parler de Bettedin, qui fait le sujet de la planche suivante.

PALAIS DE BETTEDIN.

On a pu remarquer par l'esquisse que nous avons déjà faite de ce palais (page 26 et suiv.), combien il mérite que l'on complète sa description. Rien de plus inattendu, d'un effet plus magique que cette architecture mauresque au milieu des splendeurs solennelles des hautes montagnes du Liban. En découvrant tout-à-coup du fond d'une vallée fraîche et fertile ce séjour fantastique du roi des Druzes, l'émyr Beschir, le voyageur est tenté de se demander s'il ne rêve pas un conte des *Mille et une Nuits*, si

(1) La piastre de ces pays vaut environ 40 centimes.

ses yeux ne sont point fascinés par une de ces merveilleuses fictions orientales. Le palais de Bettedin est situé sur la croupe d'une colline au haut de laquelle on arrive par un escalier taillé dans le roc, qui tourne sur ses flancs et se dérobe à l'ardeur du soleil, abrité par le feuillage épais de grands arbres. De chaque côté ce sont çà et là de jolies habitations, des jardins bien cultivés, des mûriers, des vignes, des palmiers, et à travers cette végétation luxuriante, des ruisseaux limpides dirigés avec art, qui répandent partout sur leur passage la vie et l'abondance.

Après avoir monté pendant quelque temps, on arrive à une espèce de cour ou terrasse fermée par une enceinte solide, et savamment construite. Au-dessus de cette terrasse on en rencontre une seconde, qui elle-même est surmontée d'une troisième, jusqu'à ce qu'enfin l'on parvienne ainsi d'étage en étage à la dernière qui fait partie du palais. De cette terrasse, le point de vue est réellement admirable. D'un côté et là devant vos yeux, la splendide résidence du souverain du Liban ; de l'autre, sur un rocher voisin de la colline, les palais des fils de l'émyr ; au-dessous de vous, la vallée ombreuse au pied de la colline de Bettedin ; plus loin, sur la déclivité d'un point élevé, la ville de Daïr-el-Qammar ; tout autour de vous, des montagnes arides et pelées, élançant jusqu'au ciel leurs cîmes menaçantes ; enfin dans le lointain, les ondes bleues de la Méditerranée, qui apparaissent encadrées entre deux montagnes, complètent cet admirable tableau, dont jamais aucun crayon, ni pinceau ne pourra rendre la magnificence.

Rien de plus étrange, et en même temps de plus ravissant que ce contraste de la nature cultivée, fraîche, parée, et de la nature sombre, stérile, sauvage ! Il semble que les âpres rochers d'alentour se soient dépouillés à l'envi pour décorer la charmante colline de Bettedin. Ici tout vous sollicite au plaisir, tout concourt à faire de ces lieux un séjour enchanté.

La forme extérieure du palais présente à l'œil un majestueux quadrilatère aux façades variées et flanquées de tours carrées, dont le sommet est terminé par une couronne de créneaux semblable à une broderie. D'immenses galeries formées par une longue file d'arceaux en ogive, étagés les uns au-dessus des autres, et entremêlés de colonnettes élancées, courent tout autour derrière les murs extérieurs. Le haut du monument est surmonté d'une élégante toiture en bois peint, de l'effet le plus agréable. Mais c'est surtout à l'intérieur que sont réunies toutes les merveilles de la féerie arabe ! Des balustres d'or et des salles de marbres ; des cours décorées de pilastres et d'arabesques; des peintures et des bois ciselés; des vapeurs odorantes et des fontaines qui s'échappent de leurs bassins en gerbes de diamans; le calme et les demi-jours; les riches draperies de pourpre et de brocart; de belles et ravissantes odalisques étendues nonchalamment sur des peaux de panthères ou de moelleux divans; en un mot, toutes les voluptés imaginables sont là comme emprisonnées pour flatter la sensualité de l'émyr.

L'un des côtés du palais est occupé tout entier par les appartemens du prince; deux autres sont consacrés aux appartemens des femmes et des officiers; le quatrième côté, ouvert de toutes parts, plonge sur la vallée dans la partie qui regarde la ville de Daïr-el-Qammar. L'art de l'architecture arabe, en décadence dans la plus grande partie de l'Orient, a conservé son caractère dans les constructions de ce palais dont la plupart sont modernes. Et toutefois par l'effet des contrastes qui résultent d'une société dégénérée, l'intérieur de Bettedin présente aux yeux du voyageur européen la réunion du luxe avec l'indigence, de la barbarie avec la civilisation. Auprès d'un divan aux arcades à jour, décoré d'arabesques et de pilastres d'or, vous trouvez des chambres qui paraîtraient misérables aux paysans de nos chaumières. Là, tout resplendit, tout est magnifique; ici, vous apercevez des murs décrépits et délabrés; des fenêtres sans vitres; un plancher formé de terre battue et mêlée à de la paille hachée; des lézardes et des trous de rats.

En tout temps les étrangers affluent à Bettedin. On y trouve réunis des hommes de toutes les nations et de toutes les religions. Les conditions les plus opposées, les plus diverses s'y mêlent, s'y confondent. Le guerrier montagnard y coudoie le grammairien des colléges du Liban; le prêtre druze y cause sans hostilité avec le chapelain catholique.

Doué d'une profonde sagacité et d'une grande habileté politique, c'est à ces qualités que l'émyr Beschir a dû la conservation de sa puissance dans les montagnes du Liban. Père de trois fils, ils sont loin, dit-on, de lui ressembler. Ayant perdu la femme avec qui il avait passé la plus grande partie de sa vie, il vient de se remarier tout nouvellement, malgré son grand âge. C'est au bazar de Constantinople qu'il a pris sa nouvelle épouse. Trois belles Circassiennes, achetées par ses ordres, furent amenées dans son palais; le vieillard choisit celle dont les charmes flattaient le plus ses regards, la fit instruire et baptiser, puis se maria avec elle selon le rite catholique. Quant aux deux autres, moins favorisées que leur compagne, elles furent destinées à augmenter le nombre de ses esclaves.

DJOUNI.

Tel est le nom d'un pauvre village druze, situé à cinq ou six milles de Sidon, dans les montagnes du Liban. Djouni est surtout devenu célèbre depuis que lady Stanhope a fixé sa résidence dans son voisinage. On a pu voir, page 30 et suiv., combien la vie de cette noble Anglaise est aventureuse et romanesque. Tout chez elle est extraordinaire. Cette singularité si remarquable dans son caractère ne l'est pas moins dans le séjour qu'elle s'est choisi. Rien de plus capricieux, de plus imposant à la fois que ce château solitaire qu'elle habite, espèce de forteresse du moyen âge, posé sur la cime d'une montagne comme un nid d'aigle, d'où l'œil plane tout autour sur une vallée profonde et fertile. Ces grands murs blancs qui ceignent le château comme un rempart, ces barres de fer massives qui en ferment les portes, ces meurtrières qui en commandent l'entrée principale, cet isolement, ce silence et cet air de mystère qu'augmente encore la nature agreste des environs, tout cela jette dans l'âme du voyageur une sorte de terreur secrète qui s'accroît de plus en plus à mesure qu'on approche. Une route en zigzag, bordée de précipices, conduit au haut du bâtiment par mille détours. Vous vous croiriez transporté au milieu des scènes les plus romantiques des Apennins. Malgré soi l'on est saisi d'extase devant le spectacle grandiose, sublime que l'on a sous les yeux. Au loin les pics de la chaîne libanique élevant jusqu'au ciel leur manteau de neige; plus près de vous des rochers de basalte et de granit d'une physionomie âpre et sauvage; au pied de la montagne une végétation puissante; des cours d'eau qui bondissent sur les déclivités, et rafraîchissent le paysage; enfin, sur le plateau où réside lady Stanhope, un épais feuillage débordant par-dessus les murs de l'habitation ,et donnant l'idée d'un immense parc, tel est ce site. La vue est prise des approches du château en venant de Sidon; elle présente de face la route qui monte en serpentant au sommet de la montagne.

Si au dehors de cette résidence tout offre un aspect abrupte et sauvage, au dedans des murs, au contraire, tout est gracieux et élégant. Lady Stanhope a su combiner admirablement l'art de la civilisation anglaise aux féeries de l'Orient. Le bon goût, l'ordre se font partout remarquer dans sa demeure; tout y respire la majesté et le recueillement. Vous

Dauzats del. — Bon Taylor dir. — Finden

DJOUNI, RÉSIDENCE DE LADY STANHOPE. — DJOUNI, THE RESIDENCE OF LADY STANHOPE.

entrez : une cour spacieuse, décorée de superbes vases de fleurs, vous sert de vestibule. Au bout de cette cour un jardin en miniature, des berceaux odorans de jasmins et de lauriers-roses, des gazons verts, des ruisseaux limpides, des jets d'eau jaillissant dans des bassins de marbre, puis tout-à-coup un kiosque enchanté. Vous marchez encore : des bosquets d'orangers et de citronniers parfument l'atmosphère ; des guirlandes de vignes se drapent en festons. Tout autour sont disposés des pavillons entremêlés de petits jardins diaprés de fleurs, qui communiquent ensemble par le principal corps du bâtiment. Quatre grandes ailes fermant une cour carrée sur laquelle toutes les chambres viennent s'ouvrir, composent cet édifice. La cour est transformée en élégans parloirs, et les chambres, excepté quelques unes, où le luxe arabe s'y déploie dans toute sa magnificence, sont presque toutes meublées à l'anglaise.

Auparavant, il y avait là à la place de cette habitation un ancien monastère grec appelé *Mar-Elias* ou *Mariluis*, dont les fondemens et les matériaux ont servi à l'édification de la résidence actuelle de lady Stanhope. La société de la noble dame se compose uniquement dans cette solitude du docteur Muyon, médecin anglais, dont la demeure est à quelque distance; de mistriss William, sa demoiselle de compagnie; d'une femme de charge, Anglaise, mistriss Fry; et d'un secrétaire levantin, né à Alep, et originaire de France. Quant aux domestiques de l'un et l'autre sexes, ils sont du pays même, et peu nombreux. Lady Stanhope possède un haras curieux, composé des plus belles et des plus pures races de chevaux arabes. Cette demeure, si délicieuse dans la belle saison, est peu agréable dans le temps des pluies. « Les plus humbles paysans de la contrée, dit un voyageur anglais, ne voudraient point l'habiter, et les moines des couvens répandus en si grand nombre sur les versans de la chaîne du Liban, n'échangeraient point leurs cellules pour elle. »

Nous compléterons le merveilleux de la description que nous venons de faire de *Djouni*, par le récit d'une anecdote recueillie de la bouche d'un Arabe, et qui égale ce que les contes de l'Orient ont de plus fantastique. Il sera facile d'y reconnaître le caractère de ce peuple, toujours conteur et disposé dans ses récits à l'exagération. Presque tous les voyageurs ont parlé de l'entrée triomphale de lady Stanhope à Palmyre; peu de personnes ont raconté sa réception par le Pacha de Damas. A son arrivée dans le divan de ce prince, tous ceux qui composaient sa cour se levèrent d'un mouvement spontané pour la recevoir. Lady Esther, suivie d'un messager chargé des plus riches présens des contrées lointaines de l'Inde et de l'Asie, parmi lesquels se trouvaient des parfums délicieux, les fit déposer au pied du pacha. Celui-ci, séduit par le port noble, l'air de majesté de l'étrangère, l'invita à prendre place à sa droite, comme une reine avec laquelle il aurait partagé la moitié de son trône. Alors la célèbre Anglaise, dont le costume avait quelque chose de féerique, montrant tout-à-coup une coupe d'or pur, étincelante d'émeraudes, de diamants et de rubis, remplie jusqu'au bord des perles les plus précieuses, la présenta au pacha, qui ne put s'empêcher d'admirer tant de magnificence.

BEYROUT.

Beyrout, autrefois appelée *Beryte* ou *Berytus*, ainsi que nous l'avons dit page 22, fut érigée en colonie romaine sous le règne de l'empereur Auguste, qui, en mémoire de sa fille Julie, et à cause des avantages naturels que la ville retirait de sa position, l'appela *Félix Julia*. Et en effet, c'est une heureuse situation que celle de Beyrout! Assise gracieusement sur la partie septentrionale d'une langue de terre formant le prolongement du pied du mont Liban entre les ondes transparentes de la mer de Syrie, ceinte d'une charmante bordure de jardins toujours verts, rafraîchie par les molles brises descendant des montagnes environnantes, riche en fleurs et en fruits de toute espèce, Beyrout est aux yeux du voyageur un séjour digne d'envie; aussi est-elle le rendez-vous de tous les étrangers qui visitent ces contrées.

La forme de la ville est irrégulière. Ouverte du côté de la mer, les trois autres côtés tournés vers la terre sont entourés d'une muraille en pierre tendre et sablonneuse dans laquelle le boulet de canon pénètre sans la faire éclater. Un vieux château crénelé debout à l'entrée du port, et muni pour toute artillerie de six pièces de canon, en commande l'arrivage. Il est à remarquer qu'on ne rencontre pas d'autre système de fortification en Orient. Çà et là des débris et des fûts de colonnes, misérables restes de l'antique Beryte, servent dans le port à amarrer les bâtiments. Formé par une jetée, ce port autrefois profond et commode, les habitants l'avaient laissé encombrer de ruines et de sable. Aujourd'hui des travaux ont été

Bon Taylor dir. — Finden

BEYROUT ET LE MONT LIBAN. — BEYROUT AND MOUNT LEBANON.

entrepris pour le rendre à sa première destination. Le Nahr-el-Salib ou Nahr-Beyrout vient déverser ses eaux dans la rade de la ville. C'est là, sur les bords de ce fleuve, selon la tradition, que périt le bel Adonis. Long-temps son culte y fut en honneur, et même en certains endroits on en découvre des vestiges. A en juger par les ruines gisant hors des murs vers l'ouest, il y a tout lieu de croire que la ville a dû être beaucoup plus considérable. Une vaste plaine forme son territoire. Elle est presque entièrement plantée en mûriers blancs pour la nourriture des vers à soie, dont on fait une grande culture dans le pays.

Les maisons, les boutiques et les bazars de Beyrout sont en général mieux bâtis qu'on ne les voit d'ordinaire sur la côte. Presque toutes les maisons y sont en pierre, et notablement plus élevées que dans les autres villes de l'Orient. Les rues ne s'y montrent pas très propres, quoique dallées et assez larges, ce qui provient en grande partie de la disette d'eau ; les femmes sont obligées d'aller en chercher fort loin dans la campagne. Sur la droite de la ville, on remarque le nouveau lazaret récemment construit par Ibrahim-Pacha.

On jouit à Beyrout d'une grande tolérance. Elle est le siége d'un évêque grec, d'un évêque maronite, la résidence d'un consistoire israélite, d'une congrégation protestante, et d'un assez grand nombre de prêtres druzes et musulmans. Les chrétiens y ont quatre églises, les catholiques grecs une, les catholiques arabes également une, de même que les maronites et les schismatiques. On y compte en outre trois belles mosquées avec leurs minarets, leurs cours, et leurs fontaines jaillissantes. Vers le milieu de la ville s'élève majestueusement la grande mosquée, ancienne église catholique dédiée à saint Jean, que l'on voit encore flanquée de sa colonnade gothique. Par son gisement légèrement en pente, Beyrout a l'avantage d'être une ville sèche et très salubre. Néanmoins en été son séjour ne laisse pas que d'être fort incommode à cause de la chaleur et de son eau tiède.

Dans un couvent de capucins, on signale à la curiosité des visiteurs étrangers, le lieu où sont enterrés dans un jardin six Anglais morts des suites de blessures reçues dans les murs de Saint-Jean d'Acre, lors du siége que Bonaparte fit de cette place. Beyrout aussi pourrait montrer les stygmates de ses propres plaies, car elle ne fut pas toujours riante et paisible. Elle conserve encore le souvenir de ses vicissitudes pendant les guerres de la Terre-Sainte. Alors la pauvre Beryte était exposée à changer si souvent de maîtres qu'elle ne savait plus à qui elle appartenait. Deux siéges mémorables, entre autres, l'ont rendue célèbre dans l'histoire : l'un contre Baudouin, roi de Jérusalem, l'an 1109 de notre ère ; l'autre contre le sultan Saladin en 1187. Malgré la défense désespérée des assiégés, Baudouin réussit alors à s'emparer de la ville, qui demeura au pouvoir des croisés jusqu'à l'époque où le célèbre Saladin la reprit après des efforts inouïs. Depuis le temps des croisades, Beyrout a presque toujours été sous la domination des émyrs druzes. C'est à eux qu'elle est surtout redevable des murailles qui l'entourent, et des grosses tours carrées qui se dressent derrière elles pour la défendre. L'émyr Fakr-el-Dyn est celui qui a le plus fait pour elle. On voit encore dans la ville les restes imposans du sérail de ce prince. Toutes les constructions ordonnées par lui dans sa capitale étaient dans le style romain. Fakr-el-Dyn avait vu l'Italie, et il affectionnait particulièrement l'architecture ainsi que les modes romaines et florentines.

Aujourd'hui Beyrout est véritablement dans la voie du progrès. Cette heureuse disposition doit être attribuée sans contredit à l'influence des pèlerins et des commerçans d'Europe dont elle est incessamment visitée. Beyrout est devenue la place la plus importante de tout le littoral, l'entrepôt de tout le commerce de la Syrie. Son port est très sûr, et toujours rempli de navires. Là, dans cette ville, on trouve toutes les commodités de la vie, des habitations presque confortables, des viandes saines, des fruits délicieux, du pain préparé à l'européenne par des boulangers francs, des vins exquis à bas prix, et entre autres le fameux vin d'or, ce roi des vins, si vanté en Orient, où il est tout aussi populaire que notre vin de Champagne en France, vin d'ailleurs pétillant et mousseux comme ce dernier. Mais l'une des causes les plus éminentes de la réputation de Beyrout, c'est la rare beauté de ses environs, la magnificence des plantations de mûriers qui dominent la ville de toutes parts, l'aspect pittoresque de ces ruines antiques gisant parmi les fleurs, et surtout de ces gracieuses villas disséminées par centaines au milieu des citronniers, des nopals, des caroubiers et des arbres de toutes sortes qui croissent sur son sol. En un mot, telle qu'elle est aujourd'hui, Beyrout mérite encore à plus d'un titre l'épithète d'heureuse, dont l'empereur Auguste l'avait qualifiée. La vue est prise ici de la terre. Au loin ce sont les montagnes du Liban, dont la chaîne vient se lier à droite avec le promontoire sur lequel est bâtie la ville; l'espace de mer qui les sépare forme un golfe spacieux qui sert de rade à Beyrout.

Mayer del. Bon Taylor del. Finden sc.

CHEMIN D'ANTONIN AVANT D'ARRIVER A BEYROUTH. | ANTONIN'S ROAD, BEFORE ARRIVING AT BEYROUTH.

SYRIE.

Mayer del. — Finden sc.

CHEMIN PRÈS DE BEYROUT. | ROAD NEAR BEYROUT.

DEUX VUES DU CHEMIN D'ANTONIN PRÈS DE BEYROUT.

A quelques milles au nord de Beyrout près du bord de la mer, et à travers une végétation luxuriante, on rencontre le long du fleuve Lycus ou *Nhar-el-Kelb*, un chemin creusé dans la base de la montagne, dont l'exécution, selon l'opinion la plus commune, aurait été ordonnée par l'empereur Antonin-le-Pieux. Ce chemin naguère impraticable a été rendu à la circulation par Ibrahim-Pacha, qui dans les derniers troubles de la Syrie l'a fait déblayer pour y faire passer son artillerie. Toutefois, il est encore fort inégal, et embarrassé çà et là de quartiers de roches, qui en rendent la voie difficile. Il tourne sur le côté de la montagne en se dirigeant d'une part vers le pont du Nahr-el-Kelb, pont bâti sur cinq arches, où des inscriptions arabes indiquent les époques auxquelles il a été réparé. On remarque qu'en dernier lieu il le fut par l'émyr Beschir.

La longueur du chemin d'Antonin est de plus d'un mille. Son élévation au-dessus du fleuve Lycus dépasse cinquante pieds dans sa plus grande hauteur. Les inscriptions grecques, latines et syriaques qui ont fort occupé la sagacité des savans sont adossées sur le flanc de la montagne. La plupart d'entre elles ne présentent plus que des traces de lettres complétement effacées. Celle de Marc-Aurèle, située à l'entrée du chemin, est assez bien conservée; nous la reproduisons ici telle qu'elle est.

IMP CAES M AVRELIVS
ANTONINVS. PIVS. FELIX. AVGUSTVS
PART. MAX. BRIT. MAX. GERM. MAXIMVS
PONTIFEX. MAXIMVS
MONTIBVS IMMINENTIBVS
LICO FLUMINI CAESIS VIAM DILATAVIT
PER. . . . .
ANTONIANAM SVAM.

Quelques antiquaires se fondant sur l'épithète *Britannus*, qui semble en effet moins convenir à Antonin qu'à Caracalla, ont prétendu que c'était à ce dernier qu'il fallait attribuer l'inscription, et par conséquent l'exécution du chemin que nous décrivons. Mais ce n'est pas sur un simple mot présentant quelques difficulés à concilier qu'on peut établir des certitudes. Quoi qu'il en soit des interprétations des savans, nous n'épouserons point leur querelle, et nous nous en tiendrons à la tradition des gens du pays, qui n'hésitent point à attribuer le chemin d'Antonin à l'empereur de ce nom.

Les inscriptions répandues au milieu de ces rochers d'une nature pittoresque et tourmentée, ne sont pas les seules choses remarquables qui excitent la curiosité des voyageurs. Des figures antiques d'hommes sculptées dans le roc, et aussi grandes que nature, décorent aussi ces lieux agrestes. Vainement jusqu'ici a-t-on cherché la signification de ces symboles ; le mot de l'énigme semble être à jamais perdu. On pourrait présumer néanmoins qu'ils ne sont point sans quelques rapports avec le culte d'Adonis, qui périt dans cette contrée, et auquel on érigea des temples et des cérémonies funèbres. A côté de chaque figure est une table plane encadrée de moulures, et sur laquelle on lisait autrefois des inscriptions devenues aujourd'hui indéchiffrables. La suivante est la seule qui soit encore lisible.

INVICTIM
ANTONIN FELIX AVG
MV. IS NISIM.

A en juger par les grossières sculptures toutes mutilées que l'on distingue à quelques pieds au-dessus de celles que nous venons de mentionner, il paraîtrait qu'un chemin différent de celui d'Antonin, et également taillé dans le rocher, aurait existé dans ce même lieu. Nous avons représenté dans deux planches la voie antonine avec sa physionomie et ses accidens. Dans l'une, on voit la route de face, la mer à droite, et sur le côté à gauche, les figures sculptées dans le roc. Dans l'autre, la vue est prise auprès de l'inscription de Marc-Aurèle, qu'on aperçoit à la base de la montagne. Vers la droite est l'embouchure du Nahr-el-Kelb côtoyant le chemin d'Antonin. Ce fleuve, encaissé entre deux parois de rochers perpendiculaires de deux ou trois cents pieds d'élévation en quelques endroits, roule au fond ses eaux limpides, et vient se jeter dans la mer après avoir traversé une vallée délicieuse l'espace de deux milles environ. Les versans des montagnes qui aboutissent sur la vallée sont très boisés. Des chênes, des peupliers, des pins couronnent le sommet des monts, tandis qu'à leur base croissent le caroubier, le figuier, le mûrier, l'abricotier, l'amendier. Plusieurs habitations, des moulins et des fermes, seules hôtelleries de l'Orient, animent cette belle contrée.

Bouchet del. — Bon Taylor dir. — Finden sc.

CHATEAU GOTHIQUE PRÈS DE BATROUN. — A GOTHIC CASTLE NEAR BATROUN.

CHATEAU GOTHIQUE PRÈS DE BATROUN.

La Syrie, où l'on trouve tant de vallées agrestes, de sites escarpés et sauvages, ne possède rien peut-être d'aussi surprenant au premier aspect que le château dont nous allons donner la description. Au fond d'une gorge étroite et sombre, à une lieue environ de la mer, s'élève comme un mamelon détaché des flancs de la montagne, un rocher perpendiculaire dans tout son pourtour de plus de cent pieds d'élévation, et de six cents pieds de circonférence. Un château gothique que l'on suppose être l'ouvrage des Croisés, couronne sa cime, et fait tellement corps avec lui, qu'on l'en croirait la continuation naturelle. Des escaliers taillés dans le roc vous conduisent par une suite de terrasses ascendantes, jusqu'à la plate-forme supérieure où des murs crénelés, flanqués de tours avec des meurtrières, se dressent autour d'un donjon percé de fenêtres ogives.

La partie extérieure du château est encore assez bien conservée. Il n'en est point de même de l'intérieur. La plupart des plafonds des salles ainsi que les toits se sont écroulés. De grands sycomores et une foule d'arbustes et de plantes grimpantes ont jeté leurs racines au milieu des décombres, dans les lézardes des murs, les embrasures des créneaux, et étendent leurs branchages dans tous les vides de l'édifice. Le lierre s'est cramponné sur toutes les faces du donjon; il grimpe autour des fenêtres et des portes parmi les mousses et les lichens qui recouvrent la pierre. Rien de plus agreste que l'intérieur de cette solitude, dont le silence n'est troublé, la nuit comme le jour, que par le cri des aigles et le rugissement des chacals.

Au pied du rocher coule un petit torrent sur lequel on a jeté un pont d'une arche, qui conduit à travers la vallée. Cette arche est aujourd'hui à moitié ruinée. On trouve aussi dans le voisinage de cet endroit une fontaine limpide, ombragée par trois espèces d'ormes d'une grandeur gigantesque. Le versant de la montagne à droite en arrivant au château, est couvert jusque dans sa hauteur d'une végétation luxuriante. Du sommet du rocher on découvre la mer dans les environs de Batroun, petit village à cinq lieues au sud de Tripoli, habité en grande partie par des maronites. Le reste de la population est composé de Grecs et de Turks. Batroun, qu'on appelait dans l'antiquité *Botrys* ou *Botrus*, aurait été bâtie, selon Ménandre, vers le temps du prophète Élie par Ithobal, roi de Tyr. Alors des murailles élevées lui formaient une solide enceinte. Rien n'existe plus de cette ancienne grandeur que les vestiges du ciseau et de la pioche, imprimés partout sur les rochers répandus sur la côte.

Batroun était occupé par les Croisés à l'époque de la fondation du château gothique dont nous venons de parler. Les chevaliers changèrent alors son nom en celui de *Betiron*. Plusieurs ruines gisent encore dans les environs de la ville, et annoncent qu'elle fut jadis puissante. La vue de notre planche a été prise sur les limites du territoire de Tripoli et de Batroun.

CHEMIN DANS LE LIBAN.

Nous avons voulu par cette planche essayer de donner à nos lecteurs une idée de ces sentiers anfractueux, sauvages, qui tournent, montent à pic, plongent dans les abîmes, se relèvent et rampent en serpentant sur le penchant des précipices au milieu des montagnes du Liban. Le point de vue a été choisi près du couvent de Saint-Antoine, non loin de la Quadicha. Quoique presque tous les chemins dans la chaîne du Liban aient un air de ressemblance, cependant nous avons donné la préférence au site que nous représentons ici, à cause de sa physionomie plus sévère et plus abrupte. Il est difficile dans nos contrées d'Europe de se faire une idée du caractère varié, âpre et tourmenté de cette nature, qui ne peut être comparée qu'à celle du Taurus ou des montagnes de l'Albanie. Ce ne sont point des rocs continuellement gris, arides ou pelés comme nos monts pyrénéens ou nos croupes d'Auvergne; des neiges et des glaces éternelles comme dans les Alpes : ici vous êtes témoin des plus sublimes contrastes. Au rocher qui monte à pic vers le ciel comme un mamelon lancé de la terre, vous apercevez suspendus à la cime, le mélèze et le cèdre qui balancent leurs rameaux verts au souffle des vents. Le mûrier, l'olivier, décorent sa base découpée; la vigne grimpe dans ses anfractuosités; des forêts de pins sont jetées çà et là sur le versant des montagnes d'où se précipitent de bruyantes cascades. Tout à la fois c'est la vie et la mort que vous avez là sous les yeux; ce sont des scènes riantes, animées, au milieu de scènes de néant.

Mais c'est surtout le magnifique spectacle de l'horizon qui offre à l'œil les tableaux les plus variés, les plus pittoresques. Lorsqu'au sortir d'une gorge étroite et sombre vous gravissez sur la crête d'un rocher escarpé, où le cavalier, forcé de mettre pied à terre, en est réduit à traîner son cheval par la bride, quelle âme ne serait pas remplie d'une indicible admiration

Mayer del! | Bⁿ Taylor dir! | Finden sc.

CHEMIN DANS LE LIBAN
PRES LE COUVENT DE S.T ANTOINE.

ROAD ON MOUNT LEBANON,
NEAR THE CONVENT OF S.T ANTHONY.

Dauzats del. — Wm Taylor dir. — Finden sc.

LE COUVENT DE St ANTOINE AU MONT LIBAN. | THE CONVENT OF St ANTHONY ON MOUNT LEBANON.

en voyant tout-à-coup se dessiner au loin sur un ciel bleu, ces masses d'une stature gigantesque, aussi antiques que la terre, dont les ondulations attestent les terribles convulsions du globe! Chaque plateau plus élevé change, modifie, agrandit la scène, en adoucit l'aspérité. Par l'effet magique de la perspective, tandis que certaines portions de la chaîne libanique fuient, s'éloignent comme des vagues soulevées par la tempête, d'autres se rapprochent, semblent courir sur vous en ondulant. Tantôt libres en plein air dans la région des aigles, tantôt encaissés entre deux parois immenses de granit au fond des abîmes, aucun passage de montagnes en Europe ne saurait donner la mesure du danger de ces voyages. Souvent les chevaux glissent plusieurs vingtaines de pas sur des rochers de marbre lisses et luisans que le vent a polis au point de leur donner l'éclat du cristal. D'autres fois ce sont des blocs détachés des cimes qui obstruent la route, et ne laissent qu'un étroit sentier difficile à franchir.

Ce n'est point sans intention que les habitans de ces contrées rocailleuses laissent les routes dans un pareil état de bouleversement. Les montagnards, trop faibles, trop peu nombreux pour résister à la formidable cavalerie des cheyks arabes de la plaine si elle pouvait arriver librement jusqu'à eux, placent toute leur défense dans la difficulté des chemins. Quelquefois même, lorsqu'ils ont des sujets de crainte dans leurs villages, ils ajoutent encore à la complication de ce chaos en faisant sauter des quartiers de rocs dans les lieux les plus praticables, afin d'obstruer les voies de la circulation. Leur indépendance n'a point d'autre sauvegarde. C'est à leurs rochers et à leurs précipices qu'ils confient la sécurité de leurs villages et de leurs hameaux; c'est retranchés derrière ces forteresses naturelles qu'ils échappent à la domination de leurs ennemis.

COUVENT DE SAINT-ANTOINE.

Dans le voisinage d'Éden et du célèbre monastère de Canobin, apparaît, audacieusement suspendu au flanc rocheux d'un profond ravin, le couvent de *Dir-el-Mar-Antonios-el-Khezheyeah*, ou couvent de Saint-Antoine. Il est habité maintenant par quatre-vingt-douze religieux maronites, chacun desquels s'occupe de l'exercice d'un métier. Le couvent présente ainsi un vaste atelier où toutes les professions sont réunies. La typographie y a quatre fontes différentes de caractères syriaques. Ce lieu est encore appelé quelquefois *Bisils-el-Medjenin*, à cause d'une grande caverne qui, dit-on, a la vertu de rendre la raison aux individus atteints de folie. C'est dans cette grotte, selon Buckingham, que saint Antoine venait faire ses pénitences. C'est là encore que les religieux soignent les malades qui leur arrivent de toutes les parties de l'Égypte, de la Syrie, de l'Arabie et des bords de l'Euphrate. Nous y avons remarqué des aliénés de toutes les religions, et un plus grand nombre de musulmans que de chrétiens.

La route pour arriver au couvent de Saint-Antoine est fort escarpée et excessivement rocailleuse. On trouverait difficilement une situation plus romantique. Vues du bas de la vallée, les blanches murailles du monastère semblent se tenir debout par enchantement sur le bord d'un abîme sans fond, qui commence aux cèdres du Liban, et se précipite vers le fleuve *Kadesha* ou *Qadicha*. De toutes parts, d'énormes masses de rochers dressent leurs cimes anguleuses au-dessus des murs du couvent, et l'enferment comme d'une immense barrière de granit infranchissable. A ses pieds, entre les gorges de la vallée, on entend bruire les eaux qui descendent des montagnes et roulent avec fracas dans les mystérieuses profondeurs du ravin. Le soleil ne luit guère que quelques heures chaque jour sur les toits de l'édifice. A peine s'est-il montré, qu'il se dérobe presque aussitôt derrière les hautes montagnes qui projettent leurs ombres gigantesques sur le monastère ; aussi ce séjour est-il ténébreux et triste.

Les moines de Saint-Antoine vivent dans une continuelle occupation. Ils partagent leur temps, ainsi que nous l'avons dit, entre la prière et le travail des mains; les uns cultivent la terre, les autres font paître les troupeaux, d'autres impriment des livres de piété pour l'instruction des habitans de ces montagnes; les plus intelligens exercent la médecine avec une sorte de succès. Jusqu'ici, le couvent de Saint-Antoine n'a rien perdu de son antique réputation pour la guérison des maladies du cerveau. La rapidité et la multiplicité des cures qu'y opèrent les bons moines sembleraient tenir du prodige : quelques jours leur suffisent, dit-on, pour rendre à la raison l'homme atteint de l'aliénation mentale la plus désespérée.

La chapelle de Saint-Antoine est presque entièrement taillée dans le roc. Les offices s'y célèbrent en syriaque avec la plus scrupuleuse exactitude. Les moines se tiennent debout ou agenouillés tout le temps de la cérémonie, quelque longue qu'elle soit. C'est, au reste, l'usage universel de tous les chré-

127.

Dauzats del. — Bᵒⁿ Taylor dir. — Finden

VILLAGE D'EDEN. | VILLAGE OF EDEN.

tiens maronites. On ne trouve de siéges dans aucune de leurs chapelles.

Quant à la règle du monastère, elle n'est point changée depuis l'origine; c'est toujours celle qu'y a laissée saint Antoine l'abbé. Les religieux portent une robe de laine noire fort étroite et fort courte, un scapulaire également de laine et un petit capuchon noir. Leurs jambes sont nues; ils ont aux pieds des sandales noires pour chaussure, et ils laissent croître leur barbe. Leur simplicité, leur douceur et leur inépuisable charité sont devenues proverbiales dans le pays. Ils accueillent indistinctement tous les étrangers avec bonté, quelle que soit leur nation ou leur religion. La parfaite tranquillité d'âme dont jouissent ces bons pères, l'air pur qu'ils respirent dans ces montagnes, leur excessive sobriété, la régularité de leur vie, éloignent de leur retraite toute grave indisposition. Beaucoup d'entre eux meurent sans avoir jamais été malades; quelques uns arrivent, dans une parfaite santé, jusqu'à un âge très avancé. Il n'est pas rare de rencontrer aux environs du monastère une longue et vénérable barbe blanche qui retombe sur une poitrine plus que centenaire.

VILLAGE D'EDEN.

Au seul nom d'Éden, tous les souvenirs bibliques se réveillent. L'imagination, pleine des pompes naturelles du séjour originel de l'homme, se demande, en voyant le charme du paysage qui entoure le village ravissant d'Éden, si la tradition n'aurait pas raison de placer là le paradis terrestre. Beaucoup de chrétiens orientaux sont convaincus encore aujourd'hui que ce village fut la demeure de nos premiers parens et le berceau du genre humain. Quoi qu'il en soit, il est au moins évident que le nom d'Eden, qui, dans toutes les langues orientales, signifie un jardin, lui fut donné à cause de la fertilité du sol et de la beauté du site. Bâti sur l'un des plateaux les plus élevés du Liban, c'est le dernier village habité que l'on rencontre en gravissant cette chaîne: au-dessus de lui est encore une croupe gigantesque de roches nues, stériles, qui le domine comme un superbe donjon féodal. De temps en temps, le vent et les pluies d'hiver détachent de cette masse des blocs considérables, dont le village est quelquefois endommagé. Les champs d'alentour sont remplis de ces fragmens de rochers qui roulent du haut de la crête. Ils viennent même jusqu'aux approches du château du cheyk, et l'environnent de toutes parts. On voit à la cime de cette hauteur extrême un reste de chapelle ruinée, qui est le dernier vestige d'habitation humaine sur ces montagnes.

Eden n'est qu'à huit lieues de la ville de Tripoli, et non loin des cèdres fameux de l'Écriture. Ses environs sont d'une magnificence surprenante. Partout ce ne sont que champs fertiles et vergers peuplés d'arbres fruitiers, haies odorantes, berceaux de fleurs, gazons verts entrecoupés de ruisseaux et de cascades naturelles. Le village même a l'air d'un grand jardin qui se confond avec le reste de la végétation. Au premier aspect, on ne sait que penser de ces habitations, au-dessus desquelles le gazon et les fleurs croissent comme en plein champ. Chaque maison est terminée par un toit carré recouvert de terre et d'herbes sauvages de l'effet le plus pittoresque. Elles sont toutes solidement construites et entretenues avec propreté. L'église du village est grande, tenue avec ordre et même avec une certaine recherche. On y voit des ornemens élégans et curieux. Le cheyk Boutros-Karam, qui gouverne le village au nom de l'émyr Beschir, jouit de la plus excellente réputation. Ses mœurs douces et patriarcales, la bienveillance avec laquelle il accueille tous les voyageurs, le font généralement aimer. Il possède une nombreuse famille, ce qui n'est nullement un obstacle à l'exercice de sa justice et de son urbanité. Chacun des membres qui la composent l'aide au contraire de son mieux à gouverner ses sujets et à recevoir convenablement les hôtes qui lui arrivent fréquemment. Son palais est bien bâti et entièrement dans le goût de l'architecture arabe. Le faîte est terminé en terrasse, couronné de créneaux. Par sa construction, il a le double avantage de servir à la fois de salon et de toit. La porte principale du palais offre une belle voûte flanquée de deux appuis en pierre où sont des arabesques ciselées.

Un grand nombre de cellules et de petites chapelles disséminées aux environs du village d'Éden, reçoivent chaque matin la visite des religieux maronites qui viennent y célébrer la messe, toujours entendue par les habitans avec une extrême dévotion. A quelque distance, près du monastère de Saint-Serge, est une source célèbre dans le pays par l'excessive fraîcheur de ses eaux. L'été, le village d'Eden est un séjour vraiment délicieux. Alors que les villes et les plaines de la Syrie sont brûlées par les rayons d'un soleil ardent, les épais ombrages des mûriers, la fraîcheur des ruisseaux et des sources qui arrosent tout le plateau, y entretiennent une douce et agréable température. En revanche, Eden n'est pas habitable l'hiver. Le cheyk et

Mayer del. Finden sculp.

TOMBEAU DE CAÏUS CESAR.
MONT LIBAN.

CAÏUS CÆSAR'S TOMB.
MOUNT LIBAN.

son peuple sont obligés, dans cette saison, de descendre la montagne, et de chercher un refuge soit dans le village de Zgarté, au pied du mont Liban, soit dans la ville même de Tripoli.

Les habitans d'Eden s'occupent essentiellement de cultiver leurs terres, qui sont grasses et fertiles, de soigner les vignes et les mûriers, dont ils possèdent un grand nombre, et de faire paître leurs troupeaux. Malgré les avantages naturels du sol, le village est fort peu industrieux. Aussi c'est bien moins sous ce rapport qu'il est remarquable que sous le rapport de sa physionomie pittoresque. On peut juger, par le dessin que nous en donnons, combien le point de vue est magnifique. En face d'Eden, sur la gauche de la planche, on aperçoit de hautes montagnes qui se dressent sous les nuages; des gorges profondes serpentent à leurs bases, et au loin la mer chatoyante de Syrie termine le fond du tableau.

TOMBEAU DE CAIUS CÉSAR.

Avant d'entreprendre la description de ce monument, il est bon d'entrer dans quelques détails sur le prince auquel il paraît avoir été consacré. Caïus César était petit-fils de l'empereur Auguste. Il naquit de l'union du célèbre Agrippa avec Julie, fille de l'empereur, l'an de Rome 732, vingt ans avant J.-C. Sa naissance remplit de joie le cœur d'Auguste, qui se flattait d'avoir un successeur dans cet enfant. Trois ans après, Julie ayant mis au monde un second fils, l'empereur les adopta solennellement tous les deux. A la mort d'Agrippa, toute son affection se reporta sur ses deux petits-fils. Il voulut présider à leur éducation, les fit élever sous ses yeux, et se plaisait à leur donner lui-même des leçons de littérature, ainsi qu'à leur apprendre l'art d'imiter parfaitement sa signature impériale. A l'âge de douze ans, Caïus alla faire ses premières armes en Germanie sous les ordres de Tibère; à quinze ans, il reçut la robe virile. Après la cérémonie, qui fut célébrée avec une pompe inaccoutumée, le sénat et le peuple le désignèrent consul pour entrer en fonctions dans cinq ans. Les chevaliers, luttant de complaisance pour l'empereur avec les deux autres ordres, appelèrent Caïus le prince de la jeunesse romaine. Quelques années après, des troubles s'étant élevés en Arménie, à l'instigation de Phraate, roi des Parthes, Auguste envoya son fils Caïus en qualité de proconsul pour pacifier la province. Les premiers pas du jeune proconsul furent rapides et brillans; il battit les Parthes en plusieurs rencontres, les força à implorer son pardon, et rétablit l'ordre partout sur son passage. Tout allait au mieux jusque là, lorsqu'un jour Caïus s'étant laissé surprendre par une troupe ennemie, il reçut dans la mêlée une large et profonde blessure. Cette circonstance ne diminua point le courage du jeune général. Il poussa la guerre avec plus de vigueur encore qu'auparavant, et bientôt la paix fut définitivement établie.

Ayant accompli heureusement la mission pour laquelle il était venu dans ces contrées, Caïus se mit en route pour obéir aux ordres de l'empereur qui le rappelait à Rome; mais arrivé à Limyre, ville de Lycie, il mourut subitement ayant à peine atteint sa vingt et unième année. Auguste fut profondément affecté de cette perte. Il fit venir à Rome les cendres de son fils bien-aimé, et ordonna qu'elles fussent déposées dans son propre mausolée. Dix-huit mois avant, Lucius César, frère de Caïus, avait péri aussi de mort subite dans la ville de Marseille en se rendant en Espagne. La mort des deux fils adoptifs de l'empereur Auguste, servait admirablement les intérêts de Tibère; aussi l'histoire n'a-t-elle jamais pu l'absoudre de ce double trépas, qui lui assura l'empire du monde.

D'après ce que nous venons de rapporter, il est impossible de considérer le monument représenté dans cette planche comme le tombeau où les restes de Caïus César auraient été déposés. C'est justement cette contradiction manifeste de la destination du monument avec le fait de l'histoire, qui a provoqué les conjectures des savans. Quel peut être le motif de son érection dans cette contrée? Les preuves archéologiques manquent pour asseoir avec certitude une assertion à cet égard. Toutefois, on peut admettre qu'à l'époque de la toute-puissance de Rome, les habitans d'Emèse, pour flatter sans doute la douleur de l'empereur, érigèrent un cénotaphe à la mémoire de Caïus César, son petit-fils, qui venait de mourir. Rien ne s'oppose donc, quant à présent, à ce que nous appelions ce monument tombeau de Caïus César. C'est là, au reste, la dénomination que lui donnent les gens du pays, et ce nom se trouve justifié jusqu'à un certain point par ces deux mots : *Caïus César*, qu'il est possible de distinguer encore à sa partie supérieure. C'est tout ce qu'on peut lire d'une inscription jadis très longue, et aujourd'hui complétement effacée.

On trouve ce cénotaphe à quatre cents pas environ vers l'occident de la ville de Homs, l'ancienne Émese, dont les murailles, d'un mille de circuit, sont flanquées de tours rondes et dominent l'Oronte. Sa forme est pyramidale et n'est pas trop délabrée. Il est composé d'un double étage assez semblable au premier. Tous deux sont ornés de pilastres des ordres d'architecture dorique et ionique, parfaitement en harmonie avec le caractère de l'édifice. La frise qui les sépare présente dans son encaissement un cordon en zigzag au-dessus duquel des guirlandes attachées ensemble par des têtes de taureaux en suivent les ondulations. Après le deuxième étage s'élève une pyramide d'environ une trentaine de pieds de haut. L'entablement qui borde sa base et couronne l'étage supérieur supporte tout autour des piédestaux, où des statues représentant des personnages romains étaient posées. Chaque face de cette pyramide était losangée. A peine si l'on en voit aujourd'hui des traces On arrivait sous la première colonnade par plusieurs marches qui sont ou brisées ou enterrées dans le sable. La hauteur du monument, à partir des dernières marches jusqu'au sommet, est d'environ quatre-vingt-deux pieds. Il a quarante pieds de largeur sur chaque face, à la partie inférieure, mesurée extérieurement; trente à la racine de la pyramide. L'intérieur présente une surface de vingt-un pieds dix pouces de côté. Les murs en sont bâtis en briques. La portion qui est tournée du côté de la ville de Homs tombe en ruine.

Selon le témoignage des habitans des environs, il paraîtrait qu'autrefois il existait un bâtiment exactement semblable à celui-ci du côté du nord, et que les deux tombeaux se trouvaient joints par une chaîne de fer. Si cette tradition est fondée, il est permis de présumer que cet autre cénotaphe aurait été élevé par les Émésiens en l'honneur de Lucius César, frère de Caïus, mort à peu près vers la même époque. La situation de l'emplacement ne pouvait être mieux choisie pour l'effet pittoresque: une plaine découverte avec ses mouvemens de terrain ondulé sur le premier plan; à côté, la ville d'Émèse; au fond, et dans toute l'étendue de l'horizon, les montagnes du Liban surmontées de leurs crêtes de neige; tout autour une nature sèche et dépouillée, tel est l'aspect de ce lieu que viennent animer de temps en temps les caravanes dans leur halte.

VUE GÉNÉRALE D'ANTIOCHE; — RESTES DU PALAIS DE SELEUCUS; — PORTE SUR LE CHEMIN D'ALEP; — PORTE DE MÉDINE PRISE EN DEHORS DE LA VILLE; — LA MÊME PRISE DE L'INTÉRIEUR.

Antioche, dont nous représentons ici l'aspect général, peut compter au nombre des villes les plus puissantes et les plus antiques de la Syrie. On n'est pas d'accord sur son fondateur. Selon les uns, elle doit son origine à Seleucus Nicator, qui l'érigea l'an 300 avant J.-C.; selon d'autres, elle fut bâtie par Antigonus, après que ce prince eut succédé à Alexandre. Elle s'appelait alors Antigonia.

Il paraîtrait que la cité d'Antigonus ne subsista pas long-temps. Seleucus, à la suite d'une victoire remportée sur ce prince, la ruina de fond en comble, et en bâtit une autre près de là avec les débris de la première. Cette nouvelle ville reçut le nom d'Antioche. Nicator l'appela ainsi pour consacrer la mémoire de son père et de son fils Antiochus. Sa situation est à sept lieues nord de la Méditerranée sur la rive gauche de l'Oronte, entre ce fleuve et une montagne qui s'élève vers le sud. Agrandie successivement, elle compta bientôt parmi les métropoles les plus considérables de l'Orient. Trois villes élevées dans le voisinage par Seleucus furent enfermées dans ses murs. Ces trois villes qu'on appelait *Seleucia*, *Apamea*, *Laodicea*, des noms du fondateur, d'Apama sa femme, et de Laodicée sa mère, ayant été réunies à Antioche, formèrent une seule cité d'après laquelle on surnomma cette contrée *Tetrapolis* ou le pays des quatre cités. Strabon donne ce nom même à Antioche, parce que chacune des villes dont elle se composait était environnée de ses propres murailles. Une ligne commune de défense les enfermait toutes dans une même enceinte. Ces remparts, dont il ne reste actuellement que des ruines, s'étendaient sur la croupe de deux montagnes en courant vers le sud, à partir de l'Oronte du côté du nord, et revenaient vers le fleuve après avoir décrit une courbe immense de trois lieues environ. Ce qui en subsiste présente encore un aspect formidable. Bâtis en pierre de taille, ils n'ont pas moins de soixante-dix à quatre-vingts pieds de haut en quelques endroits. La partie septentrionale qui est baignée par l'Oronte n'a guère qu'une trentaine de pieds d'élévation. Des tours dont la solidité était proportionnée à la nature de ces constructions, les unes carrées, les autres

Bon Taylor dirt Finden

VUE GÉNÉRALE D'ANTIOCHE. | A COMPLETE VIEW OF ANTIOCH.

Pl. 21.

Dauzats del. Finden

ANTIOCHE.

Grandes Tours, restes du palais de Séleucus, faisant partie des murs de la ville.

ANTIOCHE.

The remains of the Towers of the palace of Seleucus, being formerly a part of the walls of the city.

PORTE D'ANTIOCHE SUR LE CHEMIN D'ALEP. | THE GATE OF ANTIOCH ON THE ROAD TO ALEPPO.

Dauzats del. Finden

PORTE DE MEDINE A ANTIOCHE
prise en dehors de la ville.

GATE OF MEDINA AT ANTIOCHE
as seen from the outer side.

Dauzats del. | Finden

PORTE DE MEDINE A ANTIOCHE. | GATE OF MEDINA AT ANTIOCHE.

rondes, flanquaient toute cette ligne de circonvallation à des intervalles de trente ou quarante pas. On en comptait autrefois cent trente. Plus de cinquante sont encore assez bien conservées. Celles de la partie méridionale ou grandes tours ont quatre ou cinq étages. Quelques unes possèdent jusqu'à vingt chambres réparties avec un art admirable. Un grand fossé borde le pied des murailles du côté du midi; celles du couchant sont protégées par le lit d'un ravin qui leur servait de défense naturelle. C'est dans cette partie qu'on remarque les ouvrages les plus solides et les tours les mieux conservées. C'est aussi là qu'on trouve les restes de l'antique palais de Seleucus, dont les constructions font partie des murs de la ville. (*Voyez* page 72.) Une de nos planches représente spécialement ces belles et curieuses ruines.

La portion du rempart qui court à l'est unit deux montagnes séparées par un torrent profond. Une arche a été pratiquée au pied de la muraille pour l'écoulement des eaux. Depuis long-temps cette arche est à moitié obstruée par les pierres et les sables que les pluies entraînent avec elles; en sorte qu'en hiver les eaux ne trouvant plus comme autrefois un libre passage, s'amassent en cet endroit, et y forment une vaste mare. Il est difficile de se défendre d'un sentiment d'admiration en présence d'une muraille gigantesque de plus de soixant-dix pieds d'élévation au-dessus du torrent, qui enjambe les deux montagnes, et les lie ensemble par leur mamelon. L'arche dont nous venons de parler est appelée *Bab-Haddid*, c'est-à-dire *porte de fer*, vraisemblablement, dit Pococke, parce qu'elle était grillée. Cette porte est sur le chemin d'Alep en allant par les montagnes. Nous en avons pris le dessin du côté de la ville. Vers la moitié de la hauteur de la muraille sont des issues par où l'on peut circuler tout autour, à l'aide d'escaliers qui conduisent au sommet des mamelons depuis la porte Bab-Haddid. L'aspect de cette colossale construction est vue de face. De chaque côté s'élèvent les deux montagnes sur lesquelles se continuent les remparts.

Selon Yafei, auteur arabe qui a donné une relation d'Antioche, le faîte des remparts était généralement crénelé. On y comptait jusqu'à vingt-quatre mille créneaux; aujourd'hui ils ont presque tous disparu. Les briques et la forme des pierres dont les murailles sont construites en beaucoup d'endroits, donnent tout lieu de penser qu'elles ont été sinon bâties, du moins réparées par les Romains. Ce fait seul suffirait pour prouver, contre l'assertion de quelques voyageurs, que ce n'est point aux croisés qu'on en doit attribuer l'édification. Ce qui a pu causer leur erreur, ce sont des croix de Malte sculptées sur les murs extérieurs des tours. Mais il est visible que ces croix n'ont été mises là qu'après coup par les chevaliers, et probablement pour consacrer l'occupation et la conquête du pays.

A en juger par ce qui reste des aqueducs d'Antioche, ils ont dû être nombreux et magnifiques. Les anciens excellaient dans ces sortes d'ouvrages. Près de la fontaine de Zoïba, à deux milles environ au sud-ouest d'Antioche, on remarque les restes d'une construction de ce genre, qui semblerait avoir appartenu aux Romains. Dans la partie où la montagne présente plus de difficulté, vers l'Orient, est un conduit de cinq pieds de haut sur deux de large, pratiqué dans l'épaisseur du roc en forme de voûte. La porte de fer elle-même a dû servir d'aqueduc ; cela paraît évident par les vestiges qui subsistent encore.

L'une des montagnes au sud de la ville sur laquelle s'étendent les remparts, présente trois sommets séparés par trois gorges profondes, qui se transforment en torrens dans la saison des pluies. La croupe du milieu surpasse les deux autres en élévation. Sur celle de l'Orient l'on voit les ruines d'un vieux château ou citadelle protégée du côté du couchant par deux tours demi-rondes. Des bains étaient construits au nord-est, ainsi que des souterrains au-dessous de la citadelle, qui servaient de citernes. Un vaste réservoir de forme circulaire existe entre le mamelon du milieu et le château. Ce réservoir peut avoir environ cent trente pieds de diamètre sur huit de profondeur. Il ouvre son entrée du côté du sud-ouest entre deux tours. La tradition rapporte que les empereurs romains aimaient à s'y promener en bateau, et il a été vraisemblablement construit par eux. Quant au roc dont se composent en grande partie les montagnes autour de la ville, il est de nature sèche et friable ; souvent aussi granitique et calcaire.

Il fut un temps que, par sa splendeur, Antioche était mise au rang des plus belles villes du monde. Pendant plusieurs siècles les rois macédoniens la choisirent pour leur résidence. Rome y envoyait ses gouverneurs, et les empereurs romains y fixèrent fréquemment leur séjour, ce qui la fit surnommer la *Reine de l'Orient.* Au dire de Pline, l'Oronte la partageait en deux ; d'où l'on peut inférer que, primitivement, elle avait un quartier sur la rive droite du fleuve. Il est très probable que le bourg de *Daphné* dont il est question dans les Machabées (l. II, c. 4, v. 33), en était une dépendance. Ce bourg se trouvait situé à cinq milles de la ville au nord de l'Oronte. Antioche prit même le nom d'*Epi-Daphnes* à cause de ce voisinage. Les habitans de la ville avaient coutume de s'y rendre pour s'y livrer au plaisir, comme ceux d'Alexandrie allaient à Canope, et ceux de Rome à Baïa. Nulle trace n'atteste aujourd'hui l'existence de ces lieux.

Peu de cités ont éprouvé plus de révolutions et de désastres qu'Antioche. A différentes fois elle a failli succomber par les famines, les guerres, la peste et les tremblemens de terre. Sous Trajan, l'an 115 de J.-C., elle fut presque entièrement détruite par un tremblement de terre qui dura plusieurs jours. Le récit de cet événement rapporté par Evagrius, Aurelius Victor et Eusebius, est horrible. L'empereur faillit y périr. Quarante ans plus tard, la pauvre reine de l'Orient, encore toute mutilée de ses désastres, devint la proie des flammes. Grâce aux soins de l'empereur Antonin, elle recouvra bientôt sa première splendeur. Mais en 540 Cosrhoes, roi des Perses, s'en étant emparé, la livra au pillage de ses soldats, et fit passer les habitans au fil de l'épée ou les réduisit en esclavage. Pendant le règne de Justinien, un effroyable tremblement de terre ayant renversé presque toutes les villes de Syrie sans que celle d'Antioche en eût été beaucoup endommagée, cet empereur la nomma *Théopolis*, pour consacrer la mémoire de cette faveur du ciel. Pococke donne à ce nom une autre source; il lui viendrait, selon lui, de ce que la population était presque toute composée de chrétiens, ce qui la fit appeler la *Ville-Sainte.*

A ces époques reculées, Antioche comptait ses habitans par centaines de mille. Dès le IVe siècle on suppute qu'elle possédait plus de sept cent mille âmes. Elle en perdit deux cent cinquante mille d'un seul coup par un tremblement de terre qui eut lieu sous Justin Ier. Aujourd'hui la ville est aussi restreinte que peu populeuse. Ses rues sont étroites, sales et bourbeuses. Pendant les pluies, chacune d'elles est un véritable torrent. Les maisons y sont basses, légères, mal bâties, et entremêlées d'arbres. La plupart y sont en terre et couvertes de chaume. La crainte des tremblemens de terre empêche les habitans de se construire des maisons hautes avec des murs épais. *Lattakié*, ainsi que l'appellent les Arabes, possède une population qui ne peut guère être évaluée au-delà de cinq mille âmes. Elle se compose d'Ansariens, de Chrétiens, de Juifs et de Turks. Ces derniers y ont trois mosquées. Un espace de deux cents toises environ sépare les montagnes de la ville actuelle. Cet espace est rempli par des jardins plantés de mûriers disposés en quinconce, ce qui est très rare en Orient. On y cite plusieurs portes remarquables, soit par leur structure et leur antiquité, soit par les souvenirs qui s'y rattachent. Nous avons déjà parlé (page 72) de la porte de Médine. Deux vues de cette porte, l'une prise de l'intérieur de la ville, l'autre prise du dehors, la représentent sous ces deux aspects La porte Saint-Paul (*Bab-Boulos*) était la plus belle. On l'appelait ainsi d'un monastère situé sur le versant d'une montagne à l'orient de la ville, qui était consacré à ce saint. Elle est encore assez bien conservée, quoique le tremblement de terre de 1822 l'ait fortement ébranlée. On trouve dans son voisinage une source d'eau vive et l'ombrage frais de trois beaux platanes, au-dessous desquels un cafetier turk tient à la disposition des voyageurs et des désœuvrés, le sorbet, la pipe et le café. Une autre porte appelée Porte des Oliviers (*Bab-Zetoun*) se voit dans le voisinage d'une des tours qui flanquent les remparts du sud-ouest. Ce monument est très bien conservé. Enfin, nous mentionnerons la Porte du Pont (*Bab-Gessr*) qui a été élevée à la place de la vieille porte de ce nom, et construite avec ses débris. C'est l'unique porte aujourd'hui qui ferme la ville. Elle est située en face d'un pont de quatre arches, le seul qui existe sur l'Oronte pour arriver à Antioche. Près de cette porte, et sur les rives du fleuve est une place où le platane, le saule, le jujubier, projettent leur épais ombrage. C'est le rendez-vous journalier des oisifs de la ville.

Autrefois Antioche eut jusqu'à trois cent soixante monastères; elle posséda les plus belles églises du monde, et maintenant à peine s'il reste de tout cela quelques faibles vestiges. On lit dans les Actes des Apôtres, que c'est dans son sein que les disciples de Jésus-Christ furent qualifiés du titre de chrétiens pour la première fois. A cause de cela la ville fut nommée l'*œil de l'église d'Orient*. Antioche a été le siége du grand patriarcat d'Orient, fondé par saint Pierre, et occupé par lui le premier. C'est aussi là que se séparèrent les deux apôtres, saint Barnabé et saint Paul, pour aller répandre la parole de l'évangile. Elle a la gloire d'avoir donné naissance à saint Jean Chrysostôme. On y montre encore la maison que ce grand homme habitait avec son père et sa mère. C'est une chapelle d'environ vingt pas carrés, bâtie en briques, où réside une famille mahométane, ce qui empêche les étrangers de pouvoir la visiter. Il n'y a guère qu'une cinquantaine d'années que les chrétiens sont revenus dans la ville. Jusque là, depuis 1269 le fanatisme des Musulmans les en avait tenus constamment éloignés. Nous ajouterons un dernier souvenir à tant de souvenirs intéressans : il se rattache aux

Dumas del.[t] — Bon Taylor dir.[t] — Finden sc.

VUE GÉNÉRALE DE BALBECK PRISE DU NORD. | A GENERAL VIEW OF BALBECK TAKEN FROM THE NORTH.

croisades. C'est par Antioche que la conquête de la Syrie et de la Terre-Sainte commença. Godefroy de Bouillon s'en rendit maître en 1097 ; ce fut la première ville qui tomba au pouvoir des croisés. Elle fut érigée immédiatement en principauté en faveur de Boémond, prince de Tarente et petit-fils de Tancrède.

Les sources de la prospérité d'Antioche sont peu étendues. Quelques tanneries, la soie écrue ou manufacturée, la production du tabac, le commerce des babouches, du poil de chèvre et de chameau, voilà à peu près toute son industrie.

VUE GÉNÉRALE DE BALBECK.

A deux journées environ de Homs, l'antique Emèse, on trouve vers le sud-ouest, dans la vallée de *Bekaa* ou *Beqâa*, la ville de Balbeck avec ses souvenirs et ses ruines. Cette vallée immense, limitée à l'ouest par le Liban, et à l'est par l'Anti-Liban (*Djebel-Enharki*), formait autrefois ce qu'on appelait la *Cœlé-Syrie*. Elle est habitée maintenant par les *Motoualis*, faible rameau des anciens Syriens, convertis à l'islamisme. Leur vénération pour le calife Ali tient du culte religieux. Ils lui rendent des hommages presque avec la même dévotion qu'à la divinité. Ces peuples ont la réputation d'être d'excellens cavaliers. Leur habileté dans le maniement du cheval et leur intrépidité les ont fait regarder comme invincibles; ils le seraient en effet si les discordes intestines ne les affaiblissaient continuellement. Ils ont pour les gouverner des cheyks et des émyrs sous la suzeraineté du pacha de Damas. Depuis long-temps, le droit de régir Balbeck est affermé à la famille des Harfouche : c'est la famille des Motoualis de Syrie la plus considérable. Le dernier émyr qui possédait le fermage du pays s'appelait Amin Harfouche. Il résidait dans le bourg de Néba, et avait dans ses dépendances une soixantaine de villages tous plus pauvres les uns que les autres.

Telle est la population qui entoure Balbeck, cette ombre de l'antique Héliopolis, la ville du soleil, qui n'est plus aujourd'hui qu'un misérable village. Chaque année semble en effacer quelque chose, et il y a tout lieu de croire que sans la majesté de ses ruines qui la maintiennent dans le souvenir, elle serait déjà oubliée. Ce serait bien vainement qu'on chercherait dans ce qui reste de Balbeck quelque chose de ce qu'elle fut jadis. Des murailles en ruines crénelées, hautes de deux toises, semées de fragmens de corniches, de chapiteaux, d'entablemens brisés, où l'on rencontre çà et là quelques inscriptions grecques mutilées et renversées en tous sens; puis adossées à ces murailles en quelques endroits, des tours carrées également délabrées, voilà d'abord ce qui se présente aux yeux du voyageur. Plusieurs portes existent autour de la ville; comme les murailles, elles ne paraissent point l'ouvrage d'une même époque. On n'y trouve rien à admirer, si ce n'est à celle du nord, où l'on voit les restes d'un grand soubassement avec des bases et des piédestaux pour quatre colonnes, d'un travail et d'un goût qui les font distinguer. Des amas de décombres sont répandus en dedans et en dehors des murailles. A l'intérieur de la ville sont des masures envahies par une végétation parasite, des terrains incultes, et vers le sud et le sud-ouest, seule partie actuellement habitée, quelques pauvres maisons bâties en terre où résident tout au plus deux cents personnes. L'évêque de Balbeck n'occupe pas un séjour plus agréable ni plus somptueux. Sa résidence n'est guère qu'une chaumière étroite et sombre auprès de laquelle l'habitation de nos paysans serait du luxe. Cependant si le ministre de la religion de Jésus-Christ n'habite point un palais splendide, Dieu y possède du moins une demeure plus convenable. Au fond de la cour de la maison épiscopale on aperçoit un mur neuf d'une certaine apparence, construit de blocs de pierres proprement taillés, où une fenêtre en ogive et une porte dans le goût de l'architecture moresque, annoncent l'église de Balbeck. Ce monument est petit, et n'a de remarquable que les ogives qui sont d'une élégante légèreté et richement travaillées. C'est là que se réunit pour invoquer le Seigneur le petit nombre de chrétiens arabes disséminés parmi les ruines. Balbeck possède une place pnblique ou plutôt une promenade plantée de grands noyers, sous les ombrages desquels se donnent rendez-vous les habitans. Sa population est composée en grande partie de Motoualis. On n'y trouve aucune industrie. Un sol presque stérile et pierreux où l'on fait venir à grand'peine un peu de coton, de maïs et des pastèques, ne suffit point aux besoins des habitans; les Motoualis s'en dédommagent par le pillage, qui constitue leur principale ressource.

Si nous en jugeons par quelques médailles romaines où le titre de *colonia Julia* est donné à Héliopolis, il paraîtrait que Jules César y fonda une colonie. Il est à croire aussi, d'après les mots de *colonia Julia Augusta*, que l'on trouve sur d'autres médailles, qu'Auguste y envoya des vétérans de la légion qui portait son nom. Selon quelques auteurs, la dénomination d'Héliopolis qui lui fut donnée par les Grecs n'aurait point été antérieure à celle de Balbeck, laquelle en syriaque signifie aussi ville du soleil. Ce nom est à la fois le premier et le dernier. Intermédiaire entre Tyr et Palmyre, placé sur la grande voie commerciale de l'Orient, Balbeck dut jouir d'une grande prospérité dans l'antiquité. Il a subi depuis lors bien des révolutions. Abou Obéidah, lieutenant du calife Omar, le prit et le saccagea; Tamerlan, en 1401, ne lui fut guère plus favorable. Aux dévastations des hommes se joignirent les perturbations physiques du globe. Un violent tremblement de terre en 1202 lui occasionna les plus grands dommages. Ses monumens, si beaux, si solides, en furent tous ébranlés. Le temple du Soleil croula; l'intérieur de ses murs se remplit de ruines. En 1759 un autre tremblement de terre faillit la détruire entièrement.

On remarque une décroissance rapide dans la population de cette ville depuis le commencement du XVIIIe siècle. Avant 1733, on y comptait cinq mille âmes. Déjà, à cette époque, il n'y en avait plus que deux mille. Presque tous les habitans étaient alors chrétiens, et exerçaient pour la plupart l'état de forgeron. Une mine de fer située au nord-est de la ville à une journée de distance, leur fournissait leurs matériaux. Lorsque Volney fut à Balbeck en 1784, il n'y trouva plus que douze cents âmes. Ce nombre était réduit à huit cents au commencement de notre siècle; et maintenant, ainsi que nous l'avons dit plus haut, à peine si l'on y en compte deux cents. La stérilité de la terre n'est pas le seul inconvénient du territoire de Balbeck; de temps en temps le pays est envahi par des légions de sauterelles et de rats qui ravagent les champs et détruisent les moissons.

Ce sont les eaux de la petite rivière appelée *Ouadi-Nahlé* qui abreuvent les habitans de la ville. Cette rivière, dont la source n'est qu'à un quart de lieue au pied de la montagne, vient se perdre dans le *Nahr-Kasmick*, après avoir roulé ses flots limpides parmi les restes épars du grand temple.

L'ensemble des monumens qui composent les ruines de Balbeck produit l'effet le plus pittoresque. On est saisi d'admiration en voyant au loin dans la plaine en allant vers le sud, ces magnifiques débris qui élèvent leur front superbe par-dessus les murailles. Les premiers objets qu'on découvre dès l'entrée de la vallée sont six colonnes gigantesques, seules, isolées, dont l'aspect a quelque chose d'imposant et de triste. Auprès de ces colonnes gisent deux temples en ruines, l'un plus grand, l'autre plus petit. Ces monumens où tout étonne, les proportions et la richesse des ornemens, sont situés au nord de la ville. Dans l'espace intermédiaire à un quart d'heure de Balbeck, il existe un autre temple, circulaire et beaucoup moins considérable. En remontant toujours dans la même direction, tout-à-fait à l'extrémité sud-ouest, où un morceau du pied de l'Anti-Liban est enfermé dans les murs de l'antique ville du soleil, on voit une colonne de l'ordre dorique restée debout sur une éminence, comme pour attester que là encore il y eut un édifice. Dans notre planche, la ville se montre à droite sur la pente d'une colline verdoyante. Derrière est l'Anti-Liban, dont la déclivité se précipite dans la vallée de Bequâa, et à gauche sont les ruines du grand temple. La vue est prise des carrières qui sont au pied de la ville.

VUE GÉNÉRALE DES RUINES DE BALBECK.

Il faut avoir vu ces ruines géantes semées avec profusion par grandes masses dans la plaine de Bequâa, ces forêts de colonnes, ces temples de toutes les formes, ces entablemens brodés comme la dentelle, et soutenus dans les airs sur des fûts de soixante-dix pieds de haut, pour se faire une idée de l'aspect imposant des monumens de Balbeck. Rien ne peut rendre l'impression qu'éprouve le voyageur lorsque à côté de ces chefs-d'œuvre, et dans la même enceinte, ses yeux se portent sur ce pauvre village aux maisons de terre, aux toits de chaume, qui semble lui aussi comme une ruine perdue au milieu des grandes herbes. Quel contraste! que de misère après tant d'éclat! Qui reconnaîtrait dans ces sales masures habitées par le pillard Motoualis, l'antique Héliopolis, la ville du soleil? Et cependant il n'est pas un pan de mur, pas une pierre, pas un coin de terre au milieu des décombres dont sont entourés les remparts, qui ne révèle un souvenir de splendeur. A chaque pas vous rencontrez quelques fragmens de chapiteaux, quelques tronçons de colonnes renversées, des blocs de marbre et de granit où sont ciselées de merveilleuses sculptures. Ici, vous heurtez une corniche aux dentelures gracieuses; là un piédestal vous barre le passage. Des débris de frises, des portions de voûte et de soffite gisent dans l'herbe, dans les fossés, obstruent le cours des ruisseaux et de la petite rivière d'*Ouadi-*

Dauzats del. — Bon Taylor dir. — Finden sc.

VUE DES DEUX TEMPLES DE BALBEK.
DU CÔTÉ DU NORD.

A VIEW OF THE TWO TEMPLES OF BALBEC
TAKEN FROM THE NORTH.

Mayer del. Finden sc.

ENTRÉE DU PETIT TEMPLE CIRCULAIRE A BALBECK.

ENTRANCE OF THE CIRCULAR LITTLE TEMPLE AT BALBECK.

Nahlé. Vous avancez sur le plateau d'une verte colline, et là devant vous, à vos pieds, au-dessus de votre tête, s'élève à perte de vue un morceau de l'une des gigantesques colonnades appartenant au temple du Soleil. Plus loin sont des murs colossaux, construits avec des blocs énormes, où l'on remarque presque partout les traces du ciseau du sculpteur. Deux autres temples, dont l'un de forme circulaire, et l'autre représentant un parallèlogramme assez bien conservé, ajoutent encore à la beauté du spectacle général de ces ruines. La vue est prise ici du côté du nord-ouest, entre le grand temple et le petit temple. On voit le premier sur la gauche et le second dans le point opposé. En face est le temple circulaire, et plus loin au fond sur la pente de la colline, la ville de Balbeck. Plusieurs autres ruines intéressantes gisent encore dans la plaine, mais nous n'avons pu les représenter.

ENTRÉE DU PETIT TEMPLE CIRCULAIRE.

A un quart de lieue de Balbeck en allant vers le nord, on rencontre un petit temple de forme octogone entouré de colonnes, dont l'architecture, quoique élégante et gracieuse, se ressent déjà d'une époque où le goût était moins pur. Vous ne trouvez plus ici cette harmonie admirable de toutes les parties avec l'ensemble; une même pensée n'a point présidé à toutes ces constructions. Il est évident que ce monument est d'un âge de décadence. Les colonnes qui le soutiennent sont en beau granit rouge égyptien, d'un ordre qui se rapproche beaucoup du dorique. L'une d'elles est en quartz vert du plus bel effet. Le fût de ses colonnes n'a point de base. Les chapiteaux se distinguent aussi par leur peu de saillie. Quelques uns ont une volute, d'autres n'ont point de volutes. Une architrave formée de larges pierres reposant sur chaque coupe de piliers supporte une corniche où les ornemens, contre l'ordinaire des autres édifices de ce genre, sont distribués avec sobriété.

En dehors du mur circulaire du temple est une niche en saillie qui s'élève au-dessous du toit à une distance de trente pouces. Elle est située entre deux colonnes; les pierres dont elle est construite sont de nature calcaire. La voûte qui paraissait couronner l'édifice est écroulée. On peut admirer encore dans ce qui en reste quelque entente du sentiment de l'art. Aucune trace d'inscription n'est là pour éclairer sur l'origine de ce monument. Des arbres croissent aujourd'hui au milieu de ses ruines, et en hâtent chaque jour la destruction.

Les voyageurs ont l'habitude d'écrire leurs noms sur les murs intérieurs de ce temple; nous y avons remarqué avec plaisir les noms de M. Pariset, et celui de notre aimable et spirituel ami M. d'Arcet.

GRAND TEMPLE A BALBECK.

Tous les voyageurs ont parlé de ce monument, et toutes les voix ont été unanimes pour exprimer l'admiration en sa faveur. On ne peut en effet se défendre d'un vif sentiment d'enthousiasme devant cette construction, l'une des plus colossales du monde. De tous les temples dont il reste encore des vestiges à Balbeck, celui-ci est le plus vaste, le plus majestueux. Il était digne, par ses proportions, par la richesse de son architecture, d'être appelé *temple du Soleil*, et de rivaliser avec Palmyre. Situé au nord de la ville, sa direction s'étend de l'est à l'ouest. L'œil peut à peine embrasser l'étendue de son enceinte. Quoique le portique soit déparé par les masses peu gracieuses de deux tours de construction moderne qui en flanquent de chaque côté l'entrée, il n'en est pas moins encore d'une grande beauté. L'édifice est élevé dans cette partie sur une esplanade. Nous avons déjà parlé (p. 132 et suiv.) des deux cours que l'on rencontre après avoir traversé le portique. La première est de forme hexagone; quelques voyageurs lui donnent jusqu'à deux cents pieds de diamètre. Tout autour, et sur chaque face était une succession de cellules ou chambres uniformes, avec une toiture en voûte supportée par des colonnes distribuées en nombre égal et d'une manière symétrique. Ces cellules avaient toutes leurs ouvertures à l'intérieur. Les toitures en voûtes qui les surmontaient n'existent plus aujourd'hui.

La seconde cour, de forme carrée, est beaucoup plus étendue que la précédente, laquelle n'en est pour ainsi dire que le vestibule. Elle se trouve aussi plus élevée, et l'avenue qui y conduit est légèrement en pente. Le mur d'enceinte de cette cour n'a pas moins de six cents pieds de long. Son élévation du côté du nord est prodigieuse : ce côté est assez bien conservé; celui de l'ouest l'est beaucoup moins. Là on voit des blocs de pierre de soixante pieds de long sur seize pieds de haut et douze de large. De chaque côté des murs latéraux, on aperçoit plusieurs grandes chapelles dont les unes sont

Dauzats d.

Finden sc.

GRAND TEMPLE A BALBECK. | GRAND TEMPLE AT BALBECK.

carrées et les autres demi-circulaires. Ici, de même que dans la cour précédente, ces chapelles avaient autrefois des toitures en voûtes qui reposaient sur des colonnes en beau granit rose, dont un cordon courait tout autour. Dans l'intérieur des chapelles, existent des espèces de niches en saillie pratiquées dans l'épaisseur de la muraille, où étaient placées sans doute les images des divinités adorées par les Cœlé-Syriens.

En avançant vers l'Occident, à partir du milieu de la cour, on pénètre dans le sanctuaire qui est le véritable temple, et auquel tous les autres édifices se rattachent comme accessoire. C'est dans cette partie qu'on trouve ces gigantesques colonnes restées seules debout, et dominant au loin, comme pour indiquer aux voyageurs le chemin des ruines. Composées de deux ou trois blocs seulement, d'un calcaire jaune légèrement doré qui resplendit au soleil, elles produisent à une certaine heure du jour l'effet le plus magique.

Le temple du Soleil fut converti en église chrétienne par Constantin ou par Théodose; il conserva cette destination jusqu'à l'irruption des Arabes. Bientôt les sectateurs de Mahomet en firent une forteresse qu'ils appelèrent Kala (château fort). C'est aux khalyfes omniades qu'on attribue généralement les tours et les créneaux qui surmontent les murs des édifices de Balbeck. Au commencement du XIIIe siècle, le temple du Soleil servait encore de forteresse. Selon Robert Wood, il n'aurait jamais été terminé, et les hommes encore plus que le temps auraient puissamment concouru à sa détérioration. Notre planche représente la vue intérieure de la grande cour pour arriver à l'édifice appelé le sanctuaire. On voit de face les murs d'enceinte qui courent dans toute l'étendue du rayon visuel; à droite et par delà les murs sont les tours crénelées construites par les Turcs, adossées aux deux côtés du portique, et sur le plan de devant est un superbe fragment de colonnades qui, du temps de Robert Wood en 1751, se composait de neuf colonnes, et qui maintenant n'en a plus que six. Trois se sont écroulées par le tremblement de terre qui eut lieu en 1759.

VUES DES DEUX TEMPLES DE BALBECK.

Les deux temples que nous représentons ici sont, sans contredit, les monumens les plus remarquables de toutes les ruines disséminées dans le voisinage de la ville de Balbeck. Différents et par leur masse et par leur état de conservation, l'un a été construit sur des proportions colossales, l'autre est beaucoup moins grand. Le premier, ainsi que nous l'avons dit, a considérablement souffert et des hommes et du temps; le second existe presque en son entier. Situé au sud-ouest du grand temple, sur un terrain sensiblement plus bas ; c'est le plus magnifique des deux. Sa forme est quadrangulaire. Un superbe rang de colonnes tourne tout autour, et lui compose un beau portique de neuf pieds de largeur. Toutes les colonnes sont d'ordre corinthien. Elles ont environ quarante-cinq pieds de fût et cinq pieds de diamètre. L'entre-colonnement égale la largeur du portique. Une élégante architrave, surmontée d'une corniche richement travaillée est posée sur les chapiteaux. Sous la voûte du péristyle étaient sculptées plusieurs scènes de la mythologie dont quelques unes existent encore. On comptait trente colonnes sur chaque face latérale du temple, et huit sur le devant. Une grande partie de la colonnade des côtés est tombée. La façade où règne une porte de vingt-deux pieds de large est tournée vers l'Orient. D'énormes blocs de pierre en obstruent l'entrée. A l'intérieur de l'édifice la voûte n'existe plus. Les murs qui portaient cette voûte ont plus de trente pieds de haut. On remarque sur leur face des niches très bien conservées, et encadrées entre des pilastres cannelés, au-dessus desquels est une frise avec une guirlande de la plus grande beauté. En général, les ornemens intérieurs sont d'une richesse et d'un fini admirables.

Ce monument, évidemment d'une époque postérieure au grand temple du Soleil, fut dédié à Jupiter. Il est attribué à Caracalla d'après le nom de cet empereur qu'on trouve dans plusieurs inscriptions. On peut du moins penser avec quelque fondement qu'il a été restauré sous son règne. Nous l'avons représenté ici par l'un de ses côtés latéraux. A gauche sont les six colonnes vues de face appartenant à l'autre monument. Cette position permet d'apprécier plus nettement la beauté des entablemens et le travail exquis des frises.

Dauzats del.t — B.on Taylor dir.t — Finden sc.

VUE DES DEUX TEMPLES DE BALBEK.
DU CÔTÉ DU NORD.

A VIEW OF THE TWO TEMPLES OF BALBEC.
TAKEN FROM THE NORTH.

Dauzats del. | Bon Taylor dir. | Schroeder

ENTRÉE DU PETIT TEMPLE DE BALBECK. | THE ENTRANCE OF THE LITTLE TEMPLE OF BALBECK.

Au-dessous des monumens règne dans toute leur étendue une galerie souterraine de plus de cinq cents pieds de long. La voûte de cette galerie est un plein ceintre. Elle est formée de blocs d'une dimension colossale, et n'a pas moins de cinq toises de haut. Des salles nombreuses dont on ignore la destination sont pratiquées dans cet édifice souterrain, et y composent une espèce de labyrinthe. Toutes reçoivent la lumière d'en haut ou des parties latérales de la plate-forme, vers lesquelles elles dirigent leur issue. Au pied des édifices coule parmi des fragmens de fût et de chapiteaux corinthiens, la petite rivière d'Ouadi-Nahlé. L'Anti-Liban montre au loin ses crêtes anguleuses, et à sa base sont les murs crénelés de Balbeck qui entourent les ruines.

ENTRÉE DU PETIT TEMPLE.

Une chose remarquable dans les temples antiques répandus dans la Syrie et l'Égypte, c'est la position de la porte. On la trouve généralement tournée vers l'Orient. Celle du petit temple que nous décrivons ici, ne fait point exception à la règle. Sa forme est carrée et d'une architecture qui s'harmonise bien avec tout le reste de l'édifice. Les ornemens extérieurs du pourtour et de toute la façade y sont peu prodigués. Toutefois, l'ensemble de cette portion du temple qui est parfaitement conservée, offre à l'œil un bel aspect. Une vaste niche, flanquée de deux pilastres corinthiens, surmonte la porte, et se distingue surtout en ce qu'elle est beaucoup plus grande qu'elle. Il serait possible que le goût eût à critiquer cette disposition ; la porte en effet s'en trouve écrasée. L'entablement qui domine la niche est d'un riche travail, et semble se continuer tout autour de l'édifice. Des monceaux de sables et de décombres obstruent en grande partie l'entrée du temple. On aperçoit le jour à travers, ce qui provient de la voûte qui s'est écroulée. Quant à l'autre porte à côté, elle ne diffère point de la première, si ce n'est par la dimension qui est un peu moins large. Probablement la même répétition existait à la partie correspondante, mais cette face du monument est complétement ruinée.

MAUSOLÉES DANS LA VALLÉE QUI CONDUIT A PALMYRE.

Avant d'arriver à Palmyre, en venant du nord-ouest, on s'engage dans une longue gorge resserrée par deux rangs de montagnes. De hauts édifices de forme quadrangulaire s'élèvent dans le milieu de cette étroite vallée, ainsi que sur les collines qui la bordent à droite et à gauche. Ce sont de spacieux et superbes mausolées dont la date remonte sans aucun doute au temps de la prospérité de Palmyre. A l'extérieur, ces tombeaux ressemblent plus à des ouvrages de fortifications qu'à de pieux monumens consacrés à la sépulture; aussi quelques uns d'entre eux ont-ils été très facilement convertis en forteresses, soit par Aurélien, soit par ses successeurs, après que les dieux et les autels des Palmyréniens eurent été outragés par la soldatesque romaine.

Lorsque Wood et Dawkins vinrent à Palmyre en 1751, ils trouvèrent dans leurs excursions des fragmens de momie assez bien conservés, gisant épars dans ces tombeaux. Ils recueillirent entre autres la chevelure d'une femme, qui semblait encore toute fraîche, bien que le cadavre fût là depuis des siècles. L'arrangement, la coiffure que ces cheveux affectaient sur la tête de la momie, rappelaient exactement les usages des femmes arabes de nos jours. Si l'on en croit ces voyageurs, il y aurait une identité parfaite entre les momies des Palmyréniens et les momies d'Égypte. Le procédé, les matières, toutes les pratiques de l'embaumement, étaient entièrement conformes dans les deux pays. Non seulement les premiers apprirent des Égyptiens la manière d'embaumer les morts, mais ils imitèrent aussi les monumens funéraires de ce même peuple. En effet, les pyramides carrées qui remplissent encore la vallée de Palmyre, offrent une frappante analogie avec les tombeaux égyptiens. L'Égypte a donc exercé une notable influence sur la civilisation palmyrénienne. C'est de la patrie des pharaons que sont venus la plupart des dieux et des coutumes religieuses en honneur à Palmyre. On a vu souvent cette ville affecter la plus grande conformité avec son émule. Zénobie se vantait de descendre de Cléopâtre. Elle mettait toute son étude à lui ressembler en mille choses. Comme elle, son ambition était de passer pour la merveille, la perle, la reine de l'Orient.

Il eût été peut-être facile de constater les rapprochemens qui existaient entre les deux peuples, si une insatiable cupidité n'avait poussé les Arabes

Dauzats del.t — Bon Taylor dir.t — Samuel Cholet sc.

MAUSOLÉES SITUÉS A L'ENTRÉE DE LA VALLÉE QUI CONDUIT A PALMYRE.

MAUSOLEUMS SITUATED AT THE ENTRANCE OF THE VALLEY THAT LEADS TO PALMYRA.

Pl. 22.

Dauzats del. | Finden sc.

PORTE DU TEMPLE DU SOLEIL A PALMYRE.

THE ENTRANCE TO THE TEMPLE OF THE SUN AT PALMYRA.

à polluer les tombeaux dans l'espoir d'y trouver de l'or, et à détruire entièrement ces antiques momies qui auraient pu établir entre eux une foule de parallèles. Toutefois, on ne retrouve pas dans le caractère de leurs arts la même analogie qui existe entre leurs mœurs, leurs usages et leurs lois. Quant à la coutume des Palmyréniens d'enterrer les morts hors de la ville, c'était celle de toutes les nations de l'Orient.

PORTE DU TEMPLE DU SOLEIL A PALMYRE.

On ne saurait se faire une idée de la richesse des détails qui caractérisent l'architecture de ce monument. Le voyageur ébloui par cette profusion d'ornemens demeure interdit devant tant de magnificence. Ces entablemens travaillés comme une broderie, ces colonnes cannelées surmontées de chapiteaux chargés de feuilles d'acanthe, ces guirlandes et ces festons qui se balancent aux frises, ces bordures luxuriantes qui entourent la porte, tout cela fascine le regard, étonne, confond la pensée. On a de la peine à concevoir la patience de ces artistes qui semblent avoir passé leur vie à ciseler la pierre des temples comme une coupe d'or ou d'onyx... Mais que serait-ce encore, si des mains barbares et avides n'avaient point dépouillé ces gracieuses tigettes, et ces feuilles légères que l'on voit nues aujourd'hui, des splendides lames d'or et de bronze dont elles étaient revêtues du temps de Zénobie! car alors l'or, le bronze et la peinture, au dire de quelques voyageurs, mêlaient leur éclat brillant et solennel à la pompe architecturale. Néanmoins, malgré leur assertion, nous n'oserions l'affirmer comme eux.

L'enceinte entière du temple du Soleil, dont nous avons déjà parlé (page 136), comprenait une étendue immense. Il ne reste plus aujourd'hui de ce somptueux édifice que de longues colonnades qui s'étendent à perte de vue. La porte dont nous donnons la description est située sur une des faces latérales du péristyle, et ce qui est plus inconcevable encore, c'est qu'elle est reléguée vers l'une des extrémités de cette face au lieu d'en occuper le centre. Est-il probable que les auteurs de ce temple merveilleux aient eu la bizarre pensée de placer ainsi l'entrée du monument dans l'un des coins les plus reculés, et par conséquent le plus contraire à l'effet qu'ils ont voulu produire? Évidemment non, et il y a tout lieu de croire que l'érection de cette porte n'est point leur ouvrage. C'est avec beaucoup plus de fondement qu'on l'attribuerait à Aurélien. Nous savons par l'historien de cet empereur que le temple de Palmyre fut réparé par ses ordres, et que la porte, telle que nous la voyons maintenant, a été reconstruite avec d'anciens matériaux d'architecture palmyrénienne jetés bas lors de la prise de Palmyre par les troupes romaines. Le style en est grec et d'ordre corinthien.

VUE GÉNÉRALE DE DAMAS.

Située entre le dernier versant de la chaîne anti-libanique et le grand désert, entourée à huit ou dix lieues à la ronde d'une forêt d'arbres fruitiers de toutes sortes, entremêlés de jardins et de bosquets odorans, de kiosques et de jolis pavillons, de maisons de campagne élégantes et de vastes prairies où paissent librement des troupeaux de chevaux, de chameaux et de bétail, où çà et là le sycomore au large feuillage balance ses touffes ombreuses au-dessus de l'oranger, du citronnier, du cerisier, du figuier, de l'abricotier, chargés de fleurs et de fruits, où la vigne grimpe en festons irréguliers jusqu'au sommet des plus grands arbres, et confond ses grappes vermeilles aux productions les plus diverses; Damas, la ville des pèlerins, Damas la Sainte, sortant du milieu de ces masses de verdures aux mille nuances, avec sa forêt de mosquées et de minarets qui lancent vers le ciel leurs croissans et leurs flèches dorées, avec sa ceinture de remparts en pierres ou en blocs de marbre jaunes et noirs, symétriquement alternés, ses tours carrées et ses créneaux, son fleuve aux sept branches, ses ruisseaux nombreux qui circulent dans tous les points de cette délicieuse oasis, et répandent l'abondance et la fraîcheur, Damas offre au premier aspect à l'œil du voyageur étonné le spectacle le plus ravissant. Nous ne saurions traduire l'impression qu'on éprouve lorsqu'au sortir de ce labyrinthe de vergers et de fleurs l'on découvre tout-à-coup, sur la limite, l'immensité du désert dont les sables étincelans aux rayons du soleil semblent se perdre à l'Orient dans les profondeurs d'un ciel ardent. L'admiration, l'étonnement, la surprise, vous saisissent tout à la fois. Selon Aboulfeda, auteur arabe, le *Goutha* ou la vallée de Damas, est considérée comme le premier des quatre paradis terrestres. Aucun site en effet dans toute la Syrie n'offre une végétation plus luxuriante et plus riche.

La ville possède plusieurs grands faubourgs de formes irrégulières. Ils

Dauzats del.t Bon Taylor dir.t Finden sc.

VUE GÉNÉRALE DE DAMAS. | A GENERAL VIEW OF DAMASCUS.

occupent ensemble une étendue de terrain beaucoup plus vaste que la cité même. Le faubourg du sud, appelé *Bab-Allah*, la porte de Dieu, parce qu'il est tourné du côté de Jérusalem et de la Mekke, a trois quarts de lieue d'étendue. Sa population est entièrement musulmane. La bâtisse des maisons dans les faubourgs est en terre ou en briques, composées de paille hachée mêlée à de l'argile, et cuite au soleil. Une jolie coupole blanche surmonte chaque maison. Ce mode d'architecture a pour objet de faciliter l'écoulement des eaux de la pluie. Le fleuve *Barrada* ou *Barrady* sillonne la ville en plusieurs sens. Des remparts nouvellement construits l'enferment de toutes parts. Au pied de ces remparts, élevés sur les fondemens des anciens, sont de larges fossés. Autrefois ces derniers, formés d'une triple muraille avec des tours rondes et carrées, avaient beaucoup plus de solidité. Un château, que l'on prendrait pour une seconde ville par son étendue, domine au centre de la cité. Il renferme dans son enceinte un grand nombre de maisons assez bien bâties. Ses murs délabrés sont flanqués de cinq tours encore en bon état, malgré l'ancienneté de leur construction. Les pierres en sont taillées à facettes. Un fossé profond entoure aussi le pied du château. Les murs de la ville ont environ une lieue et demie de circuit. Vus de loin, la forme qu'ils affectent ressemble un peu à une mandore. Dix-huit portes, dont chacune a son gardien, facilitent la circulation à une population de cent quarante mille âmes. Chaque quartier a une porte particulière. Celle de Saint-Paul (*Bab-Boulos*), située vers l'Orient, est la plus antique et la plus remarquable.

Des rues étroites, d'une largeur assez régulière, mais mal alignées et mal pavées, ou même point pavées du tout, répondent peu à l'idée qu'on se fait de Damas par son extérieur. Cependant dans le quartier du sérail, plusieurs sont bordées de trottoirs, et pourraient être comparées aisément par un voyageur admirateur du *confortable* de l'Orient, à nos rues européennes. Celle habitée par la noblesse du pays surtout, est la plus belle et la plus large; elle est formée par les palais des principaux agas, dont les façades extérieures n'ont rien de bien gracieux, et ressemblent plutôt à des murs de prisons qu'à des habitations splendides. Construites avec une espèce de terre grise, percées çà et là de quelques rares fenêtres, avec une grande porte ouverte de temps en temps sur une cour où une multitude d'esclaves noirs, de serviteurs et d'écuyers font la sieste à l'ombre des arceaux des portes, tel est l'aspect que présentent au dehors ces palais si riches, si pleins de luxe au dedans. Nous devons dire pourtant à la louange de Damas que les rues y sont en général bien moins sales que dans les autres villes de Syrie. Toutefois, elles le sont encore beaucoup, surtout dans la saison des pluies. Il n'y a pas très long-temps que celle où habitent les pères franciscains était dans un tel état de malpropreté, qu'on ne pouvait y circuler. Les religieux du couvent l'ayant fait paver à leurs frais, le pacha les condamna à payer quarante bourses pour les punir d'avoir osé commettre un pareil sacrilége.

La rue appelée par saint Luc *via Recta*, rue droite, à cause de la maison de Jude, existe encore tout entière; elle traverse Damas dans sa plus grande longueur d'orient en occident. C'est la plus étendue de toute la ville. Des boutiques où les plus riches productions de l'Europe et de l'Asie sont étalées, la bordent des deux côtés. A quarante pas environ de la maison de Jude était celle du disciple Ananie, où l'on pense qu'il a été enterré. C'est aujourd'hui une mosquée. La fontaine qui est tout près de là servit, dit-on, à baptiser l'apôtre saint Paul.

Bâties en bois ou en briques, et recouvertes d'une espèce de boue grise ou blanchâtre, les maisons n'ont extérieurement qu'une apparence pauvre et mesquine; elles sont comme dans toute la Turquie, sans fenêtres sur la rue avec des portes si basses qu'on est obligé de se courber pour y entrer. Les palais n'ont guère un meilleur aspect. Mais si le dehors des habitations est grossier et misérable, combien il y a de luxe et d'opulence au dedans! Vous pénétrez derrière ces murs sans apparence, et vous trouvez d'abord une cour magnifique, dallée en marbre blanc ou pavée en mosaïque, ayant au milieu une belle fontaine jaillissante entourée de grenadiers, d'orangers, de citronniers, et d'une foule d'autres arbres qui procurent la fraîcheur par leur ombrage ou exhalent des parfums délicieux. De là vous entrez dans des salles où des lambris dorés, des arabesques ciselées et peintes de différentes couleurs en ornent le pourtour. Une estrade de bois de deux ou trois pieds de haut, recouverte de tapis ou de nattes élégantes, court tout autour de la salle, bordée de superbes divans cramoisis. Le toit des maisons est soutenu par des poutres en bois de peupliers avec des frises arabes. Sur les murs sont des glaces, des paysages peints, des mosquées, de jolis kiosques au milieu de verts feuillages, et dans des boiseries disposées avec goût, des vases d'argent et de porcelaine, des plats et des coupes d'étain; divers ustensiles de cuivre concourent aussi à la décoration des murs intérieurs.

Les familles chrétiennes possèdent généralement au fond de la salle principale un petit autel dans une espèce d'armoire qu'on ouvre et qu'on ferme à volonté. Les lits ne restent point étendus comme chez nous. On roule chaque matin les matelas dans une toile blanche, et on les enferme dans un petit réduit particulier. Il n'est pas d'habitation qui n'ait à sa disposition au moins trois conduits d'eau, l'un pour le jardin, l'autre pour les besoins de la cuisine, et le troisième pour l'entretien de la propreté.

Quoique de près l'espèce de boue dont les Damasquins se servent pour badigeonner les façades de leurs maisons soit désagréable à l'œil, elle ne produit point le même effet de loin. Ces briques jaunes dont le haut du bâtiment est construit, se distinguant de la teinte des pierres qui constituent la partie inférieure, sont d'un aspect charmant, surtout quand on embrasse en même temps du regard cette multitude d'édifices publics, peints des couleurs les plus variées.

On compte à Damas plus de deux cents mosquées, dont plusieurs sont d'une grande beauté. Les musulmans seuls peuvent les fréquenter. Avant la conquête d'Ibrahim Pacha, malheur à l'Européen qui se serait hasardé à y pénétrer; il aurait payé infailliblement de sa vie un pareil crime. On ne saurait même encore en approcher sans danger. Quelques unes de ces mosquées ont été d'abord des églises chrétiennes. Celle qui portait le nom de Saint-Jean-Baptiste, et que les musulmans appellent la *Zekia*, est la plus remarquable. Selon les habitans de Damas, le corps du saint précurseur y serait enterré, et on y conserverait sa tête dans un plat d'or. Ali-Bey ou Badia-y-Leblich que nous avons connu, et que la politique de Charles IV envoya dans le royaume de Maroc et celle de Napoléon en Orient avec une mission secrète, nous a raconté que la grande mosquée est divisée en trois nefs de quatre cents pieds de long, ayant quarante-quatre colonnes sur chaque rang, au-dessus desquelles reposent les arceaux de la voûte. Une immense coupole s'élève au centre de l'édifice, soutenue par quatre piliers gigantesques de l'ordre corinthien. Deux tribunes basses sont au fond avec des korans d'un format in-folio pour les lecteurs, et un chœur au-dessus pour les chantres. Le sol est recouvert de superbes tapis. Dans la nef du milieu, à gauche, est le tombeau de saint Jean-Baptiste. C'est une maisonnette en bois avec des arabesques, des ornemens en or et des moulures. La forme de la mosquée est oblongue; elle est flanquée de deux minarets couronnés par une coupole d'une architecture gracieuse. Son portail est orné de belles colonnes en granit rouge. En face est une magnifique fontaine avec une chute d'eau de vingt pieds de haut qui concourt à l'embellissement de l'édifice.

Dans l'enceinte de cette mosquée se trouve une cour, des jardins et un hospice destiné aux pauvres de la ville. En 1830, nous n'avons pu entrer que dans la première cour. Il existe à Damas plusieurs autres établissemens du genre de ce dernier, dont le plus considérable et le plus beau est l'hôpital bâti par Selim II. On l'aperçoit à l'ouest de la cité avec ses cinquante coupoles toutes recouvertes de lames de plomb. Le lieu près duquel il est situé s'appelle *El-Merj*, le pré vert. L'administration intérieure de ces établissemens est fort mauvaise. D'après le fatalisme des musulmans, on conçoit que la clinique qu'on y observe ne saurait être très favorable aux malades. Les hôpitaux des fous sont les seuls dont la charité publique prenne un soin tout particulier. En général, les fous en Orient sont l'objet d'une grande sollicitude; non que les traitemens qu'on leur prodigue aient pour but de changer leur état et de les guérir; l'insensé est regardé comme un inspiré, un élu de Dieu, et on n'aurait garde de vouloir le priver d'un privilége aussi précieux. Dans les soins qu'ils donnent aux fous, les musulmans n'ont pour objet que de prévenir leurs besoins, et de satisfaire jusqu'à leurs caprices.

Parmi les monumens remarquables dont s'enorgueillit Damas, nous devons citer entre autres le palais du pacha, appelé *Seraïa*. Ce vaste édifice est situé en face du château fort dont nous avons déjà parlé, et dans le quartier le plus beau de la ville. Il est entouré de murs, et offre plutôt l'aspect d'une forteresse. Dans la cour, qui est immense, on voit çà et là de petites pièces de canon montées sur leurs affûts ou couchées parmi des piles de boulets, entre le gazon qui croît tout autour. De nombreux cavaliers albanais avec leurs armes, dont les uns exercent des chevaux, les autres fument la pipe assis par terre, donnent à cette cour la physionomie d'un camp. Le pacha d'Égypte entretient constamment une garnison de douze mille hommes à Damas, depuis la reddition de cette ville. C'est par ce moyen qu'il parvient à contenir le fanatisme des Damasquins jusque là toujours dangereusement hostile envers les chrétiens et les Européens. Ibrahim affecte de traiter les uns et les autres avec une égale protection, ce qui irrite beaucoup les Damasquins, qui ne peuvent se faire à l'idée que des chrétiens méritent les mêmes égards et aient part à la même justice qu'eux.

Les khans ou bazars de Damas méritent aussi une mention particulière,

La ville en possède trente et un, dont plusieurs sont d'une élégance digne des plus beaux temps de l'Orient. Nous n'en ferons point ici la description, nous réservant de leur consacrer un peu plus loin un article spécial.

Quoique les Damasquins soient réputés pour leur intolérance, on n'en trouve pas moins établis chez eux plusieurs cultes. On y compte huit synagogues, une église syriaque, une maronite, une arménienne, une grecque, et trois couvens de moines catholiques. Cinquante mille pèlerins, tant persans que musulmans, passent annuellement dans leur cité pour se rendre à la Mekke. Nous avons vu revenir de cette ville une caravane qui se composait de quarante-cinq mille pèlerins. Dans le nombre se trouvaient dix mille Persans.

Damas peut revendiquer l'antiquité la plus haute. C'est sans contredit l'une des villes les plus anciennes du monde. On lui donne assez généralement pour fondateur *Hus*, petit-fils de *Sem*. Quelques personnes se fondant sur la signification du mot *Dammeseck* (nom hébreu de *Damascus*) qui veut dire *sac de sang*, ont supposé que c'est dans le lieu même où la ville a été bâtie que Caïn tua son frère. Les Arabes l'appellent *Scham* ou *El-Châm*, c'est-à-dire la Syrie, de ce qu'elle en est la capitale. Certains auteurs font dériver son nom de *El-Chams*, qui signifie le soleil.

Jusqu'à l'époque où Antioche devint le siége des États de Séleucus Nicator, Damas fut la capitale de la Syrie et de la Phénicie. Elle ne fut affranchie du tribut que lui avaient imposé les Juifs qu'après la mort de Salomon. Comme toutes les villes anciennes, elle a subi les effets désastreux des guerres fréquentes dans le passé. Plusieurs fois les rois d'Assyrie l'ont prise et ruinée. Alexandre s'en rendit maître après la victoire qu'il remporta sur Darius. Elle fut subjuguée par les Romains sous les ordres de Pompée, et réunie à l'empire. Les musulmans l'envahirent sous le khalifat d'Omar, l'an 636 de J.-C.. Elle fut vainement assiégée par les Croisés. Tamerlan la prit aux Sarrasins en 1396, et la couvrit de ruines et de cadavres. En 1517, le sultan Selim s'en empara, et ses successeurs la conservèrent. Enfin, en juillet 1832, Ibrahim-Pacha, fils du vice-roi d'Égypte, l'a soumise à sa puissance, et depuis il la possède.

INTÉRIEUR DU BAZAR DE DAMAS.

Nous avons déjà fait connaître en partie les bazars de l'Orient à l'occasion de Saint-Jean d'Acre; ce que nous allons dire ici sur ceux de Damas en complétera la description. L'immense mouvement commercial que donne à cette ville le passage annuel de cinquante mille pèlerins se dirigeant vers la Mekke a rendu nécessaire la construction d'édifices publics propres à recevoir les marchandises de toute espèce qui s'y débitent. Aussi le nombre des khans et des bazars qu'elle possède est-il très considérable. Plusieurs de ces établissemens sont remarquablement beaux. On distingue surtout les bazars neufs. Ceux-ci sont d'une grande élégance. Quelques uns n'excitent pas moins l'admiration par leur vaste étendue, que par le goût qui a présidé à leur architecture, et par la variété, la profusion, la richesse des marchandises. Tous les produits du monde semblent s'y être donné rendez-vous ; l'Inde, l'Europe, l'Afrique, concourent chaque jour à les alimenter. Vous y trouvez les perles, les soieries et les mousselines de l'Inde; les kachemyrs et les fourrures du Thibet; les sucreries et les fruits secs de l'Arabie. Damas peut soutenir la concurrence avec Constantinople par ses marchés. La fabrication d'armes qui y avait tant de célébrité autrefois, quoique bien dégénérée, y fait encore l'objet d'un commerce important. Il est vrai de dire cependant que les sabres si renommés qui portent le nom de Damas, ne se fabriquent plus dans ses ateliers. Ils viennent maintenant du Khorassan. En vain demanderait-on aujourd'hui aux manufactures damasquines de reproduire ces lames si merveilleuses que les Orientaux révèrent comme des reliques, et qu'ils se transmettent dans les familles avec une religieuse fidélité. Le prix d'un sabre de l'ancienne trempe est inestimable. Quelques uns ont coûté jusqu'à cinq mille piastres : encore ceux qui les possèdent ne les cèdent-ils qu'à des considérations puissantes.

C'est un magnifique spectacle que la vue de ces immenses marchés, où des hommes de toutes les nations se heurtent, se croisent en tous sens avec des costumes si divers, si poétiques et si singuliers quelquefois ! Les plus vives couleurs des étoffes, les formes de vêtemens les plus variées sont là sous vos yeux. On ne saurait rendre l'effet de cette bigarrure, qui est la physionomie propre des marchés de l'Orient. A côté du grave citadin musulman, revêtu de son caftan rouge éclatant, passe fièrement le Bédouin drapé dans

Vasacro del. Bon Taylor dirt. Finden sc.

BAZAR DE DAMAS. | BAZAR AT DAMASCUS.

son abba de laine. Ceux-ci se distinguent par leur vaste turban de mousseline blanche, leur belle ceinture de kachemyr et leurs grandes babouches jaunes; ceux-là, comme pour faire ressortir davantage les vêtemens aux brillantes couleurs qui ondoient autour d'eux, n'ont que de grossières sandales aux pieds, une ceinture de cuir autour des reins, et un simple fichu jaune ou gris sur la tête. Parmi cette foule pressée, vous démêlez aisément le chrétien avec son modeste manteau, qu'il laisse échapper volontairement de ses épaules, afin de montrer le long tarbouch damasquin dont l'élégance le dédommage de l'humilité du premier vêtement. D'orgueilleux agas en pelisse de soie cramoisie, bordée de riches fourrures avec des poignards et des sabres enrichis de rubis et de diamans à leur côté, se promènent devant les boutiques des marchands escortés d'esclaves et de serviteurs qui les suivent en silence, tenant constamment à leur disposition le narguilé et la pipe. Les femmes ne sont point exclues du bazar. Elles circulent par troupes, enveloppées dans de longs voiles de mousseline blanche comme des essaims d'êtres mystérieux.

Le bazar le plus vaste de Damas est celui du khan d'Assad-Pacha. Cet édifice, surmonté d'une immense voûte, est d'une étendue considérable; sa forme extérieure rappelle un peu la Halle aux Blés de Paris. A l'intérieur, il est bordé de galeries où se trouvent distribués symétriquement des échoppes, des cafés, des magasins, des boutiques de toutes sortes, étalant aux yeux les trésors de tous les pays. Il est rare que vous ne voyiez pas sur le devant de la porte des étalages le marchand assis sur ses talons, aspirant avec nonchalance les fumées de la pipe, et ne paraissant nullement s'inquiéter de son négoce. Des lucarnes sont ouvertes à la partie supérieure de l'édifice pour éclairer l'enceinte. Les arceaux des galeries sont en ogives, et supportés par d'énormes piliers sans ornemens. Par l'effet de la position et de la perspective, cette foule d'arcs aux vives arêtes, se coupant dans tous les sens de la manière la plus bizarre, présente à l'œil au-dessous de la voûte une multiplicité de lignes d'un effet magique. Au centre du khan est un magnifique jet d'eau, dont la gerbe retombant dans un grand bassin de marbre, entretient dans le voisinage une agréable fraîcheur. On peut se faire une idée de ce curieux monument par notre planche. La porte surtout est d'une très grande beauté; elle est d'architecture moresque, et aussi riche de détails qu'imposante d'ensemble. Il n'y a guères qu'une quarantaine d'années que ce khan est bâti.

Après la description du grand bazar, on ne saurait parler des autres, bien moins importans. Damas, ainsi que nous l'avons dit ailleurs, possède trente et un de ces marchés pour satisfaire aux besoins du commerce. Plusieurs sont spécialement consacrés à un seul genre d'industrie. Tous sont des lieux de rendez-vous où l'on traite habituellement les affaires. (*Voyez* page 203.)

Le mouvement industriel et commercial de Damas peut être apprécié par les différentes branches qu'on y exploite. La sellerie et la fabrication des soies sont les deux plus importantes. On compte dans cette ville sept cent cinquante marchands d'étoffes dites de Damas; plus de deux cents magasins de mouchoirs et d'objets de fantaisie pour la parure, quatre-vingt-dix-huit passementiers, vingt-deux manufactures où l'on imprime les étoffes, quarante-sept où elles sont peintes, soixante-quinze teintureries pour des étoffes diverses, et cent vingt spécialement pour la soie. Celles-ci sont dirigées exclusivement par des juifs. Il y a encore à Damas trente-quatre maisons de lieurs de soie, dix-neuf magasins de coton filé, soixante-dix marchands de fourrures, deux cent quatorze épiciers. La sellerie y occupe à elle seule soixante-douze boutiques remplies par de nombreux ouvriers. Un quartier tout entier de la ville est habité par des menuisiers qui travaillent à la confection des caisses pour le commerce. Les marchands de tentes y sont au nombre de onze; il y a soixante-douze tailleurs, cent quarante-trois tisserands, cent quarante boulangers, lesquels sont fournis par soixante marchands de farine. On y trouve en outre vingt-quatre marchands de grains. Le tabac y a aussi une grande consommation. Soixante-huit établissemens sont employés à le tailler, et cent cinquante marchands à le vendre. Cette branche y donne de l'occupation à quarante-trois fabricans de tuyaux de pipe. Les cafés y sont également multipliés; on en compte près de cent cinquante. C'est l'établissement qui, avec la boutique du barbier, caractérise le mieux l'Orient. Damas possède cent vingt-quatre de ceux-ci. Les rôtisseurs publics et les cuisiniers s'y élèvent à plus de cinq cents. La ville est fournie de viande par cent vingt-neuf bouchers. Le nombre des relieurs de livres et des marchands de papier ne donne pas une haute idée de son mouvement intellectuel : on en trouve seulement six de chaque. La fabrication du verre y a quatre manufactures, et la savonnerie quatre également. Enfin, cinquante marchands de fer, quarante-sept marchands de cuivre, cinquante-quatre maréchaux, trente-deux boutiques

[illegible] del. Bon Taylor dir. Finden

[illegible] AT DAMASCUS.

de sucreries, et six horlogers, voilà avec la manufacture d'armes que possède encore Damas, quoique fort déchue de son ancienne réputation, ce qui constitue le mouvement industriel de cette ville, et les sources où s'alimentent continuellement les bazars.

CAFÉ A DAMAS.

Les musulmans, privés de nos boissons habituelles, se sont rejetés sur le café, l'opium et le tabac. Fumer et prendre du tabac, pour un Turk et un Arabe, c'est presque toute l'existence; aussi les cafés en Orient ont-ils une physionomie spéciale. Ceux de Damas en particulier méritent d'être mentionnés. Le corps principal de l'établissement est composé de vastes salles aux dalles de marbre avec une voûte soutenue par des colonnes entre lesquelles règnent des divans. Des estrades bordent le tour des salles, et sont recouvertes de tapis élégans ou de simples nattes. Les narguilés, disposés en forme de couronne autour de bassins pleins d'eau, sont constamment au service des fumeurs. Véritables lieux de délices, favorables par le calme et leur situation à la sensualité paresseuse des Orientaux, les cafés sont toujours remplis d'une foule d'oisifs qui viennent là humer les parfums de la liqueur amère, et aspirer les fumées du narguilé.

Près de cent cinquante établissemens de ce genre existent à Damas. Les plus renommés sont le café du Fleuve, le café des Roses, et le café de la Porte du Salut. Ce dernier semble l'emporter sur les deux autres. Situé entre trois branches du fleuve Barrady comme entre trois rivières, ombragé de grands sycomores, de peupliers, de saules et de platanes, entremêlés de rosiers et de vases de fleurs, vous y rencontrez dans des pavillons de verdure auprès des cascades artificielles, sur les bords rians du Barrady, abritées sous des nattes suspendues ou dans les salles de l'établissement, plus de deux cents personnes qui viennent fidèlement chaque jour recommencer en tous points l'existence de la veille. Jouer aux échecs, boire ou fumer silencieusement, garanti d'un soleil brûlant sous de frais ombrages, telles sont les délices de la vie orientale.

Quelquefois pourtant cette longue léthargie se trouve distraite par des chanteurs ambulans, des danseuses ou le conteur arabe. Celui-ci paraît être pour le musulman ce qu'était autrefois le ménestrel pour l'Europe.

Poëte, improvisateur, instruit des traditions populaires qu'il brode et arrange à sa manière, en y mêlant les souvenirs les plus merveilleux, il sait pendant plusieurs heures exciter la curiosité d'un nombreux auditoire. Les conteurs en Orient sont écoutés avec une religieuse attention. Quelques paras qu'on l'eur donne les récompensent du plaisir qu'ils ont occasionné à l'assemblée et constituent toute leur richesse.

COUR D'UNE MAISON A DAMAS.

Les maisons en Orient sont construites sur le plan des maisons antiques, soit de la Grèce, soit de Rome. Ce sont les habitations que l'on peut voir encore à Pompéi. Une cour ou atrium en est l'ornement obligé. Les portes des principaux appartemens donnent toutes sur cette cour, et l'on ne voit que peu ou point de fenêtres sur la rue.

Les maisons chez les Grecs étaient partagées en deux séries d'appartemens; l'une pour les hommes, *Andronitis*, l'autre pour les femmes, *Ginæcolitis*, ce qui en Orient existe encore. Ces maisons n'avaient pas, comme chez les Romains, de vestibule, usage établi par les Orientaux depuis Byzance jusqu'au golfe Persique, et par les Africains depuis le Nil jusqu'à l'extrémité du royaume de Maroc. Les Arabes le trouvèrent dans le midi de l'Espagne, et les Espagnols, qui en avaient hérité des Romains, continuent encore à imiter ce genre de construction.

Les Romains eurent plusieurs étages à leurs maisons, puisque Auguste avait ordonné qu'elles n'eussent pas plus de soixante-dix pieds de hauteur, et que dans la suite Trajan se borna à l'élévation de soixante pieds. Mais en Orient l'usage grec a prévalu, et les maisons n'ont qu'un rez-de-chaussée et un premier étage. On pourrait faire observer encore que les cloîtres ont été bâtis presque sur les mêmes modèles, et que ce n'est qu'avec le temps qu'ils ont subi des modifications. Comme chez les Romains, l'atrium est toujours précédé d'un porche, et cet atrium ou cour réunit à la fois la commodité et le luxe qui flatte les regards.

Ainsi que nous l'avons dit dans l'explication de la vue générale de Damas, la cour des maisons dans cette ville est presque toujours pavée en larges dalles de marbre ou en mosaïque. Une belle fontaine placée au centre jaillit en gerbe à plusieurs pieds de hauteur, et retombe dans un vaste bassin

Vasseur del. — Bd Taylor dir. — Finden.

COUR D'UNE MAISON A DAMAS. | THE INNER COURT-YARD OF A HOUSE AT DAMASCUS.

Dauzats del. — B.on Taylor dir. — Finden sc.

INTERIEUR DE LA MAISON DE Mr BEAUDIN, CONSUL DE FRANCE À DAMAS.

THE INNER YARD OF THE HOUSE OF Mr BEAUDIN, THE FRENCH CONSUL AT DAMASCUS.

circulaire ou carré, construit aussi en marbre. Des arbres odorans, des jasmins d'Arabie, l'oranger, le citronnier, et plus ordinairement le sycomore, ombragent l'enceinte. Plusieurs portes ordinairement en ogives conduisent à des salles magnifiquement décorées : chacune d'elles a sa destination ; les unes sont pour les hommes, les autres pour les femmes et les enfans. A l'imitation des demeures antiques, comme nous venons de le faire remarquer, le maître de la maison s'en réserve une exclusivement pour lui seul où il reçoit les étrangers. Ces salles sont percées de plusieurs petites fenêtres fort élevées qui prennent jour sur la cour. Quelquefois il se trouve au plafond des ouvertures par où la lumière pénètre comme chez les anciens. Des balustrades règnent tout autour des terrasses. Dans les maisons des personnes opulentes, les murs qui forment l'enceinte de la cour sont souvent recouverts de marbre noir ou blanc, ou de belles pierres polies. Mais généralement les constructions sont en bois orné de sculptures variées, et peintes avec des couleurs d'un effet ravissant, surtout lorsqu'aux balustrades et aux piliers qui décorent les ouvertures des galeries, se marie une vigne grimpante avec ses fruits dorés.

INTÉRIEUR DE LA MAISON DE M. BAUDIN, CONSUL DE FRANCE A DAMAS.

Le nom de M. Baudin est connu de tous les voyageurs qui vont en Orient. Il n'en est aucun qui, ayant été en rapport avec lui, n'ait eu à se louer de ses procédés. Homme aimable, intelligent et hospitalier, il ne cherche qu'à se rendre utile. Sa résidence habituelle est à Damas, où il habite depuis dix ans. Marié à une dame levantine, il a adopté complétement les mœurs et le langage de la nation arabe, sans oublier toutefois qu'il est chrétien et Français. Aux yeux des Damasquins, M. Baudin passait autrefois pour un négociant arménien. A l'aide de cet innocent subterfuge, il a pu devenir citoyen de la Ville-Sainte, qui ne veut admettre dans son sein aucun Européen, crainte de souillure. Ainsi placé, il peut servir les intérêts du commerce européen sur le littoral de la Syrie. L'utilité bien reconnue des services qu'il est à même de rendre dans les contrées où il réside l'a fait choisir par toutes les puissances chrétiennes de notre continent pour être le chaînon intermédiaire entre elles et ces populations essentiellement hostiles à tout ce qui n'a pas leur foi et leurs usages. La France l'a nommé son agent consulaire. Elle le chargea il y a plusieurs années d'aller acheter dans le désert des chevaux arabes de pur sang. M. Baudin a accompagné lady Stanhope dans les premiers voyages qu'elle entreprit à Palmyre et à Balbeck. Les relations de commerce et de bonne amitié qu'il a liées avec les tribus errantes du désert dans le voisinage de Damas, rendent sa recommandation précieuse pour les voyageurs.

Malgré tous ces avantages, qui sembleraient garantir à ce consul la sécurité dans la ville qu'il habite, il a failli plusieurs fois être la victime du fanatisme exalté des Damasquins. Obligé de fuir de temps en temps pour se soustraire aux violences des furieux, qui n'hésiteraient pas à le sacrifier dans les momens de rixes populaires, il s'est ménagé une habitation dans la petite ville de Zaklé, située sur les flancs du Liban, où la population est entièrement chrétienne.

La même raison de prudence qui lui avait fait se réserver un lieu de refuge hors des murs de Damas, l'a obligé à déguiser aux yeux des musulmans de la cité sainte sa véritable position de fortune. Conséquemment, afin de ne point fixer l'attention, de même que tous les autres chrétiens de la ville il s'est créé une habitation où le dehors n'offre qu'un aspect misérable, tandis qu'au dedans toutes les satisfactions de commodités et de luxe se trouvent réunies. Certes, à juger de la maison de M. Baudin par l'étroitesse de la rue où elle est située, par sa façade extérieure crépie en terre boueuse et par l'exiguité de la porte qui conduit dans les appartemens, on serait loin de soupçonner qu'il peut y avoir de l'opulence dans une pareille masure. A peine si deux hommes peuvent marcher de front dans la rue. La porte d'entrée est si basse et si étroite qu'on est obligé de se courber pour la franchir. Vous marchez pendant quelque temps dans un corridor sombre, sous une voûte surbaissée, puis tout-à-coup la scène change. Une superbe cour aux dalles de marbre, ornée de deux fontaines moresques, et ombragée par de beaux orangers, se présente à vos yeux. Çà et là sont répartis avec goût de beaux vases de fleurs odorantes et aux couleurs variées. D'élégans portiques de marbre, des salons décorés avec luxe, et meublés à l'oriental, entourent la cour dont les murs sont couronnés intérieurement de terrasses recouvertes en charpente, et bordées d'une balustrade qui circule tout autour. Arrivé dans les appartemens, rien ne rappelle la pauvreté du premier aspect du dehors; c'est une métamorphose complète qui tient de l'enchantement. Là, tout à l'heure, vous

33.

Bon Taylor del.

DAMASCUS AND THE BRIDGE [?] ON THE [illegible] RIVER.

n'aviez sous les yeux qu'une pauvre habitation; ici maintenant, c'est un palais.

PONT SUR LE BARRADY.

Le fleuve *Barrada* ou *Barrady*, auquel Damas doit la fertilité de sa plaine, vient du Mont-Liban où il prend sa source. Il est divisé aujourd'hui en sept branches, contrairement à ce que rapporte l'Écriture; cette difficulté a fort occupé les savans. Nous lisons en effet dans le deuxième livre des Rois (chap. V, § 12), que deux fleuves coulaient à Damas; l'*Abana* et le *Pharphar* D'après cette assertion, quelques uns ont pensé que le premier de ces fleuves était l'Oronte; selon d'autres, l'Abana ne serait autre chose que le *Crysorroas* des Grecs et le *Barrada* des musulmans. Mais d'autres savans d'une autorité non moins recommandable ont cru devoir appliquer le nom de Barrada au Pharphar.

Quant à nous, il nous semble présumable que les deux fleuves cités par l'Écriture ne sont que la bifurcation du même fleuve. Cette opinion paraît d'autant plus plausible que le Barrady aujourd'hui donne naissance à sept branches qu'on pourrait prendre séparément pour sept rivières. L'une de ces branches coule entre Damas et le village de *Salehieh*, situé au pied d'une montagne d'environ mille pieds de haut, d'où l'on découvre amplement la ville et ses immenses jardins. La route pour aller de Damas vers cette montagne traverse le Barrady sur un beau pont à plusieurs arches fort élevées, qui met les habitans du village de Salehieh en communication avec ceux de Damas. La construction de ce pont paraît moderne; elle est dans un bon état de conservation. Il en existe plusieurs autres sur le même fleuve : nous en avons rencontré deux à quelques lieues de là.

Nulle part dans les environs on ne saurait être mieux placé qu'au sommet de la montagne de Salehieh pour prendre la vue de Damas. Il y a dans cet endroit un vieil édifice ruiné sans importance, appelé *Kobat-el-Nassr*, dont on ignore et le fondateur et la destination. Selon quelques personnes du pays, un cheyk nommé *Nassr* y serait enterré. Cet édifice ne paraît pas avoir été jamais achevé. C'est d'un point tout près de là que notre vue a été dessinée. Le mont Ashloon borne le tableau au nord-ouest; du côté de l'est la plaine s'étend à perte de vue, et donne entrée au désert.

CHANTEURS ARABES.

La Syrie a ses musiciens ambulans comme l'Italie, l'Allemagne, la France et les autres pays d'Europe. Des troupes de chanteurs et de joueurs d'instrumens courent les cafés, les lieux de réunions publiques avec des violons, des espèces de guitares, des tambours de basque, et une sorte de clarinette ou *shoubabé* d'un son criard, donnant des concerts aux oisifs, qui trouvent dans cette musique un peu barbare un sujet de diversion à leur monotonie. Quelquefois ces musiciens, appelés *Alatyeh*, sont accompagnés de danseurs. Leurs danses ont, comme celles des Espagnols, un charme ravissant quand elles ne sortent pas des règles de la décence. Souvent aussi elles se transforment en scènes pantomimes qui composent un petit drame. Les *alatyeh* sont généralement de pauvres diables assez misérables. Un homme dont le rôle est de faire le bouffon suit ordinairement la troupe par derrière, enveloppé dans son manteau, s'efforçant de faire rire l'assemblée en se moquant des concertans. Ce bouffon ou *moucharyeh*, lorsqu'il est habile dans son rôle, sert très utilement la troupe. Quelques paras donnés nonchalamment par le musulman qui fume son narguilé ou médite gravement sur une éternelle partie d'échecs, récompensent les musiciens. Dans tout le cours de notre voyage, nous avons rencontré de ces troupes ambulantes de musiciens, accompagnés de poëtes qui nous improvisaient des chants sur les guerres des tribus arabes les plus renommées par leur valeur.

ARABES-BÉDOUINS; — CHEYKS D'ARABES; — ARABES-SYRIENS.

L'Arabe-Bédouin, avec sa physionomie tranchante au milieu des populations qui l'entourent, sa vie errante, ses mœurs encore tout imprégnées de la rudesse des antiques pasteurs hébreux, est la poésie du désert. Pour lui, un cheval, des armes, une tente, quelques provisions, et les hasards des rencontres sanglantes, voilà sa vie. Le Bédouin est aventureux, brave, fier et hospitalier. Il y a en lui quelque chose de notre chevalerie du moyen âge. Son regard laisse deviner qu'il est le dominateur du désert. Cet immense océan de sable où il promène sa tente au gré de son caprice est à lui.

Bon Taylor dirt

CHANTEURS ARABES. ARABIAN SINGERS.

Dauzats del. Bon Taylor dir. Finden sc.

ARABES BEDOUINS. | ARABIAN BEDOUINS.

Dauzats del. | Bon Taylor dir. | Finden sc.

CHEIK D'ARABES. | A CHEIK OF ARABIANS.

Mayer del.

Bon Taylor dir.

Doudbernac sc.

ARABES SYRIENS. | SYRIAN ARABS.

Il le parcourt en maître, rançonnant et pillant les caravanes, luttant quelquefois contre le tigre et le lion de ces contrées, et défiant les ardeurs d'un soleil dévorant.

Le cheyk arabe, qui est le chef de cette classe d'hommes, résume en sa personne le caractère bédouin, comme le gouvernement d'une nation résume celui du peuple qu'il régit. En lui sont toutes les mœurs de la tribu. Ce n'est même qu'à cette condition qu'il règne. Un cheyk qui contrarierait les habitudes de ceux à qui il commande ne saurait exister long-temps. La tribu se débarrasserait de lui, comme font en général tous les peuples orientaux, lorsque la tyrannie blesse par trop leurs mœurs et leurs usages. Les vertus et les vices que l'on trouve chez l'Arabe du désert ont leur type marqué chez le cheyk dont il suit la tente. L'hospitalité, l'amour du pillage, la fierté et l'indépendance, prennent chez ce dernier un luxe de dignité qui le distingue des individus placés sous ses ordres. Dans une rencontre, c'est bien toujours le pillard des caravanes; seulement sa rapine se dissimule sous l'exigence d'un simple tribut. Il vous rançonne, mais ne vous dépouille pas violemment; ce qui au reste revient souvent au même, sauf le sang versé. Vous reçoit-il dans son camp, son hospitalité est libérale. L'hôte à qui il a offert le café et la pipe est sacré pour lui, et il met tous ses soins à le bien traiter.

Rien n'est curieux comme la vie de cette nature à demi sauvage sous la tente du désert. (On peut voir pour des détails plus circonstanciés sur les mœurs, les usages et le gouvernement de ce peuple, ce que nous avons dit pages 84 et suiv., et 116 et suiv.)

Quant à l'Arabe-Syrien, appelé ainsi pour le distinguer de l'Arabe-Bédouin, il s'éloigne singulièrement de ce dernier, quoique d'une même origine. Le simple fait d'un genre de vie différent établit entre eux une démarcation si grande qu'ils n'ont plus aucune espèce de ressemblance. Selon qu'il est cultivateur ou pasteur, il n'est plus reconnaissable. Attaché à la terre qu'il habite, le premier peut nommer une patrie; le second ne connaît que sa tente, qu'il plante partout où il lui plaît de se transporter. Cette divergence dans les mœurs a changé tout-à-fait le type primitif de l'Arabe-Syrien. Le galbe de la figure, les proportions du corps, le costume, les usages, présentent chez l'un et chez l'autre des oppositions remarquables. L'un est vif, sec et petit; l'autre est grave, lent, d'une taille avantageuse, et a plutôt de l'embonpoint que de la maigreur. La coiffure, la manière de draper le manteau, la démarche, le port n'offrent pas moins de dissemblances chez eux. Nous les avons dessinés dans nos haltes et dans nos marches, afin qu'on pût mieux les apprécier.

VILLAGE SYRIEN.

Tout a une physionomie particulière en Syrie ; les villages entre autres s'y distinguent quelquefois par un caractère de grandeur qui impose. C'est là que vous voyez des hameaux comme des villes; des bourgs qui ont vingt mille âmes, et des capitales comme de pauvres hameaux. Nous avons voulu donner l'esquisse d'un de ces villages qui frappent par leur côté pittoresque. En général les villages syriens sont bâtis en pierre, contrairement à ceux d'Égypte qui sont en terre et ont un air mesquin. Leur population se compose d'Arabes-Syriens, de Turks et de chrétiens. Jamais les Arabes-Bédouins n'y séjournent plus du temps nécessaire pour faire leurs emplètes. Ils y viennent le matin, et s'en retournent toujours le soir coucher dans leurs tentes.

La tour carrée qu'on voit dans la planche s'élever au milieu du feuillage de l'arbre, est un minaret. A gauche, sont de petites maisons en dômes, où habitent des santons, espèces de moines mahométans. Ce genre de bâtisse, que l'on prendrait plutôt pour des tombeaux groupés au pied des minarets, donne un aspect singulier aux villages. L'arbre qui les recouvre de son branchage, jeté sur le côté comme dans un coup de vent, est un *mimosa.* On rencontre assez fréquemment dans ces contrées des multitudes d'éperviers qui volent par bandes, comme chez nous les corneilles. La vue que nous avons représentée ici n'est qu'une très petite partie des constructions d'un village syrien.

[illegible] del. Bon Taylor dir. Finden sc.

VILLAGE SYRIEN. — A SYRIAN VILLAGE.

Mayer del. Finden sc.

ROUTE DE TIBERIADE À DAMAS. | ROAD FROM TIBERIADE TO DAMAS.

124.

Dauzats del[t]. Bon Taylor dir[t]. Finden

PONT DE JACOB,
SUR LE CHEMIN DE TIBERIADE A DAMAS.

JACOB'S BRIDGE,
UPON THE ROAD OF TIBERIA TO DAMASCUS.

ROUTE DE TIBÉRIADE A DAMAS.

En venant de Damas pour aller vers Tibériade, on rencontre sur la route plusieurs stations où se réunissent les caravanes, afin de se prêter un mutuel secours dans les dangers du voyage. Ces stations sont des khans plus ou moins considérables où l'on trouve ordinairement un abri et de l'eau. Le khan que nous avons représenté ici est situé entre le pont des Chanteurs et celui des Fils de Jacob. On y arrive après avoir traversé un bois fort dangereux où les Arabes se tiennent en embuscade pour dévaliser les caravanes. Le moment que notre ami et notre compagnon de voyage M. Mayer a saisi dans le dessin qu'offre cette planche, est celui où nous franchissions nous-mêmes avec notre escorte le petit pont situé en face du bâtiment. L'eau que l'on boit dans ce khan est fort malsaine et donne la fièvre.

LE PONT DE JACOB.

Après avoir traversé le lac de Houlé, le Jourdain continue son cours vers le sud, et à une demi-lieue environ du lac, on le passe déjà sur un beau pont de pierre appelé *Gisr-Yakoub*, c'est-à-dire pont de Jacob. On lui donne ce nom, parce que, selon une tradition, ce fut sur les rives voisines que Jacob lutta avec l'ange du Seigneur ; il est aussi désigné sous le nom de *Gisr-Beni-Yakoub*, pont des Fils de Jacob. Ce pont est solide, bien bâti, et bombé au milieu comme presque tous les ponts syriens. Il se compose de trois grandes arches dans le style des constructions romaines.

Près du pont, du côté de l'est, s'élève un vaste khan que les Arabes ont pu établir facilement sur les ruines imposantes d'une belle forteresse, construite par les Croisés. La fondation de cette forteresse est attribuée à Baudouin IV, roi de Jérusalem. Elle était de forme carrée, et ses murailles avaient neuf coudées d'épaisseur. Néanmoins Guillaume de Tyr assure que les chrétiens ne mirent que six mois à la bâtir. La forteresse du pont de Jacob, par sa position, commandant le cours du Jourdain et la route de Damas, devait être un poste périlleux et souvent disputé; aussi Saladin employa-t-il toutes ses ressources pour s'en rendre promptement maître. Après bien des peines infructueuses, ayant réussi à emporter la place d'assaut, il la fit démolir immédiatement : il y avait à peine six mois que la construction en était achevée.

Le khan du pont de Jacob fut pris en 1799 par la division de Murat, qui refoula les restes de l'armée turke dans le Jourdain. De nos jours, le khan est occupé par une garnison arabe; il est également le rendez-vous des caravanes qui vont d'Acre à Damas. Là commencent les dangers des attaques des Bédouins. A la halte du midi, nous vîmes sur la porte et sur les murs d'un pauvre village dévasté, plus de têtes de ces pillards qu'il n'y avait d'habitans.

VILLAGE DE SAPHET.

Ville ou village, *Safad* ou *Saphet* est un lieu peut-être unique dans toute la Syrie par l'originalité de sa construction. Formé de cinq parties distinctes et séparées les unes des autres par des intervalles, vous diriez l'agglomération de cinq grands faubourgs appartenant à une ville dont on n'aurait jamais bâti le centre. Aucun mur d'enceinte ne l'entoure. Le seul point qui relie ensemble ces cinq gros villages est une forteresse élevée sur le roc, dont les murs en pierres de taille, hauts de cent pieds, entourés de fossés creusés dans le rocher, et couronnés de créneaux, semblent les garder sous leur protection. Cette forteresse, qui est de forme ovale, domine toute la contrée. Le style de son architecture est moresque. On ignore à qui est due sa fondation. Quelques indices cependant pourraient la faire attribuer aux khalifes de Damas. Nous y avons admiré comme morceau d'architecture d'un travail gracieux et d'une belle exécution, l'ogive de la porte d'entrée à laquelle on arrive par un pont étroit jeté sur le fossé.

Plusieurs souvenirs historiques se rattachent à ce château. A l'époque des croisades, Baudouin III fut forcé d'y chercher un asile avec son armée, après avoir été battu par les Sarrasins près du pont des Fils de Jacob. Le comte de Tripoli s'y réfugia également à la suite de sa défaite à Tibériade. Mais l'événement le plus mémorable de ces temps-là, c'est le massacre de la garnison chrétienne, en 1266, par le sultan Bibars, qui fit mettre à mort impitoyablement tous les assiégés, malgré sa promesse de respecter leur vie, et de les faire conduire à Saint-Jean d'Acre. Deux frères mineurs et le

Dauzats del.t — B.on Taylor dir.

VILLAGE DE SAPHET. | VILLAGE OF SACHET.

prieur des Templiers qui avaient exhorté les soldats à subir le martyre plutôt que d'apostasier, furent écorchés vifs par l'ordre du barbare sultan, et ensuite décapités. Le châtelain seul fut excepté du carnage général. Aujourd'hui le lieu même où se fit cette horrible exécution est le champ de foire de Saphet.

A l'époque où l'armée de Bonaparte entra en Syrie, Murat, selon le dire des juifs indigènes, n'eut besoin que de treize cavaliers français pour s'emparer de la forteresse et mettre en fuite tous les Turks de la ville. Elle était alors au pouvoir de Djezar. Par la situation des montagnes escarpées qui s'élèvent tout autour, on conçoit qu'elle dut être exposée souvent aux surprises. En face de la citadelle, de l'autre côté de la route qui établit une séparation, est une espèce de château ruiné dont on a peine à reconnaître la forme. Ce second édifice en si mauvais état est cependant beaucoup plus moderne que la citadelle, qui se trouve parfaitement conservée.

La ville de Saphet est la plus élevée de toute la Syrie. Bâtie sur trois montagnes, on y arrive par une suite de gradins rocailleux qui en rendent l'accès très difficile. A la voir du grand champ d'Esdrelon, sur la route de Damas à Jérusalem, on croirait n'en être séparé que de quelques heures; mais on n'y arrive qu'après avoir marché toute la journée, bien qu'il semble toujours qu'on va l'atteindre. Son aspect est des plus pittoresques. Ses maisons isolées les unes des autres, et toutes bâties avec des terrasses blanches, sont disposées d'une manière symétrique qui produit un charmant effet. Aucune d'elles n'a de cheminée. Une petite cour ménagée au devant de chaque demeure sert à cet usage. La crainte des tremblemens de terre empêche les habitans de la Syrie d'exhausser leurs maisons. Celles de Saphet par cette raison sont basses, mais solides. On n'y trouve pas un seul monument digne de quelque attention. Les mosquées si généralement belles partout ailleurs, sont, ici, petites, sans grâce et n'ont pas même de minarets. Saphet possède une population d'environ neuf mille âmes; elle se compose de Turks, de juifs indigènes, de juifs occidentaux et de chrétiens. L'antipathie qui éloigne ces différentes religions les unes des autres se trouve bien servie par la distribution même de la ville. Chacune y a son quartier séparé. Les juifs indigènes habitent sur le versant de la montagne de Béthulie, où se dresse la forteresse. Plus d'un tiers de leur village est occupé par des masures et des ruines. Les synagogues de Saphet, malgré leur renommée, ont un air misérable. Les murs en sont absolument nus, et il n'y a ni tribunes ni galeries pour les femmes. Le quartier des Turks est séparé de celui des israélites par une vallée qui forme le centre de la ville, et dont il occupe toute la longueur. Entre les uns et les autres sont les chrétiens. Le village de ceux-ci est situé sur la route même. Ils n'y ont point d'église, et y vivent comme inaperçus.

Saphet est la ville de prédilection des juifs. Ils se persuadent dans leur foi que le Messie doit y régner quarante années avant de fixer le siége de sa puissance à Jérusalem. Cette espérance les fait se soumettre avec résignation aux avanies multipliées des Turks, qui les assaillent à coups de pierres dès qu'ils les voient approcher de leurs maisons. Le grand rabbin des juifs habite Saphet de préférence à toutes les villes de Galilée. Son autorité est au-dessus de celle du rabbin de Tibériade. C'est à lui que sont déférés tous les points de culte et de loi en discussion, et son jugement est en dernier ressort.

Si la physionomie du quartier des juifs indigènes offre un aspect misérable, celui des juifs occidentaux est encore plus triste et plus désolé. Pas un être humain ne s'y montre sur le seuil des portes. On le croirait complétement désert si l'on n'apercevait de loin en loin une pauvre femme sortant furtivement d'une maison pour aller dans une autre. D'après le langage, les mœurs et le costume de ces israélites, il y a tout lieu de croire qu'ils sont venus originairement de l'Allemagne. En 1799, le quartier des juifs fut saccagé par les Turks aussitôt après que les Français eurent effectué leur retraite. Depuis lors ils n'ont point cessé d'être l'objet d'une cruelle oppression. Cependant à l'époque où nous les avons vus, leur sort semblait un peu s'améliorer. Les musulmans de Saphet participent beaucoup du fanatisme et de l'intolérance des Damasquins, ce qui vient en grande partie de leurs relations avec ce peuple, et de la rareté de leurs rapports avec les Européens. Il y a loin aujourd'hui de la situation des juifs de Saphet à ce qu'ils étaient au commencement du IVe siècle. Alors ils possédaient des établissemens dans plusieurs cités de la Galilée, et ils étaient si bien parvenus à se rendre maîtres des villes de Nazareth, Séphorie, Capharnaum et Tibériade, qu'ils ne souffraient point qu'aucun étranger vînt s'y établir. Avant le tremblement de terre de 1759, qui détruisit la ville de Saphet, ils y entretenaient une Académie qui aurait pu rivaliser avec celle que les empereurs grecs avaient établie à Tibériade. C'était de cette école qu'on tirait les rabbins des différentes synagogues de la Syrie. Il y avait en 1750 une im-

…uzats del. Bᵐ Taylor dir. Finden …

CITERNE DE JOSEPH. | JOSEPH'S CISTERN.

primerie juive d'où est sorti le rituel composé par Moïse Galand, chef de l'Académie.

La ville de Saphet a été la capitale de la Galilée du temps de l'émyr Fakr-el-Dyn; elle a continué de l'être jusqu'à ce que Saint-Jean d'Acre soit devenu l'entrepôt du commerce européen. Son antiquité peut le disputer aux plus anciennes villes du monde. Il est évident que Saphet est la même que Béthulie. Tout y rappelle le souvenir de la célèbre Judith, sous le fer de laquelle tomba la tête d'Holophernes. A l'époque des croisades, des murailles solides entouraient la montagne de Béthulie; aujourd'hui la ville est gouvernée par un mutselim qui relève directement du pacha d'Acre.

Quant à l'industrie de Saphet, elle est très peu considérable. Les principales branches de ses productions consistent en filatures de coton, teintureries d'indigo et fabrique de toiles d'une blancheur éblouissante. L'habileté des tisserands turks de cette ville est réputée dans toute la Syrie. Autrefois on y fabriquait des étoffes de soie. Tous les vendredis il y a un grand bazar bien fourni de marchandises; mais dans l'intervalle on a toutes les peines du monde à se procurer même les choses de première nécessité. Ce bazar, d'une longueur d'un demi-mille, s'étend jusqu'aux fossés de la citadelle au-dessous d'un bois d'oliviers fort remarquable, et par l'alignement des arbres et par leur grosseur. C'est là et à Gethsémani qu'on trouve les oliviers les plus beaux de tout l'Orient. Il en est beaucoup qui égalent par leur circonférence ceux de l'île de Palma et de l'Andalousie, qui sont les plus gros que nous ayons jamais vus.

CITERNE DE JOSEPH.

A environ deux heures de la ville de Saphet, sur la grande route d'Acre à Damas, et un peu plus loin du pont de Jacob en allant à Tibériade, on rencontre un karavanseraï appelé *Djob-Youssef*, ou le khan du puits de Joseph. C'est dans l'enceinte de ce khan que se trouve, dit-on, la citerne où Joseph fut jeté par ses frères, quelque temps avant d'être vendu par eux aux marchands qui l'emmenèrent en Égypte. Cette citerne a environ quatre pieds de diamètre et trente de profondeur: le fond est taillé dans le roc; les parois sont alignées et artistement maçonnées: ses eaux ne tarissent jamais. Elle est couronnée par un petit dôme élégant que soutiennent quatre colonnes de marbre. Près de la citerne est une mosquée où a été enterré un cheyk nommé Abdallah, et sur la face de laquelle ont lit une inscription arabe.

La citerne de Joseph est également vénérée par les chrétiens et par les musulmans. A quelque religion qu'appartiennent les voyageurs des caravanes, ils passent rarement près de ce lieu mémorable sans y dire quelques prières en l'honneur de Joseph. Outre les hôtes de passage qui viennent journellement chercher un asile sur les bords de la citerne, le khan est habité toute l'année par une troupe de soldats mograbins qui sont chargés de la garde des édifices. Ils ont avec eux leurs femmes et leurs enfans qui les aident à cultiver les campagnes d'alentour. Toute la montagne que l'on distingue dans le voisinage est semée d'énormes pierres noires qui, selon les gens du pays, auraient été primitivement blanches. Un jour, disent-ils, après la disparition de Joseph, Jacob allant à la recherche de son fils bien-aimé, passa par cette montagne. Des larmes abondantes tombaient de ses yeux sur le sol; aussitôt toutes les pierres qui le couvraient devinrent noires, de blanches qu'elles étaient auparavant.

RUINES D'UN TEMPLE A AMMAN.

Sur les bords du Nahr-Amman, à vingt-deux lieues au nord-est de Jérusalem, on voit encore les ruines imposantes de la ville d'Amman ou Ammon, l'ancienne capitale des Ammonites, nommée dans l'Écriture *Rabbath-Amm.* Ptolémée Philadelphe, qui fut un des bienfaiteurs de cette cité, l'appela *Philadepheïa.* Amman est maintenant en ruines. Ses temples, ses théâtres et ses églises renversés servent de repaires à des brigands arabes très redoutés dans tous les environs.

L'attention du voyageur, en arrivant dans cette partie de la Syrie, se porte principalement sur les majestueux débris d'un temple, qui est la plus remarquable des ruines d'Amman. Le mur postérieur, surtout, est très bien conservé. Il est flanqué de beaux pilastres couronnés par un magnifique entablement, et orné de niches richement sculptées. Au devant de ce beau morceau d'architecture, gisent çà et là des fûts de colonnes de trois pieds de diamètre. L'art et le goût, qui ont présidé à la construction de ce temple, sont de beaucoup supérieurs à tout ce qui se voit à Amman. On peut juger par ce qui en reste encore de la perfection de son travail. On le trouve situé sur la rive septentrionale du Nahr-Amman. Nous avons repré-

Dauzats del.t Bon Taylor dir.t

RUINES D'UN TEMPLE A AMMAN. RUINS OF A TEMPLE AT AMMAN.

Bouzas del. Robt Taylor sc. Finden

RUINES DU THEATRE D'AMMAN. RUINS OF THE THEATRE OF AMMAN.

senté ici de préférence un des fragmens qui donnent l'idée la plus complète de cette curieuse ruine.

RUINES DU THÉATRE D'AMMAN.

Outre le temple que nous venons de décrire, Amman possède aussi plusieurs autres débris d'édifices qui peuvent intéresser l'archéologue. De ce nombre, nous citerons un château fort bâti sur une colline, avec une ceinture de bonnes murailles et un fossé taillé dans le roc; une colonnade qui a probablement servi de galerie à quelque promenade publique; un pont de pierre jeté sur le fleuve, au sud-est de la ville; et des ruines appartenant à plusieurs temples ou églises, ainsi qu'à divers édifices publics et à une foule d'habitations disséminées dans la plaine. En général, il ne reste de tout cela que des fondemens et quelques pans de murailles. Toutes ces constructions appartiennent évidemment à des époques différentes.

Parmi ces ruines remarquables, on distingue le grand théâtre d'Amman, un des plus vastes de tous les théâtres de l'antique Syrie. Il est situé sur le côté méridional du fleuve Nahr-Amman, qui n'est guère qu'un ruisseau, et en face de la place principale de la ville. Cet édifice présente un superbe amphithéâtre composé de quarante gradins en demi-cercle, superposés les uns au-dessus des autres. Entre le dixième et le onzième, à partir du sol, est une rangée de loges ou petites chambres, capables de contenir une quinzaine de spectateurs chacune. Quatorze gradins plus haut, une semblable rangée de loges forme les siéges du milieu de l'amphithéâtre. Enfin, au sommet, est une troisième rangée de loges conformes aux précédentes, creusées dans le flanc rocheux de la colline, sur le penchant de laquelle le monument a été élevé. Aux ailes du théâtre règnent des voûtes d'une belle construction. Sur le front de l'édifice, on voyait jadis une colonnade composée d'environ cinquante colonnes de l'ordre corinthien. Il n'en reste plus aujourd'hui que huit. Elles sont surmontées d'un entablement encore entier et d'un assez beau style. C'est cette partie de l'édifice que nous avons représentée.

COUVENT DE NAZARETH.

Le village de Nazareth, appelé par les Arabes *Nasra*, est situé à sept lieues au sud-est de Saint-Jean-d'Acre, un peu à l'ouest du mont Tabor et sur le pied d'une montagne. C'est, après Jérusalem, un des lieux de prédilection des chrétiens de Syrie, qui s'y trouvent réunis en grand nombre et y vivent avec les Turks en parfaite intelligence. Aussi la principale curiosité de Nasra est-elle un édifice chrétien : nous voulons parler du vaste et beau couvent des frères Latins, dont la première fondation est ancienne, mais qui a été considérablement augmenté et achevé définitivement vers le milieu du siècle dernier. En cas d'attaque, ce couvent pourrait très bien servir de forteresse, et recevoir dans son enceinte les femmes, les enfans et les vieillards de Nasra. Sa massive porte de fer, ses murailles, plus fortes que celles de bien des villes de guerre, étant défendues par quelques hommes déterminés, seraient en état de soutenir un long siége.

Dans l'intérieur du monastère s'élève la célèbre église de l'Annonciation. Cette église a été construite sur la place même qu'occupait la maison de la sainte Vierge, avant sa translation miraculeuse en Dalmatie et à Lorette, dans la marche d'Ancône. Elle se compose de trois parties bien distinctes : la première est celle où se tiennent les fidèles qui viennent assister aux offices ; la seconde, à laquelle on arrive par un double escalier richement orné, sert de chœur aux religieux ; enfin, la troisième est située sous la précédente, et on y descend au moyen de plusieurs belles marches de marbre. Cette dernière partie est une espèce d'église souterraine du plus haut intérêt par les souvenirs qui s'y rattachent. On y voit un autel éclairé par des lampes d'argent qui ne s'éteignent jamais, et une table de marbre sur laquelle on lit cette inscription : *Verbum caro hic factum est.*

En effet, un grand nombre de témoignages authentiques établissent que ce fut là que s'accomplit le mystère de l'incarnation de notre Seigneur. A cette place, l'ange Gabriel apparut à l'épouse de Joseph, et lui dit : « Je » vous salue, Marie ! le Seigneur est avec vous ! »

Un peu plus loin, deux autels ont été élevés dans l'endroit où était l'habitation de la mère de Jésus-Christ. L'église entière est pleine du souvenir de Marie. Chaque mur, chaque colonne, chaque autel est revêtu de son chiffre et de ces deux mots solennels : *Ave Maria!* On y célèbre avec pompe

Dauzats del.t — B.on Taylor dir.t — Finden sc.

EGLISE DU COUVENT DE NAZARETH. | THE CHURCH OF THE CONVENT OF NAZARETH.

Dauzats del. Finden

RUINES D'UN TEMPLE SUR LE CHEMIN DE TRIPOLI A ST. JEAN D'ACRE.

RUINS OF A TEMPLE ON THE WAY FROM TRIPOLI TO ST. JEAN D'ACRE.

SYRIE.

Mayer del. Finden sc.

RUINES DU PORT DE CÉSARÉE. | RUINS OF THE PORT OF CÆSAREA.

l'office divin et l'office de la Vierge. Les voix des fidèles y sont accompagnées par deux orgues d'un jeu assez passable.

RUINES D'UN TEMPLE SUR LE CHEMIN DE TRIPOLI A SAINT-JEAN D'ACRE.

A quelques milles au nord d'Acre, on rencontre, au bord de la mer, sur le promontoire situé à l'occident des montagnes de Saron, une tour antique et délabrée qu'on croit être l'ouvrage des Croisés. Cette tour est dite la tour de Nakoura. On ne sait rien sur sa destination. Nous avons cru cependant y reconnaître une de ces vigies semblables à celles que nous avions déjà remarquées, soit dans le midi de la France, soit sur le sol de l'Espagne.

A peu de distance de la tour, sont des ruines d'un ancien temple ionique dont on voyait encore, il y a quelques années, une colonne entière debout et quelques autres fragmens de fûts tronqués. Aux pieds de ces restes solitaires, gisaient çà et là des entablemens brisés, des chapiteaux frustes, des tambours de colonnes amoncelés pêle-mêle parmi les arbres et les plantes sauvages.

L'époque de la fondation de ce temple est ignorée. Aucun voyageur, que nous sachions, n'a soulevé le voile d'obscurité qui en cache l'origine. Il est vraisemblable toutefois qu'il date d'une haute antiquité et qu'il fut l'ouvrage des Grecs. On peut fonder ces conjectures sur l'ordre d'architecture et le caractère des ruines. Chaque jour fait disparaître quelque chose de ces reliques du passé.

RUINES DU PORT DE CÉSARÉE.

Entre un désert de sable et la mer Méditerranée, à cinq lieues sud de Saint-Jean-d'Acre et à dix-neuf lieues nord-ouest de Jérusalem, s'élève une ville, peut-être unique dans le monde, une ville qui possède encore ses remparts, ses tours, ses fossés profonds, qui a presque tous ses monumens debout, toutes ses places conservées, où l'on peut, comme autrefois, circuler dans ses rues, loger dans ses maisons, et qui n'a plus un seul habitant. Cette ville extraordinaire, c'est *Kaïserieh* ou Césarée, la ville abandonnée, comme l'appellent les Arabes. On dirait que ses habitans sont partis d'hier pour aller à quelque fête ou à quelque pieux pèlerinage, et qu'ils vont revenir. Césarée ne fut pas toujours ainsi abandonnée : elle a eu son règne de splendeur. Bâtie par Hérode, avec une grande magnificence, en l'honneur de l'empereur Auguste, elle a joué le premier rôle tant que cette contrée a été réduite en province romaine. Long-temps elle fut la capitale de la Syrie.

Césarée est encore célèbre dans l'histoire de l'Église primitive et dans les fastes héroïques des croisades : c'est de son sein que sont partis les premiers apôtres du christianisme ; c'est là que saint Louis fit exécuter les fameuses fortifications que l'on y voit encore aujourd'hui. La main de l'homme aurait bien peu de chose à faire pour réparer complétement les murailles de la ville et la faire revivre de son ancien éclat.

Le port creusé par Hérode, et qu'il appela *Sebaste*, fut agrandi plus tard avec beaucoup de soin par saint Louis. Il est encore aujourd'hui dans un bon état de conservation. On y voit toujours debout la tour du Phare, bravant la fureur des vagues qui grondent à ses pieds. Mais le môle, qui s'avançait très loin dans la mer, est entièrement détruit. Des blocs de granit rose, qui en sont probablement les débris, gisent au milieu des flots.

Muette comme un cadavre, la ville de Césarée n'est interrompue de temps en temps dans son silence que par le cri perçant des chacals, possesseurs actuels de ses habitations vides. A quelle époque Kaïserieh a-t-elle perdu ses habitants? quelle cause a pu faire disparaître ainsi jusqu'au dernier une nombreuse population? Selon l'histoire, le désastre de Césarée remonterait au sultan Bibars, qui porta de si rudes coups aux colonies chrétiennes d'orient. Les ossemens épars en plusieurs endroits et comme semés au milieu des ruines, attestent les violences auxquelles fut en proie la ville conquise. Notre vue représente ici une portion du môle et des fortifications bâties par saint Louis.

Dumas del.^t Bon Taylor d.^t Finden sc.

VUE DE JAFFA DU COTÉ DE LA MER. | A VIEW OF JAFFA ON THE SEA SIDE.

VUE DE JAFFA, COTÉ DE LA MER.

Jaffa ou Yafa, anciennement *Joppé*, est situé sur une colline qui s'avance dans la mer Méditerranée, à douze lieues au nord-ouest de Jérusalem et à vingt-deux lieues au sud-ouest de Saint-Jean-d'Acre. Ses maisons, tantôt couvertes de toits plats, tantôt surmontées de petits dômes, sont disposées en gradins sur le versant de la colline qui regarde la mer. Elles sont dominées par une citadelle, où flotte en ce moment l'étendard triomphant du pacha d'Égypte. Au pied des murailles, le long du port, règne un vaste quai, chose rare en Orient, qui oppose une barrière aux vagues de la mer souvent irritées dans ces parages. Ce port est peut-être le plus périlleux de la côte. Il est tristement célèbre dans toute la Syrie par le grand nombre de navires qui y naufragent chaque année. Les écueils dont il est hérissé en défendent l'entrée aux gros vaisseaux. Les petites barques vont chercher les passagers et les marchandises à un quart de lieue en mer, et les déposent sur le quai, où se pressent constamment des flots nombreux de curieux et d'oisifs.

Tout le commerce de Jaffa se fait avec l'Égypte. Les importations consistent en blé, riz, toiles, coton et lin. Les principaux articles d'exportations sont l'huile de sésame et le savon. On trouve à Jaffa quatre ou cinq fabriques de cette dernière production. Les côtes voisines fournissent du corail. Actuellement on compte dans l'ancienne Joppé environ cinq mille habitans, huit cents Grecs, six cents catholiques, une centaine d'Arméniens, et plus de trois mille musulmans.

Le plus beau monument de la ville est sans contredit le nouveau couvent que viennent d'élever avec beaucoup de peines et d'efforts les frères Franciscains, tous nés en Espagne. Les matériaux qui ont servi à la construction de cet édifice ont été tirés en grande partie de Césarée. Près du couvent se trouve l'hôpital fameux, que l'admirable talent de Gros a rendu avec tant de poésie dans le tableau célèbre où il représente Napoléon, plein de calme au milieu des pestiférés, et les touchant tour à tour pour relever le courage de son armée abattue.

VUE DE JAFFA, COTÉ DE LA TERRE.

Le dessin que nous donnons de Jaffa, représentant cette ville du côté de la terre, est pris d'un petit bois d'orangers plantés confusément et sans ordre, à très peu de distance des murs que l'on distingue en face. Ces murs ont dix-huit pieds de hauteur; ils environnent les maisons du quartier des chrétiens. C'est par là que les Français, sous la conduite de Bonaparte, pénétrèrent dans la ville en 1799. A gauche, on aperçoit au loin la pleine mer; à droite est la côte de la Syrie.

La ville de Jaffa, si souvent ruinée, a été réparée en dernier lieu par *Abou-Nabout* après la campagne des Français en Syrie. Ibrahim-Pacha s'en est emparé en 1831 sans coup férir. Pour la première fois, peut-être, elle n'a pas souffert de ses conquérans. Son état actuel est même assez prospère. Les chrétiens y jouissent d'une grande liberté sous la protection toute-puissante de son nouveau maître. Les environs de Jaffa, plantés d'arbres de toute espèce, et arrosés par de nombreux ruisseaux, sont renommés pour la grosseur et le goût exquis des oranges, des citrons, et de plusieurs autres fruits qu'ils produisent en abondance.

TOUR DE JÉRICHO.

Cette vue est prise d'un terrain vague qui s'étend entre les misérables huttes des habitans de Jéricho et la tour qui sert en ce moment de forteresse à la pauvre bourgade de Rayha. Derrière ce monument, le seul qui subsiste encore à Jéricho, on aperçoit la *mer Morte*, calme, assoupie, qu'on dirait véritablement morte entre les hautes montagnes qui la bordent.

La tour de Jéricho est de forme carrée, et paraît être de construction chrétienne. Sa fondation date probablement de l'époque où les Croisés étaient maîtres de Jérusalem. Par son état de délabrement, cette tour ne semble pas destinée à rester debout aussi long-temps qu'elle a déjà vécu. C'est là que réside l'aga ou gouverneur de Jéricho, au milieu d'une poignée de soldats turks qui composaient toute la garnison du pays lors de notre passage.

Dauzats del. Finden sc.

VUE DE JAFFA. VIEW OF JAFFA.

Mayer del. Finden sc.

TOUR DE JERICHO. THE TOWER OF JERICHO.

Mayer del. Bon Taylor dirt. Finden sc.

TENTE DU Bon TAYLOR AU SOMMET D'UNE TOUR A JERICHO.

TENT OF Bon TAYLOR ON THE SUMMIT OF A TOWER AT JERICHO.

Mayer del. Finden sc.

VUE DE JERUSALEM, PRISE DE LA VALLÉE DE JOSAPHAT.

JERUSALEM, FROM THE VALLEY OF JOSEPHAT.

TENTE DU BARON TAYLOR AU SOMMET D'UNE TOUR A JÉRICHO.

En arrivant à Jéricho, le peu de sécurité que nous offrait la ville, qui dans ce moment était le théâtre d'une rixe entre les Arabes des montagnes de Galaath et la garnison turque, nous fit choisir le sommet de la tour que nous venons de décrire, comme le lieu le plus propre à nous garantir de toute surprise. Ce lieu avait le double avantage qu'en nous isolant, il nous offrait un très beau point de vue. Nous établîmes donc notre tente sur la plate-forme de la partie supérieure du bâtiment où l'on arrive par un escalier qui est en ruines. De là nos regards plongeant dans toutes les parties de la vallée de Gor, nous pouvions assister à ce qui s'y passait. Nous ne fûmes pas long-temps à nous convaincre de l'opportunité de notre précaution. A peine commencions-nous à nous livrer au repos qu'une horde d'Arabes, poussée par le désir du pillage, fit irruption dans la ville. Cette troupe, jointe à celle qui était déjà à Jéricho, faillit nous être funeste. Mais, grâce à notre position et à notre escorte qui se joignit à la garnison, nous restâmes à l'abri de leurs attaques, et maîtres de leur dicter les termes de l'arrangement que nous désirions conclure pour continuer notre route avec quelque probabilité de sûreté.

VUE DE JÉRUSALEM, PRISE DE LA VALLÉE DE JOSAPHAT. — JÉRUSALEM, COTÉ DE L'EST.

De tous les sites aux alentours de Jérusalem aucun n'est plus propice pour dessiner l'aspect général et pittoresque de cette ville, que le côté de l'est, et surtout le versant de la montagne des Oliviers (*Djebel-Tor*) au-dessus du torrent de Cédron dans la vallée de Josaphat. Ce sont les points que nous avons choisis nous-mêmes dans ces deux planches. De là l'œil domine, et embrasse dans sa plus grande étendue la ville sainte du côté de l'Orient avec sa ceinture de remparts crénelés de cent vingt pieds de haut, et de trente pieds de large, ses tours carrées, ses minarets élancés, ses mosquées couronnées de coupoles, ses maisons basses, sans fenêtres, disposées en gradins, et terminées par des terrasses surmontées de petits dômes d'un effet d'abord singulier, mais qu'on ne tarde pas à trouver monotone. Assise en pente sur la déclivité des deux collines *Acra* et *Moria*, on croirait qu'elle va glisser d'occident en orient dans les profondes vallées de Siloé et de Josaphat, et qu'elle n'est un instant retenue que par ses murailles.

L'enceinte de Jérusalem est d'environ une lieue. Sa forme est à peu près celle d'un carré allongé dont les faces sont tournées vers les quatre points cardinaux. On y compte sept portes principales, dont les unes sont fortifiées et les autres sans fortifications (*voyez* page 159). Les lignes que présente ce carré sont irrégulières du côté de l'ouest, du nord et du sud. Il n'y a guère que la façade du mur de l'est qui est parfaitement droite. Les premières assises de cette muraille ont appartenu au soubassement de l'ancien temple de Salomon, sur l'emplacement duquel est bâtie aujourd'hui, comme nous l'avons déjà dit, la grande mosquée d'Omar, que l'on voit en face avec sa galerie octogone, sa coupole et son croissant. Presque au-dessous de cette mosquée se trouve la porte dorée très vénérée des chrétiens de Syrie, qui sont dans l'entière persuasion que c'est par cette porte que Jésus-Christ fit son entrée dans Jérusalem, le dimanche des Rameaux. Elle aboutissait autrefois dans l'enceinte intérieure du temple; aujourd'hui elle est murée, et l'on ignore depuis quelle époque. Tout ce que l'on sait, c'est qu'il y a fort long-temps qu'elle est ainsi. Selon les versions que nous avons recueillies dans le pays, on l'aurait condamnée pour éviter l'accomplissement d'une ancienne prédiction, annonçant que ce serait par là qu'un jour les chrétiens entreraient dans Jérusalem. Son architecture est romaine, et rappelle le goût qui régnait sous l'empereur Adrien. Ce qui en reste présente deux arcades surmontées d'un fronton avec quelques autres ornemens.

Sur le plan de devant de notre première planche est la vallée de Josaphat qui sépare Jérusalem du mont des Oliviers; elle s'étend du nord au sud, et est arrosée par le torrent de Cédron, dont les eaux se jettent dans la mer Morte à l'extrémité de la vallée. Très étroite dans la direction de l'est à l'ouest, elle a plus de sept lieues de longueur dans l'autre sens. De toutes parts l'on aperçoit sur les flancs des montagnes qui bordent la vallée, des pierres tumulaires, des inscriptions et des tombeaux creusés dans le roc. Tout est morne et silencieux au dehors comme au dedans de Jérusalem : vous diriez une ville abandonnée. L'uniformité de ses maisons, la teinte sombre de ses monumens se découpant sur le bleu pur d'un ciel immobile et sans tache, a quelque chose de triste qui vous serre le cœur. L'histo-

Bouvais del. — Bon Taylor dir. — Finden sc.

JERUSALEM, MURS DE L'OUEST. | HIERUSALEM, WALLS ON THE WEST.

rique de Jérusalem, sa situation intérieure, ont été tracés dans les plus grands détails, pages 148 et suiv.

JÉRUSALEM, MURS DE L'OUEST.

Cette face de Jérusalem ne présente guère qu'une grande étendue de murs gothiques sans alignement, au-dessus desquels percent quelques rares pointes d'édifices. La partie que nous avons dessinée est celle où se voient la porte de Bethléem à gauche, et la forteresse tout auprès appelée par les chrétiens château des Pisans. Vers la fin du XIIIe siècle, cette forteresse se nommait aussi *Neblosa*. Elle a été élevée sur l'emplacement de la tour *Psephina*, qui appartenait au château de David. Les murailles de ce côté conservent encore dans leurs parties basses quelques vestiges des anciennes constructions. Le château des Pisans n'a rien qui le distingue des autres bâtimens de ce genre; c'est une citadelle avec ses tours, son donjon, ses fossés desséchés, ses cours intérieures, ses créneaux et ses chemins couverts. Du haut du donjon la vue plane sur Jérusalem que l'on voit se précipiter du couchant à l'orient dans les vallées profondes qui la séparent du mont des Oliviers. Tout autour de la ville ce ne sont que des rochers nus et pelés, tronqués à leur sommet ou terminés en croupes arrondies. De temps en temps, à travers deux montagnes qui s'ouvrent, on cherche vainement au loin une nature moins aride : partout c'est la même stérilité.

C'est de ce côté des remparts que Tancrède assiégea Jérusalem. La tour des Pisans fut un des points qu'occupèrent d'abord les Croisés en s'emparant de la ville. Les murailles en cet endroit ne paraissent pas avoir subi de changement. La porte de Bethléem, appelée aussi porte des Pèlerins, existe encore à la même place qu'elle avait au temps des croisades. Nous sortîmes par cette porte lorsque nous allâmes visiter Bethléem, accompagnés de M. Bradfort, notre jeune compagnon de voyage et notre ami, qui ne devait plus passer qu'une seule fois sur ce sol consacré par des souvenirs si solennels. La route tracée que l'on voit se diriger en avant du premier plan est celle que nous suivîmes. Quand M. Bradfort rentra dans Jérusalem, le soleil terrible de ces climats l'avait frappé, et une fièvre ardente l'enleva en trois jours. Il avait eu l'imprudence en route d'ôter son turban et de ne garder que son tarbouche, malgré nos avertissemens. M. Bradfort était parent de M. Adams, l'ancien président des États-Unis. A ses derniers momens, il nous recommanda un album où se trouvaient quelques dessins et quelques souvenirs de son pèlerinage, qu'il léguait à une personne pour laquelle il professait une vive amitié. Il n'a pas tenu à nous que ce dernier vœu d'un mourant n'ait été fidèlement rempli, et si jamais ces lignes sont lues par sa famille, nous désirons qu'elle y voie un gage de notre profonde douleur et de nos éternels regrets.

VUE DE JÉRUSALEM, PRISE DE LA TERRASSE DU COUVENT DU SAINT-SÉPULCRE.

Quoique le point de vue du mont des Oliviers soit le plus général, et montre Jérusalem dans son plus grand développement, toutefois à cause de la distance, il ne saurait présenter qu'un aspect d'ensemble dont on ne saisit pas les détails. C'est de la terrasse du couvent du Saint-Sépulcre que rien n'est inaperçu. Là, vous êtes au milieu des maisons, des édifices; vous pouvez distinguer jusqu'à leurs moindres accidens. La physionomie triste, déserte, montueuse de Jérusalem, se révèle à vous telle qu'elle est; elle vous apparaît tout entière avec ses rues étroites et solitaires, sa maigre végétation de quelques cyprès pointillant parmi les masses carrées des maisons encaissées, et silencieuses comme des tombeaux. Tous les édifices de quelque importance sont là groupés autour de vous. Vers le milieu de la ville, et à peu de distance du couvent, on découvre l'église du Saint-Sépulcre avec ses coupoles élevées; un peu plus loin, dans la partie orientale est la mosquée d'Omar, au lieu même où Salomon avait bâti son temple. Plusieurs autres monumens plus ou moins remarquables se dressent du milieu de ces amas de maisons surmontées de petits dômes et de terrasses uniformes. Nous distinguions entre autres le couvent grec; le palais du mutzelim élevé à la place qu'occupait le prétoire; vers le sud, le vaste monastère des Arméniens, situé sur la partie du mont Sion enfermée dans les murs de la ville, et à droite le château encore désigné par le nom de la tour de David. La montagne des Oliviers à l'orient borne les regards. Les religieux à Jérusalem se tiennent volontiers sur les terrasses des monastères, où ils dressent des tentes, et se réunissent dès qu'ils ont quelque loisir.

Dauzats del. Bon Taylor dir. Finden sc.

VUE DE JÉRUSALEM,
Prise de la Terrasse du Couvent du St Sepulcre.

A VIEW OF JERUSALEM
Taken from the Terrace of the Convent of St Sepulchre.

Dauzats del. Finden

VUE DE LA PORTE DE DAMAS A JÉRUSALEM. | VIEW OF THE GATE OF DAMASCUS AT JERUSALEM.

VUE DE LA PORTE DE DAMAS A JÉRUSALEM.

Cette porte, appelée en arabe *Bab-el-Hamond* ou *Bab-el-Cham* (porte de la Colonne), est située vers le nord de la ville, et conduit aux sépulcres des rois, à Sichem et à Damas. On l'appelle aussi porte des Pèlerins, parce que autrefois c'était par là que les pèlerins faisaient leur entrée à Jérusalem. Aujourd'hui ils arrivent par celle de Bethléem ou de Jaffa, ce qui a fait donner également à celle-ci le nom de porte des Pèlerins. Cette même dénomination appliquée indistinctement aux deux portes rend quelquefois le récit des voyageurs difficile à comprendre.

C'était de la porte de Damas que venait Simon le Cyrénéen, quand il fut contraint, par les soldats qui conduisaient Jésus-Christ au Calvaire, de porter la croix sous laquelle le fils de Marie succombait. En 1099, lorsque Godefroi de Bouillon s'empara de Jérusalem, ce fut près de la porte de Damas qu'il livra l'assaut à la suite duquel il se rendit maître de la ville. Ce côté des murailles nous a paru en effet être encore l'endroit le plus faible. En tournant à droite au sortir de la ville, on voit aussitôt se dérouler à gauche la profonde vallée de Gethsemani, au fond de laquelle est le lit du torrent de Cédron.

L'architecture de la porte de Damas est arabe. Une belle et grande ogive, supportée par deux colonnes avec des chapiteaux frustes, en décore l'entrée. Elle forme au-dessus comme une espèce de fronton où l'on remarque trois rosaces et une inscription illisible. Le couronnement de la porte est percé de petits créneaux arabesques. Deux tours flanquent ce monument dont l'aspect est élégant et plein de grâce. Son origine est très ancienne, et date vraisemblablement de la meilleure époque de l'architecture arabe. La vue que nous en donnons ici a été prise de l'intérieur de la ville.

PORTE D'ÉPHRAIM A JÉRUSALEM.

L'architecture de la porte d'Ephraïm, appelée indifféremment *Bab-el-Khalyl* (porte du Bien-Aimé), porte de *Bethléem* et porte des *Pèlerins*, ainsi que nous l'avons déjà dit, paraît être à peu près de la même époque que celle de Damas. Comme celle-ci, elle est surmontée d'une ogive en forme de fronton, mais dont les arcs ne reposent point sur des pilastres. Une inscription domine l'entrée avec trois espèces de demi-boules qui lui servent d'ornement. Le couronnement de ce monument n'offre point ainsi que l'autre une gracieuse bordure de créneaux arabes. En somme, la porte d'Ephraïm est beaucoup moins élégante que celle de Damas. Une distance d'environ onze cents pas la sépare de cette dernière. Elle est tournée du côté de l'ouest, et conduit à Bethléem, Hébron, Saint-Jean du désert. C'est aujourd'hui la porte la plus fréquentée de Jérusalem. Deux tours carrées, criblées de meurtrières dans le style gothique, la dominent. Elle est très peu distante du monastère des pères de la Terre-Sainte. La voûte sous laquelle on passe est sombre, et aboutit intérieurement à un carrefour formé par de petites maisons d'un aspect misérable, entremêlées de jardins incultes et entourés de murs écroulés. En sortant de la ville, à gauche, on descend le long des murs d'enceinte dans un ravin profond où l'on voit encore les assises des anciennes constructions d'Hérode. Tout ce fossé est rempli de tombeaux musulmans que l'on distingue aisément à leurs pierres funéraires de couleur blanche et surmontées d'un turban. A droite de la porte d'Ephraïm, se dresse une élégante tourelle appartenant au château de David. Notre vue a été prise du côté extérieur de la ville; c'est le point le plus pittoresque.

QUARTIER DES JUIFS A JÉRUSALEM.

Ce quartier se distingue autant par le caractère et le type de la population qui l'habite que par sa physionomie matérielle; c'est sans contredit la partie la plus sale, la plus dégoûtante de la ville. Avec ses maisons basses, petites, misérables, et à demi-ruinées; avec ses rues extrêmement étroites

Pl. 2.

Dauzats del. Finden sculp.

PORTE D'EPHRAÏM A JERUSALEM. | EPHRAÏMS' GATE IN HIERUSALEM.

Dauzats del. Finden sc.

QUARTIER DES JUIFS
À JÉRUSALEM.

QUARTER OF THE JEWS
AT JERUSALEM.

et montueuses où vous ne rencontrez qu'immondices; entouré d'une espèce de champ où sont répandus çà et là, parmi de grandes herbes et quelques haies de nopals, des monceaux d'ossemens, des carcasses d'ânes, de chevaux, de chiens, des tessons de poterie et des tas d'ordures, où tout le long du jour des nuées de corbeaux viennent s'abattre pour chercher leur pâture, le quartier des juifs semble lui-même une ruine, une immondice jetée au milieu de cette voirie. Des exhalaisons putrides empoisonnent constamment l'air qu'on y respire. Aussi reconnaissez-vous tout d'abord les habitans qui peuplent ces lieux à leur mine hâve, triste, amaigrie, à leurs traits fortement accentués et à leurs vêtemens malpropres, sous lesquels se cachent souvent des corps souffreteux et couverts d'insanie. Tel est le sort des malheureux restes des enfans de Jacob, dans la Jérusalem qu'autrefois ils ont possédée en maîtres.

Le quartier des Juifs est situé près de la porte des *Mograbins* ou *Sterquiline*, vers le nord de la ville. C'est là que sont aussi relégués les lépreux que l'on voit quelquefois assis solitairement à l'ombre comme des réprouvés. On estime que la population juive de Jérusalem s'élève de six à huit mille. Le nombre des femmes y est plus considérable que celui des hommes. Elles y ont le privilége d'y vivre aux dépens de la communauté israélite. Il n'est pas rare de rencontrer de ces femmes qui ont plus de cent vingt ans; fait curieux et extraordinaire, qui semblerait contredire les principes d'hygiène. Presque tous les Israélites qui viennent se fixer à Jérusalem ont amassé quelque argent sur lequel ils vivent. Néanmoins, à cause de l'oppression et des avanies dont ils sont l'objet de la part des Turks, ils reçoivent de temps en temps des sommes provenant des collectes que leurs frères font pour eux sur tous les points de la terre.

On se tromperait fort si l'on croyait que cette communauté de misère dans laquelle vivent les Israélites de Jérusalem, éloigne d'eux toute dissidence : ils sont divisés dans leur croyance en deux sectes qui se détestent aussi cordialement que peuvent le faire les différentes sectes des autres religions. Les juifs de la cité sainte forment en outre une secte à part, qui se regarde comme séparée de toutes les autres par la pureté de sa foi. Il existe en général chez les juifs orientaux une très grande répugnance à se mêler à leurs co-religionnaires d'Europe. Malgré leurs divergences et leurs haines réciproques, toutes les sectes israélites venues à Jérusalem, se réunissent dans l'unique synagogue qu'elles possèdent dans cette ville, comme les différentes communions chrétiennes se réunissent dans l'église du Saint-Sépulcre.

Ignorât-on l'état d'avilissement et de misère où sont tombés les tristes débris d'Israël, il suffirait de voir leur grande synagogue à Jérusalem pour juger de leur abaissement. Qu'on se figure des espèces de caves voûtées dans lesquelles on arrive par un escalier en ruine : des piliers dégradés, qui furent autrefois chargés de sculptures et de dorures, supportent les voûtes de ces chambres souterraines, dont de grandes portions sont éboulées. A peine un faible jour, arrivant par des ouvertures comme des soupiraux, éclaire cet humble sanctuaire. De petites galeries grillées pour recevoir les femmes sont pratiquées autour des murs sous les voûtes. Au-dessous de ces tribunes existent des bancs pour les hommes. Un grand rideau tendu au fond de chaque chambre cache à tous les yeux le tabernacle, espèce de coffre où sont enfermés les rouleaux de parchemin sur lesquels on a transcrit les Saintes-Écritures. Les tables de la loi sont gardées avec un saint respect dans la principale de ces chambres, où elles sont entourées mystérieusement d'un drap de pourpre brodé en or. Pendant tout le temps que durent leurs cérémonies religieuses, les juifs ont sur le front un voile de serge blanche bordé de bleu avec un cordon qui pend aux quatre coins. Lorsque les rabbins déroulent devant les assistans les parchemins des Saintes-Écritures, chacun vient pieusement les toucher avec l'extrémité d'un des cordons de son voile. La psalmodie triste et grave des docteurs de la loi à laquelle répond toute la synagogue par des versets de la Bible, mêlés de sanglots, au milieu des manifestations d'un violent désespoir, produit un effet qui déchire l'âme. On est saisi d'un sentiment de profonde pitié pour ce malheureux peuple sur lequel plane depuis si long-temps le sceau de la réprobation. Enfin, la cérémonie se termine par une aspersion d'essence de roses que l'on répand sur tous les assistans.

L'empereur Adrien avait interdit aux juifs, sous peine de mort, l'entrée de la ville sainte. Un seul jour dans l'année il leur était permis d'acheter à prix d'argent la faveur d'y pénétrer pour y pleurer leur misère. Aujourd'hui encore, ils achètent chèrement la liberté d'aller, le vendredi après midi sur *la place des Pleurs*, dans le parvis de la mosquée d'Omar, pour s'y prosterner sur la poussière qui recouvre la place du temple de Salomon, et gémir sur les malheurs de Juda.

Mayer del. Finden

GRANDE MOSQUÉE D'OMAR A JERUSALEM. | GRAND MOSQUE OF OMAR AT JERUSALEM.

GRANDE MOSQUÉE D'OMAR A JÉRUSALEM.

Entre tous les monumens remarquables de Jérusalem, la mosquée d'Omar tient incontestablement le premier rang. Aussi simple dans son ensemble que dans les détails, elle frappe tout d'abord par le caractère et le grandiose de son architecture, qui est de la belle époque sarrasine. Sa fondation, selon quelques uns, remonte à l'an 640 de notre ère. Quoiqu'elle porte le nom d'Omar, il ne paraît pas cependant qu'elle ait été achevée par ce khalife. *Abd-el-Malek* lui donna plus d'extension, et plus tard, *El-Oulid* entreprit de la rebâtir sur un plan différent. Elle s'élève majestueusement au milieu d'un superbe parvis de six cents pas de longueur environ du nord au sud, et de trois cents pas de largeur de l'est à l'ouest. Du côté du nord et de l'ouest, cette vaste place est bordée par une ligne de bâtimens et de maisons turkes où l'on distingue le palais d'Hérode, les ruines du prétoire de Pilate, résidence actuelle du gouverneur de Jérusalem, et la maison du Kadi, qui était autrefois celle du patriarche. Au sud et à l'est, elle est fermée par les murailles de la ville. On y pénètre par trois portes avec des portiques sous lesquels il faut passer après avoir monté plusieurs degrés. La principale de ces portes est située à l'occident : c'est la *belle porte*. Il s'y trouve huit lampes qu'on allume dans les fêtes solennelles. Les deux autres portes sont d'une ordonnance moins riche. Le pavé du parvis est en marbre. Tout autour s'étend une belle plaine de gazon où sont disséminées çà et là de fraîches fontaines parmi des groupes de palmiers et des tombeaux musulmans. Au centre du parvis est une plate-forme carrée, exhaussée de six à sept pieds, qui sert de base à la mosquée. Chaque côté de cette plate-forme peut avoir deux cents pas environ. On y arrive par un escalier de marbre de huit marches, pratiqué aux quatre points cardinaux.

Quant à l'édifice, il est de forme octogone, et surmonté d'un dôme portant une flèche élégante qui se termine par un croissant. Chacune des huit faces de l'octogone est percée de sept arcades en ogive, et présente de front une étendue de trente-deux pas. La plus grande circonférence de la mosquée est de deux cent cinquante-six pas, et sa hauteur totale de cent vingt pieds. Au-dessus des premières arcades de la base, règne un autre rang de petites arcades d'un style d'architecture tout différent. Le toit de cette galerie est en terrasse, et va joindre la lanterne à huit pans qui est au-dessous de la coupole. Une grande fenêtre, percée sur chaque face de la lanterne, éclaire l'intérieur.

Malgré le fanatisme des musulmans et les ordres sévères qui interdisent aux étrangers l'entrée de ce temple, le secret du sanctuaire n'a pas toujours été inviolable pour tous les chrétiens. Plusieurs personnes, à l'aide du travestissement arabe, sont parvenues à contenter leur curiosité. De ce nombre on cite l'Espagnol Domingo Badia y Leblich, M. Bourckard, savant distingué de Bâle, et quelques uns de nos amis. Avant la relation de ces voyageurs, les musulmans ont pu persuader à quelques uns qu'une grosse pierre de couleur verte était soutenue en l'air sous la voûte, sans lien et comme par miracle, et que sept mille lampes brûlent dans le sanctuaire depuis le jeudi soir au coucher du soleil, jusqu'au lendemain midi.

La mosquée d'Omar est bâtie sur une partie de l'emplacement qu'occupait le temple de Salomon. On peut voir par ce que nous avons dit de ce dernier (page 160 et suiv.) combien il avait de grandeur et de magnificence. Divers voyageurs, tant anciens que modernes, en mentionnant la mosquée d'Omar sous le nom de *El-Haram* (maison de Dieu), en ont parlé dans leur relation comme s'il n'y avait qu'un seul édifice. Ils ont confondu la mosquée *El-Aksa*, ou mosquée d'Omar, avec la mosquée *El-Sakhra*, mosquée de la Roche, quoiqu'elles soient parfaitement distinctes. Celle-ci est située à l'extrémité sud-est du parvis, et touche aux murs de la ville. Elle est beaucoup moins grande et de couleur rougeâtre. C'était auparavant une église dédiée à la Vierge, parce qu'elle avait été construite à la place qu'occupait du temps de Marie une dépendance du temple où elle passa douze années de sa vie, c'est-à-dire depuis l'âge de trois ans jusqu'à l'époque de ses fiançailles avec saint Joseph. Cette mosquée est appelée *El-Sakhra* d'une roche qui s'y trouve renfermée, et sur laquelle, dit-on, l'on remarque l'empreinte d'un pied que les musulmans assurent être celle qu'y laissa Mahomet, la nuit où il vint de la Mekke à Jérusalem pour bénir les mosquées, transporté par miracle sur la jument *El-Borâq*. Au dire des chrétiens, cette empreinte serait celle du pied de Jésus-Christ.

La jument El-Borâq est un ange ayant la figure d'une femme et le corps d'un cheval ailé. Les Turks croient fermement que Mahomet reviendra dans la ville sainte à l'époque du jugement dernier avec Jésus-Christ, *Rouh-allah* (esprit de Dieu), pour y chercher les vrais croyans. Il enjambera,

Dauzats del.t d'ap. Taylor du.t Finden sc.

PORTE DU SAINT SEPULCRE À JERUSALEM.

GATE OF THE HOLY SEPULCHRE AT JERUSALEM.

disent-ils, la vallée de Josaphat en posant un pied sur la montagne des Oliviers, et l'autre sur le temple. Sa robe, formée de peau de jeune chameau, descendra jusqu'au fond de la vallée, d'où les âmes des justes viendront s'y nicher comme des insectes, et lorsque au poids de ses vêtemens le prophète jugera que toutes sont réunies sous ses ailes, alors il prendra son essor vers le ciel. C'est dans la mosquée El-Sakhra, que, selon la foi musulmane, les actions bonnes ou mauvaises sont pesées dans la balance invisible, *El-Mizan.*

Pendant l'espace de quatre-vingt-huit ans, les mosquées d'Omar et de la Roche furent converties en églises chrétiennes. Saladin s'étant emparé de Jérusalem en 1188, les rendit au culte de l'islamisme, auquel elles sont toujours restées depuis. A cette époque, le parvis qui entoure la mosquée d'Omar était ceint de murailles avec des tours crénelées. En 1099, les habitans de Jérusalem réfugiés dans les temples ayant été massacrés par l'armée chrétienne, Saladin, pour effacer une pareille souillure, en fit laver les murs et les pavés avec de l'eau de rose. Six mille chameaux suivant les uns, et cinq cents selon d'autres, furent employés à transporter de l'Yemen l'énorme quantité d'essence que l'on consomma à cet usage. Tous les princes de la famille de Saladin prirent part eux-mêmes à la cérémonie lustrale.

PORTE DE L'ÉGLISE DU SAINT-SÉPULCRE A JÉRUSALEM.

Si la grande mosquée d'Omar est le monument mahométan le plus majestueux de Jérusalem, l'église du Saint-Sépulcre en est certainement l'édifice chrétien le plus curieux, le plus auguste. Quoiqu'on ignore la date précise de sa fondation, on convient généralement néanmoins de la placer sous le règne de l'empereur Constantin. En effet, cela paraît évident d'après la lettre qu'Eusèbe nous a conservée de ce prince, dans laquelle il recommande à Macaire, évêque de Jérusalem, de faire bâtir une magnifique église au lieu même où le mystère de la Rédemption s'était accompli. Au reste, quelle que soit l'incertitude sur son origine, il est probable qu'elle est l'œuvre des premiers siècles du christianisme. Le caractère de son antiquité néanmoins ne se distingue guère que par le plan ou par des fragmens qui maintenant sont recouverts par des constructions plus modernes. La façade a été évidemment construite par les Croisés : c'est la partie qui s'est le mieux conservée; le reste a subi plus ou moins de modifications et de changemens. Plusieurs fois prise et saccagée par les ennemis du christianisme, cette église a été tour à tour réparée et rebâtie par Héraclius, évêque de Jérusalem, par Constantin IX, dit Monomaque, par les Croisés, et dernièrement encore par les Arméniens et les Grecs. Ceux-ci ont dépensé, dit-on, 14,000,000 de piastres (environ cinq millions de francs), pour la reconstruire après le terrible incendie qui, en 1808, faillit la consumer presque entièrement. Nous doutons que la dépense se soit élevée si haut; dans tous les cas on peut regretter que ces millions aient été si mal employés, puisque l'on a en partie changé le caractère de ce monument autrefois si admirable. Jusque là, l'église était restée telle qu'elle était au temps des croisades. On sait que c'est à l'époque des guerres saintes que le Calvaire fut enfermé dans ses murs, ainsi que le lieu où l'on embauma le corps de Jésus-Christ. Aujourd'hui elle comprend dans son enceinte les cinq dernières stations de la Voie Douloureuse. Quant aux neuf autres, elles sont dans les rues de la ville qui conduisent à l'Église. (*Voyez* pour la description de l'intérieur de cette immense basilique, pages 153 et suiv.)

L'entrée du temple du Saint-Sépulcre donne sur un parvis d'environ vingt-cinq pas de long sur vingt de large. Tout autour de cette place sont des bâtimens qui lui forment comme une espèce de clôture. On ne peut y arriver qu'en passant sous une petite porte très resserrée. Les rues qui y aboutissent sont extrêmement sales, étroites et en grande partie dépavées. On ne voit pas sans peine ces masses de constructions irrégulières qui pressent la façade de la basilique et l'encombrent de toutes parts. L'architecture de cette partie de l'édifice est du style gothique des XIIe et XIIIe siècles. Deux portes ou plutôt une double porte en ogive, dont un gros pilier orné de cinq colonnes de marbre établit la séparation, conduit à l'intérieur. Une de ces portes est murée, l'autre est percée de plusieurs trous qui servent à communiquer avec ceux du dedans. Chaque côté des portes est flanqué de deux élégantes colonnettes de marbre avec des chapiteaux corinthiens gothiques. Au-dessus de leurs arceaux est un simple cordon qui sépare le sommet de la voûte de deux fenêtres correspondantes et construites dans le même système. Une corniche richement travaillée forme le couronnement de la façade.

Vers la gauche du monument est une tour carrée d'une fort belle exécu-

Dauzats del. Bn Taylor dir. Finden

CHAPELLE CONSTRUITE PAR Ste HÉLÈNE | CHAPEL OF THE HOLY SEPULCHRE

tion, et qui servait autrefois de clocher : cette tour est rasée à sa partie supérieure. Les musulmans lui firent subir cette mutilation lorsqu'ils redevinrent maîtres de Jérusalem. Elle a trois étages de fenêtres, et ne domine pas de beaucoup l'édifice. Les fenêtres de l'étage supérieur sont ornées de colonnettes de marbre. A partir du sol, la porte de la tour se trouve murée jusqu'à la hauteur d'une quinzaine de pieds. La portion qui reste ouverte sert à donner du jour aux deux chapelles du Calvaire, situées près de là dans l'église.

Devant la porte d'entrée et un peu en dehors on remarque entre les pierres du pavé une grande quantité de clous enfoncés jusqu'à la tête. Ces clous auxquels ordinairement les voyageurs ne font pas attention, sont placés dans cet endroit par le patriarche des Grecs qui, chaque année, revêtu de ses habits pontificaux, vient à l'époque du samedi saint prononcer une excommunication contre les catholiques romains, et enfonce en même temps un clou dans le pavé à grands coups de marteau en mémoire de l'anathème qu'il prononce. Il ajoute ensuite à cette cérémonie la défense expresse de les ôter, menaçant quiconque contreviendrait à cet ordre, d'une bastonnade de cinq cents coups de bâton, et d'une amende considérable, payable au cadi de la ville. La garde de l'église du Saint-Sépulcre était confiée à des Turks lors de notre passage à Jérusalem. Aux jours où elle est visitée par les pèlerins, ils s'établissent à l'entrée armés de gaules et de fouets pour faire la police, et prélèvent sévèrement un tribut sur chaque personne, frappant sans ménagement celui qui voudrait éluder le péage. Dans les autres temps, ils fument, bâillent, dorment sur un divan ou jouent aux échecs, en attendant de rançonner les curieux qui viennent les prier de leur ouvrir les portes.

CHAPELLE DU SAINT-SÉPULCRE.

Au milieu de l'église du Saint-Sépulcre dont nous avons donné plus haut la description (*voyez* pages 153 et suiv.), on remarque un petit monument en marbre de forme quadrangulaire, orné de pilastres avec une corniche tout autour, et surmonté d'un dôme; c'est la chapelle du Saint-Sépulcre; elle se trouve placée au-dessous de la grande coupole circulaire qui couronne l'édifice, et qu'un violent incendie détruisit entièrement en 1808. C'est là que les traditions du pays ont long-temps placé le centre de la terre. Sous le rapport de l'art, la chapelle du Saint-Sépulcre n'a rien qui la distingue, le dessin en est même d'assez mauvais goût. Elle est divisée intérieurement en deux parties ; l'une dans laquelle se trouve la pierre où était assis l'ange lorsqu'il dit aux saintes femmes : « Il n'est plus là, il est ressuscité ; » et l'autre qui contient le Saint-Sépulcre. Une porte basse fermée par un rideau de soie cramoisie établit la communication entre les deux sanctuaires. Des lampes en or et en argent d'une merveilleuse richesse éclairent nuit et jour l'enceinte de la chapelle où brûlent constamment de suaves parfums. De magnifiques tentures de velours en recouvrent entièrement les murs. Au-dessus de l'autel de marbre blanc qui voile le sépulcre, est un tableau représentant Jésus-Christ vainqueur de la mort. Le tombeau est creusé dans le roc ainsi que la table de marbre sur laquelle fut déposé le corps de Jésus, ayant les pieds vers l'orient et la tête vers l'occident. L'espèce de sarcophage sous lequel il est caché a sept pieds de long sur deux pieds et demi de large, et se trouve fort peu élevé du sol.

L'air doux et embaumé qu'on sent en entrant dans ce lieu saint, le silence et le recueillement qui y règnent, l'effet mystique et sombre de la lumière atténuée par les tentures qui décorent l'enceinte, joints au souvenir du mystère divin qui s'y est accompli, vous remplissent d'un sentiment qui fait taire l'orgueil et fléchir le genou. L'état de vétusté et de délabrement dans lequel se trouvait la chapelle du Saint-Sépulcre a nécessité la réparation de ce monument. En 1817, un architecte européen fut chargé de le reconstruire ; c'est l'Église grecque qui en fit les frais. Depuis lors elle en a la possession.

PORTE DE L'ECCE HOMO A JÉRUSALEM.

En parcourant la Voie Douloureuse (*Harat-el-Allam*), dont nous avons parlé page 154, on rencontre à environ trente pas du prétoire de Pilate une grande et haute arcade, appelée communément la porte de *l'Ecce homo.* Cette arcade est surmontée d'une galerie percée de plusieurs ouvertures ; c'est de l'une de ces espèces de fenêtres que Pilate montrant Jésus-Christ au peuple, vêtu de pourpre, couronné d'épines, le corps meurtri de coups, et un roseau dans la main droite, s'écria : *Ecce homo.* Des cris de mort et

Dauzats del. Finden sc.

PORTE DE L'ECCE HOMO
A JERUSALEM.

THE GATE CALLED ECCE HOMO
AT JERUSALEM.

Meyer del. B.on Taylor dir.t Finden sc.

TOMBEAUX MAHOMÉTANS SOUS LES MURS DE JERUSALEM.

MAHOMETAN TOMBS NEAR THE WALLS OF JERUSALEM.

de rage répondirent à cette présentation. N'osant braver la colère de la multitude, et désirant pourtant sauver le Christ, qu'il savait innocent, Pilate chercha à apaiser la fureur du peuple par une ruse. La loi permettait de faire grâce à un coupable à l'occasion de la Pâque qui était proche; saisissant cette circonstance : « Lequel, dit-il, voulez-vous que je vous livre, du voleur Barabbas ou de Jésus ? » Aussitôt mille voix répétèrent : *Jesum Nazarenum; tolle, tolle, crucifige!*

En mémoire de cet arrêt sanglant vociféré par une populace en démence, les chrétiens avaient gravé depuis sur deux grandes pierres en saillie au-dessous des fenêtres de la galerie, les mêmes paroles *tolle, tolle, crucifige!* On ne distingue plus aujourd'hui que ces six lettres espacées comme il suit: TOL TOL... Le reste de l'inscription a complétement disparu. L'arcade de l'*Ecce homo* paraît avoir appartenu autrefois à un très vaste portique.

TOMBEAUX MAHOMÉTANS SOUS LES MURS DE JÉRUSALEM.

Les tombeaux mahométans que l'on voit au pied des murailles de Jérusalem ne ressemblent nullement aux autres tombeaux de l'Orient. Ici, point de saule, d'ifs, de tilleul ou de cyprès pour ombrager la tombe; les regards ne s'arrêtent point non plus sur de somptueux monumens qui affichent l'orgueil de la poussière qu'ils recèlent; tout y est sombre, triste, dépouillé. C'est le sépulcre dans sa nudité, c'est la mort avec son deuil muet et immobile. Dans plusieurs contrées l'homme s'est plu à déguiser le cimetière sous les fleurs et la verdure; à Jérusalem, vous trouvez la pierre toute seule, façonnée avec simplicité, et ne se distinguant guère des tombeaux que l'on rencontre sur toutes les routes de la Turquie. Une masse carrée surmontée d'un petit dôme, et ouverte aux quatre faces par une arche plus ou moins exhaussée, telle est la forme ordinaire du monument.

Les musulmans ont deux cimetières à Jérusalem ; l'un qui va de la porte de Saint-Étienne ou de la Vierge-Marie (Bab-el-Sitty-Mariam) jusqu'à la grotte de Jérémie; et l'autre qui est situé sur le chemin de Jaffa, à un quart de lieue de la ville. Nous les avons vus blanchis de monumens funéraires, surmontés du turban; çà et là parmi les tombes des groupes de femmes turkes et arabes venaient pleurer leurs maris ou leurs pères. Quelques unes d'entre elles étaient assises ou à genoux; elles tenaient sur leurs bras de beaux enfans qu'elles allaitaient, et poussaient par intervalles des lamentations déchirantes. Ces femmes n'avaient point de voiles; plusieurs étaient jeunes et belles. A côté d'elles étaient des corbeilles peintes de couleurs éclatantes et remplies de fleurs, qu'elles plantaient tout autour du tombeau en les arrosant de larmes. De temps en temps elles se baissaient vers la terre, fraîchement remuée, et chantaient au mort quelques versets de leur complainte; puis elles lui parlaient tout bas, convaincues qu'il entendait cette expression de leurs regrets; ensuite penchées et immobiles sur le monument, on eût dit qu'elles attendaient la réponse.

ENTRÉE DU SÉPULCRE DES ROIS A JÉRUSALEM.

On arrive au sépulcre des Rois par la porte d'Éphraïm ou par la porte de Damas, en se dirigeant vers le nord-ouest de Jérusalem. Après avoir parcouru une route semée de rocailles l'espace d'un quart de lieue, vous descendez au bas d'une carrière profonde par un chemin en pente douce : là, une arcade ouverte à l'entrée de la carrière vous introduit dans un espace découvert d'environ cinq toises carrées, divisé en deux parties par une cloison naturelle de quatre ou cinq pieds d'épaisseur. Cette excavation en forme de salle est taillée dans le roc avec des parois perpendiculaires de douze ou quinze pieds de haut. Du côté du midi, on aperçoit au centre de la muraille une grande porte carrée creusée également dans le roc, à une profondeur de plusieurs pieds, et dont le style architectural est d'ordre dorique. Au-dessus de la porte règne une frise composée d'un triglyphe, d'un métope avec une espèce de rosace en forme d'anneau au milieu. On y remarque aussi une grappe de raisin entre deux couronnes et deux touffes d'achante en palme. Un feuillage entremêlé de glands et de pommes de pin suit parallèlement la frise, et borde les deux côtés de la porte. Tous ces ornemens, sculptés avec une grande finesse, témoignent de l'habileté et du goût de l'artiste. Malheureusement l'état de ruine où se trouvent ces monumens ne permettra bientôt plus de rien distinguer.

Sur la gauche de la porte, et dans l'angle formé par l'enfoncement, existe une sorte de galerie où l'on pouvait autrefois marcher debout, et où il n'est plus possible aujourd'hui de pénétrer qu'en rampant. Cette galerie

Dauzats del.t   B.on Taylor dir.t   Finden sc.

ENTRÉE DU SEPULCHRE DES ROIS
A JÉRUSALEM.

ENTRANCE TO THE ROYAL BURIAL GROUND
AT JERUSALEM.

conduit par un escalier, qui n'est plus qu'un sentier rapide, à une chambre creusée dans le cœur même du rocher. Des niches d'une longueur de six pieds sur une largeur de moitié sont pratiquées dans l'épaisseur des parois pour y recevoir des cercueils. On communique de cette pièce par trois portes voûtées à sept autres chambres sépulcrales plus ou moins grandes. L'une d'elles, où l'on descend par un escalier de six marches, paraît avoir contenu les cercueils les plus importans. Ces cercueils étaient de pierre ou de marbre avec des bas-reliefs représentant des arabesques, des feuillages, des vignes ou des fleurs. Quelques uns existent encore en entier; les autres n'offrent plus que des débris.

En visitant ces sépulcres, on ne peut s'empêcher d'admirer la structure des portes qui ferment l'entrée des chambres; formées de la même pierre que les parois de la grotte, ainsi que les gonds et les pivots qui les supportent, on serait tenté de croire qu'elles ont été détachées d'une seule pièce avec le ciseau du roc même. Plusieurs voyageurs n'ont pas hésité de l'affirmer, quoique la chose ne paraisse guère possible. Il ne reste plus qu'une de ces portes en place, et qui ne soit point brisée.

Les sépulcres des Rois, sans analogie avec ceux des mahométans situés dans le voisinage, auraient plutôt quelque rapport avec les sarcophages antiques que l'on trouve sur la route de Beyrout à Sidon. De même que ceux-ci, ils n'offrent point suffisamment d'indices à l'archéologue pour déterminer l'époque à laquelle ils appartiennent D'après les saintes Écritures, on ne peut admettre qu'ils aient jamais servi de sépulture aux rois de Juda, car il est dit que ces princes furent ensevelis à Jérusalem ou sur la montagne de Sion. Au surplus, le caractère de l'architecture ornementale de ces monumens indique assez qu'ils sont d'une date plus récente. Les savans les attribuent généralement à Hérode le Tétrarque, ou mieux encore à la princesse Hélène, reine d'Adiabène, qui, selon eux, y aurait été inhumée. Quelques uns disent que les ornemens et les accessoires révèlent une époque voisine du *Bas-Empire*; les salles creusées dans le roc, qui constituent le fond des constructions, sont d'une antiquité beaucoup plus haute, et elles peuvent avoir été primitivement destinées à la sépulture des chefs de la nation juive. Cette opinion a pour elle beaucoup de probabilité.

ENTRÉE DU SÉPULCRE DES JUGES A JÉRUSALEM.

Vraisemblablement les sépulcres des Juges appartiennent à l'époque qui a suivi les conquêtes d'Alexandre, ou à l'époque romaine. Ils diffèrent très peu des sépulcres des Rois, et par le genre des constructions et par la beauté des ornemens. Comme ces derniers, ils sont taillés dans le roc, sont divisés en plusieurs chambres, et ont des niches superposées les unes au-dessus des autres dans l'épaisseur des parois pour recevoir des cercueils. L'entrée de ces grottes sépulcrales est précédée d'une cour assez spacieuse, où, selon l'antique usage, les plus considérables de la ville avaient des maisons de campagne. Des terrasses existaient devant l'habitation et dominaient ces cours. C'était ordinairement sous la maison qu'on inhumait les morts ainsi qu'on le voit par Samuel, lequel, est-il dit, fut enseveli dans sa maison de Rama.

On trouve les sépulcres des Juges à un quart de lieue environ de ceux des Rois après avoir traversé dans une grande étendue la vallée ombreuse et fertile de *Croum*, lieu de rendez-vous des juifs de Jérusalem, où ils se réunissent habituellement pour se divertir le jour du sabbat. L'espace qui sépare ces tombeaux les uns des autres est un terrain nu, stérile, sur lequel on remarque parmi quelques oliviers maigres et rabougris venus dans les fentes des rochers, des traces de citernes qui sembleraient témoigner des efforts tentés pour rendre ce sol productif par la culture.

Plusieurs portes des sépulcres des Juges se distinguent spécialement par un fronton et des ornemens plus dignes d'attention pour la complication et la difficulté du travail que par le goût. Cependant celle que nous avons représentée dans notre planche n'est dépourvue ni d'élégance, ni du sentiment de l'art. La corniche qui entoure le fronton est gracieuse, et les arabesques dont il est orné produisent un effet agréable à l'œil. Le grand nombre de ces grottes rassemblées dans un même lieu montre qu'elles ont dû être évidemment la propriété de plusieurs familles. Elles avaient, à ce qu'il paraît, plusieurs destinations; elles servaient de tombeaux, de citernes, et les bergers y trouvaient avec leurs troupeaux un refuge contre le mauvais temps ou les ardeurs du soleil d'été. Encore aujourd'hui, on voit des familles s'y retirer pendant l'hiver, et y remiser leur bétail la nuit pour

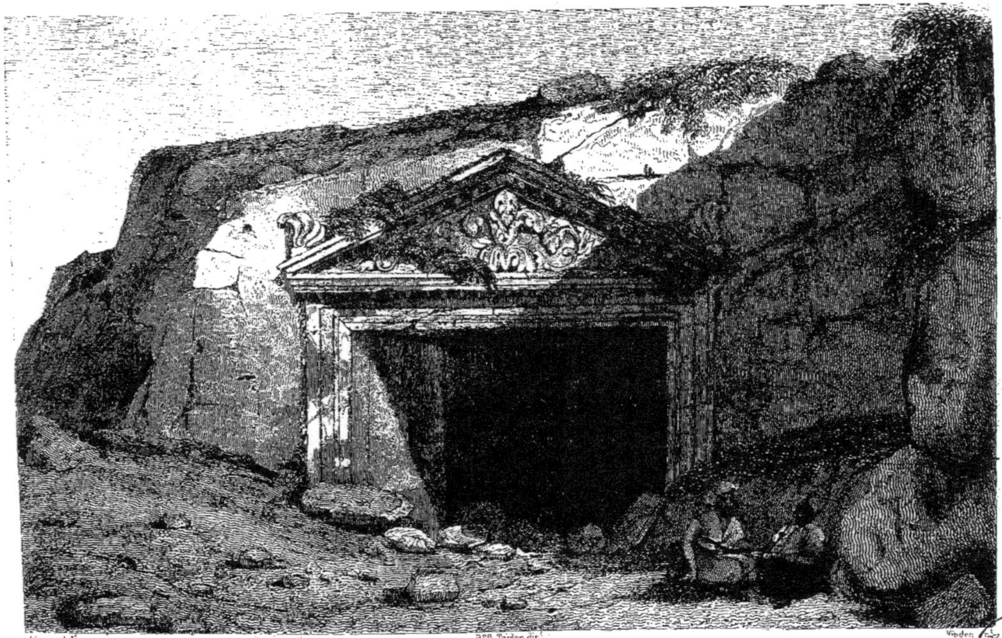

Mayer del.t Bon Taylor dir.t Vinden

ENTRÉE DU SÉPULCRE DES JUGES
A JÉRUSALEM.

ENTRANCE TO THE SEPULCHRE OF THE JUDGES
AT JERUSALEM.

Bon Taylor dir.

FONTAINE DE SILOÉ A JÉRUSALEM. | THE FOUNTAIN OF SILOAH AT JERUSALEM.

les soustraire aux atteintes des bêtes carnassières. C'est sans doute par cette raison que ces grottes sont si multipliées dans toute la Palestine.

Quant au nom que l'on donne à celles appelées sépulcres des Juges, rien ne nous semble justifier une pareille dénomination. Il règne à leur égard tout autant d'obscurité qu'à l'égard des tombeaux des Rois. L'on peut conjecturer qu'elles servaient de sépulture aux principaux de la ville.

FONTAINE DE SILOÉ.

Au pied de la montagne de Sion, à environ cent pas de l'arbre qui marque la place où Élisée fut scié en deux, on découvre au milieu d'une campagne aride et brûlée par le soleil, l'entrée de la fontaine de Siloé. Cette fontaine, citée dans l'Ancien-Testament, dans l'Évangile et dans l'histoire des croisades, est également vénérée par les chrétiens, les juifs et les musulmans. Mais son principal titre au respect religieux des chrétiens, c'est qu'elle fut le théâtre d'un des miracles de Jésus-Christ, rapporté par saint Jean au chapitre neuvième de son Évangile. Jésus ayant vu un homme qui était aveugle-né, délaya un peu de poussière avec sa salive, lui en oignit les yeux, et lui dit : « Allez vous laver dans la piscine de Siloé. L'aveugle obéit, et la lumière lui fut rendue. »

L'entrée de la piscine regarde Jérusalem. Un escalier de pierre pratiqué entre deux hautes murailles conduit au réservoir sacré sur les bords duquel les pèlerins viennent chaque jour s'agenouiller et prier. La piscine est renfermée sous une large voûte, dont la base est formée de blocs de pierres bruts et la partie supérieure construite en pierres régulièrement taillées. Les blocs sont tapissés de mousse et de lierre. Dans les intervalles des pierres de taille, croissent également des plantes de la famille des pariétaires. La source qui alimente la piscine ne coule que tous les trois jours. On l'entend alors suinter faiblement entre les fentes d'une roche.

Quoique environnée du respect de toutes les nations, la fontaine de Siloé n'en sert pas moins à tous les usages profanes de la vie. Les femmes des environs y viennent laver leur linge, et tendre leurs urnes audessous du léger filet d'eau qui sort invariablement du rocher tous les trois jours. En face de la fontaine est établie sur le penchant du mont de l'Offense, la féroce tribu des Arabes de Siloé. Ces Arabes, renommés pour leur caractère sombre et leur goût sanguinaire, vivent et meurent à moitié enfouis dans des sépulcres dont ils ont fait leurs demeures. Les étrangers qui s'approchent trop près de ce cimetière vivant, appelé le village de Siloé, sont toujours fort mal reçus. Des cris sinistres les saluent de loin, et les forcent à revenir sur leurs pas. Cette population sauvage et inhospitalière s'est sans doute fixée sur ce sol désolé à cause de la proximité des eaux salubres de Siloé. Il faut dire cependant que les mauvaises réceptions de la part des Arabes deviennent de jour en jour plus rares.

RETRAITE DES APOTRES.

Entre les tombeaux de Zacharie et d'Absalon, dans la vallée de Josaphat, existe un monument curieux, dont la destination primitive est un problème pour le voyageur, mais que les gens du pays n'hésitent point à appeler *retraite* ou *tombeau des Apôtres*, sans que rien puisse justifier l'une ou l'autre de ces dénominations. Ce monument est une espèce de grotte profonde taillée dans le roc, flanquée de deux tours dans le style arabe, et ornée d'une façade composée de quatre colonnes avec un entablement. Cette façade appartient évidemment à l'architecture dorique. L'exécution en est grossière, et on pourrait lui assigner la même époque qu'aux mausolées de Zacharie et d'Absalon. Perchée à vingt pieds au-dessus du sol, serrée de tous côtés par d'énormes masses de rochers, la retraite des Apôtres, avec ses colonnes grecques, présente à distance un spectacle inaccoutumé. La scène change d'aspect et ne plaît pas moins à l'imagination, quand on ne craint pas d'escalader le piédestal gigantesque du monument pour errer parmi les colonnes de son portique aérien.

Une tradition incertaine rapporte que l'apôtre saint Jacques, après avoir vu arrêter son divin maître sur le mont des Oliviers par Juda et sa troupe, courut se cacher dans cette grotte, d'où il ne sortit qu'après la résurrection de Jésus-Christ.

Mayer del.t ... Taylor dir.t ... Finden sc.

RUINES D'UN TEMPLE A DJÉRACH.

La ville de *Djérach* ou *Gérasa*, très curieuse par ses ruines, est cependant fort peu connue encore des voyageurs. Cette grande enceinte de murailles écroulées, ces longues files de colonnes, ces temples et ces théâtres, vieux débris de monumens jadis célèbres, vus du Nuas de Gérasa, produisent l'effet le plus pittoresque soit que l'on vienne de Tibériade ou de Naplouse. On est obligé de traverser la nécropole avant de pénétrer dans la ville; mais si l'on arrive d'Amman, on passe par une porte construite d'après les principes des arcs de triomphe romains. La route du nord se trouve bordée de sarcophages, dont les uns sont avec des ornemens et les autres sans ornemens. Il n'en est aucun qui n'ait été violé par les chercheurs de trésors. Nous n'y avons point vu d'inscription, excepté sur un seul qui portait des caractères grecs incohérens que Burckardt dit n'avoir pu lire.

Le principal monument des ruines de Gérasa est celui désigné sous le nom de Grand Temple : on le trouve dans la partie nord de la ville. Les colonnes de son proanos sont seules restées debout. Elles se distinguent par un style plein de noblesse et de goût, et par des chapiteaux corinthiens de la plus riche sculpture. Ce sont peut-être les plus magnifiques restes de l'architecture romaine dans ces contrées. On ne peut dire la même chose des colonnes de la grande avenue qui sont de l'ordre ionique : le mauvais goût de l'époque de leur construction se remarque particulièrement dans le cintre exagéré de leur fût.

Une grande quantité de reptiles et d'animaux dangereux infestent les ruines de Djérach. Nous y avons aperçu prodigieusement de scorpions noirs et de petits serpens de couleur jaune avec des dessins noirâtres sur le dos d'un très joli effet; mais il est prudent de se garantir des atteintes des uns et des autres. Les serpens surtout sont si venimeux que leur morsure, au dire des gens du pays, fait mourir presque subitement.

MER MORTE.

Il n'est pas de lieu peut-être sur lequel on ait fait plus d'histoires que sur le lac Asphaltite ou mer Morte, appelée aussi par les Arabes *Bahar-Loth*. Sa célébrité tient à la fois à la religion, à l'histoire, aux sciences et aux prodiges. C'est là que par la punition du ciel se sont abîmées les villes coupables de Sodome et de Gomorrhe; c'est là qu'on trouve des eaux, dit-on, sur lesquelles l'homme flotte comme un morceau de liége; c'est sur les bords de ce lac immense que croît cet arbre célèbre dont le fruit d'un aspect séduisant à l'œil ne contient que des cendres. On n'en finirait pas si l'on voulait énumérer toutes les choses extraordinaires, vraies ou fausses, que l'on a débitées sur la mer Morte.

Le fait est qu'à travers tout le merveilleux des récits de certains voyageurs, il est possible de constater plusieurs vérités. S'il n'est point parfaitement exact que l'homme y flotte comme du liége, il est du moins démontré qu'on peut y demeurer à la surface sans effort, et que ses eaux soutiennent beaucoup mieux que toutes les autres eaux connues. Ce n'est même qu'avec peine qu'on peut y plonger, encore ne peut-on atteindre à une certaine profondeur. Pocoke, qui en a fait l'expérience, prétend n'avoir pu parvenir à s'y enfoncer. Selon Josèphe, Vespasien ayant voulu vérifier ce même fait, fit lier les mains et les pieds à des esclaves qu'on lança ensuite dans le lac sans qu'aucun d'eux n'allât au fond, quoiqu'ils ne pussent se mouvoir

Quant au fruit si singulier qu'on dit rempli de cendres, M. de Chateaubriand croit l'avoir trouvé. « L'arbuste qui le porte, dit-il, croît partout à deux ou » trois lieues de l'embouchure du Jourdain; il est épineux, et les feuilles sont » grêles et menues; il ressemble beaucoup à l'arbuste décrit par Amman; » son fruit est tout-à-fait semblable en couleur et en forme au petit limon » d'Égypte. Lorsque ce fruit n'est pas encore mûr, il est enflé d'une sève » corrosive et salée; quand il est desséché, il donne une semence noirâtre » qu'on peut comparer à des cendres, et dont le goût ressemble à un » poivre amer. »

On a mis long-temps en question s'il y avait des poissons dans la mer Morte : quelques savans en doutent même encore. Il est cependant certain que les eaux de ce grand lac sont peuplées comme les autres eaux. Toute-

Dauzats del. — Finden

MER MORTE. | DEAD SEA.

fois, il est vrai de dire que le poisson ne paraît pas y atteindre à une grande dimension, et que sa chair est d'un goût très désagréable. On y trouve aussi sur le rivage une foule de petits cailloux et de coquillages ainsi qu'on en voit sur les rives de la Méditerranée et de l'Océan.

Il n'est point exact qu'elle laisse échapper de son sein des vapeurs empestées qui tuent les oiseaux s'ils se hasardent à la traverser. Nous n'y avons vu non plus ni fumée, ni brouillard : l'air, quoique fortement imprégné d'une odeur marine, était pur autour d'elle, et le flot limpide. A la vérité, ses eaux sont d'une amertume et d'une âcreté extrêmes. L'effet qu'elles produisent sur la langue et sur le palais ressemble à l'action corrosive de l'alun. Du reste, sa salure est beaucoup plus considérable que celle des autres mers. Tous les environs des côtes sont couverts d'une croûte blanchâtre qui a l'aspect du givre. Les vêtemens, la chaussure et les mains, quand on séjourne quelque temps sur les bords, sont tout imprégnés de ce produit salin.

Jusqu'à présent peu de personnes ont fait le tour de la mer Morte. Ce voyage est fort difficile à cause de la superstition des guides et des attaques des Bédouins, qui font une guerre acharnée aux voyageurs dans cette partie de la tribu de Ruben. Autrefois les Arabes offraient de vous conduire à un pilier enduit de bitume qu'ils vous donnaient pour la femme de Loth, transformée en statue de sel. Actuellement, ils n'osent plus s'exposer au même voyage.

L'étendue de la mer Morte est de vingt lieues de long sur dix lieues de large. C'est du nord au sud que l'on mesure sa plus grande longueur. Sa forme est un peu ovale; elle est encaissée entre deux montagnes qui ne se rejoignent point aux deux extrémités. Le docteur Shaw a calculé que le Jourdain seul versait par jour dans son bassin six millions quatre-vingt-dix mille tonnes d'eau. Elle reçoit en outre celles de l'Arnon et de sept autres torrens. C'est cette énorme quantité d'eau ajoutée continuellement dans un bassin si limité, qui avait fait supposer à plusieurs savans un écoulement souterrain pour dégager le trop plein ; mais aujourd'hui cette opinion est abandonnée d'après les observations faites par le docteur Halley sur l'évaporation. Les eaux de la mer Morte rejettent sur le rivage des pierres ponces, du bitume et des bois pétrifiés.

La vue que nous en donnons ici est prise du haut d'un amoncellement de ruines qu'on croit être les restes de Gomorrhe. En face de ces ruines, est le mont *Nebo*, où Moïse expira. C'est au-dessous, dit-on, que se trouve le lieu de sa sépulture.

CHRÉTIENS DE BETHLÉEM.

Les mœurs des chrétiens de Bethléem ne sont ni aussi douces, ni aussi chastes que le disent la plupart des voyageurs. Ils sont en outre excessivement enclins à la paresse. Il n'existe pas de peuple dans toute la chrétienté qui chôme un plus grand nombre de fêtes qu'eux. Non seulement ils observent fidèlement le repos des jours pendant lesquels il est défendu par l'Église de faire œuvre servile, mais par une feinte dévotion ils en sanctifient une foule d'autres de la même manière, afin de donner un plus grand nombre de prétextes à leur amour de l'oisiveté. Vainement les papes leur ont fait des représentations à cet égard; rien ne peut les tirer de leur indolence.

Toute leur industrie se partage en deux branches : les uns vivent de la culture des terres qui avoisinent la ville, les autres s'occupent à faire des chapelets, des croix et plusieurs autres petits ouvrages en bois de térébinthe et d'olivier, dont ils trouvent le débit auprès des pèlerins et des moines du couvent du Saint-Sépulcre à Jérusalem.

BETHLÉÉMITES.

Ce qui distingue spécialement les Bethléémites, c'est, ainsi que nous l'avons déjà dit, une affectation de dévotion mal entendue et une excessive paresse. Comme presque tous les peuples méridionaux , on les rencontre souvent errant nonchalamment sur la place publique, ou bien accroupis près de quelque masure dans une parfaite inaction.

On dit que les Bethléémites descendent de la tribu de Juda. Leur costume est un de ceux qui ont conservé le plus de ressemblance avec les costumes de l'antiquité. Celui des femmes surtout a beaucoup d'analogie avec la manière dont on habille la Vierge dans les tableaux : on y reconnaît la forme et les couleurs de tradition adoptées par le christianisme. C'est souvent un manteau bleu et une robe rouge, ou un manteau rouge et une robe bleue avec un voile blanc par-dessus, et quelquefois une robe blanche sous un manteau

Bon Taylor dir.

155.

Dauzats del. | Bon Taylor dir. | Finden sc.

BETHLÉÉMITES. | BETHLEMITES.

bleu de ciel. On assure que le costume des paysans n'a pas changé depuis plus de deux mille ans. Ils sont vêtus d'une espèce de tunique serrée par une courroie autour du corps, sur laquelle ils jettent un *pallium*. Cette classe va ordinairement nu-pieds.

Le sort de la femme du Bethléémite n'est pas très heureux ; elle est une vraie fortune pour son mari qui en tire tout le service possible. Tandis que celui-ci se repose la plus grande partie de la journée, fume sa pipe avec indolence ou jase pour chasser l'ennui, la pauvre femme est sans cesse occupée des plus rudes travaux. Après avoir apprêté le souper, elle est obligée de servir son mari et son fils aîné, et d'attendre debout devant eux qu'ils aient fini pour aller ensuite à l'écart se rassasier de leurs restes.

Les filles, dans la famille Bethléémite, ne sont point un embarras comme dans notre ordre social; au contraire, plus un père a d'enfans du sexe féminin, plus il est riche, car au lieu d'être obligé de donner une dot pour les établir, il sait qu'on le paiera. Il est dans l'usage chez eux que l'homme achète la femme qu'il veut épouser. Les mariages se font à tout âge. On voit quelquefois des parens unir leurs enfans lorsque à peine ceux-ci ont un an ou seulement quelques jours. Dans ce cas, la fille est achetée par le père de l'enfant mâle, qui convient du prix, et donne sur-le-champ à titre d'arrhes une portion du paiement.

Si l'on concluait de cette coutume que les mœurs conjugales à Bethléem doivent être licencieuses, on se tromperait fort. Il n'est pas de pays au monde où la conduite des femmes et des filles soit plus irréprochable. Malheur à celle sur qui planerait le moindre soupçon! La plus petite atteinte à la pudeur est toujours punie par la mort la plus terrible. Les Bethléémites à cet égard sont inexorables : il leur faut du sang pour effacer la honte.

Au milieu de cette population, nous avons remarqué des descendans de nos Croisés. De même que l'armée française d'Égypte laissa derrière elle trois cents soldats, qui devinrent mamelouks, les chrétiens, lorsqu'ils furent entièrement chassés de Jérusalem, eurent aussi leurs guerriers retardataires, qui s'établirent sur un mamelon, que l'on nomme encore le mont des Francs. Quoique mêlés aux Turcs et aux Arabes, ils ont conservé des coutumes européennes, et particulièrement celle du duel qu'ils ont communiquée aux Bethléémites. Ce fait est d'autant plus remarquable, que le duel est incompatible avec les mœurs des Orientaux; aussi rencontre-t-on souvent dans les rues de Bethléem des hommes qui ont la figure coupée à coup de yatagan, arme qui, chez eux, remplace le sabre.

PALAIS DES SOUDANS A GAZZAH.

Le serây ou palais des soudans à Gazzah date de l'époque des kalifes. Son architecture est moresque; les détails, les ornemens sont exécutés avec une délicatesse extrême, un fini et une précision qui rivalisent avec ce qu'il y a de beau en ce genre à Grenade. L'édifice est entièrement construit en marbre. Tout rappelle en lui le règne de ces princes braves et courtois qui prêtaient le secours de leurs bras à la belle Armide, dans les guerres saintes.

Quoique en ruine, le palais offre à l'œil extérieurement dans ce qui reste, un ensemble de lignes pleines de grandeur et de majesté. L'aspect en est sévère et même triste. Ces arceaux moresques, ces vastes cours désertes, ces salles nombreuses surmontées de terrasses, ces murs incrustés d'azur et d'or, ouverts par des arcades en marbre richement travaillées, annoncent encore la splendeur de ses premiers jours. Le serây paraît avoir été la maison de plaisance des soudans. On peut aisément, par la distribution intérieure de ce monument, juger des mœurs voluptueuses et de l'opulence des anciens maîtres de l'Orient. Aujourd'hui ce somptueux palais du règne des Saladin est occupé par l'aga ou gouverneur de Gazzah, qui, n'y faisant aucune réparation, sera bientôt forcé d'en abandonner les décombres. Il est entouré de bosquets de bananiers, de palmiers et d'arbres odorans, dont les émanations parfument l'air qui circule dans ses galeries ouvertes.

DROMADAIRE CHARGÉ DE RELIQUES.

L'usage d'envoyer, avec les caravanes qui vont en pèlerinage à la Mekke, un chameau chargé d'un coffre orné tel qu'on le voit dans notre estampe, remonte vers l'année 670 de l'hégire (1272 de J.-C.). A cette époque, le sultan *Ez-Zâhir*, roi d'Égypte, fut le premier, dit-on, qui donna l'exemple; mais l'origine de cette coutume date de quelques années auparavant. *Sheger-ed-Door*, belle esclave turke, qui devint la favorite du sultan

Dauzats del. Finden sculp.

PALAIS DES SOUDANS A GAZA. | PALACE OF THE SOUDANS AT GAZA.

Dauzats del[t] | Robt Taylor dir[t] | Finden sc.

DROMADAIRE CHARGÉ DE RELIQUES.

A DROMEDARY LOADEN WITH RELICKS.

Dauzats del.t Bon Taylor dir.t Finden sc.

ARABE IDUMÉEN. | ARABIAN OF IDUMEA.

Es Saleh-Negm-ed-Deen, s'étant fait reconnaître reine d'Égypte à la mort de son fils, dernier prince de la dynastie de *Eiyoob*, fit un pèlerinage à la Mekke dans une magnifique litière couverte, portée par un chameau. Pour consacrer cet événement, on continua chaque année d'y envoyer la litière vide de la reine, escortée de la même pompe.

Dans la suite, les princes d'Égypte, ses successeurs, suivirent cette pratique. Tous les ans une espèce de litière merveilleusement décorée, à laquelle on donna le nom de *Mahh'mil*, fut envoyée comme emblème de royauté avec la caravane des pèlerins. Bientôt les rois des autres contrées les imitèrent, et c'est ainsi que cet usage s'est perpétué en Syrie et en Égypte.

Le mahh'mil est un coffre de bois avec un sommet pyramidal. Il est enveloppé entièrement d'une couverture de brocard noir richement travaillée, et ornée d'inscriptions et de broderies en or. La partie inférieure de la couverture est d'une étoffe de soie verte ou rouge enjolivée d'ornemens, et bordée d'une frange également en soie avec des glands surmontés de petites balles d'argent. Cette couverture n'est pas toujours faite sur le même modèle pour ce qui concerne les décorations; mais généralement on y remarque sur la partie supérieure du devant une vue du temple de la Mekke, travaillée en or. Ce coffre ne contient rien que deux copies du Koran; l'une sur un rouleau et l'autre dans la forme ordinaire d'un petit livre. Elles sont renfermées chacune dans une case d'argent doré, et attachées extérieurement au sommet. Les cinq boules surmontées de croissans qui ornent le mahh'mil sont aussi d'argent doré. Il est porté par un haut et grand chameau, qui, par suite de cet honneur, se trouve exempté de toute espèce de travail le reste de sa vie.

ARABE IDUMÉEN.

Les Iduméens ou Edomites descendent d'*Edom*, qui veut dire *roux*, surnom qu'on avait donné à Esaü. Après que celui-ci se fut séparé de son frère Jacob, il se répandit avec sa famille dans la terre de Seïr au midi du lac Asphaltite, d'où ils s'étendirent ensuite dans l'Arabie-Pétrée jusqu'à la mer Rouge. Cette dernière contrée devint le nouveau séjour des Edomites. Durant la captivité des Juifs, quelques tribus d'Iduméens vinrent s'établir dans la partie méridionale de la Judée, à laquelle ils donnèrent leur nom. Plus tard, ce n'est même que dans ce point qu'on les retrouve, tous ceux de l'Arabie s'étant confondus avec les Nabathéens, ne formèrent plus avec eux qu'un seul et même peuple. Les Edomites étaient régis par leurs rois particuliers avant que les Israélites se fussent établis dans la Palestine. C'était un peuple rude et belliqueux; cependant David parvint à les soumettre; mais ils ne tardèrent point à secouer le joug. Après maintes guerres avec les rois de Juda, ils finirent par être successivement vaincus par Holopherne et Nabuchodonosor; ils demeurèrent sous la domination des rois de Judée jusqu'à la chute de Jérusalem par les armes romaines.

Il existe fort peu de documens sur ce peuple. On peut néanmoins se faire une idée de ses mœurs par celles des Nabathéens avec lesquels ils se mêlèrent. On a lieu de croire en effet qu'ils ne se fussent jamais confondus s'il n'eût existé entre eux une certaine analogie. Long-temps les Nabathéens dominèrent dans l'Arabie-Pétrée. C'était un peuple ennemi du luxe et de la mollesse. Il était économe, et vivait dans une grande retenue. La loi punissait sévèrement les dissipateurs, et donnait au contraire des récompenses à ceux qui accroissaient leur fortune. Les cadavres leur inspiraient une telle horreur qu'ils jetaient leurs morts dans les cloaques ou les enfouissaient dans le fumier; les rois mêmes n'étaient point exceptés de la loi commune. Dès l'âge de trois ans ils étaient circoncis. La chair de porc leur était défendue. On retrouve encore chez les Iduméens modernes quelques traces de ces anciens usages, quoique les mœurs se soient considérablement modifiées avec le temps.

Le costume ne paraît point non plus s'être conservé dans sa forme native : il a quelque chose aujourd'hui de beaucoup moins sévère. L'Iduméen moderne roule autour de sa tête une espèce de châle blanc en forme de turban; il porte une chemise blanche plissée, fermée autour du cou, et recouverte sur la poitrine par une pièce d'étoffe de couleur noire sur laquelle se détachent des broderies d'une forme ingénieuse et de couleurs variées. Par-dessus ce vêtement retombe le jubé, espèce de blouse ou de tunique bleu de ciel. Le jubé est serré à la taille par une ceinture rayée longitudinalement de bandes rouges, blanches et noires. Un caleçon blanc, large et flottant, descend jusqu'aux mollets. Les jambes sont nues; les pieds sont armés de sandales soutenues par des courroies de cuirs de diverses couleurs. Enfin, l'abaïe, espèce de manteau avec deux ouvertures pour passer les bras, complète ce costume. Ce dernier vêtement est formé d'un tissu de poil de chameau de couleur noire : quelquefois l'or et la soie

IBRAHIM BEY [illegible]

Dauzats del. Bon Taylor dir. Finden

HALTE DE L'ESCORTE DU BARON TAYLOR DANS LES DÉSERTS DU SINAÏ.

A HALT OF THE ESCORT OF BARON TAYLOR IN THE DESERTS OF SINAÏ.

Dauzats del.t   B.on Taylor dir.t   Finden sc.

HALTE DE L'ESCORTE DU BARON TAYLOR.
OUADD, DE MOKATTEB, PENINSULE DU SINAÏ.

A HALT OF THE ESCORT OF BARON TAYLOR.
OUADDI OF MOKATTEB, A PENINSULA OF MOUNT SINAÏ.

se trouvent mêlés à ce tissu et forment sur un des côtés, à la hauteur de l'épaule, des dessins bizarres. Le poignard que l'Iduméen porte à sa ceinture est courbe et à manche d'os ou d'ivoire. En général, les peuples modernes ont adopté à cet égard la forme recourbée, contrairement aux anciens, dont les armes blanches étaient toujours droites.

IBRAHIM-BEY.

Ce nom, qui signifie *Abraham le chef*, est celui que les Arabes donnèrent au baron Taylor dans son voyage en Orient. Ils l'avaient ainsi appelé à cause de sa position et de son âge qui en faisait l'aîné de ses compagnons de caravane. Nous le représentons ici dans le costume qu'il avait dans ses courses. A cette époque, il eût été impossible de parcourir le pays sans avoir le vêtement arabe. Peu de voyageurs jusque là avaient exploré les contrées au-delà du Jourdain dans le Hauram. On ne comptait guère alors que MM. Banks, Laborde, Richelieu et Taylor qui eussent fait ce voyage pour lequel il était essentiel d'être initié aux mœurs des tribus arabes. Il ne fallait pas moins de quarante à cinquante hommes d'escorte pour pénétrer dans ces montagnes; encore on n'était pas toujours en sûreté.

VOYAGE DU BARON TAYLOR DANS LES DÉSERTS DU SINAI. — REPOS DE L'ESCORTE.

Les campemens, les haltes, ont une poésie, un charme dans les contrées de l'Orient qu'on est loin de retrouver dans les stations de voyages en Europe. Dans nos contrées, des auberges plus ou moins confortables sont ouvertes dans toutes les villes, sur toutes les routes pour satisfaire les besoins du voyageur. La vie du touriste s'éloigne très peu de la vie ordinaire. Mais en Syrie, en Égypte, c'est tout différent. Après une course de plusieurs lieues sous un soleil brûlant à travers les sables du désert ou les rochers du Sinaï, quelques palmiers, une grotte, une fontaine aux eaux qui ne sont pas toujours limpides, un peu de verdure et d'ombrage, sont des objets inappréciables. Cet attrait s'augmente encore en proportion des fatigues ou des dangers qu'on a courus.

Jamais nous ne l'éprouvâmes mieux que dans notre traversée du désert du Sinaï. A notre départ, les teintes dorées de l'Orient ne coloraient point le ciel comme à l'ordinaire; de grandes lignes livides s'étendaient au loin sous le soleil. Aucune brise ne troublait le calme profond de l'air. Nos Arabes étaient silencieux. L'inquiétude se peignait sur leur figure comme s'ils eussent pressenti quelque grande catastrophe.

Bientôt ces lignes qui voilaient le soleil prirent un caractère menaçant. Un mugissement mystérieux se fit entendre au fond du désert, et les sables soulevés tout-à-coup autour de nous par un vent violent, formèrent des nuages embrasés au milieu desquels nous étouffions. Tous nos Arabes s'étaient couvert la face avec le pan de leurs manteaux, ou avaient roulé un bout de leurs turbans sur leurs bouches. Cette précaution n'était pas inutile, car la tempête grossissant subitement, le sable nous fouettait le visage avec une violence extrême : c'était le *Seymouns* avec son haleine dévorante qui nous desséchait les poumons. L'atmosphère n'était qu'un vaste océan de sable au sein duquel nous étions perdus. Les Bédouins même les plus familiers avec ces contrées ne pouvaient dire de quel côté était la route. A chaque instant des montagnes mouvantes menaçaient de nous ensevelir; cependant nos dromadaires n'avançaient qu'avec d'incroyables efforts.

Tout-à-coup, Toualeb, le cheyk de notre escorte, pousse un cri : il venait d'apercevoir près de nous une caverne où nous pouvions nous mettre à couvert contre les fureurs de l'ouragan : nous étions sauvés !

Avec quel bonheur nous prîmes possession de cet antre agreste! Notre repos fut lourd, haletant, fiévreux. Au réveil nous ressemblions à des spectres. Nos yeux rouges et vitreux témoignaient des souffrances de la veille. Heureusement à cette heure le temps était calme. Béchara, notre Bédouin, sortit pour explorer les environs; bientôt nous le vîmes revenir avec un vase rempli d'un lait excellent, qu'il s'était procuré auprès de bergers réfugiés comme nous dans des cavernes avec leurs troupeaux de chèvres. C'est peut-être le repas le plus délicieux que nous ayons fait dans tout le voyage. La traversée du désert et la halte dans la caverne sont représentées dans nos deux planches.

CAMPEMENT D'ARABES A OUADDI-CHEK PRÈS DU MONT SINAI.

Ce campement était situé au pied d'une montagne granitique, dont le sommet découpé d'une manière bizarre ressemblait à un immense sphinx, gardien silencieux de ces mornes solitudes. Nous eûmes là occasion de véri-

Mayer del. — Bon Taylor dir. — Finden sc.

CAMPEMENT D'ARABES A OUADDI-CHEK, PRÈS DU MONT SINAÏ.

ENCAMPMENT OF ARABS AT OUADDI-CHEK, NEAR MOUNT SINAÏ.

VOYAGE DU BARON TAYLOR A L'OUADI DES JARDINS, MONT SINAÏ.

BARON TAYLOR'S TRAVELLING THROUGH THE OUADI OF THE GARDENS, MOUNT SINAÏ.

fier un de ces usages qui remontent peut-être aux jours des anciens patriarches, et témoignent en faveur de la reconnaissance des Arabes. Béchara, notre Bédouin, dont nous avons déjà parlé, nous avait promis une surprise pour la soirée; il tint parole. Pendant qu'on était occupé à dresser la tente il disparut. Au bout de quelque temps il revint avec un magnifique mouton sur ses épaules accompagné du propriétaire de l'animal, qui venait voir, disait-il, si la générosité d'Ibrahim-Bey (M. Taylor) irait jusqu'à lui en faire l'acquisition. L'animal taxé par lui à un *talari*, fut payé sans marchander; ensuite, à l'instar des héros d'Homère, nous nous occupâmes de le préparer pour notre repas.

D'abord on coupa la tête de l'animal, on lui vida le ventre, et on le remplit de dattes, de riz et de raisins secs qu'on s'était procurés dans la tribu qui nous l'avait vendu. L'ouverture du ventre ayant été soigneusement cousue, on alluma un grand feu, après avoir préalablement creusé un trou assez profond dans le sable, puis on y plaça le mouton comme on ferait d'un marron qu'on voudrait faire griller. De temps en temps on avait soin de le retourner pour que la cuisson fût égale partout. Enfin, l'on écarta les charbons, et l'on servit la pièce tout entière sur une planche de sycomore. Ce mets, que les Arabes appellent *harouf-machi*, est d'un goût exquis.

Le lendemain, au lever du jour, nous aperçûmes sur nos dromadaires de grandes croix rouges peintes avec le sang du mouton. Étonnés, nous en demandâmes la raison à Béchara, qui nous dit que c'était un usage pour montrer aux tribus que nous pourrions rencontrer en route, la générosité du chef de la caravane. En effet, nous eûmes bientôt la preuve de l'influence puissante de ce signe sur les enfans du désert. Comme nous étions obligés de traverser la tribu qui avait cédé le mouton, dès qu'elle aperçut les croix sur nos chameaux, elle poussa des acclamations universelles en l'honneur du cheyk généreux.

VOYAGE DU BARON TAYLOR A L'OUADDI DES JARDINS; MONT SINAI.

Dès le matin nous avions été prévenus que nous rencontrerions un repos ombragé de palmiers. Cette attente était rendue d'autant plus vive, que la chaleur était étouffante. Depuis long-temps nous marchions dans de profondes vallées encaissées entre des murailles de granit, qui répercutaient les rayons du soleil avec une insupportable énergie. De grandes coulées de laves venaient parfois colorer de rouge, de violet ou de noir la teinte rose des arides montagnes de cette partie de la péninsule. Enfin tout-à-coup les *hagyns* (chameaux de course) s'élancèrent au galop, et au bout d'une heure environ nous atteignîmes un petit bois de palmiers auprès d'une excellente source, où nous nous reposâmes avec délices. C'est à la suite de pareils trajets qu'on sent tout le prix d'un peu d'eau et d'un peu d'ombrage, les deux compensations du désert.

ESCALIER SUR LE MONT HOREB.

Le mont Horeb et le Sinaï paraissent si bien liés ensemble qu'on les croirait une seule et même montagne; aussi l'Ecriture les prend-elle souvent l'un pour l'autre. Cependant le premier est à l'ouest et le second à l'est, ce qui fait qu'au lever du soleil le mont Horeb se trouve enveloppé de l'ombre du Sinaï, qui est beaucoup plus haut et semble l'avoir à son pied. Il est probable que c'est sur le mont Horeb que le peuple hébreu vit les flammes du buisson ardent, attendu qu'on ne peut apercevoir que cette montagne du bas de la vallée.

Le long d'un ravin qui sépare au sud-ouest le Sinaï du mont Horeb, les moines ont établi au moyen de grandes dalles de pierre rapportées à grand'peine en cet endroit, un bel escalier vaste et commode qui conduit jusqu'au sommet du Sinaï. C'est avant de quitter le mont Horeb pour commencer de gravir l'autre montagne qu'on rencontre une porte cintrée, où jadis se tenait un des moines du couvent chargé de recevoir la confession des pèlerins, auxquels on ne permettait de franchir ce passage qu'après l'absolution de leurs péchés.

Une tradition conservée par les religieux rapporte, au sujet d'une croix qui se voit encore sur la pierre formant la clef de voûte de la porte, qu'un juif ayant voulu passer pour se rendre sur le mont Sinaï, une croix de fer lui barra la route, et qu'alors pour lever l'obstacle, il se fit donner le baptême à la source qui verse ses eaux dans le ravin. Une autre porte semblable à celle dont nous venons de parler existe un peu plus loin : on la rencontre avant d'arriver sur un plateau d'où l'on découvre la cime du Sinaï, ainsi que les deux édifices qui couronnent sa hauteur. Par suite de

Dauzats del. Bon Taylor dirt Finden sc.

ESCALIER SUR LE MONT HOREB. | STAIR CASE ON MOUNT HOREB

Dauzats del.

Vinden sc.

COUR DU COUVENT DE Ste CATHERINE
AU MONT SINAÏ.

COURT OF THE CONVENT OF St CATHERINE
AT MOUNT SINAÏ.

l'abandon et de l'action des eaux de la pluie, l'escalier du mont Horeb est aujourd'hui en grande partie dégradé.

COUR DU COUVENT DE SAINTE-CATHERINE AU MONT SINAI.

Ce couvent, qui dans les relations des voyageurs est présenté habituellement sous le nom de Sainte-Catherine, n'est autre que le monastère de la Transfiguration. Il est situé entre la montagne dédiée à saint Épistème et le mont Horeb, adossé contre la muraille qui entoure la base du mont Sinaï. Sa forme est allongée. Les murs qui le ferment du côté du sud-ouest et du nord-est ont une longueur de près de trois cents pieds; ils sont construits en grandes pierres granitiques de six pieds carrés. Les deux autres murs, dont l'un regarde au sud-est et l'autre au nord-ouest, n'ont guère que deux cent cinquante pieds de long. Leur hauteur n'est point égale partout; elle varie selon les mouvemens du terrain. Vers l'angle du côté de l'ouest, elle peut avoir cinquante et quelques pieds. Nous n'y avons remarqué qu'une grande porte donnant sur la montagne : elle était murée, ce qui nécessite, quand on veut pénétrer dans le monastère, de se faire hisser par une corde à la hauteur d'une fenêtre de quarante pieds : c'est l'entrée ordinaire. Elle est pratiquée aux murs du nord-est.

En entrant dans le monastère, on est frappé de l'arrangement et de la propreté qui y règnent. La cour dans laquelle on arrive après être descendu dans l'intérieur vous charme par son aspect rustique et pittoresque. Du reste, l'ensemble de l'édifice présente la réunion de bâtimens divers, construits d'une manière irrégulière et sur un terrain très inégal. On y trouve une mosquée qui fut bâtie pour les Arabes employés autrefois au service de la maison. Vous diriez un petit village clos de hautes murailles. Parmi les particularités de cette grande forteresse religieuse, nous citerons avec l'église, un puits célèbre dont l'origine remonte, dit-on, à l'époque des patriarches. C'est tout près de là que Moïse rencontra les filles de Jethro. On y remarque aussi un grand cyprès isolé, fort ancien.

Quant à l'église, elle mérite d'être particulièrement distinguée par le style de son architecture, ses ornemens, et surtout par la belle mosaïque qui orne la voûte de l'abside. C'est dans cette partie de l'église que reposent les reliques de sainte Catherine. Les lampes et les cierges qui y brûlent continuellement à son occasion, et le faux jour qui éclaire la voûte où est la mosaïque, sont cause que très peu de voyageurs ont remarqué cet ouvrage. Dans la partie supérieure du dessin, on voit Moïse à genoux devant le buisson ardent. Sur la droite, il reçoit les tables de la loi. Une chose à noter ici, c'est que dans les miniatures et les mosaïques venant de l'Orient, Moïse est toujours représenté sans barbe avec les traits d'un jeune homme, vêtu d'une longue tunique bleue et un manteau blanc.

Dans le fond de la voûte est l'image de la transfiguration. Jésus-Christ apparaît au milieu ayant à sa droite Élie, et Moïse à sa gauche. Au bas du tableau, saint Jean, saint Pierre, saint Jacques sont frappés d'étonnement et éblouis par la lumière céleste. Au haut de la voûte règnent deux médailles représentant les fondateurs du couvent, l'empereur Justinien et Théodora sa femme. Justinien est également figuré sans barbe. Un grand nombre de portraits en buste rappelant tous quelque saint personnage avec leur nom, occupent le pourtour du ceintre, et la partie au-dessous de la grande mosaïque.

La construction de ce couvent date de l'année 527; elle est due à l'empereur Justinien. Nous croyons toutefois que l'église a été reconstruite à une date postérieure; son style est un mélange byzantin et roman extrêmement remarquable. Quoiqu'on n'ait pas de renseignement précis sur l'époque où les religieux furent obligés de murer leur porte pour se garantir des incursions des arabes, cependant il est possible d'en déterminer à peu près la date. Nous voyons qu'en 1598 et en 1647 elle était encore ouverte. Harant de Polschitz et M. Monconys y entrèrent à cette époque par la grande porte. Mais déjà en 1722, le supérieur des franciscains fut introduit comme on l'est aujourd'hui, par la fenêtre. Ainsi c'est très vraisemblablement vers la fin du XVIIe siècle qu'on peut placer le murage de la porte.

VALLÉE ET CHAPELLE D'ÉLIE, ET VUE DU SOMMET DU MONT SINAI.

Après avoir quitté le monastère du Sinaï pour gravir au sommet de cette montagne, on rencontre à peu près à mi-chemin une chapelle dédiée au prophète Élie; elle est située dans une espèce de vallée formée par la base des montagnes. Cette chapelle est actuellement en ruines; elle renferme dans l'intérieur la grotte célèbre où le prophète s'arrêta après avoir marché quarante jours et quarante nuits, et où le Seigneur vint lui parler. Auprès de la chapelle est une fontaine et un très beau cyprès, dont les rameaux

Taylor dir.

... ET CHAPELLE ...
... MONT SINAÏ

VALLEY AND CHAPEL OF ELIA

62

Dauzats del.t Bon Taylor dir.t Finden sc.

répandent au milieu de ces rocs arides et déserts le seul ombrage de verdure qu'on rencontre.

L'aspect du Sinaï est d'un effet sublime. Ces montagnes bouleversées comme des vagues de granit, ce chaos de rochers nus, secs et sauvages, qu'on dirait soulevés et amoncelés par les convulsions du monde, rappellent bien ces paroles de l'Écriture :

« Et le Seigneur dit à Élie : Sors et tiens-toi debout sur la montagne devant le Seigneur : et voilà que le Seigneur passa, et un vent violent et impétueux renversait les montagnes et brisait les rochers devant le Seigneur : et le Seigneur n'était point dans ce vent, et après le vent un tremblement de terre : et le Seigneur n'était point dans ce tremblement.

» Et après le tremblement un feu : et le Seigneur n'était point dans ce feu, et après ce feu on entendit le souffle d'un petit vent... »

Le mont Sinaï porte à son sommet une chapelle chrétienne. Les Turks y ont aussi construit une mosquée en l'honneur du libérateur des Hébreux, pour lequel ils conservent une vénération telle, qu'ils ne désignent la montagne que par le nom de *Gibel-Mousa* ou montagne de Moïse. De l'autre côté du Sinaï est le mont Sainte-Catherine, dont le sommet, élevé à huit mille quatre cent soixante pieds au-dessus du niveau de la mer Rouge, est le point culminant de toute cette chaîne.

GEBEL-GHAREB, PÉNINSULE DU SINAI.

Cette halte est remarquable à plusieurs égards entre toutes les autres. Sa physionomie pittoresque, sa solitude, la stérilité de ses alentours, et toutefois le calme profond que le voyageur y éprouve en l'atteignant le soir après une marche longue et pénible, ont une éloquence que le langage ne saurait rendre. On est tout étonné, au milieu d'un cercle de montagnes âpres, arides, dont les masses gigantesques ressemblent à un entassement de blocs de granit, de rencontrer une vallée de sable comme un petit désert, et çà et là parmi ce sable fin et tamisé quelques arbustes nains, rabougris et sans feuilles qui semblent végéter à regret.

Nous nous trouvâmes si parfaitement abrités du vent dans cet endroit, la température y était si douce que nous décidâmes d'y passer la nuit sans faire dresser la tente. Nos Arabes allumèrent un grand feu autour duquel ils s'assirent en attendant les apprêts du souper, et nos dromadaires, livrés à eux-mêmes, se mirent à brouter les touffes d'herbes rares et desséchées qui se montraient de loin en loin sur le sol. C'est cet instant que nous avons représenté sur la planche. On voit sur la gauche de l'arrière-plan le Gebel-Ghâreb qui s'élève en cône anguleux, et domine les montagnes des environs.

HALTE AUX SOURCES DE MOISE.

On a confondu souvent les Sources de Moïse avec la fontaine que le législateur des Hébreux fit jaillir d'un rocher, ou bien avec le Mara de l'Écriture, ou encore avec l'Élim aux soixante-dix palmiers; mais ces lieux sont situés bien plus au midi.

Un charmant bouquet de palmiers abrite de son feuillage verdoyant les Sources de Moïse, d'où s'échappe par cinq issues une eau limpide et fraîche. C'est là que jadis le peuple de Dieu se désaltéra; c'est dans le même endroit que de nos jours l'homme extraordinaire qui devait bientôt après commander à l'Europe, Bonaparte s'arrêta pour étancher sa soif, lors de sa dernière halte dans le désert avant de revenir sur ses pas. L'eau en est saumâtre, et il faut le puissant aiguillon de la soif pour la faire trouver potable. Ce sont des puits artésiens naturels.

Le commerce maritime de la mer Rouge avait fait de ce lieu un point de ravitaillement, depuis l'antiquité la plus haute jusqu'aux établissemens vénitiens. De là le point de vue est magnifique; d'un côté on découvre une portion du Djebel-Ruhat; de l'autre la grande montagne Attaka qui borde la mer Rouge, et au fond la ville de Suez. Nous touchons ici maintenant aux frontières de l'Égypte.

FIN.

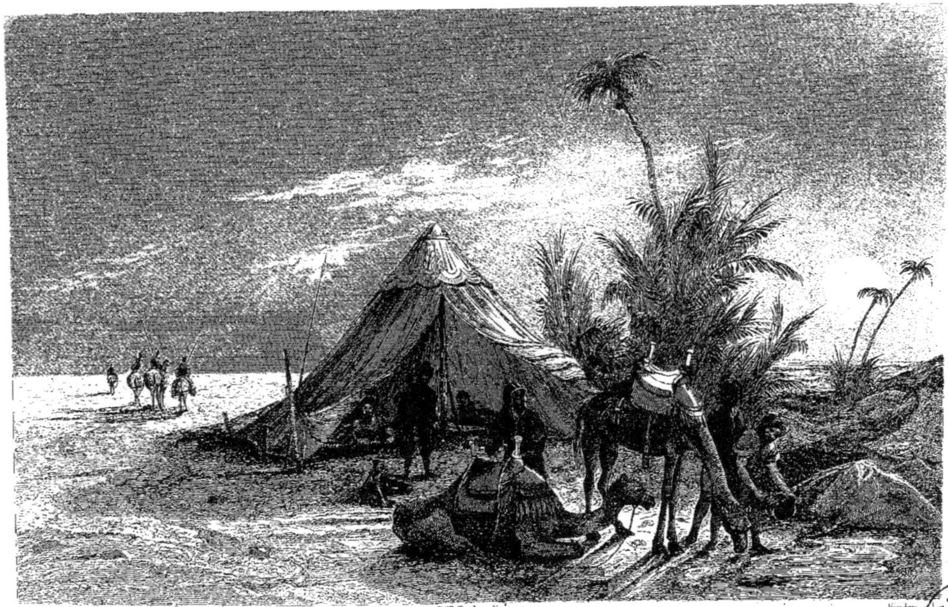

Mayer del.   Bᵒⁿ Taylor dir.   Finden sc.

HALTE AUX SOURCES DE MOÏSE. | A HALT AT MOSES' SPRING.

TABLE DES MATIÈRES

ET DES PLANCHES CONTENUES DANS CE VOLUME.

TABLE DES MATIÈRES.

FIN DE LA TABLE DES MATIÈRES.

www.ingramcontent.com/pod-product-compliance
Lightning Source LLC
LaVergne TN
LVHW011300110826
845149LV00001B/207